诉讼文书一本通

杨鸿雁／著

SUSONG WENSHU
YIBENTONG

法律出版社 LAW PRESS·CHINA

目　　录

第一编　诉讼文书概论

第二编　刑事诉讼文书

第三编　民事诉讼文书

第四编　行政诉讼文书

第一编

诉讼文书概论

第一章　诉讼文书的概念

一、诉讼文书的概念

诉讼文书是指诉讼文书的制作主体，在案件诉讼过程中，为履行司法职责或实现诉讼权利而依法制作的具有法律效力或法律意义的文书。

这里需要明确几个问题：

第一，对于诉讼文书的制作主体要做全面的认识。事实上，国家司法机关、律师组织以及参加诉讼的当事人，都可以是诉讼文书的制作主体。其中，国家司法机关也是有明确所指的，即公安机关中的刑事侦查部门（含国家安全机关，下同）、人民检察院、人民法院及狱政机关。

第二，诉讼文书有它的适用范围，即要在涉及处理诉讼案件这一范围内。并非所有诉讼文书制作主体在任何情况下制作的文书都叫诉讼文书。比如法院内部管理规章或人事任免文件、通知，当事人的科研论文等，所处理和解决的不是诉讼事务，因此不属于诉讼文书的范畴。

第三，诉讼文书的制作依据就是国家法律。诉讼文书是一种法律性实用文书，一般来说，这种文书从格式到内容都必须符合法律的相关规定，制作主体不得随心所欲，想怎么写就怎么写。

第四，诉讼文书必须有效用，也就是说它必须具有法律效力或者法律意义。如果一份文书既没有法律效力也没有法律意义，就不成其为诉讼文书。比如法院的判决书、裁定书一经作出，当事人就必须执行，否则就要承担相应的法律后果，因此，像这样以国家强制力来保证其得以执行的文书，就具有法律效力。另有一些文书，比如当事人的起诉状、答辩状、律师的辩护词、代理词、检察官为支持公诉而在法庭上发表的公诉词等，显然不具有法律效力，但它们要么是提起诉讼的必要条件，要么是进入下一个法律程序不可或缺的环节。由于它们能引起相应的法律后果，因而具有了法律意义。应该说，凡具有法律效力的诉讼文书一定具有法律意义，但是具有法律意义的文书却不一定都具有法律效力。

二、诉讼文书的类别

一切事物，依据不同的划分标准就会得到不同的划分结果。诉讼文书也是一样。

按照制作主体的不同，可分为公安机关的刑事侦查文书、检察机关的检察文书、法院的裁判文书、监狱的诉讼文书、律师诉讼文书、当事人诉讼文书等。

按照表现形式的不同，可分为文字叙述式文书、填空式文书、笔录式文书和表格式文书。如起诉意见书、起诉书、判决书、代理词、辩护词等属于文字叙述式文书；公安机关的要求复议意见书、检察院的批准逮捕决定书等属于填空式文书；法庭审理笔录、讯问笔录等属于笔录式文书；公安机关的受理刑事案件登记表、监狱的罪犯入监登记表等属于表格式文书。

按文书的体例不同，可分为信函式诉讼文书、致送式诉讼文书、宣告式诉讼文书。宣告式诉讼文书的典型代表就是法院的判决书和裁定书。

信函式诉讼文书与致送式诉讼文书十分相近，只是前者将受文单位放在文书的首部，仿佛写信时先称呼对方一样，公安机关的补充侦查报告书，就是信函式诉讼文书。其格式如下：

×××公安局

补充侦查报告书[①]

×公(　)补侦字〔　〕号

×××人民检察院:

你院于××年×月×日以××××〔　〕号补充侦查决定书退回的××××案,已经补充侦查完毕。结果如下:

____

____

____

____

____

现将该案侦查卷宗×册×页及补充查证材料×卷×页附后,请审查。

×××公安局(印)

年　月　日

致送式诉讼文书则将受文单位放在文书的尾部,即"此致"一词的下一行。这样的文书有很多,如公安机关的提请批准逮捕书、要求复议意见书、提请复核意见书、起诉意见书;检察院的起诉书、抗诉书、通缉通知书等;监狱的提请减刑建议书、起诉意见书等。现将通缉通知书格式展示如下:

×××人民检察院

通缉通知书[②]

××检××缉〔20××〕×号

________人民检察院正在侦查的犯罪嫌疑人________涉嫌__________一案,该犯罪嫌疑人应当逮捕,但现已在逃,请接到

① 标准格式来自公安部网站:关于印发《公安机关刑事法律文书式样(2012版)》的通知及附件。http://www.mps.gov.cn/n2254314/n2254457/n2254466/c4202651/content.html,最后访问日期:2016年8月29日。

② 陈国庆主编:《人民检察院刑事诉讼法律文书适用指南》,中国检察出版社2013年版,第399页。

本通知后，在____________________范围发布《通缉令》予以追捕。

此致

__________(单位名称)

年 月 日

(院印)

三、诉讼文书的结构

虽然每一种诉讼文书因为制作的主体、目的、作用不同而内容各不相同，但从结构来看，所有诉讼文书都可分为三部分，即首部、正文、尾部，只不过这类文书的首部、正文、尾部与那类文书的这三部分所包含的各项不尽相同而已。

以一审公诉案件刑事判决书的格式来说①，这三部分包括的事项如图所示：

首部
- ①制作机关名称，(“×××人民法院”)
- ②文书名称(“刑事判决书”)
- ③文书编号[“(××××)×刑初××号”]
- ④当事人基本情况(公诉机关名称、被告人姓名、辩护人姓名等项)
- ⑤案由和案件审理经过(“×××人民检察院以×检×刑诉〔 〕××号起诉书指控被告人×××犯××罪。本案现已审理终结”一段)

正文
- ①案件事实(包括“检察院指控”“被告人辩称”“经审理查明”三部分)
- ②判决理由(由“本院认为”引起的部分)
- ③判决结果

尾部
- ①上诉事项的交代(“如不服本判决……”)
- ②审判员、书记员署名，日期，加盖法院印章及校对章

① 一审公诉案件刑事判决书格式见本书第二编第三章“人民法院刑事裁判文书”的相应部分。

再以民事起诉状的格式①来看,其首部包括:

首部{①文书名称(“民事起诉状”)
②当事人基本情况(原告、被告、第三人名称等项)

正文{①诉讼请求
②事实
③理由
④证据和证据来源、证人姓名和住址

尾部{①致送语(“此致×××人民法院”)
②附项
③起诉人署名、日期

四、容易混淆的概念

(一)正文与主文

需要注意的是,我国清末民初时将判决书中的判决结果称之为“主文”,所以“主文”一词成为诉讼文书的专用术语,一直沿用至今。这与诉讼文书结构三部分中的“正文”很容易混淆。其实二者的区别是很大的。就以判决书来说,“正文”包括事实、判决理由、判决结果三项内容,将判决结果替换成“主文”的话,就可以说“正文”包括事实、判决理由、主文三项内容。可见,“正文”包含了“主文”,“主文”只是“正文”的一个组成部分。

(二)诉讼文书与司法文书、法律文书

很长时间以来,现在意义上的诉讼文书都被称为司法文书,②这是不准确的。因为司法文书,顾名思义,就是司法机关制作的相关文书。而在我国,司法机关是特定的。法院、检察院当然是司法机关,它们为解决诉讼案件而制作的文书称为司法文书是可以的;但公安机关、监狱应该是国家行政机关,当事人与律师则更与司法机关相去甚远。如果将这些机构、当事人及律师为解决诉讼案件所制作的文书也称之为

---

① 民事起诉状格式见本书第三编第三章“当事人及代理人民事诉讼文书”的相应部分。

② 据熊先觉所著《司法文书研究》(人民法院出版社2003年版)称,司法文书的名称,我国在20世纪80年代才开始使用。此前一直称为诉讼文书。

司法文书，显然名不副实。而法律文书的外延更广泛，其下应包含公、检、法以及监狱、仲裁、公证、律师、当事人为履行其职权或主张其权利而制作的各类文书，即应包括诉讼文书与非讼文书在内。

本书立足于制作主体为解决诉讼案件而制作的文书，不包括仲裁、公证等非诉讼文书在内，这样的内涵无论以"司法文书"还是"法律文书"作为其外延，从逻辑的角度上看都是不周延的，故而本书是在"诉讼文书"这一基础概念上展开的。

第二章　诉讼文书的特点

一、主体的特定性

诉讼文书是一种特殊的实用文体。之所以特殊,是因为它不像其他实用文体(比如介绍信)一样,任何人都可以成为其制作主体。

诉讼文书的制作主体一般来说必须具有特定的资格,比如说必须是法院及其审判人员、公安刑事侦查部门及其侦查人员、检察院及其检察员等。至于一般公民,也可以成为诉讼文书的制作主体,但有一个前提条件,就是必须成为诉讼事务的当事人。

诉讼文书的制作主体不仅要具有特定的资格,而且特定的主体还与特定的文书相对应,不能交叉制作。如法院裁判文书的制作主体必须是审理案件的法院、审判人员,一般刑事案件的侦查文书只能由办案的公安机关及其刑侦人员制作,而对犯罪提起公诉的文书则只能由检察机关起诉部门及其办案人员制作。

二、内容的法定性

由于诉讼文书是法律在各个环节实施的产物,因而它的中心内容必然是紧紧围绕法律来展开的。比如关于逮捕的系列文书,包括提请批准逮捕书、批准逮捕决定书、逮捕证等,就是紧紧围绕着《中华人民共和国刑事诉讼法》第八十一条第一款规定的逮捕条件来设计的。文书必须说明有证据证明犯罪嫌疑人有犯罪事实、犯罪嫌疑人可能被判处徒刑以上刑罚、不对该犯罪嫌疑人采取逮捕的强制措施不足以防止社会危害性的发生三项内容。

另外,诉讼文书内容的法定性还体现在多数重要的诉讼文书还应具备法定要素,比如案件当事人基本情况中,除应写出姓名、性别外,必须提供准确的年龄，当事人为无行为能力或限制行为能力者须特别指出；在事实部分，除应叙述清楚人物、时间、地点、事件本身外，还应写明证据；在判断案件性质时，必须严格按照法律条文的规定来进行；对案件的处理意见更必须依法表述。

三、形式的程式性

诉讼文书是一种高度程式化的实用文体，这种程式性主要体现在以下几个方面：

（一）结构的程式性。这主要是指诉讼文书从结构上都可分为首部、正文、尾部三部分。首部包括制作机关名称、文书名称、文书编号、当事人的基本情况、案由等，正文包括事实、理由、处理结果等，尾部包括交代事项、署名、日期、印章、附项等。

（二）称谓的程式性。由于不同的诉讼文书所适用的法律阶段各不相同，当事人的法律地位就会有所变化，与之相对应，各文书中当事人的称谓也就随之而发生变化。如一个刑事案件的当事人在刑事侦查阶段的文书中被称为“犯罪嫌疑人”；在检察机关准备向法院提起公诉阶段的文书中称谓变为了“被告人”；在审判结束、刑罚开始执行时，文书中的称谓变为了“罪犯”。又比如，法院一审民事案件的诉讼文书中，当事人被称为“原告”“被告”“第三人”，而在二审诉讼文书中，称谓就要相应地变为“上诉人”“被上诉人”了。

（三）用语的程式性。诉讼文书的很多用语是固定的，同类文书中有很多用语是完全一样的，其高度程式化的结果就是产生了不少表格式、填空式的文书。这些文书事先将固定用语印好，留下空格以填写各案不同的要素。

拟制式文书在用语的程式性上虽然没有表格式、填空式文书的高，但也有不少地方的用语是固定的。比如法院的民事判决书在陈述事实时总是用“原告诉称”“被告辩称”“第三人述称”“经本院审理查明”来分别引出事实部分应包含的几部分内容；在尾部交代上诉权利时，所有的一审民事判决书都要写上同样一句话，即“如不服本判决，可在判决书送达之日起十五日内，向本院递交上诉状，并按对方当事人的人数提出副本，上诉于×××人民法院”。

这些都是诉讼文书用语程式性的表现。

四、材料的客观性

写作文学作品需要有素材,制作诉讼文书同样需要各种文书材料。没有材料就不可能有诉讼文书的存在。但诉讼文书的材料不同于文学作品的素材,它必须是真实的材料,不能有任何想象和虚构。这是与文学作品的素材截然不同的地方。文学作品的人物、地点、时间必须源于生活,但却可以高于生活,作者可以对生活进行加工、抽象和提炼,因而文学作品中的人物属于典型人物,是被作者塑造出来的某类人物的典型代表。比如说鲁迅先生笔下的阿 Q,可以说是中华民族劣根性的集中代表。在阿 Q 身上可能有你、有我、有他的影子,但又不完全是真实的你、我、他,阿 Q 是一个文学人物,你要是去查户口簿,绝对没有阿 Q 这个人。

诉讼文书的材料则要求客观、真实,虚构与想象是诉讼文书材料中绝对要剔除的成分,甚至连稍许的夸大与缩小都是绝不允许的。如果一份诉讼文书中出现了一个叫张三的人,那么现实生活中一定是确有其人,而且这个人的性别、年龄、籍贯、民族、职业、住址等都必须与他的法定身份相吻合,稍有出入都可能导致误捕、误判、误罚甚至误杀的严重后果。

要使诉讼文书的材料做到客观真实,文书制作者必须在主观上加以高度重视,要对材料做一番去伪存真的工作。因为卷宗中搜集到的各种事实材料不一定都是真实的,文书制作者一旦在整理、分析过程中发现材料中有自相矛盾的地方,就应该先将材料核实清楚,再行选用。另外,即便材料的真实性毋庸置疑,也还有一个根据不同的文书选择使用材料的问题。因为不同的文书有不同的目的,每种文书的中心思想和作用是不一样的,为此,必须围绕文书的中心思想和作用来选择材料。不能说只要是这个案件的事实材料,就事无巨细,不管对说明中心思想有无作用都一一罗列。那样只会冲淡中心思想,以致不能发挥诉讼文书应有的效能。

五、制作的时效性

诉讼文书是解决实际问题的实用文书。要解决问题,也必须考虑成本,从诉讼经济的角度,产生了法律及诉讼文书的时效性。也就是说,一定的权利只有在法律规定的时效期间内才能得到保护,与之相适应,承载这些权利的诉讼文书就必须在法律规定的时间内做出,才能产生法律后果。比如《中华人民共和国刑事诉讼法》第九十一条规定:“公安机关对被拘留的人,认为需要逮捕的,应当在拘留后的三日以内,提请人民检察院审查批准。在特殊情况下,提请审查批准的时间可以延长一日至四日。对于流窜作案、多次作案、结伙作案的重大嫌疑分子,提请审查批准的时间可以延长至三十日。人民检察院应当自接到公安机关提请批准逮捕书后的七日以内,作出批准逮捕或者不批准逮捕的决定……”由此条规定可以看出,公安机关的提请批准逮捕书一般应当在犯罪嫌疑人被拘留后的三日以内,至迟在七日以内,制作好并移送人民检察院审查批逮。而检察机关的批准或不批准逮捕决定书,则必须在接到公安机关的提请批准逮捕书后的七日以内制作完毕。超出上述时效的文书,就失去了法律效力。又如,法律规定不服一审刑事判决的当事人上诉期限是十天,不服一审民事、行政判决的当事人上诉期限是十五天,这就意味着一审刑事案件的当事人必须在收到判决书的第二日起十日以内制作好上诉状并向法院递交,一审民事、行政案件的当事人必须在收到判决书的第二日起十五日内制作好上诉状并向法院递交,才能产生法律后果,引起上诉程序。

诉讼文书时效性关系到文书的效力,更深一层讲,关系到某种权利的实现与否。其他实用文书也有实际效用,但显然不如诉讼文书那样,与人的各种人身、财产权利有如此直接的关系。

第三章　诉讼文书的作用

在我国历史上,人们认为诉讼文书不过是一种实用性文书,因而不怎么关注它,或者说人们对它的法学价值的关注远远比不上对它的文学价值的关注。随着法治建设的深入,人们对诉讼文书的作用也有了进一步的认识。1998 年年底,时任最高人民法院院长的肖扬在一次法院工作会议上,把改进裁判文书的质量提高到了维护司法公正的高度来认识。他说,司法公正是人民法院审判工作的生命和灵魂,“维护司法公正,必须进一步提高办案质量”“要提高办案质量,最重要的就是要做到程序合法,认定事实准确,证据确实充分,裁判文书叙述事实清楚,说理充分,引用法律条文准确无误,说服力强”。他指出:“现在的裁判文书千案一面,缺乏认证断理,看不出裁判结果的形成过程,缺乏说服力,严重影响了公正司法形象。”为此,他要求“裁判文书无懈可击,使裁判文书成为向社会公众展示法院文明、公正司法形象的载体,真正具有司法权威”。① 这虽然只是对法院裁判文书的要求,但从中也可看出现代人对诉讼文书的高度重视。具体说来,诉讼文书具有如下作用。

一、保障法律的具体实施

国家法律为公民设置了各种各样的权利和义务,当这些权利得到主张与实现,义务得到履行时,就是国家法律得以具体实施之时。而承载这些权利与义务的,往往是各种诉讼文书。以公民的人身权、财产权来说,我国法律明确规定公民的人身权、财产权不受他人侵害。

① 肖扬:《全面推进人民法院的各项工作,为改革、发展、稳定提供有力的司法保障》,载《中华人民共和国最高人民法院公报》1999 年第 1 期。

如果受到侵害,当事人有权通过诉讼等途径,维护自身权益。要诉讼首先就要由原告向法院提供一份主张自己权利的起诉状,起诉被法院受理后,对方当事人又可以制作一份答辩状,为自己的行为辩解并申明权利,最后法院根据查明的事实与法律,制作一份判决书,确定双方当事人的权利义务。如果没有起诉状,原告的诉讼权利就无法实现,更谈不上其他实体权利地实现了。同样地,没有答辩状,被告的申辩权也无法实现。

又比如,我国刑法赋予了检察机关对叛国、分裂国家等重大犯罪案件行使检察权,对公安机关侦查的案件行使审查逮捕、起诉的监督权和公诉权,对人民法院的审判活动行使监督权,对刑事判决、裁定的执行和对劳动改造机关的活动行使监督等几项职权。这些职权的行使,都离不开诉讼文书。要行使公诉权,必须制作起诉书;行使监督权,必须制作抗诉书、纠正违法通知书、通知立案书等。没有上述诉讼文书,刑法赋予检察机关的上述职权就无法实现。可以说,诉讼文书制作的根本目的在于保障法律的具体实施。

二、生动宣传和普及法律知识

我国法制现代化进程中一个重要的环节就是要培养公民的法律意识,这不是在短期内可以一蹴而就的,必须经过漫长的法制宣传和普及才可能实现。法制宣传与普及可以有许多方式和手段,为处理具体案件而制作的诉讼文书是最生动、有效的一种。

有这样一个案件,一位在南京打工的河南青年,抢劫了一少女的背包,包里除了零碎物品外,只有一枚一毛钱的硬币。有人也许会说,这名青年才抢得了一角钱,不会有什么事的,最多不过被治安处罚一下。谁知法院审理的结果是,以抢劫罪判决该青年有期徒刑 6 年,并处罚金 1000 元。这名青年及认识他的许多人都懵了,怎么也想不通才抢得一毛钱,居然就被判了刑,而且是 6 年有期徒刑,于是人们开始怀疑法院是否公正判案了。这种怀疑当然与人们对抢劫犯罪的模糊认识有关,但它显然是一个无法回避的问题。法院为什么要这么判,有什么理由,就成了这名青年及关心他的人关注的焦点。最直接给出答案的就是该案的判决书。判决书应该分析为什么只抢得一毛钱的行为要被确定为犯罪行为,而且是抢劫犯罪行为;为什么要判处 6 年的有期徒刑。通过这样一份合格的判决书,人们就会对什么是抢劫罪,抢劫罪的犯罪构成要件有哪些,所抢劫财物的多少是否影响抢劫罪的成立等问题,有清楚的了解。

另外,如侵犯"狼牙山五壮士"名誉权案,南京彭宇案,电梯劝烟猝死案,郭伯雄、令计划、苏荣等腐败案,徐玉玉电信诈骗案,聂树斌案,山东于欢杀人案等大案要案,其影响已经远远超过了地区与案件当事人亲朋好友圈子的范围,引起了全社会的广泛关注。这些案件的判决书,成为许多关注这些案件的人们争相传阅的对象。于是,由这些判决书所承载的法律精神和内容,以及什么是法律禁止的,什么是法律倡导的,都深深地映在人们的脑海中。这恐怕是法制宣传与普及运动最希望达到的理想效果了。

三、忠实记录法律活动

法律活动是一项严肃的活动,必须严格依照法律与相关程序进行,不能掺杂丝毫的随意性。保障法律活动严肃性的有效措施就是将每一项法律活动的具体内容制作成诉讼文书,有"立存此照",以备核查的功效。

在具体的法律活动中,前后环节的启承转接必须依靠诉讼文书来完成。比如,一桩普通刑事案件,在展开侦查之前,必须先经过立案这道程序。怎样知道案件立没立起来呢?翻翻卷宗,看一下有没有相关的立案诉讼文书就清楚了。这就是说,如果没有立案诉讼文书,就无法启动后面的侦查措施。再比如,如果检察机关要代表国家控告某个被告人,就必须向法院递交起诉书,才能启动法院审理程序。这说明了各种诉讼文书,尤其是司法机关的诉讼文书,往往是启动和推进下一法律程序的文字手段。

另外,通过记载法律活动的诉讼文书,人们可以看出这些法律活动是如何进行的,清楚地了解具体事实、证据认定是否清楚,是否确实充分,适用法律和据以定案的理由是否言之有理,处理的结果是否正确,裁判结果是否如实执行,是否符合法律的相关程序等。这对发现问题、改进工作、提高办案质量,有着重要的作用。

从我国档案工作的有关规定来看,司法机关的诉讼文书还是国家的一级档案,有法定的保存时间和严格的要求。这是因为,一定时期的诉讼文书,从一个侧面反映一定历史进程的社会、政治、经济、法律、文化的状况和特点,随着时间的推移,这些文书档案将是考察司法工作和其他相关领域的重要历史资料,对进一步修订和改进法律具有重要的参考价值。

四、衡量法律人才的综合水平

诉讼文书是实施法律的具体手段。制作诉讼文书,是一项专业性极强的工作。一份合格的诉讼文书,首先,要求制作者有较高的法律专业水平和文字表达能力。一些看似简单的问题,实际上蕴含着丰富的法学知识。以诉讼文书中当事人的称谓而言,一个刑事案件的作案人,在侦查及审查起诉阶段的诉讼文书中被称为"犯罪嫌疑人",在移送审判及审判过程的文书中被称为"被告人",在刑罚执行阶段的文书中被称为"罪犯",这些不同的称谓代表着此人在不同阶段不同的法律地位及相应的法律权利,只有弄清楚这些称谓背后的法律问题,才能准确运用。可以说,不具备相当法律素养的人,绝对写不出一篇合格的诉讼文书。不过,具备一定法律素养的人,也未必就能写出一篇优秀的诉讼文书。因为诉讼文书是一种综合文书,尤其在拟制式的诉讼文书中,除了要求制作者有较高的法律专业水平外,还要求有较强的文字表达能力,才能将事实交代清楚,将道理阐述明白,否则就如俗语所说"茶壶里装汤圆——倒不出来"。

其次,要求制作者有一定的政治理论水平、相应的社会知识和必要的工作经验。可以说,诉讼文书的质量高低,必然反映出制作者法律专业水平与文字表达能力的高低。因此,目前各司法机关都把考核诉讼文书的写作质量作为衡量法律人才综合水平的一个重要尺度。

自2000年起,各省、自治区、直辖市人民法院与法律出版社合作,将每一年各自比较典型或有一定裁判难度的优秀裁判文书收录在各行政区域内的《人民法院裁判文书选》中,激发了审判员精心制作裁判文书的热情。2002年,最高人民法院在全国范围内组织了"全国首届优秀民商事裁判文书评比"活动,对于规范诉讼文书制作,提高办案人员的综合水平起到了良好作用。

从检察系统来看,近年来,为提高公诉法律文书制作水平、推动公诉执法规范化建设、更好地适应刑事诉讼法实施的需要,全国多地各级检察机关开展了公诉法律文书讲评暨优秀公诉法律文书评选活动，同时具有全国影响的检察院“十佳公诉人”“优秀公诉人”评选活动也将诉讼文书的制作作为其中的一个考核环节，充分说明了诉讼文书的制作受到检察机关的高度重视。

第四章　制作诉讼文书的基本要求

诉讼文书是实用文书的一种，与其他实用文书一样，有一些应共同遵循的写作规律，但这种文书显然又有自身的特点，在制作上有一些特别的要求。因此，制作诉讼文书的基本要求就是由实用文书应共同遵循的写作规律与诉讼文书自身的特别要求组成。例如，诉讼文书必须依法并根据规定的格式制作，这就是其他文书所不要求的。而对于诉讼文书中涉及叙事、说明、议论等部分，则与写作中对叙事、说明、议论文体的写作要求基本是一致的。

一、依法制作，遵循格式

诉讼文书之所以称为诉讼文书，就在于这种文书必须严格依法制作，不能按制作者的主观意愿，想怎么写就怎么写。诉讼文书的中心意思与目的就是要解决实际的法律问题，有许多是具有强制执行效力的，比如说拘留文书、逮捕文书、裁判文书等，一旦按照法定程序制作出来，就会成为限制、剥夺或保护某人的人身权利、自由权利与财产权利的凭证。由于与人身、自由、财产等权利紧密相关，因此，这些文书的制作尤其要慎重。为防止办案人员滥用职权，法律规定了这些文书的制作要严格按照法律规定的程序、时间，否则无效。依法制作，遵循格式，理当成为诉讼文书制作的基本要求之首。

这里所谓的依法制作，遵循格式，有几层含义：

1. 诉讼文书的内容是由法律规定的。以提请批准逮捕书来说，公安机关侦查人员可以根据需要，制作提请批准逮捕书。而这个文书的中心内容就是要围绕法律规定的逮捕条件来展开，即要写明有证据证明犯罪嫌疑人实施了犯罪行为；接着叙写犯罪嫌疑人可能被判处徒刑以上刑罚的事实，说明其犯罪行为具有一定的严重程度；最后写明对犯罪嫌疑人不采取逮捕的措施,不足以防止社会危险性的发生。任何一份提请批准逮捕书都必须写有如上三项内容,因为这是由《中华人民共和国刑事诉讼法》第八十一条第一款规定的逮捕条件所决定的。制作者如果不按这三点内容来写,而是随意增损,甚或抛开法律,从文学或哲学的角度来制作这份提请批准逮捕书的话,那么所制作的文书肯定是不合格的,更不可能实现文书所要达到的得到同级检察机关批准逮捕的目的。

再以起诉状来看,《中华人民共和国民事诉讼法》第一百二十一条明确规定了民事起诉状的内容:起诉状应当记明下列事项:(1)原告的姓名、性别、年龄、民族、职业、工作单位、住所、联系方式,法人或者其他经济组织的名称、住所和法定代表人或者主要负责人的姓名、职务、联系方式;(2)被告的姓名、性别、工作单位、住所等信息,法人或者其他经济组织的名称、住所等信息;(3)诉讼请求和所根据的事实与理由;(4)证据和证据来源,证人姓名和住所。因此,起诉状的内容必须包含上述事项。

2. 在什么阶段,制作何种文书,是由法律规定的。以一般刑事案件为例,从侦查到审查起诉,再到审判和执行,至少要经过四个阶段,四个司法部门。而每个部门在办案阶段又有许多种类的文书,在哪个阶段该用何种文书则是由法律明确规定了的。

比如,《中华人民共和国刑事诉讼法》第一百六十二条规定,公安机关在侦查终结时,认为犯罪嫌疑人的行为已触犯刑法,需要追究其刑事责任时,就应当制作起诉意见书,连同案卷材料、证据移送同级人民检察院审查起诉。此时公安机关需要制作的文书是起诉意见书。

《中华人民共和国刑事诉讼法》第一百六十九条、第一百七十条、第一百七十六条规定,凡需要提起公诉的案件,一律由人民检察院审查决定。人民检察院在对监察机关、公安机关移送起诉的案件,认为犯罪嫌疑人的犯罪事实已经查清,证据确实、充分,依法应当追究刑事责任的,应当作出起诉决定,制作起诉书,按照审判管辖的规定,向人民法院提起公诉。这里,检察机关需要制作的文书是起诉书。

至于一般民事案件的起诉,《中华人民共和国民事诉讼法》第一百二十条规定:起诉应当向人民法院递交起诉状,并按照被告人数提出副本。这里,当事人需要制作的文书是起诉状。

以上三种文书:起诉意见书、起诉书、起诉状,从语言学的角度来看,没有什么太大的差别,似乎完全可以替换使用,但在法学意义上,则完全是性质截然不同的三种文书,在什么性质的案件中什么环节该用何种文书,是由法律规定的,绝不可张冠李戴。

3. 诉讼文书的格式,也都由法定文件加以规定。法律对诉讼文书的规定不仅限于内容和文书种类,甚至对于文书的首部、正文、尾部应该包含哪些事项,哪项写在前,哪项写在后,某类文书中固定事项的固定表达,都有明确的程式规范,这就是诉讼文书的格式。我国各司法机关的最高机关分别制订颁布了各自的文书格式样本,形成相对独立的体系。

1979 年,公安部在我国第一部《刑法》《刑事诉讼法》制定颁布后,重新制定了《预审文书格式》。2002 年 12 月 18 日发布了《关于印发〈公安机关刑事法律文书格式(2002 版)〉的通知》(公通字〔2002〕69 号),对此前的公安刑事法律文书进行了修订,自上而下印发了《公安机关刑事法律文书格式(2002 版)》,自 2003 年 5 月 1 日起执行。2012 年,根据修改后《中华人民共和国刑事诉讼法》《公安机关办理刑事案件程序规定》的规定,公安部对 2002 年 12 月 18 日印发的《公安机关刑事法律文书格式(2002 版)》(公通字〔2002〕69 号)再进行了修改和补充,颁布了《公安机关刑事法律文书式样(2012 版)》,从 2013 年 1 月 1 日起启用。2012 年版公安机关刑事法律文书式样对公安机关使用的绝大多数刑事法律文书的基本结构作了系统规定,统一了公安机关对刑事法律文书的制作要求。这对于规范公安机关刑事执法活动,确保公安机关严格依法办案,提高办案质量,保障刑事诉讼活动的顺利进行,起到了积极作用。

最高人民检察院则于 1991 年修订了《刑事检察文书格式(样式)》,1996 年 12 月 16 日制定了《人民检察院刑事诉讼诉讼文书格式(样本)》,2002 年印发了《人民检察院法律文书格式》。2012 年根据修改后的《中华人民共和国刑事诉讼法》《人民检察院刑事诉讼规则》,发布了《人民检察院刑事诉讼法律文书格式样本》,样本在 2002 年的格式的基础上新增 90 余种,共计 223 种。2013 年又再次修订,最终发布了《人民检察院刑事诉讼法律文书格式样本(2013 版)》,收入文书样式238种。[①] 2018年，宪法做了修订，其中一个重要内容就是在国家机关中增设监察委员会，随后的《中华人民共和国监察法》进一步规定原来由检察机关立案侦查的国家工作人员的职务犯罪案件改由监察委员会进行监督、调查、处置。检察机关的工作范围由此有了较大的调整，相应的诉讼文书也必然随之发生变化。比如，原属检察机关的自侦文书就大部分应当从检察机关的文书中删除了。

最高人民法院于1992年6月制定了全国各级人民法院统一适用的《法院诉讼文书样式(试行)》。1999年在对1992年样式进行全面修订基础上印发了《法院刑事诉讼文书样式》(样本)，2003年1月印发《〈关于民事诉讼证据的若干规定〉文书样式(试行)》，2003年12月印发《民事简易程序诉讼文书样式(试行)》和《海事诉讼文书样式(试行)》。2012年，《中华人民共和国民事诉讼法》修改后，最高人民法院对原有的民事诉讼法司法解释进行修改，并于2015年2月4日公布实施了《关于适用〈中华人民共和国民事诉讼法〉的解释》，紧接着开始推进民事诉讼文书样式修订的工作，并于2016年7月5日发布，8月1日实施了法院《民事诉讼文书样式》。[②] 共收入法院制作民事诉讼文书样式463个，当事人参考民事诉讼文书样式105个。

目前，不仅司法机关使用的大量诉讼文书都有法定的文书格式，就是各种民用的诉讼文书也开始制定较为统一的格式，有些文书格式即便不甚完善，但也有约定俗成的习用格式可供文书制作者遵循。

统一文书的格式，一是为文书的制作者提供方便，使其制作文书时有所遵循，便于制作；二是有助于诉讼文书效用的发挥，使接受文书的一方易于掌握文书的中心；三是便于保存归档；四是有利于实现司法公正。[③]

---

① 陈国庆主编：《人民检察院刑事诉讼法律文书适用指南》，中国检察出版社2013年版，编写说明。

② 沈德咏主编、最高人民法院修改后民事诉讼法贯彻实施工作领导小组编：《民事诉讼文书样式》，人民法院出版社2016年版，第1页。

③ 对于法律文书格式笔者撰写过系列文章，可详见《从比较中看司法文书格式的科学性》，载《华北电力大学学报》(社会科学版)2002年第2期；《法律文书格式与形式正义》，载天津市社会科学界六届学术年会优秀论文集《转变发展方式：探索·创新·服务》(下)，天津人民出版社2010年版，第1239～1246页；《对法律文书格式的法理学思考》，载《天津大学学报》(社会科学版)2012年第5期。

二、叙事清楚，客观真实

叙述事实经过是许多诉讼文书的要求。有的案件事实简单，比如一人犯一罪，且事实清楚，或者民事案件双方当事人债权债务清楚；有的案件事实却十分复杂，如多人多次交叉犯罪，或者民事关系复杂。但不一定案情简单的，制作者就都能把事实叙述清楚；也不是说案情复杂，制作者就不能叙述清楚事实。关键在于要掌握将事实叙述清楚的几个具体要求：

（一）写全事实要素

叙述案情事实，必须写清事实的基本要素。诉讼文书中的事实要素，除应写清一般记叙文书所要求的时间、地点、人物、过程和结果外，还应根据诉讼文书的特定要求，写清其反映法律特点的要素。这应根据案件的不同性质来确定事实要素。如果是刑事案件，在记叙案情时就应写明犯罪嫌疑人（或被告人）作案的时间、地点和涉案人员（包括作案人和被害人）；作案的原因或目的、动机；作案的过程、情节、手段和造成的后果；案发后的态度以及证明上述各项的证据。如果是民事、行政案件，则案件事实要素就是纠纷发生的时间、地点、涉案各方（包括原告、被告、第三人）、纠纷的起因、发展及造成的后果、各方争执的焦点及理由和相关证据。

需要说明的是，我们强调写全事实要素，但这也要根据不同的案情来区别对待，有所侧重。比如抢劫犯罪以暴力的手段或以暴力手段相威胁，将他人财物据为己有的目的是不言而喻的，这就可以不写。

（二）写清因果关系

因果关系在法律活动中至关重要。从刑法的角度来说，它直接关系到准确打击犯罪，维护合法利益，保护无辜者不受刑事追究的重大问题。[①] 我国刑法罪责自负的原则决定了，一个人应当且只能对自己的危害行为及其造成的危害结果承担刑事责任。因此，当危害结果发生时，要使某人对该结果负责任，就必须查明其所实施的危害行为与该结果之间具有因果关系。这种因果关系是在危害结果发生时，使行

---

① 张绍谦：《刑法因果关系研究》，中国检察出版社 1998 年版，第 1 页。

为人负刑事责任的必要条件。

研究刑法因果关系的任务,在于确认危害结果是由某人的危害行为引起的,从而提供刑事责任的客观依据。在刑事案件中,确定作案者是此人还是彼人,犯罪性质是此罪还是彼罪,当判此刑还是彼刑,或者认定被告人无罪的关键点,就在于确定行为人的动机、目的与实际危害行为、危害后果之间的联系。有动机、目的,有实际危害行为,有因该行为而造成的损害后果,则因果关系成立,行为人必须因此而承担相应的法律责任。虽然有动机、目的,但并未实施损害行为,则属于有因无果,因果关系不成立,自然不存在损害后果,或者损害后果与此人无关,则此人无罪。另外,虽然实施了损害行为,也导致了损害后果的产生,则损害行为与损害后果之间产生了因果关系,但究竟行为人是否必须为此承担法律责任或者应该承担多大的法律责任,则又要看损害行为与什么样的动机、目的存在什么样的因果关系。如果是出于保护自己或他人的人身、财产权利免受正在进行的不法行为侵害的目的,导致了损害后果的发生,那么此行为在刑法上属于正当防卫,行为人不承担法律责任。在损害动机与目的驱使下发生的损害行为,在刑法上表现为主观故意,行为人所受刑罚相对较重;如果损害行为是在无损害动机、目的的情况下发生的,则该损害行为与损害动机、目的之间不存在因果关系,在刑法上表现为过失或正当防卫、紧急避险等,行为人所受刑罚较轻,或者无罪。

从民法与行政法的角度来看,因果关系也是任何一种民事、行政法律责任的构成要件。例如,某建筑材料经销商延迟向某建筑工程公司供货,致使该建筑工程公司承建的工程不能如期完成,则建材经销商的违约行为,就是某建设工程不能如期完成的原因,当然要因此而承担相应的法律责任。

目前,诉讼文书写作中,对因果关系的叙写还存在一些不尽如人意的地方,主要表现在因果脱节,不合常理。我们经常举这样一个例子:“被告人向被害人头部猛砍一刀,致使被害人头部、左臂、右手背三处受伤。”看到这样的文字,人们就会起疑问:刀砍在头部,砍伤了头部是正常的,可要说这一刀还使左臂、右手背都受伤了,就说不过去了。因为头部被猛砍一刀是“因”,它无法必然导致左臂、右手背受伤的“果”。原来,这中间缺少了对被害人用手护卫头部行动的叙述,造成了因果脱节。这是需要引以为戒的。

(三)抓住关键情节

诉讼文书中的事实叙述,要求具体写明关键性情节。因为只有写明关键性情节,才有助于判明案件的性质和涉案人员间的是非曲直、谁有罪和谁无罪。通常所说的关键性情节,主要有以下几类:

一是决定或影响案件性质的情节。刑事类案件事实中决定其是否属于犯罪的情节,或决定其属于此罪或彼罪的情节,民事类案件事实中决定其是否构成侵权行为的情节,都属于此类的事实情节。如要确定某人是否面对正在进行的不法侵害;对不法侵害行为的反抗是否超过了必要的限度,就必须把侵害人的行为、对象、所持的凶器、打击被侵害人的具体强度、被侵害人持有何种工具、如何具体反抗以及造成何种结果等,写清写实。只有这样才能判明被侵害人的行为究竟是正当防卫还是防卫过当。

二是涉及当事人有无法律责任的情节。如合同纠纷的案情事实,必须具体写明根据合同规定,在合同执行过程中,究竟是哪方违约,给对方造成损失,抑或双方均有违约行为,孰轻孰重,孰先孰后等。只有这样才能判定谁有责任,谁无责任;或哪个责任较大,哪个责任较小。

三是影响问题严重程度的情节。问题的严重程度不仅涉及情节的轻重,有时甚至影响案件的性质。例如,有一份起诉书对犯罪事实的叙述是这样的,"被告人用石头将王某头部打伤后,又用刀刺伤王的上肢"。

被告人对此提出异议,认为起诉书中认定的事实与实际情况有很大的出入,称自己只是"用石头子儿将王某头皮打破,后又用果皮刀划伤了王的手背"。

两相比较,按起诉书认定的事实,被告人行为的危害程度要大,应承担的刑事责任要重。究竟是用石头还是用石头子儿?打伤了王某的头部还是头皮?是用刀刺伤王的上肢还是用果皮刀划伤了王的手背?这就成为此案应当查清的关键情节。

(四)掌握叙事方法

在诉讼文书中叙述事实的顺序和方法上,是有一定的规律可循的。常见的有以下几种方法,注意掌握这些方法,对于将各种复杂的案情事实叙述清楚是有指导意义的。

1. 自然顺序法

自然顺序法,即通常所说的顺叙方法,也就是按照事件的发展过程记叙事实的方法。在诉讼文书中,通常是以时间为线索,以行为人的行为过程为内容记叙发生的事件。它可以脉络清晰地将案情从开始到结局全面呈现,是诉讼文书所采用的最基本的方法。对于刑事类案件事实,这种方法最适于记叙一人一罪、多人一罪、一人犯数罪但数罪之间有因果关系的案件。民事、行政案件一般也都采用这一方法来叙述事实经过。

2. 突出主罪(重罪)法

这种方法是对记叙刑事类案情事实而言的。当犯罪嫌疑人、被告人实施了多起不同的犯罪,且罪行轻重区别较大时,就可以考虑选择这种叙事方法。其要领是主罪提前记叙、次罪移后记叙,主罪详写、次罪略写,而不必拘泥于各种罪行实施的先后顺序。当然,具体到主罪、次罪的记叙时,则依然按照时间顺序法来进行。

3. 突出主犯法

这也是记叙刑事类案情事实的方法,而且多用于记叙集团犯罪或共同犯罪的事实。对于这类案件,如果按照时间顺序平铺直叙,难以凸显主犯的罪行。并且由于涉案人员众多,往往案情复杂,叙述时若平均用力,会使人感觉头绪纷繁、内容琐碎,无法得到一个整体印象。因此当记叙多人犯一罪或者多人犯多罪时,可以采用通过主犯的行为轨迹推进整个事实情节的方法,以主犯为线索叙述犯罪集团或共同犯罪的罪行。这样,在犯罪的每一个环节,主犯起到了什么作用,其他罪犯何时参加进来,各自实施了哪些行为,以及罪行轻重便一望而知。如此,不但主犯的行为得到了强化,叙述的重点也愈加突出。

4. 综合归纳法

这种方法是记叙同类性质事实的方法,通常也称为概括记叙案情的方法。这种方法既适用于刑事案件,也适用于民事、行政案件。就刑事案件而言,如果一人多次犯一罪,且情节连贯雷同时,就可采用此种方法。不过,这种方法不宜单独使用,即不能将全部案情只用这种方法记叙,否则就不能准确深刻地反映案件的本质特征。一般情况下,对主罪或主要的一次罪,采取具体记叙的方法,而对其同类的次要罪行可以采用这种方法予以记叙。通过具体记叙案犯的主罪了解其

犯罪的深度,通过综合归纳记叙其次罪,了解其犯罪的广度,两者相辅相成,互为补充。例如:

1993年1月至1996年4月,被告人李××利用担任荔华经营公司经理的职务便利,先后14次在其公司设在香港越荔公司账户上,以“代荔华公司付”“职工考察费”“差旅费”等名义,共提取现金639,835港币使用,除部分用于公务支出外,尚有192,528港币被被告人李××非法占有。1999年年底,被告人李××在荔湾区审计局对其进行离任审计时,从工程合作方——华丰公司账上抽走已报销入账的三张旅游费发票(金额合计199,680港币),并用这三张发票冲销被其侵占的公款192,528港币。

5.纵横交错法

这种方法主要适于记叙民事和行政案件的案情。这类案情叙述,既要讲清纠纷的起因、发展和结果,也要体现双方当事人的意见和主张,于是采用纵横交错的方法应该是不错的选择。所谓“纵”,是指记叙事件的发展过程;所谓“横”,是指记叙在一个时间点上,当事人各方的行为、观点、意见等有关情况。以合同纠纷案件的诉讼文书为例。记叙其案情事实时,先要写明双方于何时何地签订了何种内容的合同,这是“纵”,然后介绍合同约定的内容,这是“横”,接下来再写合同的执行情况及纠纷产生的情况,又是“纵”,最后介绍双方的分歧意见和各自所持的理由,又是“横”。这就叫作纵横交错法。

三、说明具体,完整明确

说明在诉讼文书中应用十分广泛,除去事实叙述和理由论证之外,其他的内容一概需要运用说明的写作方法,如当事人的身份情况,现场勘查的痕迹物证,证据材料的内容,等等。笔录类文书则基本采用这种表达方式。说明的要求主要有以下几个方面:

(一)客观具体

客观是诉讼文书最基本的要求,同时也是说明的本质特征。要做到客观,就要用具体的情节或数据说话,以近乎科学的态度反映其真实状态或性质,可以说客观与具体是相辅相成的。例如,一份判决书对原、被告双方房产争议标的的说明是这样的:

坐落本市民族巷52~54号房屋产权面积为138.22平方米,系砖木砖混结构,两层共计十一间,该房始建于1953年,改建于1969年,产权登记在何××名下。该房附有临时建筑面积7.75平方米(1969年修建),另附有产权性质待定的建筑面积52.73平方米,建筑物由××市公证处进行了证据保全。据产权处档案记载,房屋核准营业用房面积为25.52平方米,办公用房为26.27平方米,核准办理自营许可证面积为52.09平方米。

这一段文字将这一房产坐落的位置、产权面积、房屋结构、修建时间、改建时间、产权登记情况等,通过具体数据,清晰地展现在文书中,并明确指出了这些数据的原始出处。这样的文字无疑是具体的,同时也是客观的,因为这是有据可查的。这就为结论的科学性和权威性打下了坚实的事实基础。

(二)完整明确

完整,是指说明性的文字所包含的内容必须全面,对相关事项不能遗漏。就要素化的说明文字而言,需要写明的每一事项都应当按照要求一一列出;其他说明性文字也应采用合适的方式齐全地表现其内容。如一份执行死刑笔录的内容是这样的:

案由:故意杀人。

死刑罪犯姓名:王××。

执行地点:××市××刑场。

执行时间:19××年×月×日×时×分。天气:晴。

指挥执行的审判人员:××市中级人民法院审判员张××。

临场监督人:××市人民检察院检察员徐××。

执行人:××市中级人民法院法警胡××。

执行死刑情况:刑警鸣枪,罪犯当场毙命。

法医或检验人验明毙命情况:由法医李××验明:刑警一枪击中罪犯王××,弹丸由后背经左心脏从前胸穿出体外,致其当场死亡。①

从案由到验明毙命情况共九项,是每一份执行死刑笔录都必须完整记录的内容,缺一不可。

明确,是指说明性文字应当讲求次序、条理分明、层次清晰、没有

① 选自宁致远:《法律文书参考资料》,中央广播电视大学出版社2002年版,第276页。

歧义。例如：

被告三台县农业局行决字(1999)第9号行政处理决定书认定，原告农用化工厂1999年3月至5月，共生产3.6%杀虫双大颗粒剂32吨，以每吨850~950元的销售价格，分别于4月初、5月初销往安县、梓潼、绵阳等地，共获销售收入2.9万余元。三台县农药监督办公室执法人员在生产车间和销售门市部随机抽样2kg送四川省农药产品质量检验二站检验，含量为1.5%，为不合格产品。1999年5月出版的1998年度中华人民共和国农药登记公告内容所示，该厂生产的杀虫双大颗粒剂所用的农药登记证号LS97314为江油农药厂所有，其有效期为1997年1月9日至1998年1月15日，属冒用失效农药登记证的行为。①

四、说理有力，切中要害

论证说理部分在诉讼文书中一般称为理由，是制作主体对所述事实进行的法律评断。说理处于事实和结论之间，起着承上启下的作用，是将整篇文书连成一体的桥梁。说理是一种理性思维，是以说服其他人为目的的沟通活动。

目前，我国诉讼文书制作中存在的主要问题之一，就是说理流于空泛，过于简单，缺乏论证和推理。这一点已经引起了最高人民法院的重视，并将其作为进一步深化审判方式改革的内容之一，指出"改革的重点是加强对质证中有争议证据的分析、认证，增强判决的说理性；通过裁判文书，不仅记录裁判过程，而且公开裁判理由，使裁判文书成为向社会公众展示司法公正形象的载体，进行法制教育的生动教材"。② 说理在诉讼文书中地位的重要性由此可见一斑。要使诉讼文书的说理有力，切中要害，除了具备法律专业知识外，还必须掌握说理的要素与方法。

（一）说理的要素

说理性文章的三要素为：论点、论据、论证。这也是诉讼文书说理

① 选自宁致远：《法律文书参考资料》，中央广播电视大学出版社2002年版，第147页。

② 《人民法院五年改革纲要》，载《法制日报》1999年10月20日。

必备的要素。

论点应明确合法，切中要害。比如一份辩护词提出了这样的论点："对于公诉人指控被告人扎伤被害人的行为事实，辩护人不持异议，但对根据这样的事实得出被告人的行为属于防卫过当，应负刑事责任的结论却不敢苟同。因为被告人的行为属于正当防卫，不负刑事责任。"论点非常鲜明，而且对于被告人行为的定性，即认定该行为为正当防卫，是这份辩护词进行无罪辩护的关键点。

论据应广泛充分、互相印证，事实、证据可以作为论据，法律条文、法学理论以及自然法则、社会情理和风俗也能够成为论据。例如，前述辩护词在提出正当防卫的论点后，依据法律条文，再佐以事实，使论点得到有力支持：

根据《中华人民共和国刑法》第二十条第二款的规定："正当防卫明显超过必要限度造成重大损害的，应当负刑事责任……"可见被告人对于不法侵害者的防卫行动，虽然在使用的器械上，较不法侵害者锋利些，但并没超过必要的限度。对方拿的是短刀，被告人拿的是长矛。这样把不法侵害者扎伤，不能认为是超过了必要的限度。否则被告人遇到手持短刀的不法侵害者的侵害，必须放下手边的长矛不能用，只有找到一把短刀来和不法侵害者对抗，才算是"正当防卫"，那样恐怕早被不法侵害者砍死或砍伤了。

论证是运用论据证明论点的过程，也是将论据与论点联系，以剖析事理的方法。

在诉讼文书中，论据是论点的具体表现，论点则是论据的集中结论。任何一个论点，如果离开了论据，就只是一个没有实际意义的概念。同样，不以论点为统帅的论据，也不过是一些杂乱无章的材料，不具有说理的功效。可见，论点与论据并非孤立存在，而是相互联系，互为依存的。然而，要把论点与论据联系起来，形成一个统一整体，使论据能更好地服务于论点，就必须通过论证这一过程来完成。因此，运用论据来证明论点正确性的过程就是论证的过程。

（二）说理的方法

说理是一种艺术。要想把握好这门艺术，使人明白、赞同文书中所依之法、所论之理，方式方法必不可少。说理的方法有很多种，这里仅以三种常用方法为例：

1. 引证法。这是最为常见的说理方法。它通过引用众所周知的法律条文、法学原理或典型事例等来进行论证，以印证自己的观点。以法律条文为例，诉讼文书不可避免地要引用法律条文。这时条文就成为证明论点展开论证的工具。但法条本身是抽象概括的，并不能直接提供具体的标准。要想把法条适用于具体的案件，就必须对其内涵予以阐释。阐释的内容可以是法律条文本身所具有的，也可以直接套用司法解释，还可以运用权威解释或学理上的通说。

前述关于正当防卫的辩护词，正是采用的这种论证方法。它先引用了《中华人民共和国刑法》关于防卫过当的条文，其中"超过必要限度"是抽象概括，按照司法解释和法理，它一般表现为防卫方式、工具及强度的不恰当；再针对使用的防卫工具是否恰当进行论证，为的是说明其防卫没有超过必要限度。

2. 反驳法。又称驳论，它是通过反驳对方论点、论据和论证方法，来达到树立起自己观点的目的。反驳论证包括直接反驳与间接反驳。对论点的反驳是直接反驳，对论据和论证方法的反驳为间接反驳。如"被告人李××在共同贩卖毒品犯罪中负责提供资金及联系销售渠道，并获得贩卖毒品所得利润的2/3，显系主犯，故李××提出自己不是主犯及其辩护人提出给李××从轻处罚的意见不予采纳"。这里反驳的是李××不是主犯，应当从轻处罚的论点，显然是运用了直接反驳法。

3. 归谬法。归谬论证采取以对方的观点为基础进行严密的推导，从中得出完全错误或者荒谬的结论，从而驳斥对方的论点和主张的方法。这种方法技巧性比较强，要求按照错误的前提正确而严密地推理，否则容易让人产生歪曲事实的看法。但如果使用得当，它能充分体现出制作者的智慧，产生强大的说服力。如一份抗诉书针对一审法院将被告人行为定性为抢夺罪而非抢劫罪的判决结果，进行了论证："如果将许×的抢劫罪定为抢夺罪，那么许×犯罪时尚不足16周岁，根据我国刑法有关责任年龄之规定，就不能追究其刑事责任。一审判决对许×以抢夺罪科刑显然是不符合我国刑法规定的。"这份抗诉书首先以一审法院认定被告人犯抢夺罪的判决结果为基础，根据法律规定，因抢夺罪而承担刑事责任必须是16周岁以上的人，而本案被告人犯罪时尚不足16周岁，由此推导出一审对许×以抢夺罪科刑是个错误判决的结论。

第五章　诉讼文书的语言辞章

诉讼文书既然是文书，自然少不了语言辞章，而诉讼文书所表述的内容又关系到社会秩序，关系到人们的权利义务、财产、人身自由，甚至生命等事项，因而，诉讼文书的理论研究绝不可忽视对其语言辞章的研究。随着法制进程的深入，诉讼文书的语言辞章问题也引起了司法实务部门的重视。2002 年昆明市检察系统推出一项新举措，对诉讼文书语言风格给予高度关注，那些人们习以为常的激烈和情绪化的表达不再使用。这引起了学者们的关注，有评论认为："这是一个十分值得注意的进展，虽然在表面上看，它只是要求检察官们在语词风格上有所改变，但是，法律语词事关刑事被告人的地位，事关国家与公民之间的关系，甚至关乎法治的基本准则是否得以遵循。事实上，考察一国法治的程度，法律话语是否足够理性化乃是其中关键指标之一。"①

现实生活中，常有这样的例子，在各种诉讼文书中，由于轻视语言辞章的规范，使得文书内容与制作者的真实意思表示相去甚远，轻则引起不必要的纠纷，遭受各种损失；重则严重损害法律的权威性与严肃性。这是要引以为戒的。

有一家鱼火锅饭店的订餐卡的背面写着这样的广告词："吃鱼的妈妈最漂亮，吃鱼的爸爸最健壮，吃鱼的娃娃最聪明。"意思一般人也都能理会，就是说妈妈吃了鱼就变漂亮，爸爸吃了鱼就变健壮，小孩吃了鱼就变聪明。总之，说些好听的话，无非是希望大家多多上这家饭店来用餐。可有一天，一个小孩对这份广告词作了别解，他请妈妈给他点一份"鱼娃娃"，并好奇地问道："我怎样才能知道哪是鱼妈妈，哪

---

① 贺卫方：《运送正义的方式》，上海三联书店 2002 年版，第 54 页。

是鱼爸爸,哪是鱼娃娃呢?”大家先是一怔,继而粲然一笑,事情也就过去了。事后想想,如果较起真来,这家饭店怕还真少不了麻烦,那时,老板也只有埋怨:都是广告惹的祸!

又如,一份起诉书对犯罪事实的陈述是这样的:“张××与王××发生争吵,李×正用水果刀削苹果。张××从李×手中抢过水果刀,向王××的胸部猛刺三刀。”被告人张××认为检察院对事实的认定有出入,辩称自己不是从李×手中抢过水果刀,而是从李×手中接过李×递来的水果刀。一个说是“抢”,一个说是“接”,一字之差,使事实的陈述有了很大的不同,进而引起法律后果的不同。且不说在两种情况下张××的法律责任大小的问题,单就李×而言,如果是“抢”,则李×与此案无关,不负任何刑事责任;而如果是“接”,则李×无疑成为了这起故意伤害案的共同犯罪人,要承担相应的刑事责任。

对语言辞章的规范,应该是多方面的,但从制作诉讼文书的实践来看,以下三方面应是规范重点。

一、语词要求

(一)准确无歧义

现代汉语的很多词语都具有多种含义,使用这些一词多义的词语时,会使语句出现歧义。另外,现代汉语复合词中,词与词之间的结构非常复杂,有主谓、动宾、宾补、并列、偏正之分,这些结构是内在的,在外在形式上并无任何标记,因此,对一个词的结构常常会出现不同认识,这也是歧义产生的一个重要原因。而歧义是与诉讼文书的特点根本冲突的。试想,如果一份判决书的判决结果出现歧义,可以这样理解,也可以那样理解的话,该如何执行呢?要避免歧义的出现,应注意以下几点:

1. 尽量不要使用多义词。

这家商店关门了。

被告人嫌被害人不会说话,不能干,于是经常打骂被害人。

第一例中,“关门”是一个多义词。它的第一个含义是“把门关上”;第二个含义是“打烊”,即到了下班时间,停止营业;第三个含义是“倒闭”。因此,这个例句就可以有两种理解,一是这家商店打烊了;二是这家商店倒闭了。如果制作者注意到这一点,将“关门”换成“打烊”或“倒闭”，就不至于产生歧义了。

第二例中，“不会说话”又会导致歧义。因为它既可以表示被害人是哑巴，不能发音，也可以表示被害人缺乏说话的艺术，不善言谈。因此，制作者如果是前一种意思，则可将“不会说话”换成“是个哑巴”；如果是后一种意思，则应将“不会说话”换成“不擅辞令”。

2. 准确辨析、运用词语结构。如前所述，现代汉语的复合词结构多样，在使用时一定要注意使词与词之间的结构准确和固定，具有唯一性，否则就会出现歧义。例如：

被告人李××因盗窃两次被劳改。

在这一例句中，由于“因盗窃两次被劳改”可以构成两种不同的词语结构，即由“盗窃两次”构成动补结构，也可以由“两次被劳改”构成偏正结构，不具备唯一性，因而产生了歧义。如果将“两次”理解为对“盗窃”的限定的话，那么这句话是说李××因为盗窃了两次而被劳改；如果将“两次”理解为对“劳改”的限定的话，那么这句话就应理解为李××因为盗窃而被劳改了两次。要表达前一种意思，则应该表述为：“被告人李××因为两次盗窃而被劳改。”要表达后一种意思，则应表述为：“被告人李××因为盗窃而被劳改两次。”

3. 正确使用模糊词。从词义的确切性角度对中文词语进行分类，可分为确切词语与模糊词语两类。诉讼文书要求尽可能使用确切词语，但也不绝对排斥模糊词语的使用。只要不影响法律事实的准确反映和司法机关所做裁判文书的正确说明时，就可以使用模糊词。具体来说：

第一，大数或大方位是确切的，余数或具体地点因客观原因不能或不必要确切交代的，可使用模糊词。例如：

被告人共贪污人民币96万余元。

2015年1月1日上午8时许。

在本市江北区中山公园一带。

第二，叙述事实时数目需确切，陈述理由时数目可模糊。

比如在陈述一起盗窃案的事实时，应该将盗窃了几次，每次盗窃的财物数量是多少，合计多少表述确切，而在阐述理由时，则应将这些具体数目概括为数额“较大”“巨大”“特别巨大”，只有这样，才能准确地引用法条定罪量刑。因为法条对盗窃数额作了“较大”“巨大”“特别巨大”三种划分,并规定了相应的法定刑。

4. 使用专业术语。法律工作是一项专门职业,法学是一门专业学科,因而必然要有专门的术语。这些术语在法律的层面上都有特定的内涵,不能按普通词语的意义做想当然的理解。比如,“起诉书”和“起诉状”,从语言学的角度来说完全是同义词,可以互相替代;但在法律的角度来看,这是截然不同的两种文书,它们的制作主体和文书的主旨根本不同,绝不能混为一谈。又如汉语中“告诉”的主体可以是任何人,对象也可以是任何人。“主张”作动词时,意思是对如何行动持有某种见解。而《中华人民共和国刑法》第九十八条规定:“本法所称告诉才处理,是指被害人告诉才处理。如果被害人因受强制、威吓无法告诉的,人民检察院和被害人的近亲属也可以告诉。”这表明“告诉”的主体只能是被害人,特殊情况下可以是检察院和被害人的近亲属,“告诉”的对象只能是“法院”,这里“告诉”就是“控告”的意思;说“谁主张谁举证”时,“主张”的意思限定为提出权利请求的意思,显然,汉语中的“告诉”和“主张”与法律上的“告诉”和“主张”含义是不同的。再如,《中华人民共和国刑法》第九十五条对“重伤”做了明确的规定:“本法所称重伤,是指有下列情形之一的伤害:(一)使人肢体残废或者毁人容貌的;(二)使人丧失听觉、视觉或者其他器官机能的;(三)其他对于人身健康有重大伤害的。”所以,诉讼文书只能在上述范围内才可使用“重伤”一词。

(二)简练不繁冗

制作诉讼文书的目的就是要解决某个法律事项,实用性是它的突出特点。为了提高办事效率,就要求诉讼文书的语言一定要简练,不能拉杂重复。例如:

被害人受到被告人的猛烈撞击后一息尚存,但又尚未断气,还在继续呼吸。

被害人刘××用嘴咬了被告人右手腕一口。

在第一个例句中,“一息尚存”“尚未断气”“继续呼吸”是同义词,连在一起使用,显然不合适,只需保留其中之一就行了。

第二个例句中,“咬”这一动作显然只能用嘴,因此,“用嘴”二字就是多余的。

不过,要求简练是以完整表达意思为前提的,如果一味追求简练,而损害了文书的意思表达，则走向了另一个极端，同样是不可取的。

(三)质朴庄重不情绪化

对于法律语言的风格，中外学者们有很多精辟的论断。德国法学家古斯塔夫·拉德布鲁赫曾说："法律的语言决不可能等同于报纸的语言、书本的语言和交际的语言。它是一种简洁的语言，从不说过多的废话；它是一种刚硬的语言，只发命令而不作证立；它是一种冷静的语言，从不动用情绪。法的所有这些语言特点，就像其他任何风格形式一样有其存在的道理。""写诗不会对法大唱赞歌——决不会，因为很多诗人就是从法学院逃逸的学生。法属于最为僵化不变的文化构体，而艺术属于变动不居的时代精神的最为灵动的表现形式，两者处在自然的敌视状态之中"。[①] 实际上，最能贴切反映事件和法律原理本来面貌的语言就是最质朴而不过分修饰、不带强烈主观情绪的语言。为此诉讼文书制作时在语言风格上可注意以下两点：

1. 少用形容词、副词，不用感叹词

少用并非绝对排斥。在诉讼文书中并不杜绝使用形容词、副词，如大、小、多、少、强、弱、非常、重大等，但是那些描述性强、文学色彩浓厚的形容词，如贼眉鼠眼、泪如泉涌、血流如注、狗急跳墙、丧心病狂、鬼鬼祟祟等，则不宜使用。请看这样一段文字：

魔鬼王××在××××年××月××日旭日东升之时，身藏两把雪亮的杀人刀，窜到了可怜的李××房中，抽出刀来，朝李××狠命砍去，苦命的李××啊，活活被夺去了年轻而宝贵的生命。

这段文字使用了很多形容词及感叹词，使文风显得比较浮泛，有欠庄重。另外，文书花了很多力气来铺陈文字，但却忽略了诉讼文书陈述事实应当具备的要素。比如"旭日东升之时"，不是一个准确的时间概念，只知大概是早上；"两把雪亮的杀人刀"，也没讲清楚是两把什么样的刀，是菜刀还是东洋刀，不得而知；"朝李××狠命砍去"既没讲清砍的部位，也没讲清砍了几下。这样的文字纯粹是"花架子"，是制作诉讼文书者的大忌。

---

① ［德］古斯塔夫·拉德布鲁赫：《法律智慧警句集》，舒国滢译，中国法制出版社2001年版，第12、14页。

2. 忌用方言口语,脏话黑话

有些诉讼文书会自觉不自觉地出现一些方言,令方言区以外的读者看后不解其意,这会大大妨碍诉讼文书效用的发挥;而口语的出现则使文书语气拖沓,结构松散,影响诉讼文书庄重性。

尤其不应该在诉讼文书中出现脏话和黑话。在制作笔录时会经常遇到被讯问人用黑话回答问题的情况,该不该照实记录？回答是否定的。遇到这种情况应该告诉被讯问人不能用黑话回答,要用普通话把问题说清;即使只能记下黑话,也必须问清意思,在笔录中注明。

二、句子要求

句子是汉语中较大的语言单位,是表达意思的重要手段。诉讼文书对句子的规范主要从以下几个方面进行:

(一)句式多用陈述句

陈述句与祈使句、感叹句相比,最少掺入表达者的主观情绪,是最具有客观和理性特点的一种句式,自然成为了诉讼文书的主要句式。疑问句在讯问笔录、询问笔录、辩护词、代理词、答辩状等文书中会使用到,祈使句和感叹句则几乎不在诉讼文书中出现。

关于诉讼文书中的句式使用问题,可以以歌德的例子加以说明。德国著名诗人歌德其实并不是学文学出身,他在青年时代学习的恰恰是法律专业,毕业后还做过一段时间的律师。不过,他的法律生涯远没有文学生涯那么成功。他首次出庭辩护就以失败而告终。究其原因,不外是他的头脑中完全没有法律职业的神经,满脑子都是诗化的语言,唯独没有“法言法语”。他的辩护词中有这么一段话:

“啊,如果喋喋不休和自负竟能预先决定明智的法院的判决,而大胆和愚蠢竟能推翻业经得到证明的真理……简直很难相信,对方居然敢向你提出这样的文件,它们不过是无限的仇恨和最下流的谩骂热情的产物……啊,在最无耻的谎言,最不知节制的仇恨和最肮脏的诽谤的角逐中受孕的丑陋而发育不全的低能儿!”

歌德这篇“带有一股热情的行吟诗人气味”的辩护词,由于不符合法律语言的要求,结果使法官们只能“微笑地摇摇头”,引起了听众的不满和对方律师的反驳。歌德对此十分愤慨,要求再次发言,用一种戏剧性的感叹结束了自己的讲演:

“我不能再继续我的发言，我不能用类似这种渎神的话玷污自己的嘴……对这样的对手还能指望什么呢？……需要有一种超人的力量，才能使生下来就瞎眼的人复明，而制止住疯子们的疯狂——这是警察的事。”①

这篇辩护词充斥着大量的感叹句，它除了能宣泄情绪以外，在为被告人提供罪轻、无罪或者减轻、免除其刑事责任的意见和证明方面没有任何作为，显然是不合格的。

（二）主动句与被动句要前后一致

在诉讼文书中，主动句与被动句都经常使用。前者如：

原告诉称……

被告违反合同约定，……

被害人抢过匕首，……

后者如：

案犯被当场抓获。

货物被按时卸下，装入指定的仓库内。

当主动句或被动句与其他句子并列时，就要注意不要将两种句子在主语不同的情况下，省略后一个句子的主语。否则会引起逻辑混乱，造成表达的意思不清楚。例如：

原告说他被被告打伤，并抢走了他的财物。

这是一个复合句，主语是“原告”，谓语是“说”，宾语是两个并列句，即“他被被告打伤，并抢走了他的财物”。问题就出在宾语上。这两个宾语从句，前一个是被动句，而后一个是主动句，而且，后一个主动句的主语被省略了，按语言的规律，只有当后一个句子的主语与前一个句子的主语相同时，才能省略。把这两个宾语从句还原成完整的句子则为：“他（指原告）被被告打伤”“（原告）并抢走了他（原告）的财物。”由此来看，前一句子没有问题，但后一句子由于变为了省略主语的主动句，造成了自己抢自己财物的逻辑混乱。解决这一问题其实只要注意主动句与被动句前后保持一致就行了，可以改为：

“原告说他被被告打伤，并被抢走了财物。”

---

① 潘庆云：《法庭论辩语言风格略谈》，载《语文学习》1988年第2期。

或者：

“原告说被告打伤他，并抢走了他的财物。”

三、正确运用标点符号

由于句读不同，诉讼文书的内容也会产生很大的差异。

相传古代一富翁与聘请的私塾先生签订了一份关于生活待遇的合同，合同文字是这样的：“无鸡鸭亦可无鱼肉亦可小菜一碟足矣。”可是才过两天，双方却对合同内容产生了争执。富翁解释该合同为：无鸡鸭亦可，无鱼肉亦可，小菜一碟足矣。这样说来，私塾先生的用餐标准就是一碟小菜。私塾先生对该合同的解释则不同，他理解的是：无鸡，鸭亦可；无鱼，肉亦可；小菜一碟足矣，也就是说用餐标准应该是两荤一素，而且这两荤应该是非鸡则鸭，非鱼则肉。同样的文字，由于句读不同，内容竟然有天壤之别。真可谓差之毫厘，失之千里！

小小的句读在当代法制生活中也至关重要。2004 年 3 月 15 日，《中国青年报》报道说，经第十届全国人大二次会议表决通过的中华人民共和国宪法修正案，删除了原来草案文本中的两个小小的逗号。草案中的相关法条是这样的：“国家为了公共利益的需要，可以依照法律规定对土地实行征收或者征用，并给予补偿。国家为了公共利益的需要，可以依照法律规定对公民的私有财产实行征收或者征用，并给予补偿。”草案审议时，有人大代表发现了问题，指出在两个“并给予补偿”前头有个逗号，这就意味着“依照法律规定”只约束逗号之前的前半句，而没有约束到逗号之后的后半句。也就是说，如果该逗号存在，则“给予补偿”就可能成为不“依照法律规定”的随意行为。这显然是与宪法修正案的立法本意相违背的。为此，最后的定稿删去了这两处逗号，变成了“国家为了公共利益的需要，可以依照法律规定对土地实行征收或者征用并给予补偿。国家为了公共利益的需要，可以依照法律规定对公民的私有财产实行征收或者征用并给予补偿”。

另外，在一些合同或协议中，常有“本合同（或协议）经双方签字盖章后生效”或“本合同（或协议）经双方签字、盖章后生效”的表达，对因此产生的纠纷，最高人民法院的裁判意见认为，“签字盖章”与“签字、盖章”产生不同的法律效果。前者意为无论签字或盖章，只要满足其中之一，合同就能生效；而后者则意味着双方必须既签字又盖章，才能导致合同生效。①

上述例证告诉我们，在制作诉讼文书时，大到字、词、句，小到标点符号，都应引起高度重视，这是法律理性特质所要求的。

① 两个案例分别为《北京大有克拉斯家具商城与中国机床总公司、北京牡丹园公寓有限公司进口代理合同纠纷案》[(2013)民申字第72号]和《浙江顺风交通集团有限公司与深圳发展银行宁波分行借款合同纠纷案》[(2005)民一终字第116号]。

第二编

刑事诉讼文书

第一章 公安机关刑事侦查文书

第一节 概 述

一、公安机关刑事侦查文书的概念

公安机关刑事侦查文书，是公安机关（含国家安全机关）在刑事诉讼活动中，依法制作或者认可的具有法律效力或者法律意义的诉讼文书。

公安机关既是我国的治安保卫机关，又是我国的刑事侦查机关。当它履行刑事侦查职能时，要负责完成刑事案件的侦查、预审和对犯罪嫌疑人执行拘留、逮捕等强制措施，揭露和证实犯罪等项任务。公安机关在刑事侦查活动的各个阶段，都要制作和使用相应的诉讼文书。公安机关的刑事侦查文书是整个刑事诉讼文书的重要组成部分，它与人民检察院的刑事检察文书和人民法院的刑事裁判文书有密切的联系，共同构成刑事诉讼文书的有机体系，充分体现了公、检、法三机关分工负责、互相配合、互相制约的原则。

公安机关刑事侦查文书，不仅包括公安机关制作的各种文书，而且包括公安机关认可的其他机关、团体和诉讼参与人依法制作的各种文书，如犯罪嫌疑人的亲笔供词、证人亲笔证词，等等。

公安部2012年12月19日发布通知，对2002年12月18日印发的《公安机关刑事法律文书格式（2002版）》（公通字〔2002〕69号）进行了修改和补充。修改后的《公安机关刑事法律文书式样（2012版）》于2013年1月1日起启用。

二、公安机关刑事侦查文书的种类

根据《公安机关刑事法律文书式样(2012版)》,公安机关刑事法律文书共分为八类,即立案、管辖、回避文书;律师参与刑事诉讼文书;强制措施文书;侦查取证文书;技术侦查文书;执行文书;刑事通用文书;规范性文书。

举例而言,受案登记表属于立案类文书;提请批准逮捕书属强制措施类文书;通缉令、起诉意见书属于侦查取证类文书;呈请××报告书、要求复议意见书与提请复核意见书属于刑事通用类文书。

第二节　呈请××报告书

一、概念

呈请××报告书是公安机关办理刑事案件过程中,对于拟进行的有关诉讼行为呈报领导审批时使用的文书。

呈请××报告书属于公安机关内部使用的审批性文书。由于公安机关进行的有关诉讼活动往往涉及公民的人身或者财产权利,因此,《中华人民共和国刑事诉讼法》和《公安机关办理刑事案件程序规定》对上述诉讼活动都规定了比较明确的审批程序。认真制作呈请××报告书,严格按照规定程序进行审批,对于规范公安机关刑事侦查活动,保证准确、及时地惩治犯罪,保护公民合法权益不受侵害具有十分重要的作用。

二、适用条件

《公安机关刑事法律文书式样(2012版)》规定,凡在立案,采取或解除强制措施、侦查措施,破案,侦查终结,撤销案件等环节需要呈请领导批准时,均需制作呈请××报告书。

呈请××报告书主要包括呈请拘传报告书、呈请取保候审报告书、呈请监视居住报告书、呈请拘留报告书、呈请延长拘留期限报告书、呈请立案报告书、呈请不予立案报告书、呈请搜查报告书等。也就是说,呈请批准上述事项时,都要使用本文书。

三、内容及制作方法

呈请××报告书是叙述型文书,由领导批示栏、审核意见栏和呈请××报告书组成。

呈请××报告书由呈请单位制作,具体内容及制作方法见下面"五、(一)"所附的格式。

四、使用要求

(一)呈请××报告书制作完毕,应当先送有关部门进行审核,审核部门签署意见后,送单位领导批示。

(二)根据领导批示,制作相关法律文书,开展有关侦查活动。如根据经领导批示同意的呈请立案报告书,可据以制作立案决定书,并开展有关侦查工作;根据经领导批示同意的呈请拘留犯罪嫌疑人××报告书,可据以制作拘留证,对犯罪嫌疑人执行拘留。

(三)呈请××报告书属于内部审批性文书,经领导审批的呈请有关事项的报告书应当存入侦查卷。

五、格式及示例

(一)格式:

领导批示	
审核意见	
办案单位意见	

呈请××报告书

第一部分:犯罪嫌疑人的基本情况[姓名、性别、出生日期、出生地、身份证件号码、民族、文化程度、职业或工作单位及职务、政治面貌

(如是人大代表、政协委员,一并写明具体级、届代表、委员)、采取强制措施情况、简历等]。尚未确定犯罪嫌疑人的,写明案件基本情况。如果涉及其他人员的,写明该人基本情况。

第二部分:呈请事项(立案,采取或解除强制措施、侦查措施,破案,侦查终结,撤销案件等需要领导批示的事项)。

第三部分:事实依据(详细叙述有关案件事实,并对有关证据进行分析)。

第四部分:法律依据(写明依据的具体法律规定)。

第五部分:结语和落款。

(二)示例(呈请拘留报告书)

领导批示	同意拘留 李华刚 2014.9.5
审核意见	同意拘留 刘明 2014.9.5
办案单位意见	同意拘留 张江 2014.9.5

呈请对犯罪嫌疑人周××拘留报告书

犯罪嫌疑人周××,男,1979年4月15日出生,居民身份证编号:110××××××××××××,汉族,住北京市××区××路××号,×××××公司职工,大学毕业。

现呈请拘留犯罪嫌疑人周××,理由如下:

201×年9月1日下午4时左右,周××随同于××到其家中,后将于××杀死。有关证据如下:

据被害人邻居反映,当天下午4点钟左右,死者和一名身材高大的男子曾一同回到家中。据死者丈夫反映,其妻有一同事姓周,在家里见过几次。据周××单位领导反映，听说周××在追求于××，但两人关系到底如何，他们并不知情。据熟悉于××的同事反映，于××曾说过在外面有人，但没有看上周××，倒是周××在苦苦追求于××。经询问周××，他承认在当天下午4点多去过于××家，但是应于××请求来为她修理水管的，修完后自己有事马上就走了。目测周××的身高有180厘米，身材魁梧。

经对死者家中提取的脚印分析，除死者的脚印和死者丈夫的脚印外，还有其他脚印。其中在死者躺卧的地方有很多且零乱的脚印，经分析比对，确认是周××所穿的××牌皮鞋所留。

综上所述，犯罪嫌疑人周××的行为触犯了《中华人民共和国刑法》第二百三十二条之规定，涉嫌故意杀人罪。为查清周××的犯罪事实，防止发生社会危害性，拟根据《中华人民共和国刑事诉讼法》第八十二条之规定，对犯罪嫌疑人周××予以拘留。

妥否，请批示。

××市××区公安分局刑警支队

二〇一×年九月三日

第三节　提请批准逮捕书

一、适用范围

提请批准逮捕书，是公安机关根据《中华人民共和国刑事诉讼法》第八十一条、第八十七条之规定，对有证据证明有犯罪事实，可能判处徒刑以上刑罚且有逮捕必要的犯罪嫌疑人，提请同级人民检察院审查批准逮捕而制作的文书。

根据《中华人民共和国宪法》的规定，任何公民，非经人民检察院批准、决定，或者经人民法院决定，并由公安机关执行，不受逮捕。由于逮捕措施限制人身自由且时间较长，有利于案件的顺利侦破，但使用不好将会严重侵犯公民的人身权利，因此，公安机关办理刑事案件过程中，需要逮捕犯罪嫌疑人的，应当严格依法履行审批手续，认真制作提请批准逮捕书。

使用提请批准逮捕书提请逮捕的对象有以下三类：

（一）对有证据证明有犯罪事实，可能判处徒刑以上刑罚的犯罪嫌疑人、被告人，采取取保候审、监视居住等方法，尚不足以防止发生社会危险性，而有逮捕必要的，应即依法逮捕。

对于这类犯罪嫌疑人、被告人提请逮捕的，须同时具备证据证明有犯罪事实和有逮捕必要两个前提条件。只有审查符合这两个条件后，才能制作提请批准逮捕书提请同级人民检察院批准逮捕这类犯罪嫌疑人、被告人。

1. 有证据证明有犯罪事实。根据2013年1月1日起施行的《公安机关办理刑事案件程序规定》第一百三十条规定，“有证据证明有犯罪事实”，是指同时具备下列情形：有证据证明发生了犯罪事实；有证据证明犯罪事实是犯罪嫌疑人实施的；证明犯罪嫌疑人实施犯罪行为的证据已有查证属实的。

而“犯罪事实”既可以是单一犯罪行为的事实，也可以是数个犯罪行为中任何一个犯罪行为的事实。

2. 有逮捕必要。根据《公安机关办理刑事案件程序规定》第一百二十九条的规定，符合以下情形之一，即为有逮捕必要：可能实施新的犯罪的；有危害国家安全、公共安全或者社会秩序的现实危险的；可能毁灭、伪造证据，干扰证人作证或者串供的；可能对被害人、举报人、控告人实施打击报复的；企图自杀或者逃跑的。

（二）对于有证据证明有犯罪事实，可能判处十年有期徒刑以上刑罚的犯罪嫌疑人、被告人；或者有证据证明有犯罪事实，可能判处徒刑以上刑罚，曾经故意犯罪或者身份不明的犯罪嫌疑人、被告人，应当提请批准逮捕。

（三）已经采取取保候审、监视居住的犯罪嫌疑人、被告人，违反取保候审、监视居住规定，情节严重的，可以予以逮捕。

根据《公安机关办理刑事案件程序规定》第一百三十一条规定，被取保候审人违反取保候审规定，具有下列情形之一的，即属情节严重，可以提请批准逮捕：涉嫌故意实施新的犯罪行为的；有危害国家安全、公共安全或者社会秩序的现实危险的；实施毁灭、伪造证据或者干扰证人作证、串供行为，足以影响侦查工作正常进行的；对被害人、举报人、控告人实施打击报复的；企图自杀、逃跑，逃避侦查的；未经批准，擅自离开所居住的市、县，情节严重的，或者两次以上未经批准，擅自离开所居住的市、县的;经传讯无正当理由不到案,情节严重的,或者经两次以上传讯不到案的;违反规定进入特定场所、从事特定活动或者与特定人员会见、通信两次以上的。

《公安机关办理刑事案件程序规定》第一百三十二条规定,被监视居住人违反监视居住规定,具有下列情形之一的,即属情节严重,可以提请批准逮捕:涉嫌故意实施新的犯罪行为的;实施毁灭、伪造证据或者干扰证人作证、串供行为,足以影响侦查工作正常进行的;对被害人、举报人、控告人实施打击报复的;企图自杀、逃跑,逃避侦查的;未经批准,擅自离开执行监视居住的处所,情节严重的,或者两次以上未经批准,擅自离开执行监视居住的处所的;未经批准,擅自会见他人或者通信,情节严重的,或者两次以上未经批准,擅自会见他人或者通信的;经传讯无正当理由不到案,情节严重的,或者经两次以上传讯不到案的。

二、制作方法

提请批准逮捕书由首部、正文、尾部三部分组成。

(一)首部

提请批准逮捕书的首部,主要写明三项内容:

1. 制作机关名称、文书名称、文书编号

首先分两行居中写明制作文书的公安机关名称和文书的名称,再另起一行在文书名称的右下方写明文书编号。文书编号由制作文书机关代字、文书代字、年度和案件顺序号组成。

2. 犯罪嫌疑人的基本情况

这部分包含三个组成部分:一是犯罪嫌疑人的身份情况;二是犯罪嫌疑人的政治面貌;三是本案以前该犯罪嫌疑人的违法犯罪经历以及因本案被采取强制措施的情况。

犯罪嫌疑人的身份情况部分要依次写明犯罪嫌疑人的姓名、性别、出生日期、出生地、身份证件种类及号码、民族、文化程度、职业或工作单位及职务、居住地。

政治面貌部分是指当犯罪嫌疑人为人大代表或政协委员时,应将该身份写清楚,同时写明具体是哪级、哪届的代表、委员。

违法犯罪经历及因本案被采取强制措施部分要写明本案以前该

犯罪嫌疑人的违法犯罪经历以及因本案被采取强制措施的情况(时间、种类及执行场所)。

案件有多名犯罪嫌疑人的,如果需要区别主犯从犯的,应按主从关系逐一全面写明;如果不分主从,则可按介入案件的时间先后分别列写。

另外,如有辩护律师,另起一行写明其姓名、所在律师事务所或者法律援助机构名称、律师执业证编号。

3. 案由和案件来源

这部分主要交代案件大概的性质、经何途径来到本办案机构及简要办案过程的情况。

(二)正文

主要包括犯罪事实和法律依据两部分内容。

1. 犯罪事实

根据《中华人民共和国刑事诉讼法》第八十一条之规定,逮捕犯罪嫌疑人必须具备三个条件,其中一个条件是有证据证明有犯罪事实,就是说既要有犯罪事实,还要有证明犯罪事实的证据。这里所讲的犯罪事实是从逮捕的角度出发,而不是从结案的角度出发的。

在提请批准逮捕书中,事实有两方面的含义:

一是指犯罪事实,即嫌疑人犯罪的时间、地点、经过、手段、后果、动机、目的等。如果一人犯数罪或者一罪包括数个犯罪行为(如多次盗窃、抢劫或强奸等),只要把已有证据证明的犯罪事实叙述清楚就可以了,不必把尚未获取确实证据的犯罪事实都列举到提请批准逮捕书中。如犯罪嫌疑人实施了三次抢劫行为,只有其中一次(可能判处徒刑以上刑罚)有证据予以证明,在提请批准逮捕书中,只要把这次行为叙述清楚就足矣。同时,注意要把能够证明犯罪事实的充分的、确实的证据列举出来。

二是指可能判处徒刑以上刑罚和有逮捕必要的事实。之所以要强调这一点,是因为这是逮捕的请求得以批准的法定原因。我国法律明确规定,并不是对所有的犯罪嫌疑人都能适用逮捕,因为逮捕是对犯罪嫌疑人最严厉的强制措施,因而法律对逮捕的适用做了严格的条件限制,即不仅要有证据证明有犯罪事实存在,而且还要有可能被判处徒刑以上刑罚且有逮捕必要。因而在叙述犯罪事实时,要有意识地结合已有证据证明的犯罪事实，说明犯罪嫌疑人行为的情节恶劣程度、后果的严重性以及如果不对犯罪嫌疑人采取逮捕的措施，不足以防止发生社会危害性等事实。

2. 法律依据

在这部分内容中，既要阐明犯罪嫌疑人涉嫌犯罪的法律依据，又要阐明提请批准逮捕犯罪嫌疑人的法律依据。即首先要阐明犯罪嫌疑人的行为触犯了《中华人民共和国刑法》第×条第×款，涉嫌××罪，然后说明犯罪嫌疑人的行为符合《中华人民共和国刑事诉讼法》第八十一条规定的逮捕条件，根据《中华人民共和国刑事诉讼法》第八十七条之规定特提请审查批准逮捕。在引用法律条文时应注意，引用的法律条文必须准确、全面，要分清款和项。

（三）尾部

这部分内容包括文书送达单位的名称，即分两行写明"此致××人民检察院"，文书的右下方分别为公安局局长印、公安局印以及文书制作的日期，最后在"附案卷材料×卷"中注明附卷材料的卷数。

三、使用说明

（一）需要提请批准逮捕犯罪嫌疑人的，应当经县级以上公安机关负责人批准，制作提请批准逮捕书一式三份，连同案卷材料、证据，一并移送同级人民检察院审查。

（二）对人民检察院不批准逮捕并通知补充侦查的，公安机关应当按照人民检察院补充侦查提纲的要求补充侦查。公安机关补充侦查完毕，认为符合逮捕条件的，应当重新提请批准逮捕。

（三）对于人民检察院决定不批准逮捕的，公安机关在收到不批准逮捕决定书后，如果犯罪嫌疑人已被拘留，应当立即释放，发给释放证明书，并将执行回执在三日内送达作出不批准逮捕决定的人民检察院。对已被拘留不批准逮捕的犯罪嫌疑人，公安机关认为需要补充侦查、要求复议或者提请复核的，可以变更为取保候审或者监视居住。

（四）对人民检察院不批准逮捕而未说明理由的，公安机关可以要求人民检察院说明理由。对人民检察院不批准逮捕的决定，认为有错误需要复议的，公安机关应当在五日内制作要求复议意见书报经县级以上公安机关负责人批准后，送交同级人民检察院复议。

四、特别提示

（一）关于逮捕的诉讼文书是系列文书，提请批准逮捕书只是其中的一种。完整的逮捕文书是由提请批准逮捕书、批准逮捕决定书、逮捕证及回执三种文书构成。其中，批准逮捕决定书是由检察机关制作的。

（二）本文书一般是一案一份，在共同犯罪案件中，需要提请批准逮捕数名犯罪嫌疑人的，合写一份文书。在填写犯罪嫌疑人基本情况时，可按照各犯罪嫌疑人在共同犯罪中的地位和作用（主犯、从犯、胁从犯）依次填写。如果不对所有犯罪嫌疑人都提请批准逮捕，也可以仅就部分犯罪嫌疑人提请批准逮捕，但在叙述案件情况时，应当叙述共同犯罪的全部犯罪事实，并说明对未提请批准逮捕的犯罪嫌疑人采取强制措施的情况。

（三）文书的受文对象是同级人民检察院。公安机关文书的名称与受文对象之间有一种规律，那就是凡文书名称为“呈请……报告书”的，其受文对象都是县以上公安机关负责人或上级公安机关，如“呈请拘留报告书”“呈请拘传报告书”“呈请监视居住报告书”“呈请批准重新计算侦查羁押期限报告书”等；而名称为“提请……书”的，其受文对象均为同级或上级人民检察院，如“提请批准逮捕书”“提请批准延长羁押期限意见书”等。

五、格式及示例

（一）格式

×××公安局

提请批准逮捕书

×公（　）提捕字〔××××〕××号

犯罪嫌疑人×××……［犯罪嫌疑人姓名（别名、曾用名、绰号等），性别，出生日期，出生地，身份证件种类及号码，民族，文化程度，职业或工作单位及职务，居住地（包括户籍所在地、经常居住地、暂住地），政治面貌（如是人大代表、政协委员，一并写明具体级、届代表、委员），违法犯罪经历以及因本案被采取强制措施的情况（时间、种类）。

案件有多名犯罪嫌疑人的,应逐一写明。]

辩护律师×××……[如有辩护律师,写明其姓名,所在律师事务所或者法律援助机构名称,律师执业证编号。]

犯罪嫌疑人涉嫌×××(罪名)一案,由×××举报(控告、移送)至我局(写明案由和案件来源,具体为单位或者公民举报、控告、上级交办、有关部门移送、本局其他部门移交以及工作中发现等。简要写明案件侦查过程中的各个法律程序开始的时间,如接受案件、立案的时间。具体写明犯罪嫌疑人归案情况。)

经依法侦查查明:……(应当根据具体案件情况,详细叙述经侦查认定的犯罪事实,并说明应当逮捕理由。)

(对于只有一个犯罪嫌疑人的案件,犯罪嫌疑人实施多次犯罪的犯罪事实应逐一列举;同时触犯数个罪名的犯罪嫌疑人的犯罪事实应该按照主次顺序分别列举;

对于共同犯罪的案件,写明犯罪嫌疑人的共同犯罪事实及各自在共同犯罪中的地位和作用后,按照犯罪嫌疑人的主次顺序,分别叙述各个犯罪嫌疑人的单独犯罪事实。)

认定上述事实的证据如下:

……(分列相关证据,并说明证据与犯罪事实的关系。)

综上所述,犯罪嫌疑人×××……(根据犯罪构成简要说明罪状),其行为已触犯《中华人民共和国刑法》第××条之规定,涉嫌×××罪,符合逮捕条件。依照《中华人民共和国刑事诉讼法》第八十一条、第八十七条之规定,特提请批准逮捕。

此致

×××人民检察院

公安局(印)

年　月　日

附:本案卷宗　　卷　　页

（二）示例

×××公安局
提请批准逮捕书

×公(法)提捕字〔××××〕第×××号

犯罪嫌疑人宋××，男，19××年5月20日生，出生于××省××县，身份证号码××××××××××××××××××，汉族，初中文化，原系××市煤矿职工，住××市××区××路××号，因涉嫌抢劫罪于201×年10月9日被我局刑事拘留。

犯罪嫌疑人陈××，男，19××年3月23日生，出生于××省××县，身份证号码××××××××××××××××××，汉族，高中文化，农民，住××省××县××乡××村。因涉嫌抢劫罪于201×年10月9日被我局刑事拘留。

犯罪嫌疑人庞××，男，19××年6月24日生，出生于××省××县，身份证号码××××××××××××××××××，汉族，初中文化，农民，住××省××县××乡××村。因涉嫌抢劫罪于201×年10月9日被我局刑事拘留。

犯罪嫌疑人易××，男，19××年7月12日生，出生于××省××县，身份证号码××××××××××××××××××，汉族，初中文化，农民，住××省××县××乡××村。因涉嫌抢劫罪于201×年10月9日被我局刑事拘留。

犯罪嫌疑人宋××、陈××、庞××、易××抢劫一案，由被害人张××于201×年9月19日报案至我局。我局经过审查，于当日立案进行侦查。犯罪嫌疑人宋××、陈××、庞××、易××已于201×年10月9日被抓获归案。

经依法侦查查明：宋××纠集陈××、庞××、易××自201×年9月2日至9月19日，先后实施三次抢劫作案：

1. 201×年9月2日晚，宋××伙同陈××、庞××、易××在××市至××市××镇路口以北的××站，乘坐长途汽车，以事先携带的凶器威胁乘客交出随身携带的现金，共抢得人民币3500元。

2. 201×年9月9日晚，宋××伙同陈××、庞××、易××在××市至××市公路××汽修厂站，乘坐长途汽车，以同样方法抢劫乘客人民币3000元。

3.201×年9月19日下午,宋××伙同陈××、庞××、易××在××市至××市公路××矿务局站,乘坐长途汽车,以同样方法抢劫乘客人民币3300元。在抢劫过程中,乘客张××(男,45岁)被宋××用弹簧刀扎伤右臂。

犯罪嫌疑人宋××积极组织进行抢劫犯罪活动,实施共同抢劫犯罪三次,抢得人民币9800元,且在抢劫过程中实施故意伤害他人行为,是本案的主犯;犯罪嫌疑人陈××、庞××、易××参与抢劫三次,是本案的从犯。

认定上述犯罪事实,有报案记录、被害人的证言和证人证言、现场勘验记录、被害人的人身伤害法医鉴定等证实。

综上所述,犯罪嫌疑人宋××、陈××、庞××、易××以非法占有为目的,采用暴力或者以暴力相威胁的手段,劫取他人财物,其行为已触犯了《中华人民共和国刑法》第二百六十三条之规定,涉嫌抢劫罪。依照《中华人民共和国刑事诉讼法》第八十一条、第八十七条之规定,特提请批准逮捕。

此致

×××市人民检察院

(局长印)

(公安局印)

二○一×年十一月二日

附:1.本案卷宗××卷××页

2.犯罪嫌疑人宋××、陈××、庞××、易××现羁押在××市××看守所

第四节　起诉意见书

一、适用范围

起诉意见书是公安机关对案件侦查终结后,认为应当追究犯罪嫌疑人刑事责任,向同级人民检察院移送案件时制作的具有法律效力的文书。

《中华人民共和国刑事诉讼法》第一百六十二条规定:“公安机关侦查终结的案件,应当做到犯罪事实清楚,证据确实、充分,并且写出起诉意见书,连同案卷材料、证据一并移送同级人民检察院审查决定……”根据这一规定,公安机关侦查终结的案件,对于犯罪事实清楚,证据确实、充分,依法应当追究犯罪嫌疑人刑事责任的,应当制作起诉意见书,以便向人民检察院阐明案件事实,表明对犯罪嫌疑人的处理意见,提请人民检察院依法提起公诉,追究犯罪嫌疑人的刑事责任。公安机关制作起诉意见书实际上是公安机关对犯罪嫌疑人的指控书,说明犯罪嫌疑人的行为已涉嫌犯罪,并应受刑事处罚。

二、制作方法

起诉意见书由首部、正文和尾部组成。

(一)首部

依次写明:文书制作机关名称、文书名称、文书编号、犯罪嫌疑人的身份情况和违法犯罪经历五个方面的内容。此部分内容与提请批准逮捕书的对应部分基本一致,可参照制作。

上述内容写完过后,用一段程式用语,过渡到正文部分。具体表述为:

“经我局侦查终结,证实犯罪嫌疑人×××有下列犯罪事实:”

(二)正文

由犯罪事实和提出起诉意见的理由及法律依据两部分组成。

1. 犯罪事实。此部分的叙述要突出犯罪构成要件。犯罪事实清楚,构成犯罪的要件齐全,是认定犯罪的基本要求,也是起诉意见书赖以存在的基础。具体来说,要反映出犯罪嫌疑人是谁,在什么时间、什么地点,出于什么动机和目的,采取了什么犯罪手段,造成什么危害后果等情节以及证明这些情节的主要证据。对于复杂的刑事案件,在叙述犯罪事实时,要有意识地结合理论部分所讲的叙事方法、叙事的要素等内容,根据案件的具体情况,尽可能地把犯罪嫌疑人的犯罪事实叙述清楚、明白。

在叙述犯罪事实时,应注意以下几点:

第一,要全面、准确地反映犯罪嫌疑人的犯罪事实。所谓全面的犯罪事实,具体包括全部罪行、全部法定情节及犯罪嫌疑人在预审过程中检举、揭发他人犯罪活动或具有悔罪表现的全部事实,不能遗漏罪行和其他应该追究刑事责任的人;而准确,则强调对犯罪嫌疑人的犯罪事实不夸大、不缩小、不主观臆断,真实地反映案件的本来面目。

第二,分清罪与非罪的界限。对不构成犯罪的事实不能在正文中叙述,如犯罪嫌疑人因违反行政法规和其他规定,受党纪或政纪处分的事实,不得在正文中列举;对与犯罪无关的事实,不要列入起诉意见书。

第三,写进起诉意见书的犯罪事实必须是查证属实的事实,对于那些未经调查核实或无确实证据证明的事实,不得列入起诉意见书。

第四,对共同犯罪的案件,要分清每个犯罪嫌疑人在案件中所处的地位、作用、罪责。

第五,关于起诉书"证据确实充分"的具体要求,是指证据完全能够确认犯罪嫌疑人有罪和犯罪情节的轻重。因此在制作时要将已经查证属实、能证明犯罪嫌疑人犯罪事实、情节的证据列举出来;所列举的证据与证据之间没有矛盾(或矛盾已被排除),能够相互印证;证据之间能够形成一个完整的证明体系。

2. 提出起诉意见的理由和法律依据。提出起诉意见的理由,就是要说明犯罪嫌疑人的行为触犯了刑律,涉嫌犯罪,依法应当受到刑罚处罚;移送审查起诉的法律依据是《中华人民共和国刑事诉讼法》第一百六十二条之规定。这一段的具体写法是:

"综上所述,犯罪嫌疑人×××的行为触犯了《中华人民共和国刑法》第××条第××款,涉嫌××罪。根据《中华人民共和国刑事诉讼法》第一百六十二条之规定,特将本案移送审查,依法起诉。"

此部分内容在具体制作时应注意:

第一,要全面引用法律条款。应根据案件的实际需要,分别不同的犯罪性质,正确引用法律条款。有些案件不仅要引用确定犯罪性质(罪名)的条款,而且还要引用反映犯罪预备、未遂、中止、自首、累犯、教唆犯、共同犯罪以及犯罪地位(主犯、从犯、胁从犯)的法律条款。

第二,定性要准。即根据犯罪嫌疑人的犯罪事实来认定其行为性质(罪名)。有的起诉意见书中叙述的是犯罪嫌疑人过失杀人的事实,但在结论中却认定犯罪嫌疑人涉嫌故意杀人罪,罪名与事实不符,出现定性不准的问题。

第三,被害人在预审期间提出附带民事诉讼的,一定要在结论中阐明,否则是不符合法律规定的。

(三)尾部

写明下列内容:

1. 写明受文机关名称,即分两行写明“此致×××人民检察院”。

2. 在右下方分别盖局长印章和单位公章,并注明制作文书的日期。

3. 在文末附注中要写明:本案预审卷宗的卷数和页数,随案移送的物品及件数。

三、格式及示例

(一)格式

×××公安局

起诉意见书

×公( )诉字〔 〕 号

犯罪嫌疑人×××……[犯罪嫌疑人姓名(别名、曾用名、绰号等),性别,出生日期,出生地,身份证件种类及号码,民族,文化程度,职业或工作单位及职务,居住地(包括户籍所在地、经常居住地、暂住地),政治面貌,违法犯罪经历以及因本案被采取强制措施的情况(时间、种类及执行场所)。案件有多名犯罪嫌疑人的,应逐一写明。]

辩护律师×××……(如有辩护律师,写明其姓名,所在律师事务所或者法律援助机构名称,律师执业证编号)。

犯罪嫌疑人涉嫌×××(罪名)一案,由×××举报(控告、移送)至我局(写明案由和案件来源,具体为单位或者公民举报、控告、上级交办、有关部门移送或工作中发现等。简要写明案件侦查过程中的各个法律程序开始的时间,如接受案件、立案的时间。具体写明犯罪嫌疑人归案情况。最后写明犯罪嫌疑人×××涉嫌×××案,现已侦查终结。)

经依法侦查查明:……(详细叙述经侦查认定的犯罪事实,包括犯罪时间、地点、经过、手段、目的、动机、危害后果等与定罪有关的事实要素。应当根据具体案件情况,围绕刑法规定的该罪构成要件,进行叙述。)

(对于只有一个犯罪嫌疑人的案件,犯罪嫌疑人实施多次犯罪的犯罪事实应逐一列举;同时触犯数个罪名的犯罪嫌疑人的犯罪事实应该按照主次顺序分别列举;

对于共同犯罪的案件,写明犯罪嫌疑人的共同犯罪事实及各自在共同犯罪中的地位和作用后,按照犯罪嫌疑人的主次顺序,分别叙述各个犯罪嫌疑人的单独犯罪事实。)

认定上述事实的证据如下:

……(分列相关证据,并说明证据与案件事实的关系)

上述犯罪事实清楚,证据确实、充分,足以认定。

犯罪嫌疑人×××……(具体写明是否有累犯、立功、自首、和解等影响量刑的从重、从轻、减轻等犯罪情节)

综上所述,犯罪嫌疑人×××……(根据犯罪构成简要说明罪状),其行为已触犯《中华人民共和国刑法》第××条之规定,涉嫌×××罪。依照《中华人民共和国刑事诉讼法》第一百六十二条之规定,现将此案移送审查起诉。(当事人和解的公诉案件,应当写明双方当事人已自愿达成和解协议以及履行情况,同时可以提出从宽处理的建议)

此致

×××人民检察院

公安局(印)

年 月 日

附:1. 本案卷宗 卷 页。

2. 随案移交物品 件。

(二)示例①

贵州省金沙县公安局
起诉意见书

金县公(刑)诉字〔2013〕6号

犯罪嫌疑人:兰某某,男,汉族,198×年1月8日生,贵州省金沙县人,身份证号码:52216×××××××××××××,住金沙县木孔镇,因涉嫌诈骗罪于2012年10月15日被我局刑事拘留,同年11月22日被执行逮捕。

兰某某涉嫌诈骗罪一案,由受害人罗某某、梁某某、申某等人分别报案至我局,经审查,我局于2012年2月24日立案侦查,本案现已侦查终结。

经依法侦查查明:

2008年以来,兰某某以做煤生意、办理煤炭经营许可证、转让煤坝股份、转让其开办的"贵州杰阳矿业股份有限责任公司"股份及合伙经营其代理的金沙县林华煤矿煤炭销售等虚假事实为由,通过签订合同方式,诈骗罗某某、梁某某、申某、汤某某、穆某某、黄某某、彭某某、彭二某、张某及王某某等13人现金329.32万元。

兰某某借款后,将极少部分钱用于做煤生意,大部分钱用于归还债务及借款利息、个人生活开支等,在合同约定还款时间到期后,兰某某未按期归还借款本息,并逃跑到外地,无法联系,至2012年10月15日被我局抓获后刑事拘留,同年11月22日被执行逮捕。查明其犯罪事实如下:

1.2008年7月,兰某某以做煤生意为由,向罗某某借款13万元,2009年3月30日向罗某某借款22万元(22万元由罗某某向诚信寄卖行借款并共支付利息24.64万元),2009年8月1日向罗某某借款11.5万元。

2009年8月8日通过兰某某授意打款3.5万元到曾某账户用于帮罗某某女儿跑读书的事(经曾某证实与兰某某结算时已退还兰某

---

① 例文以 http://www.wsbhr.com/html/2013/works_0607/7081.html 上的起诉意见书为蓝本,并做了适当修改完善。

某)。总计四次诈骗74.64万元。

2. 2009年9月至2010年5月17日,兰某某在与梁某某合伙做煤生意期间,授意梁某某交了10万元给曾某作为做沙煤的保证金(经曾某证实与兰某某结算时已退还兰某某),授意梁某某打款17万元到曾某私人账户作为煤款(经曾某证实不知道该笔款进账),17万元资金去向不明。2009年11月21日,兰某某以转让"贵州杰阳矿业股份有限责任公司"股份给梁某某妻子王某为由骗取梁某某现金5万元。总计三次诈骗32万元。

3. 2008年7月至2008年8月,兰某某以合伙做煤炭生意、转让洗煤厂股份为由,参与煤炭经营分红为条件,于2008年7月13日向申某借款5万元,2008年8月23日借款3万元,2009年5月5日借款2万元,2009年8月2日借款6000元,总计四次诈骗申某10.6万元。

4. 2008年9月15日、9月24日,兰某某以合伙做煤炭生意为由,分别向汤某某借款1.5万元和8万元,总计两次借款9.5万元。

5. 2009年3月25日兰某某以运煤缺资金为由,以3000元/月的利息作为报酬,向何某某借款5万元(以张某权为债权人)。

6. 2009年3月至6月兰某某与穆某某合作做煤生意期间,穆某某按兰某某、曾某要求打款4.04万元到曾某账户(经曾某证实与兰某某结算时已退还兰某某),按兰某某要求于2009年5月至6月两次共打款3.5万元到曾某账户(经曾某证实与兰某某结算时已退还兰某某),2009年3月兰某某以转让煤坝(煤坝实际不存在)10%股份为由,诈骗穆某某现金3万元,2009年3月28日,兰某某以订煤缺资金为由,向穆某某借款7万元,2009年8月29日,兰某某以办理"贵州仁顺矿业有限公司"买税控机为由,向穆某某借款2.5万元。五次总计诈骗穆某某现金30.04万元。

7. 2009年11月25日兰某某以邀约黄某某合伙做煤炭生意为由,向黄某某借款15万元(其中9万元打到曾某账户,经曾某证实与兰某某结算时已退还兰某某)。2010年2月8日兰某某以转让其"贵州仁顺矿业有限公司"10%股份为由骗取黄某某6.5万元。总计两次诈骗黄某某21.5万元。

8. 2008年4月至2008年7月期间,兰某某以做煤炭生意需要周转资金、办理煤炭经营许可证、办理煤坝为由,以月息3分不等、参与煤炭经营分红为条件,于2008年4月5日向彭二某借款4万元,2008年6月12日借款8.5万元,2008年7月2日借款2万元,2009年3月14日借款5万元。总计四次诈骗彭二某现金19.5万元。

9. 2008年4月至2009年期间,兰某某以高利息及参与分红为条件,2008年4月5日向彭某某借款5万元,2008年7月4日借款10万元,2008年7月13日借款8万元,总计三次诈骗彭某某23万元。

10. 2009年10月11日,兰某某以邀约张某共同经营煤炭生意为由,并以参与分红为条件,向张某借款10万元,2009年12月10日后又零星向张某借款5.25万元,2010年5月17日,兰某某将向张某借款总额17.75万元打了一张总的欠条给张某。总计多次诈骗张某17.75万元。

11. 2009年9月至10月期间,兰某某以邀约做煤炭生意、邀约做林华煤矿第二销售公司为由向王某某借款,分别于2009年9月20日借款10万元,10月16日借款10万元,12月20日借款2.5万元,2010年1月5日借款1.5万元,另零星借款7万元。2010年5月17日,兰某某将向王某某借款总额36万元写了一张总的欠条给王某某,总计多次诈骗王某某36万元。

12. 2012年2月至2012年10月期间,兰某某以帮杨某某办理房产证需要请客吃饭、做资料等为由,多次诈骗杨某某现金共计67,900元。

13. 2008年期间,兰某某以做煤炭生意需要资金为由,向颜某借款共43万元。

兰某某向上述受害人借款后,将部分资金57.5万元打到曾某账户用于委托曾某办理煤炭经营许可证手续等,经曾某证实已经与兰某某结算并将兰某某打给他或通过他人打给他的钱于2010年4月1日悉数退还兰某某,兰某某书面认可其与曾某之间的经济往来已全部结清。兰某某到案后,拒不交代赃款去向。

认定上述事实的证据有:受害人陈述、证人证言、欠条及犯罪嫌疑人兰某某供述等。证据确实、充分,足以认定。

犯罪嫌疑人兰某某诈骗多人钱财,总计人民币329.32万元,数额特别巨大,情节特别严重。

综上所述,犯罪嫌疑人兰某某虚构各种事实,通过签订合同方式,诈骗多人钱财,总计人民币329.32万元,数额特别巨大,其行为已触犯《中华人民共和国刑法》第二百六十六条，涉嫌诈骗罪，根据《中华人民共和国刑事诉讼法》第一百六十条，①特移送审查起诉。

此致

贵州省金沙县人民检察院

金沙县公安局

（公安局印）

二〇一三年一月二十二日

附：1. 本案卷宗××卷××页。

2. 兰某某现被羁押于金沙县看守所。

3. 随案移交物品××件。

4. 被害人已提出附带民事诉讼。

第五节　复议与复核文书

公安机关的复议与复核文书包括两种，即要求复议意见书与提请复核意见书。下面将分别对这两种文书进行讲述。

一、要求复议意见书

（一）适用范围

要求复议意见书，是公安机关对同级人民检察院不批准逮捕、不起诉决定认为有错误时，依法要求同级人民检察院对其原决定重新进行审议时所制作的具有法律效力的文书。

根据《中华人民共和国刑事诉讼法》第九十二条、第一百七十九条的规定，公安机关要求复议有以下两种情况：（1）公安机关对人民检察院不批准逮捕的决定，认为有错误的；（2）公安机关移送起诉的案件，人民检察院作出不起诉决定，公安机关认为该不起诉决定有错误的。

公安机关制作要求复议意见书，是依法行使复议权的具体体现，同时也可以促使人民检察院正确执行法律，严格依法办事，避免应当受到刑事处罚的犯罪嫌疑人逃避打击，保证办案质量。

① 此文书制作时，《刑事诉讼法》还未修改，故援引的是2018年修正以前的条文。

(二)制作方法

要求复议意见书由首部、正文和尾部三部分组成。

1. 首部。依次分行写明制作单位名称、文书名称、文书编号、受文单位名称。

2. 正文。正文主要包括案由、要求复议的理由和法律依据及要求。

(1)案由。要说明要求复议案件的简要情况,写清同级人民检察院作出不批准逮捕或不起诉决定书的签发日期、文书编号和案件名称。在填写案件名称时,一定要与人民检察院决定书中案件名称相符。

(2)要求复议的理由。这是本文书的重点。制作时,要针对人民检察院作出决定的具体事项,结合案件的具体情况,阐明公安机关要求复议的理由。

对人民检察院不批准逮捕决定提出复议的,如检察院不批准逮捕决定认为犯罪嫌疑人没有构成犯罪,在制作复议理由时,要说明犯罪嫌疑人的行为已经构成犯罪,触犯了刑法哪一条或哪几条,涉嫌什么罪,应当追究刑事责任;如检察院不批准逮捕决定认为犯罪嫌疑人没有逮捕必要的,则要说明对犯罪嫌疑人不采取逮捕的强制措施不足以防止犯罪嫌疑人发生新的社会危险性或不能保证侦查、起诉和审判活动的顺利进行。

对人民检察院不起诉决定提出复议的,要针对不起诉决定的理由,结合案件的具体情节进行叙述。

(3)提出复议的法律依据和要求。因为公安机关认为检察院的不批准逮捕的决定或不起诉的决定有错误时,都可以制作要求复议意见书,因而在提出复议的法律依据时,就要分别情况引用不同的法律条文。如果针对人民检察院不批准逮捕的决定提出复议的,法律依据应为《中华人民共和国刑事诉讼法》第九十二条;如果针对人民检察院不起诉决定提出复议的,则法律依据为《中华人民共和国刑事诉讼法》第一百七十九条。在引用法律条款之后,提出明确要求,即要求检察院进行复议。此部分具体表述为:

"因此,根据《中华人民共和国刑事诉讼法》第×条之规定,特要求你院进行复议。"

3. 尾部。注明制作文书的日期并加盖公安机关的印章,同时在附注项中注明附本案预审卷宗的卷数和页数。

(三)格式及示例

1.格式

×××公 安 局

要求复议意见书

×公(　)要复字〔　　〕号

______人民检察院:

你院于____年____月____日以____〔　　〕____号文决定________________,我局认为________________
____
____
____

综上所述,根据《中华人民共和国刑事诉讼法》第______条之规定,特要求你院进行复议。

此致

______人民检察院

公安局(印)

年　月　日

注:附本案卷宗共____卷____页。

____

本意见书一式两份。一份附卷,一份交检察院。

2.示例

××县公安局

要求复议意见书

×公(　)要复字〔××××〕××号

××县人民检察院:

你院于201×年4月5日以×检刑不批字〔201×〕16号决定,不批准逮捕犯罪嫌疑人郝××一案,我局认为,犯罪嫌疑人郝××刑满释放不到一个月又盗窃作案两次,得赃物价值人民币1500余元,其行为涉嫌盗窃罪。虽然犯罪嫌疑人郝××有胃溃疡,但不属严重疾病或传染病,且犯罪嫌疑人郝××主观恶性较重,不逮捕关押难以防止其继续作案、逃跑等危害行为的发生。因此,我们认为犯罪嫌疑人郝××的行为符合逮捕的三个条件,应当予以逮捕。

综上所述,根据《中华人民共和国刑事诉讼法》第九十二条之规定,特要求你院进行复议。

此致

××县人民检察院

××县公安局(印)

二〇一×年四月九日

注:附本案卷宗共1卷182页。

本意见书一式两份。一份附卷,一份交检察院。

二、提请复核意见书

(一)适用范围

提请复核意见书,是公安机关要求复议的意见未被同级人民检察院接受,并认为同级人民检察院的复议决定有错误时,向上一级人民检察院申明理由,请求对案件重新审核而制作的文书。

《中华人民共和国刑事诉讼法》第九十二条、第一百七十九条规定,公安机关对人民检察院不批准逮捕、不起诉的决定认为有错误时,可以要求复议。如果意见不被接受,可以向上一级人民检察院提请复核。请求复核时,必须制作提请复核意见书,提请上一级人民检察院审查决定。据此,制作提请复核意见书的案件应具备以下三个条件:

1. 必须是经过复议的案件。未经复议的案件,不得直接向上一级人民检察院提请复核。

2. 必须是公安机关要求复议意见未被接受而认为有再议必要的案件。如经过复议,没有再议的必要,也不必制作提请复核意见书。

3. 制作提请复核意见书,必须是原制作要求复议意见书的公安机关,其他机关没有提请复核的权利。

(二)提请复核意见书的内容和制作方法

提请复核意见书由首部、正文和尾部三部分组成。

1. 首部。依次写明制作文书的公安机关名称、文书名称和文书编号。

2. 正文。由案由、提请复核的理由和意见、提请复核的法律依据和请求三部分构成。

(1)案由。即说明提请复核一事的缘由。第一,要写明公安机关要求同级人民检察院进行复议的简要情况,包括要求复议意见书的签发日期、文书编号和要求复议的具体内容;第二,写明同级人民检察院复议的简要情况,包括人民检察院复议决定书的签发日期、文书编号和复议决定的具体内容;第三,明确表明公安机关的态度,认为同级人民检察院的复议决定确有错误。

(2)提请复核的理由和意见。要针对人民检察院复议决定书中的决定事项和理由,逐条予以反驳,指出复议决定的事项不能成立。在叙述提请复核的理由时,应把犯罪嫌疑人犯罪的时间、地点、经过、手段、动机、目的、后果等情节交代清楚,做到有理有据。在说明提请复核的理由的基础上,提出对案件的正确处理意见,即应逮捕或应起诉。

(3)提请复核的法律依据和请求。即根据提请复核的具体内容,分别引用《中华人民共和国刑事诉讼法》第九十二条或第一百七十九条,然后依法提出请求上一级人民检察院对此案进行复核。

3. 尾部。具体写明文书的致送机关、文书制作日期并加盖公安局印章,此外,还要注明附本案预审卷宗的卷数和页数。

(三)特别提示

注意区别要求复议意见书与提请复核意见书。

这两种文书都是由公安机关制作,是在认为检察院的不批准逮捕或不起诉的决定有错误时制作的,受文对象都是检察院。因此,很容易弄混淆,有必要将它们加以区别。

1. 回应的文书不同。要求复议意见书是对检察院不批准逮捕决定书或不起诉决定书的回应,而提请复核意见书则是对检察院的复议决定书的回应。

2. 受文对象级别不同。这两种文书的受文对象虽然都是检察院,但它们的级别是不一样的。要求复议意见书的受文对象为与制作该文书的公安机关同级的人民检察院;而提请复核意见书的受文对象则为上一级人民检察院。

(四)格式

×××公安局
提请复核意见书

×公(　)请核字〔　〕　号

________人民检察院:

我局于____年__月__日以________〔　　〕______号文要求________人民检察院复议的____________案,该院以______〔　　　〕______号文决定维持原________决定,我局认为该院决定有误,理由是:____

综上所述,根据《中华人民共和国刑事诉讼法》第________条之规定,特提请你院对此案进行复核。

此致

________人民检察院

公安局(印)

年　月　日

注:附本案卷宗共____卷____页。

本意见书一式两份。一份附卷,一份交检察院。

第二章　检察机关刑事检察文书

第一节　概　　述

一、刑事检察文书的概念

该类文书是各级人民检察院为履行法定职责，依法行使刑事检察权，根据刑事诉讼法等法律法规制作的具有法律效力或法律意义的诉讼文书。

刑事检察文书作为国家公文的一种，是诉讼文书的重要组成部分，其概念包含如下要素：

第一，刑事检察文书的制作主体是唯一的，只能是依照刑事诉讼法规定在刑事诉讼中负有检察、批准逮捕、公诉、监督职责的各级人民检察院，其他任何单位和个人都无权制作，不得伪造、变造、买卖、盗窃、抢夺检察机关刑事检察文书。人民检察院的内设业务机构，虽然承担着办理某项检察业务工作，行使某项检察职能，但是，各业务部门只能草拟诉讼文书，经检察长签署，以人民检察院名义发布。

第二，刑事检察文书的用途在于履行法律赋予人民检察院在刑事诉讼中的职能，保证刑事诉讼合法、有效进行，是刑事诉讼依程序推进的根据。

第三，刑事检察文书的法律依据是依照我国刑事诉讼法的规定而制作的。刑事诉讼法对刑事诉讼的每一道程序都作了明确的规定。刑事诉讼程序的启动、转换、退出都有法律标准与要求，刑事检察文书必须依此标准与要求来制作，不能只追求实体上的公正而忽视了程序上的公正。

第四，刑事检察文书具有法律效力或法律意义，大多以国家强制力为后盾保障其实施。对于具有法律效力的刑事检察文书,任何涉及诉讼的单位和个人都必须遵照执行。

二、刑事检察文书的特点

刑事检察文书的对应性,即与其他诉讼文书的关联性,是其突出特点。主要包括以下三个方面:一是对于一个人民检察院内部而言,它有决定逮捕、审查起诉、执行监督等业务部门,任何业务部门制作诉讼文书时,都要考虑各部门之间的衔接和关联。二是同级人民检察院之间和上下级人民检察院之间在制作刑事检察文书时,也要注意彼此之间的衔接和关联。三是由于检察机关处于诉讼程序的中间环节,起着承上启下的作用,与公安机关、国家安全机关、人民法院等部门和当事人均有密切的联系,因此,为保证诉讼的顺利进行,人民检察院在制作刑事检察文书时,必须要考虑彼此间的衔接和对应。如《批准逮捕决定书》就是对公安机关或国家安全机关的《提请批准逮捕书》的肯定答复;《刑事抗诉书》就是对人民法院的一审或二审《刑事判决书》的回应。

三、刑事检察文书的分类

刑事检察文书从形式上可以划分为叙述式刑事检察文书(如起诉书)和填充式刑事检察文书(如搜查证)两种;从制作部门上可以将刑事检察文书划分为审查逮捕部门、审查起诉部门、执行监督部门、控告申诉部门刑事检察文书;从文书性质上可以将刑事检察文书划分为刑事诉讼文书、刑事证据文书、刑事工作文书三种。

以文书性质来划分是比较常用的分类方法,好处是直接为诉讼立卷划分了标准。具体来说:

刑事诉讼文书,是人民检察院在刑事诉讼中,运用刑事诉讼程序办理案件而制作的文书,具有很强的执行性,又有严格的法定性。按照法律规定,刑事诉讼文书是可以让律师和其他辩护人以及诉讼代理人查阅的诉讼文书。这类文书由最高人民检察院制发的《人民检察院刑事诉讼诉讼文书格式》进行规范,进入诉讼文书卷。

刑事证据文书,是人民检察院在刑事诉讼中,依法收集各种证据材料形成的诉讼文书。主要是各种笔录,如讯问犯罪嫌疑人笔录、询问证人笔录、勘查笔录、搜查笔录等，也包括扣押的物证、书证、鉴定意见等可以作为证据的诉讼文书。刑事证据文书是人民检察院认定案件事实、性质，作出决定的依据。按照法律规定，公诉中需要在法庭上出示、宣读、播放的证据，要向人民法院移送。这类文书进入证据文书卷。

刑事工作文书，是人民检察院在刑事诉讼过程中，对内部工作记录形成的内部文书。如请示报告、提请检察长审批的各种意见书、检察委员会讨论记录等，只供检察人员使用，属于内部工作文书。这类文书由最高人民检察院各业务部门制发的各项业务工作文书格式进行规范，进入工作文书卷。

2011 年我国《刑法》做了重要修改，出台了《中华人民共和国刑法修正案(八)》;2012 年《刑事诉讼法》的第二次修改开始；同年最高人民检察院开始对 1998 年《最高人民检察院刑事诉讼规则(试行)》进行修改。为适应这些刑事检察文书制作的重要法律依据的重大变化，最高人民检察院 2012 年 12 月 31 日印发了《人民检察院刑事诉讼法律文书格式样本》，列举了 223 种刑事诉讼法律文书，对刑事检察文书做出了最新规范。2012 年《人民检察院刑事诉讼法律文书格式样本》共计 11 类 223 种。具体分类为：立案文书，回避文书、辩护与代理文书、证据文书、强制措施文书、侦查文书，公诉文书，执行监督文书，特别程序文书、申诉文书，通用或其他的诉讼文书等。为了更好地保证办案需要，根据试用情况，经广泛征求地方各级人民检察院的意见，最高人民检察院又组织力量对 2012 年 12 月 31 日印发的《人民检察院刑事诉讼法律文书格式样本》进行了修订，并于 2013 年 10 月 8 日印发《人民检察院刑事诉讼法律文书格式样本(2013 版)》，共收入 238 种刑事诉讼法律文书，是检察人员办案、履职的基本依据之一。2018 年随着监察委员会的成立，检察机关不再拥有对职务犯罪的侦查权。不过，刑事诉讼法仍然保留规定：人民检察院在对诉讼活动实行法律监督中发现的司法工作人员利用职权实施的非法拘禁、刑讯逼供、非法搜查等侵犯公民权利、损害司法公正的犯罪，可以由人民检察院立案侦查。这意味着，检察机关还保留着对司法人员职务犯罪的侦查权。另外 2018 年《中华人民共和国刑事诉讼法》作出重大修正，与检察院相关的办案程序发生了不少变化，因此，检察院刑事诉讼文书中的侦查文书类应当有相应变化。

第二节 批准逮捕决定书

一、适用范围

批准逮捕决定书,是指人民检察院在审查批准捕逮刑事案件过程中,对于公安机关、国家安全机关等侦查机关提请批准逮捕的案件,认为符合刑事诉讼法规定的逮捕条件,依法批准逮捕犯罪嫌疑人时制作的具有法律效力的诉讼文书。

本文书主要依据《中华人民共和国刑事诉讼法》第九十条和《人民检察院刑事诉讼规则(试行)》第三百一十六条、第三百一十八条、第三百二十条的规定制作。

《中华人民共和国刑事诉讼法》第九十条规定:“人民检察院对于公安机关提请批准逮捕的案件进行审查后,应当根据情况分别作出批准逮捕或者不批准逮捕的决定。对于批准逮捕的决定,公安机关应当立即执行,并且将执行情况及时通知人民检察院。对于不批准逮捕的,人民检察院应当说明理由,需要补充侦查的,应当同时通知公安机关。”

《人民检察院刑事诉讼规则(试行)》第三百一十六条规定:“对公安机关提请批准逮捕的犯罪嫌疑人,已被拘留的,人民检察院应当在收到提请批准逮捕书后的七日以内作出是否批准逮捕的决定;未被拘留的,应当在收到提请批准逮捕书后的十五日以内作出是否批准逮捕的决定,重大、复杂的案件,不得超过二十日。”

第三百一十八条规定:“对公安机关提请批准逮捕的犯罪嫌疑人,人民检察院经审查认为符合本规则第一百三十九条、第一百四十条、第一百四十二条规定情形的,应当作出批准逮捕的决定,连同案卷材料送达公安机关执行,并可以对收集证据、适用法律提出意见。”

第三百二十条规定:“对于人民检察院批准逮捕的决定,公安机关应当立即执行,并将执行回执及时送达作出批准决定的人民检察院;如果未能执行,也应当将回执送达人民检察院,并写明未能执行的原因。对于人民检察院决定不批准逮捕的,公安机关在收到不批准逮捕决定书后,应当立即释放在押的犯罪嫌疑人或者变更强制措施,并将执行回执在收到不批准逮捕决定书后的三日以内送达作出不批准逮捕决定的人民检察院。”

二、制作方法

批准逮捕决定书为填充式文书，共四联：第一联为存根；第二联为副本附卷；第三联为正本，送达侦查机关；第四联为回执。

1. 第一联为存根联，可以分为首部和正文两部分。

(1)首部。包括：制作本文书的人民检察院名称，即“×××人民检察院”；文书名称，即“批准逮捕决定书”，并在首部文书名称下面标上“(存根)”字样；文书编号，即“×检批捕〔　〕××号”，“检”前空格填写制作本文书的××××人民检察院的简称，“检”与“批捕”之间的空格填写人民检察院具体办案部门的简称，中括号内填写制作本文书的年度，中括号与“号”之间的空格填写本文书在该年度的序号。

(2)正文。具体内容依次包括：案由，可以根据案件中犯罪嫌疑人所涉嫌的罪名填写为“盗窃”“抢劫”等，如果因涉嫌多个罪名而立案的，应将所涉嫌的罪名填写全；犯罪嫌疑人基本情况，包括：姓名、性别、年龄、工作单位、住址、身份证号码、是否是人大代表和政协委员，上述犯罪嫌疑人的基本情况，并不是要求每一项内容都必须填写完整、清楚，制作时可以根据具体案件的需要和实际掌握的情况加以填写；送达机关的名称；制作本文书的批准人的姓名或者名称；具体办理这一案件的承办人的姓名；填发本文书的填发人的姓名；填发本文书的时间。

2. 第二联即副本联，可以分为首部、正文和尾部三部分。

(1)首部。包括：制作本文书的人民检察院名称、文书名称、文书编号，其制作方法与第一联的要求一样，只是在文书名称下面标有“(副本)”字样。

(2)正文。依次填写的具体内容包括：提请批准逮捕的侦查机关名称；侦查机关的简称，如“厅”“局”等；提请批准逮捕的时间，具体到年月日；提请批准逮捕书的文号；提请批准逮捕的犯罪嫌疑人的姓名；犯罪嫌疑人涉嫌的罪名；批准逮捕的犯罪嫌疑人的姓名。

(3)尾部。包括：制作本文书的时间，具体到年月日；加盖制作本文书的人民检察院的院印。

3. 第三联为正本,要送达侦查机关。本联可以分为首部、正文和尾部三部分。

(1)首部。与第一联一样,只是没有文书名称下的“(存根)”二字。

(2)正文。依次填写的具体内容与第二联一样。

(3)尾部。也与第二联一样。

4. 第四联为回执,可以分为首部、正文和尾部三部分。

(1)首部。与前三联一样,只是在文书名称下面标有“(回执)”字样。

(2)正文。依次填写的具体内容包括:作出批准逮捕决定的人民检察院名称;人民检察院作出的批准逮捕决定书的文号;批准逮捕决定书的执行情况。

(3)尾部。包括:制作本文书的时间,具体到年月日;加盖制作本文书的执行机关公章。

三、特别提示

1. 本文书应当以被批准逮捕的人次为单位制作,即对于同一个犯罪嫌疑人,每一次批准逮捕时均应单独制作批准逮捕决定书;一次对多名犯罪嫌疑人批准逮捕的,应当对每一个犯罪嫌疑人均单独制作批准逮捕决定书。

2. 对应当逮捕的犯罪嫌疑人、被告人,如果患有严重疾病,或者是正在怀孕或哺乳自己婴儿的妇女,可以采取取保候审或者监视居住的办法。

3. 对已作出的批准逮捕决定发现确有错误的,人民检察院应当撤销原批准逮捕决定,送达公安机关执行。对因撤销原批准逮捕决定而被释放的犯罪嫌疑人或者逮捕后公安机关变更为取保候审、监视居住的犯罪嫌疑人,又发现需要逮捕的,人民检察院应当重新办理逮捕手续。

4. 人民检察院办理审查逮捕案件,发现应当逮捕而公安机关未提请批准逮捕犯罪嫌疑人的,应当建议公安机关提请批准逮捕。如果公安机关不提请批准逮捕的理由不能成立的,人民检察院也可以直接作出逮捕决定,送达公安机关执行。

四、格式

×××人民检察院

批准逮捕决定书

（存　根）

×检　批捕[　]××号

案由______

犯罪嫌疑人基本情况（姓名、性别、年龄、工作单位、住址、身份证号码、是否人大代表、政协委员）______

______

______

送达机关______

批准人______

承办人______

填发人______

填发时间______

第一联　统一保存

×检　批捕　字××××第×　×号

×××人民检察院

批准逮捕决定书

（副　本）

×检　批捕[　]××号

______：

你______于______年______月______日以______号提请批准逮捕书提请批准逮捕犯罪嫌疑人______，经本院审查认为，该犯罪嫌疑人涉嫌______犯罪，符合《中华人民共和国刑事诉讼法》第八十一条规定的逮捕条件，决定批准逮捕犯罪嫌疑人______。请依法立即执行，并将执行情况三日内通知本院。

年　月　日

（院印）

第二联　附卷

×检　批捕　字××××第×　×号

×××人民检察院

批准逮捕决定书

×检　批捕[　]××号

______：

你______于______年______月______日以______号提请批准逮捕书提请批准逮捕犯罪嫌疑人______，经本院审查认为，该犯罪嫌疑人涉嫌______犯罪，符合《中华人民共和国刑事诉讼法》第八十一条规定的逮捕条件，决定批准逮捕犯罪嫌疑人______。请依法立即执行，并将执行情况三日内通知本院。

年　月　日

（院印）

第三联　送达侦查机关

×检　批捕　字××××第×　×号

×××人民检察院

批准逮捕决定书

（回　执）

×检　批捕[　]××号

______人民检察院：

根据《中华人民共和国刑事诉讼法》第九十条的规定，现将你院______年______月______日______号批准逮捕决定书的执行情况通知如下：犯罪嫌疑人______已于______年______月______日由______执行逮捕（或者因______未执行逮捕）

特此通知

年　月　日

（公章）

第四联　侦查机关退回附卷

第三节 起 诉 书

一、适用范围

起诉书，是指人民检察院对公安机关移送审查起诉的案件进行审查后，认为被告人的行为构成犯罪，决定将其交付人民法院审判，向人民法院提起公诉时所制作的具有法律效力的诉讼文书。

起诉书对于侦查机关来说，是确认侦查活动合法，查明的案件事实清楚，证据确实充分的凭证；对于检察机关来说，它是人民检察院代表国家行使公诉权，将被告人提交人民法院审判的重要法律凭证，又是检察人员出席法庭支持公诉、发表公诉意见，进行法庭答辩的重要基础；对审判机关来说，它是引起公诉案件一审程序的唯一原因，是人民法院对公诉案件被告人进行审判的前提条件；对被告人来说，是告知已将其移送人民法院审判的通知，同时也是公开指控其犯罪行为的法定文件。

二、种类

目前，人民检察院的起诉对象中自然人占大多数，因此，自然人犯罪案件适用的起诉书是人民检察院使用最多的一类起诉书。当单位作为被告人时，人民检察院在制作起诉书时，也应当充分照顾到单位犯罪的特点和单位作为被告人的特别要求。另外，当被害人因被告人的犯罪行为而遭受财产损失时，可以附带提起民事诉讼。因此，最高人民检察院将人民检察院刑事公诉案件的起诉书格式样本分三种情况予以设计，即自然人犯罪案件适用的起诉书、单位犯罪案件适用的起诉书、附带民事诉讼案件适用的起诉书。

下面主要介绍自然人犯罪案件适用普通程序时的起诉书。

三、制作方法

自然人犯罪案件适用的起诉书为叙述式文书，按首部、正文和尾部三部分分别叙述如下：

（一）首部

1. 制作文书的人民检察院名称。为体现起诉书的严肃性，除最高人民检察院外,各级地方人民检察院的名称前,应当写明所在的省、自治区、直辖市的名称,涉外案件提起公诉时,各级人民检察院的名称前均应当有“中华人民共和国”字样。

2. 文书名称,即“起诉书”。

3. 文书编号,即“×检刑诉〔　　〕××号”,打×和空格的地方依次填写制作文书的人民检察院简称、具体办案部门简称、年度和文书序号。

4. 被告人基本情况。包括身份情况;曾受到行政、刑事处罚的情况;因本案而被采取强制措施的情况。

(1)身份情况。包括:

被告人的姓名。被告人如果有与案件有关的别名、化名或者绰号的,应当在其姓名后面用括号注明;被告人是外国人的,应当在其中文姓名或者译名后面用括号注明其外文姓名。

性别。

出生年月日。被告人的出生年月日一般应当以公历为准;除未成年人外,如果确实查不清出生日期的,也可以注明年龄。

身份证号码。对于尚未办理身份证的,也应当注明。

民族。

文化程度。主要写明所受正规教育的情况,如“初中”;未受过正规教育而又达到一定文化程度的,可写“相当”什么文化程度;未受过教育而不识字的,写“文盲”。

职业或者工作单位及职务,有变动的可以具体说明,尤其是在作案时在何单位任何职务要写清楚。

住址。应当写被告人的经常居住地,当经常居住地与户籍所在地不一致时,应当在其后面用括号注明其户籍所在地。

(2)曾受到行政处罚、刑事处罚的情况,即通常所谓的前科劣迹。行政处罚限于与定罪有关的情况,我国有关法律法规规定,行为人受过两次行政处罚后仍又实施某种行为的,即可构成某种犯罪,这里要求说明的行政处罚即属于这种情况。对于行政处罚和刑事处罚,一般应当先写被告人受到行政处罚的情况,再写被告人受到刑事处罚的情况。叙写行政处罚时,应当注明处罚的时间、种类、处罚主体;叙写刑事处罚时,应当注明处罚的时间、原因、种类、判决机关、释放时间等。

(3)因本案而被采取强制措施情况。要写明采取强制措施的原因、种类、批准或者决定的机关、批准或者决定的时间、执行机关和执行时间,如“被告人×××2017年6月20日因抢劫,经××××人民检察院批准,于2017年6月22日由××××公安局逮捕”。被采取过多种强制措施的,应当写明其前后变更情况。

案件中有多名被告人的,要根据其罪行由重到轻分行逐一写明其基本情况。“采取强制措施”一项,如果多名被告人在同一时间、被同一机关批准或决定采用同一种措施的,可以采用归纳的方法,即在各个被告人的基本情况写完以后,另用一个自然段,综合写明各被告人被采取强制措施的时间、决定或执行机关,强制措施的名称等。

5.案由和案件审查过程。这一部分内容主要反映本案移送审查起诉的单位、涉嫌犯罪的性质、移送审查起诉的时间和过程、退回补充侦查、延长审查起诉期限等诉讼程序上的情况。主要包括以下内容:

(1)侦查机关、案由和移送审查起诉时间。一般表述为:

“本案由××××公安局侦查终结,以被告人×××涉嫌×××罪,于××××年××月××日向本院移送审查起诉。”

对于公安机关等其他侦查机关移送审查起诉后有管辖变更情况的表述为:

“本案由××××公安局侦查终结,以被告人×××涉嫌×××罪,于××××年××月××日向××××人民检察院移送审查起诉。××××人民检察院于××××年××月××日转至本院审查起诉。”

(2)依法告知的情况。根据刑事诉讼法规定,人民检察院受理审查起诉案件后,应当在三日以内告知犯罪嫌疑人有权委托辩护人,告知被害人及其法定代理人或者近亲属、附带民事诉讼的当事人及其法定代理人有权委托诉讼代理人。起诉书应当对有关情况予以交代,可以接前表述为:

“本院受理后,于××××年××月××日已告知被告人×××有权委托辩护人,××××年××月××日已告知被害人×××(或者其法定代理人、近亲属中的一人)、附带民事诉讼当事人×××(或者其法定代理人)有权委托诉讼代理人。”

(3)办理审查起诉的简要情况。可以接前表述为:

“依法讯问了被告人×××,听取了被害人×××委托的诉讼代理人×××和被告人×××的辩护人×××的意见,审查了全部案件材料……”

(4)其他有关情况。如退回补充侦查的情况,写明退回补充侦查的时间和重新移送审查起诉的时间;延长审查起诉期限的情况;等等。这些内容要根据实际情况叙写。

(二)正文

这一部分是起诉书的重点。包括事实、提起公诉的理由及法律依据、提起公诉的决定等内容。

1. 事实和证据。

在起诉书的这一部分里,首先要单起一段以“经依法审查查明:”引出查清的案件情况,叙写认定的犯罪事实,包括犯罪时间、地点、经过、手段、目的、动机、危害后果等与定罪量刑有关的事实要素。

对于只有一个被告人的案件,被告人实施多次犯罪的,犯罪事实要分段逐一叙写,同时触犯数个罪名的被告人的犯罪事实应该按照主次顺序分类列举,突出主罪。对于共同犯罪的案件,写明共同犯罪事实及每个被告人各自在共同犯罪中的地位和作用后,要按照被告人的主从顺序,分别叙明各个被告人的单独犯罪事实,突出主犯。叙写案件事实时,可以根据案件事实的不同情况,采取相应的表述方式。

在叙述案件事实过程中,对共同犯罪案件中在逃的同案犯,首次出现时应当在其姓名后用括号注明“另案处理”字样。

起诉书中的犯罪事实必须是经过检察机关审查证实的。不能把查无实据或证据不足的甚至未经查明的行为当作犯罪事实写入起诉书;同时,被告人不构成犯罪和已经受过刑罚处罚的事实,也不应写入起诉书。对同案犯中不构成犯罪的人,一般也不应写入起诉书,在叙述时必须涉及的人,要在姓名后面用括号写明有关情况,如已做其他处理等。另外,对于重要的案件情节,如被告人立功、自首等影响量刑的从重、从轻、减轻、免除处罚等犯罪情节,在起诉书中要注意叙述清楚。在叙写犯罪事实时,还应注意保守国家秘密,注意社会影响,不能写有伤风化的污秽情节，涉及个人隐私的，应当为其保守秘密。强奸、奸淫幼女等案件的被害人名字不宜写出，可只写姓氏，注意保护被害人的名誉。

在制作起诉书中犯罪事实时，要有意识地运用前面所讲的叙述方法，选择采用"自然顺序法""综合归纳法""突出主罪法""突出主犯法"等方法，力求在起诉书中将犯罪事实叙述的准确、完整、清楚。

在叙述清楚犯罪事实后，另起一段以"认定上述事实的证据如下："引出对主要证据的列举。列举证据时要指明主要证据的名称、种类，但不必对证据与案件事实、证据之间的关系进行具体的分析、论证。

列举证据应当采取"一事一证"的方式，即对于有数个犯罪事实的，要在每叙述一个犯罪事实后，列举出相关的主要证据。对于作案多起的一般刑事案件，如果案件事实是以先总后分的概括方式叙述的，证据的叙写也可以采取"一事一证"的方式，即在一种犯罪后概括写明主要证据的种类，而不再指出认定每一起案件事实的证据。

2. 起诉的理由和法律依据。这部分的书写要层次分明地交代清楚以下内容：

首先，概括阐明被告人犯罪行为的本质属性，包括危害程度、行为性质、情节轻重。概括罪行事实，既要紧扣该罪的法律条文所抽象出的罪状，又要有本案的个性特点，使抽象与具体结合起来，才能写出既符合本罪特征又能反映出本案特有面貌的结论性观点。如《中华人民共和国刑法》第二百六十三条对抢劫罪的罪状是这样归纳的："以暴力、胁迫或者其他方法抢劫公私财物的……"一起抢劫案的起诉书的理由部分在概括事实时是这样写的：

"被告人龙××、王××以非法占有为目的，冒充公安人员采用戴手铐、作尿检、送强制戒毒等暴力、胁迫手段，入室抢劫公民财物共计15,000余元，数额巨大。"

这里既反映了抢劫罪"以非法占有为目的"，采用暴力、胁迫或其他方法抢劫公私财物的特征，又具体说明了本案被告人所采用的暴力、胁迫手段是戴手铐、作尿检、送强制戒毒等，所抢劫的财物数量是

15,000余元。这是值得提倡的。

其次,写明被告人犯罪行为所触犯的刑法条款和罪名,即主张定罪和追究刑事责任的法律根据。引用定罪条款和确定罪名的顺序是:应先引用定罪条款,后写应当以何种罪名追究其刑事责任。具体可表述为:“其行为已触犯《中华人民共和国刑法》第××条,应当以××罪追究其刑事责任。”

共同犯罪的,应先引定罪条款,再引区分共同犯罪责任的条款。犯数罪的,要先引用重罪条款,后引用轻罪条款,有几个罪就引用几个条款,罪名的顺序应按定罪条款的顺序写清。引用法律条款时,要准确、完整地写明法律的全称,并具体、精确到条、款、项。

再次,写明认定被告人具有从重、从轻、减轻处罚的倾向性意见。

最后,写明作出起诉决定的法律依据及起诉决定。在起诉书中,这一内容是采用程式用语来表述的,即“本院为……(如维护社会秩序,或保护公民的财产不受侵犯等),依据《中华人民共和国刑事诉讼法》第一百七十六条的规定,特提起公诉,请依法判处”。

(三)尾部

在这一部分应当写明下列内容:

1. 主送的人民法院名称。写为“此致”,然后另起一行顶格书写“×××人民法院”。

2. 检察人员的法律职务及姓名。在文书的右边书写。

3. 日期。应当写检察长签发起诉书的具体日期,要写在检察人员法律职务及姓名下一行对应位置,并加盖制作文书的人民检察院院印。

4. 普通程序案件适用的起诉书要根据需要列明附注事项,一般包括:其一,被告人现在处所,具体包括在押被告人的羁押场所和被告人监视居住的处所,等等。其二,证据目录、证人名单和主要证据复印件,并注明数量。其三,有关涉案款物情况。其四,被害人或者被害单位提起附带民事诉讼的情况。其五,其他需要附注的事项。

四、特别提示

(一)以后如刑事判决书、刑事裁定书等文书中,凡刑事案件被告人的基本情况，总应包括身份情况、以前所受的行政或刑事处罚情况或称前科劣迹情况（此部分有就写，没有就不写）、因本案而被采取强制措施的情况三部分。不要漏写其中任何一项。

（二）被告人如果是又聋又哑的人或者是盲人的，应当在其姓名后具体注明。

（三）被告人已经委托辩护人的，应当在起诉书中注明辩护人的具体情况，包括姓名、单位、通讯地址，等等。

（四）起诉书一般使用汉字。在少数民族聚居或者多民族共同居住的地区，被告人是少数民族的，起诉书应当用该民族的文字制作。对于外国人犯罪的案件，起诉书正本和若干副本使用汉字制作，并加盖院印，以体现主权原则；同时，为方便诉讼，可以用外籍被告人所在国官方语言制作若干起诉书翻译件，但不加盖院印，送达被告人及有关方面。

（五）只有一名被告人的公诉案件，要向法院送达起诉书一式八份，其中包括法院转送被告人、辩护人、被害人及其诉讼代理人的份数。每增加一个被告人，增加起诉书五份；同时还要抄送移送审查起诉的公安机关（或国家安全机关）副本一份，附检察卷、检察内卷各一份。

五、格式（自然人犯罪案件适用）及示例

（一）格式①

×××人民检察院

起　诉　书

×检×刑诉〔××××〕×号

被告人……（写明姓名、性别、出生年月日、身份证号码、民族、文化程度、职业或者工作单位及职务、出生地、户籍地、住址、曾受到刑事

① 自2018年我国监察委员会成立后，检察院的职能有所变化，其中对国家工作人员的职务犯罪侦查权将随着原反贪局、渎职局而转隶监察委员会，故本检察院起诉书格式中涉及自侦案件的部分必将修改。在最高人民检察院的文书格式正式修改公布之前，暂时仍然沿用已有的格式。

处罚以及与本案定罪量刑相关的行政处罚的情况和因本案采取强制措施的情况等。)

本案由××××(侦查机关)侦查终结,以被告人×××涉嫌×××罪,于××××年××月××日向本院移送审查起诉。本院受理后,于××××年××月××日已告知被告人有权委托辩护人,××××年××月××日已告知被害人及其法定代理人(或者近亲属)、附带民事诉讼的当事人及其法定代理人有权委托诉讼代理人,依法讯问了被告人,听取了辩护人×××、被害人×××及其诉讼代理人×××的意见,审查了全部案件材料……(写明退回补充侦查、延长审查起诉期限等情况)

[对于侦查机关移送审查起诉的需变更管辖权的案件,表述为:"本案由××××(侦查机关)侦查终结,以被告人×××涉嫌×××罪,于××××年××月××日向××××人民检察院移送审查起诉。××××人民检察院于××××年××月××日转至本院审查起诉。本院受理后,于×××年××月××日已告知被告人有权……"

对于本院侦查终结并审查起诉的案件,表述为:"被告人×××涉嫌×××罪一案,由本院侦查终结。本院于××××年××月××日已告知被告人有权……"

对于其他人民检察院侦查终结的需变更管辖权的案件,表述为:"本案由××××人民检察院侦查终结,以被告人×××涉嫌×××罪,于××××年××月××日向本院移送审查起诉。本院受理后,于××××年××月××日已告知被告人有权……"]

经依法审查查明……(写明经检察机关审查认定的犯罪事实,包括犯罪时间、地点、经过、手段、目的、动机、危害后果等与定罪、量刑有关的事实要素,应当根据具体案件情况,围绕刑法规定的该罪构成要件叙写。)

(对于只有一个犯罪嫌疑人的案件,犯罪嫌疑人实施多次犯罪的犯罪事实应逐一列举;同时触犯数个罪名的犯罪嫌疑人的犯罪事实应该按照主次顺序分类列举。对于共同犯罪的案件,写明犯罪嫌疑人的共同犯罪事实及各自在共同犯罪中的地位和作用后,按照犯罪嫌疑人的主次顺序,分别叙明各个犯罪嫌疑人的单独犯罪事实)

认定上述事实的证据如下：

……(针对上述犯罪事实，分别列举证据)

本院认为……(概括论述被告人行为的性质、危害程度、情节轻重)，其行为触犯了《中华人民共和国刑法》第×条(引用罪状、法定刑条款)，犯罪事实清楚，证据确实、充分，应当以××罪追究其刑事责任。根据《中华人民共和国刑事诉讼法》第一百七十六条的规定，提起公诉，请依法判处。

此致

×××人民法院

检察员　×××

××××年××月××日

附：1. 被告人现在处所。具体包括在押被告人的羁押场所或监视居住、取保候审的处所。

2. 案卷材料和证据××册××页。

3. 证人、鉴定人、需要出庭的专门知识的人的名单，需要保护的被害人、证人、鉴定人的名单。

4. 有关涉案款物情况。

5. 被害人(单位)附带民事诉讼情况。

6. 其他需要附注的事项。

(二)示例①

北京市大兴区人民检察院

起　诉　书

京大检公诉刑诉〔2017〕1550号

被告人尹××，男，1991年××月××日出生，居民身份证号码1102241991×××××××××，满族，小学文化程度，务农，户籍所在地北京市大兴区××镇××村××号。因犯抢劫罪，于2007年2月

① 选自百度文库 > 教育专区 > 高等教育 > 法学：http://wenku.baidu.com/link?url=Y×EmEa5vvHsONT4C71wnj×CALWFPBUJRk5rPzjH98Qjfsq065yaRRatGmgzZ2×gP74E9iqsc5Gf29SvB0-P6×Tvt×VmW6mL1n8Aaj1egiRC，最后访问日期：2015年9月29日。

13日被北京市大兴区人民法院判处有期徒刑六年，罚金人民币12,000元；因犯故意伤害罪，于2015年2月5日被北京市大兴区人民法院判处有期徒刑九个月，2015年2月18日刑满释放。因涉嫌诈骗罪，于2017年7月15日被北京市公安局大兴分局刑事拘留；经本院批准，于2017年8月22日被逮捕。

本案由北京市公安局大兴分局侦查终结，以被告人尹××涉嫌诈骗罪，于2017年10月16日向本院移送审查起诉。本院受理后，于2017年10月16日已告知被告人有权委托辩护人、已告知被害人有权委托诉讼代理人，依法讯问了被告人，审查了全部案件材料。其间，因案情复杂，延长审查起诉期限一次（自2017年11月17日至12月1日）。

经依法审查查明：

2017年4月至7月间，被告人尹××在北京市大兴区黄村镇以能够提供卸渣土场地为名，先后骗取乔某某人民币10,000元、胡某某人民币3000元、徐某某人民币2600元。2017年7月15日，尹××在户籍地被民警查获。

案发后，尹××家属分别赔偿乔某某人民币10,000元、赔偿胡某某人民币3000元，乔某某、胡某某均表示谅解尹××。

认定上述事实的证据如下：

1.渣土票照片打印件；2.书证：被告人身份信息及前科材料、银行卡交易明细、微信转账记录、谅解书、到案经过等；3.证人证言：证人王某某、靳某某等人的证言；4.被害人陈述：被害人乔某某、胡某某、徐某某的陈述；5.被告人的供述与辩解：被告人尹××的供述与辩解；6.勘验、检查、辨认、侦查实验等笔录：辨认笔录。

本院认为，被告人尹××诈骗他人财物，数额较大，其行为触犯了《中华人民共和国刑法》第二百六十六条，犯罪事实清楚，证据确实、充分，应当以诈骗罪追究其刑事责任。被告人尹××在有期徒刑执行完毕后五年内再犯应当判处有期徒刑以上刑罚之罪，根据《中华人民共和国刑法》第六十五条的规定，是累犯，应当从重处罚。根据《中华人民共和国刑事诉讼法》第一百七十二条的规定，①提起

---

①　此文书制作时，《刑事诉讼法》还未修改，故援引的是2018年修正以前的条文。

公诉,请依法判处。

此致

北京市大兴区人民法院

检察员:×××

2017年11月28日

附:1. 被告人现羁押于北京市大兴区看守所。

2. 案卷材料和证据四册,光盘七张。

(三)练习①

案情:

被告人李玉书,男,1970年8月2日生,汉族,农民,住赤山市龙安村。2000年9月7日上午,被告人李玉书路经该市郊区时,见被害人徐桂珍(女,34岁)一人在草滩上牧羊,便上前搭话。交谈中李产生了强奸邪念,便将徐拉入附近沟内按倒在地,强行撕扯徐的裤子欲行强奸。徐极力反抗,大声呼救。李害怕罪行暴露,掏出随身携带的匕首向徐的腹部猛刺一刀。徐继续呼救,李一手卡住徐的脖子,另一手用匕首向徐的腹部猛刺数刀,致徐当场死亡。李取下徐手上戴的手表和身上的80元钱,并将徐的尸体移到附近掩埋。随后,李将被害人放牧的125只绵羊赶到临近的高家店村,准备销赃时被发现。李畏罪潜逃,后被抓获归案。

现假定你为本案的公诉人,请根据上述案情撰写一份起诉书。

本题答题要求:1. 格式正确,应具备的事项齐全;2. 请求合法有据,定性准确;3. 文字通顺简练,无语法错误和错别字;4. 题中未涉及的当事人自然情况及司法机关的名称、文号等可自行编撰。

第四节 不起诉决定书

一、适用范围

不起诉决定书,是人民检察院对免予追究刑事责任的,证据不

① 本题选自2002年国家司法考试卷四第十题。

足、不符合起诉条件的，以及对于犯罪情节轻微，依照刑法规定不需要判处刑罚或者免除刑罚的不起诉案件，决定不将案件移送人民法院审判，而终止刑事诉讼时制作的一种具有法律效力的诉讼文书。

不起诉决定书是对被不起诉人作出不起诉决定的书面凭证，具有终止刑事诉讼，不追究被不起诉人刑事责任的法律效力，对保护无罪之人不受刑事追究，避免冤案发生具有积极意义。不起诉决定书一经送达，应当立即释放被羁押的被不起诉人。

我国法律规定，不起诉有三种情况：

第一，法定不起诉，或称绝对不起诉。《中华人民共和国刑事诉讼法》第一百七十七条第一款规定犯罪嫌疑人没有犯罪事实，或者有本法第十六条规定的情形之一的，人民检察院应当作出不起诉决定。《中华人民共和国刑事诉讼法》第十六条是这样规定的：有下列情形之一的，不追究刑事责任，已经追究的，应当撤销案件，或者不起诉，或者终止审理，或者宣告无罪：(1)情节显著轻微、危害不大，不认为是犯罪的；(2)犯罪已过追诉时效期限的；(3)经特赦令免除刑罚的；(4)依照刑法告诉才处理的犯罪，没有告诉或者撤回告诉的；(5)犯罪嫌疑人、被告人死亡的；(6)其他法律规定免予追究刑事责任的。人民检察院在审查起诉时，发现符合上述规定的情形，就应当依法做出不起诉决定。这种不起诉决定就是"绝对不起诉"或"法定不起诉"。

第二，相对不起诉。《中华人民共和国刑事诉讼法》第一百七十七条第二款规定，对于犯罪情节轻微，依照刑法规定不需要判处刑罚或者免除刑罚的，人民检察院可以作出不起诉决定。根据该条款作出的不起诉决定，即所谓"相对不起诉"。

第三，存疑不起诉。《中华人民共和国刑事诉讼法》第一百七十五条第四款规定对于二次补充侦查的案件，人民检察院仍然认为证据不足，不符合起诉条件的，应当作出不起诉的决定。根据该条款作出的不起诉决定，即所谓"存疑不起诉"。

二、制作方法

根据上述不起诉的三种情况，最高人民检察院 2013 年 10 月 8 日印发的《人民检察院刑事诉讼法律文书格式样本(2013)》中相应规定了三种不起诉决定书的格式,三种格式大同小异,这里只介绍第一种不起诉决定书的格式和内容。

(一)首部

1.制作机关名称,居中书写:×××人民检察院;文书名称,居中书写:不起诉决定书;文书编号,右对齐书写:××检××刑不诉〔××××〕×号。

2.被不起诉人基本情况。包括身份情况,即被不起诉人的姓名、性别、出生年月日、身份证号码、民族、文化程度、职业或工作单位及职务(国家机关工作人员利用职权实施犯罪,应当写明犯罪期间在何单位任何职)、户籍地、住址(被不起诉人住址写居住地,如果户籍所在地与暂住地不一致的,应当写明户籍所在地和暂住地),此前是否受过行政或刑事处罚,因本案而被采取强制措施的情况,即被采取强制措施的种类、时间、决定机关等。

被不起诉人基本情况的书写项目和方法以及注意事项,与起诉书中被告人基本情况大体相同,可参阅前面有关论述。

如果被不起诉的是单位,则写明其名称、住所地等。

3.被不起诉人如有辩护人的,则写明其姓名、工作单位和职务,例如"辩护人×××,××律师事务所律师"。

4.案由、案件来源和审查过程。

案件由公安等侦查机关侦查终结移送本院审查后起诉,其文字表述为:

"本案由×××(侦查机关名称)侦查终结,以被不起诉人×××涉嫌××罪,于××××年×月×日向本院移送审查起诉。"

如果案件曾经退回补充侦查,应当写明退回补充侦查的日期、次数以及再次移送审查起诉的时间。

(二)正文

1.事实和证据

这一部分以"经本院依法审查查明"为开头语,引出有关事实和证据叙述。

如果侦查机关移送起诉的案件,经检察院审查后认为被不起诉人的行为符合《中华人民共和国刑事诉讼法》第十六条第(一)项规定情节显著轻微、危害不大，不认为是犯罪的情形而决定不起诉的，则这种法定不起诉决定书在叙述事实时，应当先概括写明侦查机关移送审查起诉意见书认定的犯罪事实，后写明经检察院审查后认定的事实和相关的证据。叙事重点是写明"情节显著轻微、危害不大"的事实情节。

要特别注意的是，我国《中华人民共和国刑事诉讼法》第十六条第一项规定的"情节显著轻微、危害不大，不认为是犯罪"，与《中华人民共和国刑事诉讼法》第一百七十七条第二款规定"对于犯罪情节轻微，依照刑法规定不需要判处刑罚或者免除刑罚的"，需要仔细区别。一是"情节"，一是"犯罪情节"；一是"显著轻微，危害不大，不认为是犯罪"，一是"情节轻微，依照刑法不需要判处刑罚或免除刑罚"。两者的重大区别是罪与非罪的区别。前者不被视为犯罪，后者被视为犯罪，只不过不需要判处刑罚或免除刑罚。

认清这点很重要，因为这直接决定着不起诉决定书事实的内容。在叙述事实时，前者的重点在于写明"情节显著轻微、危害不大"的事实情节；后者的重点在于写明"犯罪情节轻微"的事实情节。好的不起诉决定书，在事实部分的叙述中，要使人一看就明白这一案件当事人的行为属于"情节显著轻微"还是"犯罪情节轻微"。

如果是行为已构成犯罪，本应追究刑事责任，但审查过程中有《中华人民共和国刑事诉讼法》第十六条第二项到第六项法定不追究刑事责任的情形，因而决定不起诉的，则这种法定不起诉决定书的事实部分应当重点叙明符合法定不追究刑事责任的事实和证据，充分反映出法律规定的内容。

如果是根据《中华人民共和国刑事诉讼法》第一百七十七条第一款中的没有犯罪事实而决定不起诉的，则这份法定不起诉决定书的事实部分应当重点叙明不存在犯罪事实或者犯罪事实并非被不起诉人所为。

2. 不起诉的理由、法律依据和决定事项

这一部分以"本院认为"作开头语，引出不起诉的理由、法律依据和决定事项的叙写。其文字可作如下表述：

"本院认为，被不起诉人×××的上述行为，情节显著轻微、危害不大，不构成犯罪。依照《中华人民共和国刑事诉讼法》第十六条第

(一)项和第一百七十七条第一款的规定,决定对×××不起诉。”

如果是根据《中华人民共和国刑事诉讼法》第十六条第(二)项至第(六)项规定而决定不起诉的,则要有针对性地阐明依法不追究被不起诉人刑事责任的理由和法律依据,最后援引决定不起诉的法律依据,并写明决定事项。

如果是根据《中华人民共和国刑事诉讼法》第一百七十七条第一款中的没有犯罪事实而决定不起诉的,则在此部分指出被不起诉人没有犯罪事实,再以该条作为不起诉的法律依据。

(三)尾部

1. 写明查封、扣押、冻结的涉案款物的处理情况。

2. 告知被不起诉人申诉事项,写为:

“被不起诉人如果不服本决定,可以自收到本决定书后七日内向本院申诉。”

3. 如有被害人的,则要在此部分向其交代申诉事项,写为:

“被害人如果不服本决定,可以自收到本决定书后七日以内向×××人民检察院申诉,请求提起公诉;也可以不经申诉,直接向×××人民法院提起自诉。”

4. 注明年月日,并加盖人民检察院的院印。

三、特别提示

(一)在不起诉决定书中,当事人的称谓为“被不起诉人”,而不是“被告人”。

(二)人民检察院决定不起诉的案件,需要对侦查中扣押、冻结的财物解除扣押、冻结的,应当书面通知作出扣押、冻结决定的机关或者执行扣押、冻结决定的机关解除扣押、冻结。

(三)对被不起诉人,可以根据案件的不同情况,予以训诫或者令其具结悔过、赔礼道歉、赔偿损失;如果认为需要给予行政处罚、行政处分或者需要没收其违法所得的,人民检察院应当提出检察意见,连同不起诉决定书一并移送有关主管机关处理。

(四)不起诉决定书应当送达被害人、被不起诉人以及被不起诉人的所在单位,由公安机关移送审查起诉的案件,还应将不起诉决定书送达公安机关。

(五)该文书以被不起诉人为单位制作,每一名被不起诉人单独制作一份文书。

四、格式与示例

(一)格式一(法定不起诉适用)①

×××人民检察院

不起诉决定书

××检××刑不诉〔××××〕×号

被不起诉人……[写明姓名、性别、出生年月日、身份证号码、民族、文化程度、职业或工作单位及职务(国家机关工作人员利用职权实施的犯罪,应当写明犯罪期间在何单位任何职)、户籍地、住址(被不起诉人住址写居住地,如果户籍所在地与暂住地不一致的,应当写明户籍所在地和暂住地),是否受过刑事处罚,采取强制措施的种类、时间、决定机关等。]

(如系被不起诉单位,则应写明名称、住所地等。)

辩护人……(写姓名、单位和职务)

本案由×××(侦查机关名称)侦查终结,以被不起诉人×××涉嫌×××罪,于××××年×月×日移送本院审查起诉。

(如果是自侦案件,此处写"被不起诉人×××涉嫌×××一案,由本院侦查终结,于××××年×月×日移送审查起诉或不起诉"。如果案件是其他人民检察院移送的,此处应当将指定管辖、移送单位以及移送时间等写清楚。)

(如果案件曾经退回补充侦查,应当写明退回补充侦查的日期、次数以及再次移送审查起诉的时间。)

经本院依法审查查明:

……

[如果是根据《中华人民共和国刑事诉讼法》第十六条第(一)项即侦查机关移送起诉认为行为构成犯罪,经检察机关审查后认定行为

① 本格式将来的变化以最高人民检察院重新修改发布的文书格式为准。这里暂时仍按原来格式未变。

情节显著轻微、危害不大，不认为是犯罪而决定不起诉的，则不起诉决定书应当先概括叙述公安机关移送审查起诉意见书认定的犯罪事实（如果是检察机关的自侦案件，则不写这部分），然后叙写检察机关审查后认定的事实及相应的证据，重点反映显著轻微的情节和危害程度较小的结果。如果是行为已经构成犯罪，本应当追究刑事责任，但审查过程中有《中华人民共和国刑事诉讼法》第十六条第二项至第六项法定不追究刑事责任的情形，因而决定不起诉的，应当重点叙明符合法定不追究刑事责任的事实和证据，充分反映出法律规定的内容。如果是根据《中华人民共和国刑事诉讼法》第一百七十七条第一款中的没有犯罪事实而决定不起诉的，应当重点叙明不存在犯罪事实或者犯罪事实并非不起诉人所为。]

本院认为，×××（被不起诉人的姓名）的上述行为，情节显著轻微、危害不大，不构成犯罪。依照《中华人民共和国刑事诉讼法》第十六条第（一）项和第一百七十七条第一款的规定，决定对×××（被不起诉人的姓名）不起诉。

[如果是根据《中华人民共和国刑事诉讼法》第十六条第二项至第六项法定不追究刑事责任的情形而决定的不起诉，重点阐明不追究被不起诉人刑事责任的理由及法律依据，最后写决定不起诉的法律依据。如果是根据《中华人民共和国刑事诉讼法》第一百七十七条第一款中的没有犯罪事实而决定不起诉的，指出被不起诉人没有犯罪事实，再写不起诉的法律依据。]

……（查封、扣押、冻结的涉案款物的处理情况）

被不起诉人如果不服本决定，可以自收到本决定书后七日以内向本院申诉。

被害人如果不服本决定，可以自收到本决定书后七日以内向×××人民检察院申诉，请求提起公诉；也可以不经申诉，直接向×××人民法院提起自诉。

×××人民检察院

（院印）

××××年×月×日

（二）示例一①

湖南省沅江市人民检察院
不起诉决定书

沅检公刑不诉〔2015〕1号

被不起诉人陆×，男，1968年4月6日出生，身份证号码：××××××××××××××××××，汉族，大学本科学历，私营企业主，无锡振生针织品有限公司和无锡绿橙国际贸易公司法定代表人，户籍所在地江苏省无锡市崇安区×××××。因涉嫌妨害信用卡管理罪，于2013年11月23日被沅江市公安局刑事拘留，同年12月25日经沅江市人民检察院批准，由沅江市公安局执行逮捕，2014年3月30日由沅江市公安局决定取保候审。同年12月24日，经沅江市人民法院决定，2015年1月10日，由沅江市公安局执行逮捕，同月29日，由本院决定对其取保候审。

辩护人张×松、张×鹏，北京市尚权律师事务所律师。

本案由沅江市公安局侦查终结，以陆×涉嫌妨害信用卡管理罪、销售假药罪，于2014年4月15日向本院移送审查起诉。本院于同年5月12日将本案退回沅江市公安局补充侦查，沅江市公安局于同年6月10日将本案重新移送起诉至本院，同年7月10日本院将本案审查期限延期15天，同年7月22日，本院对陆×以妨害信用卡管理罪、销售假药罪向沅江市人民法院提起公诉。沅江市人民法院受案后，因陆×经传唤不到案，于同年12月23日裁定中止审理，次日对陆×作出逮捕决定。2015年1月10日，陆×被沅江市公安局执行逮捕。同月27日，本院向沅江市人民法院撤回起诉，同月29日，由本院决定对其取保候审。

沅江市公安局移送审查起诉意见书认定的犯罪事实：

2013年8月间，陆×先后在互联网上以“samchina680406”名义从“诚信卡源”的淘宝店主郭××（另案处理）手中以500元每套的价格购买了3套他人身份信息的银行卡。陆×购买了这3张卡以后使用

① 选自湖南省人民检察院官网：http://www.hn.jcy.gov.cn/xwfb/qwfb/gg/2015/content_47623.html，最后访问日期：2018年11月30日。

了1张户名为夏××的农业银行卡用来吸收销售假药的资金。

2012年间,印度人Jainsanjay在江苏省无锡市农业银行开办了Jainsanjay和Jainmadhu两个账户来吸取贩卖印度药物的涉案资金,在其两个账户无法操控的情况下,从2013年1月开始,Jainsanjay与陆×合伙采用网上发邮件和QQ群联系客户等方式在中国国内销售印度"Cyno pharmaceuticals ltd"公司生产的"VEENATlOO""IMATINIB400""IMATINIB100"等药物,陆×先后使用云南省普洱市病人罗××和杨××两人的农业银行账户为其收取售药资金。直至2013年8月陆×为了逃避打击、周转销售印度药物的资金,从互联网上郭××的"诚信卡源"网店上购买了以夏××身份证办理的这张农业银行卡。用于收取印度"Cyno pharmaceuticals ltd"公司Jainsanjay在中国销售药物的资金。经益阳市食品药品监督管理局证实:陆×帮印度cyno(赛诺)公司在中国销售的药物均未经中国进口药品许可销售。

自2013年以来,陆×销售这几种药物的金额达300余万元,期间又多次按照Jainsanjay的授意将这些钱款汇给浙江省义乌市从事外贸的张××账户上。

经本院依法审查查明:

2002年,陆×被查出患有慢粒性白血病,需要长期服用抗癌药品。我国国内对症治疗白血病的正规抗癌药品"格列卫"系列系瑞士进口,每盒需人民币23,500元,陆×曾服用该药品。为了进行同病患者之间的交流,相互传递寻医问药信息,通过增加购同一药品的人数降低药品价格,陆×从2004年4月开始建立了白血病患者病友网络QQ群。

2004年9月,陆×通过他人从日本购买由印度生产的同类药品,价格每盒约为人民币4000元,服用效果与瑞士进口的"格列卫"相同。之后,陆×按使用药品说明书中提供的联系方式,直接联系到了印度抗癌药物的经销商印度赛诺公司,并开始直接从印度赛诺公司购买抗癌药物。陆×通过自己服用一段时间后,觉得印度同类药物疗效好、价格便宜,遂通过网络QQ群等方式向病友推荐。网络QQ群的病友也加入了向印度赛诺公司购买该药品的行列。陆×及病友首先是通过西联汇款等国际汇款方式向印度赛诺公司支付购药款。在此过程中,陆×还利用其懂英文的特长免费为白血病等癌症患者翻译与印度赛诺公司的往来电子邮件等资料。随着病友间的传播，从印度赛诺公司购买该抗癌药品的国内白血病患者逐渐增多，药品价格逐渐降低，直至每盒为人民币200余元。

由于前述支付购药款方式，既要先把人民币换成美元，又要使用英文，程序繁琐，操作难度大。求药的患者向印度赛诺公司提出了在中国开设账号便于付款的要求。2013年3月，经印度赛诺公司与最早在该公司购药的陆×商谈，由陆×在中国国内设立银行账户，接收患者的购药款，并定期将购药款转账到印度赛诺公司指定的户名为张××的中国国内银行账户，在陆×统计好各病友具体购药数量、告知印度赛诺公司后，再由印度赛诺公司直接将药品邮寄给患者。印度赛诺公司承诺对提供账号的病友将免费供应药品。陆×在QQ病友群里发布了印度赛诺公司的想法，云南籍白血病患者罗××即与陆×联系，愿意提供本人及其妻子杨××的银行账号，以换取免费药品。陆×通过网银U盾使用管理罗××提供的账号，在病友向该账号支付购药款后，将购药款转至张××账户，通知印度赛诺公司向病友寄送药品，免除了购药的病友换汇、翻译等以往的一些繁琐劳动。

在使用罗××、杨××账号支付购药款一段时间后，罗××听说银行卡的交易额太大，有可能导致被怀疑为洗钱，不愿再提供使用了。2013年8月，陆×通过淘宝网从郭××处以500元每套的价格购买了3张用他人身份信息开设的银行借记卡，在准备使用中发现有2张因密码无法激活而不能用，仅使用了1张户名为夏××的借记卡。陆×同样通过网银U盾使用管理该账号，将病友购药款转账到印度赛诺公司指定的张××账户。

根据在卷证据，被查证属实的共有21名白血病等癌症患者通过陆×先后提供并管理的罗××、杨××、夏××3个银行账户向印度赛诺公司购买了价值约120,000元的10余种抗癌药品。陆×为病友们提供的帮助全是无偿的。对所购买的10余种抗癌药品，有“VEENAT100”“IMATINIB400”“IMATINIB100”3种药品经益阳市食品药品监督管理局出具的相关鉴定，系未经我国批准进口的药品。

以上事实，有如下证据证实：

1. 证明陆×购买3张借记卡的证据有：(1)扣押的网银U盾与绑定的手机卡；(2)银行借记卡开户资料；(3)淘宝交易记录；(4)银行交

易明细;(5)郭××的证言;(6)陆×的供述等。

2. 证明陆×提供用于向印度赛诺公司支付购药款账号的证据有:

(1)证人潘××的证言证实,其认识陆×是2005年,其女儿在网上发表一篇名为“谁能拯救我父亲”的文章,该文章被陆×得知后,主动与其联系并为其提供帮助。陆×建立QQ群的目的,一是为方便病友,用于病友之间交流、交换问药的信息;二是在病友群扩大之后,组织病友与药品生产厂家协商降低药品价格。

(2)证人罗××、杨××的证言证明,提供个人银行账号给陆×使用。

(3)证人钟××、张××等患者证言证实,通过西联汇款等国际汇款方式购买该药品非常繁琐,并有部分病友难以弄明白操作过程,陆×为方便病友支付药款提供账户,使得患者及时获得药品,延续生命,患者对陆×深表感谢。

(4)有21名购药患者的证言及对应的银行账户明细证明,购药患者或通过网络搜寻或直接与陆×联系获知购药渠道后,汇款到陆×管理的罗××、杨××、夏××等银行账户,随后收到了印度赛诺公司邮寄的抗癌药品,同时,21名购药患者中多数的证言证明该药物确有疗效无不良反应,无人证明因服用该药物对人体健康造成损害。

(5)陆×的供述,其先后向购买印度赛诺公司抗癌药品的病友提供了罗××、杨××、夏××等账户,用于病友支付购药款。其供述还称,在网络QQ群或病友交流会上对印度药品的推荐目的是“与病友间进行交流,提高白血病患者的生存质量”,“提供人民币账户更多的是为了解决患者不懂英文和国际汇款程序复杂的难题,而不是为了帮助印度赛诺公司销售”。

(6)有部分购药者与陆×的QQ聊天记录、手机短信,证明病友联系陆×咨询购药及陆×要求付款至指定账户的情况。

(7)益阳市食品药品监督管理局出具《关于协查“VEENAT100”等药物进口销售许可信息的复函》证明,公安机关来函中提到的“Cyno pharmaceuticals Ltd”公司生产的“VEENAT100”“IMATINIB400”“IMATINIB100”3种药物在国家食品药品监督管理总局数据查询库中未查到药物进口许可的相关信息。

本院认为,陆×的购买和帮助他人购买未经批准进口的抗癌药品的行为，违反了《中华人民共和国药品管理法》的相关规定，但陆×的行为不是销售行为，不符合《中华人民共和国刑法》第一百四十一条的规定，不构成销售假药罪。陆×通过淘宝网从郭××处购买3张以他人身份信息开设的借记卡，并使用其中户名为夏××的借记卡的行为，违反了金融管理法规，但其目的和用途完全是白血病患者支付自服药品而购买抗癌药品款项，且仅使用1张，情节显著轻微，危害不大，根据《中华人民共和国刑法》第十三条的规定，不认为是犯罪。根据《中华人民共和国刑事诉讼法》第十五条第（一）项和第一百七十三条第一款的规定，①决定对陆×不起诉。

沅江市公安局在办理本案中所冻结、扣押款项应依法处理。

陆×如不服本决定，可以自收到本决定书后七日内向本院申诉。

沅江市人民检察院
（院印）
2015年2月26日

（三）格式二（相对不起诉适用）

×××人民检察院

不起诉决定书

××检××刑不诉〔××××〕×号

被不起诉人……［写明姓名、性别、出生年月日、身份证号码、民族、文化程度、职业或工作单位及职务（国家机关工作人员利用职权实施的犯罪，应当写明犯罪期间在何单位任何职）、户籍地、住址（被不起诉人住址写居住地，如果户籍所在地与暂住地不一致的，应当写明户籍所在地和暂住地），是否受过刑事处罚，采取强制措施的种类、时间、决定机关等。］

（如系被不起诉单位，则应写明名称、住所地等）

辩护人……（写姓名、单位）。

本案由×××（侦查机关名称）侦查终结，以被不起诉人×××涉嫌×××罪，于××××年×月×日移送本院审查起诉。

① 此文书制作时，《刑事诉讼法》还未修改，故援引的是2018年修正以前的条文。

（如果是自侦案件，此处写“被不起诉人×××涉嫌×××一案，由本院侦查终结，于××××年×月×日移送审查起诉或不起诉”。如果案件是其他人民检察院移送的，此处应当将指定管辖、移送单位以及移送时间等写清楚。）

（如果案件曾经退回补充侦查，应当写明退回补充侦查的日期，次数以及再次移送审查起诉的时间。）

经本院依法审查查明：

……

（概括叙写案件事实，其重点内容是有关被不起诉人具有的法定情节及检察机关酌情作出不起诉决定的具体理由的事实。要将检察机关审查后认定的事实和证据写清楚，不必叙写侦查机关移送审查时认定的事实和证据。对于证据不足的事实，不能写入不起诉决定书中。在事实部分中表述犯罪情节时应当以犯罪构成要件为标准，还要将体现其情节轻微的事实及符合不起诉条件的特征叙述清楚。叙述事实之后，应当将证明“犯罪情节”的各项证据一一列举，以阐明犯罪情节如何轻微。）

本院认为，×××实施了《中华人民共和国刑法》第×条规定的行为，但犯罪情节轻微，具有×××情节（此处写明从轻、减轻或免除刑事处罚具体情节的表现），根据《中华人民共和国刑法》第×条的规定，不需要判处刑罚（或者免除刑罚）。依据《中华人民共和国刑事诉讼法》第一百七十七条第二款的规定，决定对×××（被不起诉人的姓名）不起诉。

……（查封、扣押、冻结的涉案款物的处理情况。）

被不起诉人如不服本决定，可以自收到本决定书后七日内向本院申诉。

被害人如不服本决定，可以自收到本决定书后七日以内向×××人民检察院申诉，请求提起公诉；也可以不经申诉，直接向×××人民法院提起自诉。

×××人民检察院

（院印）

××××年×月×日

(四)示例二①

北京市东城区人民检察院
不起诉决定书

京东检公诉刑不诉〔2015〕89号

被不起诉人孟某某,女,1963年××月××日出生,居民身份证号码2310231963×××××××××,汉族,小学文化程度,案发前系北京市东城区××酒店服务员,户籍所在地黑龙江牡丹江市穆棱市××镇××村××号,因涉盗窃案,于2015年5月11日被北京市公安局东城分局刑事拘留;经北京市公安局东城分局决定,于2015年5月21日被取保候审。

本案由北京市公安局东城分局侦查终结,以被不起诉人孟某某涉嫌盗窃罪,于2015年6月16日向本院移送审查起诉。其间,于2015年7月16日延长审查起诉期限一次,于2015年7月31日退回补充侦查一次。

经本院依法审查查明:2015年5月10日7时许,被不起诉人孟某某在北京东城区××号××酒店员工宿舍内,盗窃宋某某放在更衣柜钱包内的现金人民币2500元。被不起诉人孟某某于2015年5月11日向民警自动投案,涉案赃款已起获并归还。

本院认为,孟某某实施了《中华人民共和国刑法》第二百六十四条规定的行为,但犯罪情节轻微,具有自首情节,所盗窃的赃款已经起获并发还,并取得被害人宋某某的谅解,根据《中华人民共和国刑法》第三十七条的规定,不需要判处刑罚。依据《中华人民共和国刑事诉讼法》第一百七十三条第二款的决定,②决定对孟某某不起诉。

被不起诉人如不服本决定,可以自收到本决定书七日内向本院申诉。

被害人如不服本决定,可以自收到本决定书后七日以内向北京市人民检察院第二分院申诉,请求提起公诉;也可以不经申诉,直接向北

① 选自人民检察院案件信息公开网"法律文书公开"栏:http://www.ajxxgk.jcy.cn/html/20150929/2/1182103.html,最后访问日期:2015年9月30日。

② 此文书制作时,《刑事诉讼法》还未修改,故援引的是2018年修正以前的条文。

京市东城区人民法院提起自诉。

北京市东城区人民检察院
(院印)
2015 年 8 月 27 日

(五)格式三(存疑不起诉适用)

×××人民检察院

不起诉决定书

××检××刑不诉〔××××〕×号

被不起诉人……[写明姓名、性别、出生年月日、身份证号码、民族、文化程度、职业或工作单位及职务(国家机关工作人员利用职权实施的犯罪,应当写明犯罪期间在何单位任何职)、户籍地、住址(被不起诉人住址写居住地,如果户籍所在地与暂住地不一致的,应当写明户籍所在地和暂住地),是否受过刑事处罚,采取强制措施的种类、时间、决定机关等。]

(如系被不起诉单位,则应写明名称、住所地等。)

辩护人……(写姓名、单位和职务)

本案由×××(侦查机关名称)侦查终结,以被不起诉人×××涉嫌×××罪,于××××年×月×日移送本院审查起诉。

(如果是自侦案件,此处写"被不起诉人×××涉嫌××一案,由本院侦查终结,于××××年×月×日移送审查起诉或不起诉"。如果案件是其他人民检察院移送的,此处应当将指定管辖、移送单位以及移送时间等写清楚。)

(如果案件曾经退回补充侦查,应当写明退回补充侦查的日期、次数及再次移送审查起诉时间。)

×××(侦查机关名称)移送审查起诉认定……(概括叙述侦查机关认定的事实),经本院审查并退回补充侦查,本院仍然认为×××(侦查机关名称)认定的犯罪事实不清,证据不足(或本案证据不足),(应当概括写明事实不清、证据不足的具体情况),不符合起诉条件。依照《中华人民共和国刑事诉讼法》第一百七十五条第四款的规定,决定对×××(被不起诉人的姓名)不起诉。

(如系检察机关直接受理案件,则写为:本案经本院侦查终结后,在审查起诉期间，经两次补充侦查，本院仍认为本案证据不足，不符合起诉条件。依照《中华人民共和国刑事诉讼法》第一百七十五条第四款的规定，决定对×××不起诉。）

……（查封、扣押、冻结的涉案款物的处理情况）

被不起诉人如不服本决定，可以自收到本决定书后七日内向本院申诉。

被害人如不服本决定，可以自收到本决定书后七日以内向×××人民检察院申诉，请求提起公诉；也可以不经申诉，直接向×××人民法院提起自诉。

×××人民检察院

（院印）

××××年×月×日

（六）示例三①

贵州省贵阳市乌当区人民检察院

不起诉决定书

乌检公诉刑不诉〔2015〕3号

被不起诉人文某某，男，生于1954年××月××日，身份证号码5201121954××××××××，汉族，小学文化，户籍及住所地贵阳市乌当区××镇××村××组。2014年6月27日因涉嫌非法转让土地使用权罪经本院批准逮捕，同日由贵阳市公安局乌当分局执行，同年12月24日被本院取保候审。

本案由贵阳市公安局乌当分局侦查终结，以被不起诉人文某某涉嫌非法转让土地使用权罪，于2014年8月26日向本院移送审查起诉。本院于2014年10月9日第一次退回侦查机关补充侦查，侦查机关于2014年11月9日补查重报；本院于2014年12月24日第二次退回侦查机关补充侦查，侦查机关于2015年1月23日补查重报。本院于2014年9月26日、2014年12月9日、2015年2月23日延长审查起诉期限十五日。

---

①　选自人民检察院案件信息公开网“法律文书公开”栏：http://www.ajxxgk.jcy.cn/html/20150929/2/1182103.html，最后访问日期：2015年9月30日。

贵阳市公安局乌当分局移送审查起诉认定:2011年7月,犯罪嫌疑人文某某明知贵州××物资有限公司欲租用其责任地用于修建沥青搅拌站厂房,于2011年7月将××镇××村××的责任地出租给该公司。双方约定第一年租金3万元,第二年以后每年租金4.5万元。2011年至2013年,文某某收取租金共计12万元。2011年9月,贵州××物资有限公司按照文某某指定的土地界限进行土地平整建设厂房,并于2012年6月修建完毕。其间,文某某承接了贵州××物资有限公司××拌合场土地平整工程,共结算工程款50余万元。经贵州省地矿局地球物理地球化学勘查院鉴定,被占用土地面积为21.48亩,其中有林地5.37亩、果园0.585亩、旱地5.7亩、采矿用地6.45亩、未利用地5.025亩。贵阳市乌当区林业绿化局鉴定报告认定被占用的土地中,林地为5.7亩,该地为人工马尾松林地,属防护林。

经本院审查并退回补充侦查,本院认为被不起诉人文某某的行为尚未达到非法转让土地使用权罪的追诉标准,其行为涉嫌构成非法占用农用地罪。因证明其非法占用林地面积的证据:贵州省地矿局地球物理地球化学勘查院出具的《土地勘测定界技术报告书》、贵州新宇勘察测绘有限公司出具的《土地勘测定界技术报告书》、贵阳市乌当区林业绿化局出具的《技术鉴定报告》及其情况说明之间存在矛盾,且不能被排除,不能得出唯一结论,因此认定其非法占用农用地的证据不足,被不起诉人文某某的行为不符合起诉条件。依照《中华人民共和国刑事诉讼法》第一百七十一条第四款的规定,[①]决定对文某某不起诉。

被不起诉人如不服本决定,可以自收到本决定书后七日内向本院申诉。

贵州省贵阳市乌当区人民检察院

(院印)

2015年3月10日

① 此文书制作时,《刑事诉讼法》还未修改,故援引的是2018年修正以前的条文。

第五节　刑事抗诉书

一、适用范围

刑事抗诉书,是指人民检察院认为人民法院的判决或者裁定确有错误,依法提出抗诉时所制作的具有法律效力的诉讼文书。

刑事抗诉书是引起人民法院第二审或再审程序的法定依据之一。抗诉提出后,人民法院就要根据抗诉书,对全案进行审理,并依法做出裁判。因此,抗诉书是检察机关履行法定职责重要的诉讼文书,它对于纠正人民法院确有错误的裁判,保证法律的正确实施,起着十分重要的作用。

二、种类

根据我国法律的规定,刑事抗诉书有两种:一是地方各级人民检察院认为同级人民法院未生效的一审判决、裁定确有错误,按上诉程序进行抗诉时制作的刑事抗诉书,通常称为二审程序的刑事抗诉书;二是最高人民检察院对各级人民法院、上级人民检察院对下级人民法院确有错误的生效判决、裁定,根据审判监督程序向本级人民法院提出抗诉时制作的刑事抗诉书,通常称为审判监督程序的刑事抗诉书。

《中华人民共和国刑事诉讼法》第二百二十八条规定:“地方各级人民检察院认为本级人民法院第一审的判决、裁定确有错误的时候,应当向上一级人民法院提出抗诉。”《人民检察院刑事诉讼规则(试行)》第五百八十四条规定:“人民检察院认为同级人民法院第一审判决、裁定有下列情形之一的,应当提出抗诉:(一)认定事实不清、证据不足的;(二)有确实、充分证据证明有罪而判无罪,或者无罪判有罪的;(三)重罪轻判,轻罪重判,适用刑罚明显不当的;(四)认定罪名不正确,一罪判数罪、数罪判一罪,影响量刑或者造成严重的社会影响的;(五)免除刑事处罚或者适用缓刑、禁止令、限制减刑错误的;(六)人民法院在审理过程中严重违反法律规定的诉讼程序的。”这是关于二审程序刑事抗诉书的法律规定。

《中华人民共和国刑事诉讼法》第二百五十四条第三款规定："最高人民检察院对各级人民法院已经发生法律效力的判决和裁定，上级人民检察院对下级人民法院已经发生法律效力的判决和裁定，如果发现确有错误，有权按照审判监督程序向同级人民法院提出抗诉。"《人民检察院刑事诉讼规则（试行）》第五百九十一条第三款规定："人民检察院认为人民法院已经发生法律效力的判决、裁定确有错误，具有下列情形之一的，应当按照审判监督程序向人民法院提出抗诉：（一）有新的证据证明原判决、裁定认定的事实确有错误，可能影响定罪量刑的；（二）据以定罪量刑的证据不确实、不充分的；（三）据以定罪量刑的证据依法应当予以排除的；（四）据以定罪量刑的主要证据之间存在矛盾的；（五）原判决、裁定的主要事实依据被依法变更或者撤销的；（六）认定罪名错误且明显影响量刑的；（七）违反法律关于追诉时效期限的规定的；（八）量刑明显不当的；（九）违反法律规定的诉讼程序，可能影响公正审判的；（十）审判人员在审理案件的时候有贪污受贿，徇私舞弊，枉法裁判行为的。"这是关于审判监督程序刑事抗诉书的法律规定。

三、制作方法

二审程序的抗诉书和审判监督程序的抗诉书均为叙述式文书，虽然两者的基本性质和名称相同，内容结构及写法也大体相同，但由于程序不同，时限不同，因而制作要求上也有不同之处。为了表达上的方便，本节主要介绍二审程序抗诉书的制作方法及要求，然后概括地介绍审判监督程序的抗诉书在制作上的注意事项。

（一）二审程序的抗诉书

二审程序抗诉书的内容包括首部、正文和尾部三部分：

1. 首部。

制作抗诉书的人民检察院名称。制作抗诉书的人民检察院名称要注明所在省（自治区、直辖市）的名称，不能只写市、县、区人民检察院的名称。如果是涉外案件，还应该冠以"中华人民共和国"字样。

文书名称，写为"刑事抗诉书"。

文号，写为"××检××诉刑抗〔20××〕××号"，空白处分别填写提出抗诉的人民检察院的简称、具体办案部门简称、年度和文书编号。

由于二审程序的抗诉,原审人民法院必须随抗诉书移送原卷,所以这种抗诉书就不用在首部写“被告人的身份等基本情况”。

2.正文。

依次写明以下几点:

(1)原审判决、裁定情况及审查意见。具体表述为:

“××××人民法院以××号刑事判决(裁定)书对被告人×××(姓名)……(案由)一案判决(裁定)……(判决、裁定结果)。本院依法审查后认为(如果是被害人及其法定代理人不服地方各级人民法院第一审的判决而请求人民检察院提出抗诉的,应当写明这一程序,然后再写‘本院依法审查后认为’),该判决(裁定)确有错误(包括认定事实有误、适用法律不当、审判程序严重违法),理由如下:”

关于案由,如果检察机关和审判机关认定罪名不一致时,应该分别表述清楚;如果在侦查、起诉、审判各阶段均没有超时限等程序违法现象时,对公、检、法三机关的办案经过无须叙写如上,只需简要写明法院判决、裁定结果即可。反之,则需要写明。

关于审查意见。此部分的内容是阐明检察机关对原判决(裁定)的审查意见,要明确指出原判决(裁定)的错误所在,并明确告知二审法院抗诉的重点是什么。要做到观点鲜明、语言精练。

(2)抗诉理由。

要根据案件的不同情况,从认定事实错误、适用法律不当或者审判程序违法等几方面进行阐述。

如果是人民法院认定的事实有错误的,要针对原审裁判的错误之处,提出纠正意见,强调抗诉的针对性。对于有多起犯罪事实的抗诉案件,只叙述原判决(裁定)认定事实不当的部分,对认定没有错误的,可以简单表述为“对……事实的认定无异议”即可。要提出检、法两机关争议的重点,体现抗诉的针对性。对于共同犯罪案件,也只对原判决(裁定)漏定或错定的部分被告人犯罪事实作重点叙述,对其他被告人的犯罪事实可简写或者不写。在证据方面,应在论述事实时有针对性地进行列举,以说明证据的内容要点及其与犯罪事实的联系。

如果是人民法院适用法律有错误的,应主要针对犯罪行为的本质特征,论述应该如何认定行为的性质,以正确适用法律。要注意从罪状、量刑情节等方面分别加以论述。

如果是人民法院在审判程序上严重违法的,则应该主要根据刑事诉讼法及有关司法解释,逐一论述原审人民法院违反法定程序的事实情况,再叙明影响公正裁判的现实后果或者可能性,最后还应阐明法律规定的正确诉讼程序应该是怎样的。

(3)结论性意见、法律依据、决定和请求事项。

这一部分要先写明提起抗诉的结论性意见,即根据抗诉理由归纳出本院对本案的审查结论,如"原判决确有错误";然后引用法律依据,有两个方面的法律依据:一是据以纠正原错误裁判的实体或程序法律依据;二是检察机关行使刑事抗诉职权,提起抗诉的程序法律依据,二审程序的抗诉书引用《中华人民共和国刑事诉讼法》第二百二十八条;最后写明决定要求事项。以上内容具体表述为:

"综上所述……(概括上述理由)。为维护司法公正,准确惩治犯罪,依照《中华人民共和国刑事诉讼法》第二百二十八条的规定,特提出抗诉,请依法判决。"

3. 尾部。

包括文书的受文对象(上一级人民法院)、制发文书的人民检察院名称及院印、文书制发日期、附注。附注包括被告人现羁押或者居住处所、新的证人名单或者证据目录。对于未被羁押的原审被告人,应将其住所或者居所写清楚;如果证人名单和证据目录与起诉书相同则不必再附。

(二)审判监督程序的抗诉书

审判监督程序的抗诉书,是指检察机关认为人民法院的生效裁判确有错误,依法提起抗诉时所制作的具有法律效力的诉讼文书。本文书与二审程序的抗诉书在内容结构和制作方法上大致相同,其不同之处有以下几个方面:

1. 审判监督程序的抗诉书在文书的标题和编号后要增写原审被告人基本情况。包括原审被告人的姓名、性别、出生年月日、身份证号、民族、出生地、职业、单位及职务、住址、服刑情况、刑满释放或者假释的具体日期等。如系共同犯罪案件,则应按主犯、从犯的顺序分别列出原审被告人。

2. 审判监督程序的抗诉书要写出诉讼过程、生效判决或裁定的有关情况。具体表述为：×××人民法院以×号刑事判决（裁定）书对被告人×××（姓名）……（案由）一案判决（裁定）……（具体写明生效的一审判决、裁定或者一审及二审判决、裁定情况）。如果是被告人及其法定代理人不服地方各级人民法院的生效判决、裁定而请求人民检察院提出抗诉的，或者有关人民检察院提请抗诉的，应当写明此过程，然后再写“经依法审查，本案的事实如下”；如果是一审生效的判决或裁定，不仅要写明一审判决或裁定的主要内容，还要写明一审判决或裁定的生效时间；如果是二审终审的判决或裁定，则应分别写明一审和二审判决或裁定的主要内容，此外还应该写明提起审判监督程序抗诉的原因。

3. 审判监督程序的抗诉书中对生效判决或裁定的审查意见（含事实认定）的写法与上诉程序的抗诉书的写法有所不同。此部分首先应对于原审判决、裁定中认定的事实或者新发现的事实、证据重点加以介绍。其次审查意见部分的内容是检察机关对原判决（裁定）的审查意见，要明确指出原判决（裁定）的错误所在，告知再审法院检察机关抗诉的重点是什么。

4. 两种抗诉书提起抗诉的法律根据不同。因为二审程序的抗诉书和审判监督程序的抗诉书的法律依据不同。审判监督程序的抗诉书是依照《中华人民共和国刑事诉讼法》第二百五十四条第三款的规定而制作的，而二审程序的抗诉书是依据《中华人民共和国刑事诉讼法》第二百二十八条制作的。

5. 受理两种抗诉的法院级别不同。对于二审程序的抗诉，受理法院为上一级人民法院。比如，按二审程序提出抗诉的检察院为天津市南开区检察院的话，则抗诉书尾部“此致”的法院应为天津市第一中级人民法院。对于审判监督程序的抗诉，受理法院则为同级人民法院。比如，按审判监督程序提出抗诉的检察院为天津市检察院第一分院的话，则这种抗诉书尾部“此致”的法院也应为天津市第一中级人民法院。

四、特别提示

（一）根据有关规定，二审程序刑事抗诉书中不能追诉起诉书中没有指控的犯罪事实。

（二）被告人如果有自首、立功等情节的，应当在二审程序刑事抗诉书中写清楚。

（三）地方各级人民检察院应当将制作好的二审刑事抗诉书，在同级人民法院一审裁判生效前的法定期限内将本文书正本和副本一并送达原审人民法院，由其分别向上一级人民法院移送并向被告人及其辩护人送达。

五、格式及示例

（一）格式一（二审程序适用）

××× 人民检察院

刑事抗诉书

××检××诉刑抗〔××××〕×号

×××人民法院以××号刑事判决（裁定）书对被告人×××（姓名）……（案由）一案判决（裁定）……（判决、裁定结果）。本院依法审查后认为（如果是被害人及其法定代理人不服地方各级人民法院第一审的判决而请求人民检察院提出抗诉的，应当写明这一程序，然后再写"本院依法审查后认为"）该判决（裁定）确有错误（包括认定事实有误、适用法律不当、审判程序严重违法），理由如下：

……（根据不同情况，理由从认定事实错误、适用法律不当和审判程序违法等几方面阐述）。

综上所述……（概括上述理由）为维护司法公正，准确惩治犯罪，依照《中华人民共和国刑事诉讼法》第二百二十八条的规定，特提出抗诉，请依法判处。

此致

×××人民法院

×××人民检察院

（院印）

××××年××月××日

附：1. 被告人×××现羁押于×××（或者现住×××）。

2. 其他有关材料。

（二）示例一①

深圳市宝安区人民检察院
刑事抗诉书

深宝检公一诉刑抗〔2014〕6号

深圳市宝安区人民法院以（2014）深宝法刑初字第1042号刑事判决书对被告人张×抢劫罪一案作出判决，认定张×犯抢劫罪，判处有期徒刑二年六个月，并处罚金二千元。本院依法审查后认为，该判决认定被告人张×为从犯，属于适用法律错误，量刑明显不当，理由如下：

一、该判决对主从犯的区分系法律适用错误。

本案证据证实，高某某、黄某某、张×在王某某的提议下，事先进行了共谋，在实施抢劫过程中，张×、高某某、黄某某有上前控制被害人、搜身等积极行为，这些行为表明参与本案的四人在共同犯罪过程中事先共谋，事中积极参与，密切配合，所起作用和地位相当，事后共同参与分赃，均是积极实行犯。评价共犯人在共同犯罪中的作用大小，应主要从各共犯人在共同犯意形成中和实行犯罪中的作用及其造成的客观危害结果中的原因力大小等方面来综合判断，判决僵化地将共谋阶段犯意提起者认定为主犯，从而错误地将积极参与者张×认定为从犯，系法律适用错误。

二、该判决对被告人张×等人在法定量刑幅度以下判处刑罚，系量刑不当。

被告人张×在共同犯罪中所起作用与其他同案犯相当，不宜区分主从犯，均应当在三年以上十年以下的幅度内量刑，且张×系累犯，具有法定从重处罚情节，在实施抢劫行为后，又继续向被害人勒索财物，主观恶性较深，社会危险性较大，理应在法定量刑幅度内从重处罚，判决在错误认定主从犯的基础上，未将上述从重处罚情节在量刑时予以充分体现，在法定量刑幅度以下判处刑罚，量刑明显不当。

综上所述，该判决适用法律错误，量刑明显不当。为维护司法公

---

① 选自人民检察院案件信息公开网“法律文书公开”栏：http://www.ajxxgk.jcy.cn/html/20150915/2/1114271.html，最后访问日期：2015年10月10日。

正，准确惩治犯罪，依照《中华人民共和国刑事诉讼法》第二百一十七条的规定，①特提出抗诉，请依法判处。

此致

深圳市中级人民法院

深圳市宝安区人民检察院

（院印）

2014年5月21日

附：被告人张×现羁押于深圳市宝安区看守所。

（三）格式二（审判监督程序适用）

×××人民检察院

刑事抗诉书

×检刑抗〔××××〕××号

原审被告人……（依次写明姓名、性别、出生年月日、民族、出生地、职业、单位及职务、住址、服刑情况。有数名被告人的，依犯罪事实情节由重至轻的顺序分别列出）。

×××人民法院以×××号刑事判决书（裁定书）对被告人×××（姓名）×××（案由）一案判决（裁定）……（写明生效的一审判决、裁定或者一审及二审判决、裁定情况）。经依法审查（如果是被告人及其法定代理人不服地方各级人民法院的生效判决、裁定而请求人民检察院提出抗诉的，或者有关人民检察院提请抗诉的，应当写明这一程序，然后再写“经依法审查”），本案的事实如下：

……（概括叙述检察机关认定的事实、情节。应当根据具体案件事实、证据情况，围绕刑法规定该罪构成要件特别是争议问题，简明扼要地叙述案件事实、情节。一般应当具备时间、地点、动机、目的、关键行为情节、数额、危害结果、作案后表现等有关定罪量刑的事实、情节要素。一案有数罪、各罪有数次作案的，应当依由重至轻或者时间顺序叙述。）

本院认为，该判决（裁定）确有错误（包括认定事实有误、适用法律

---

① 此文书制作时，《刑事诉讼法》还未修改，故援引的是2018年修正以前的条文。

不当、审判程序严重违法），理由如下：

……（根据情况，理由可以从认定事实错误、适用法律不当和审判程序严重违法等几方面分别论述。）

综上所述……（概括上述理由），为维护司法公正，准确惩治犯罪，依照《中华人民共和国刑事诉讼法》第二百五十四条第三款的规定，对×××法院××号刑事判决（裁定）书，提出抗诉，请依法判处。

此致

×××人民法院

×××人民检察院

年　月　日

（院印）

附：1. 被告人×××现服刑于×××（或者现住×××）。

2. 其他有关材料。

（四）示例二①

韶关市人民检察院

刑事抗诉书

韶检控申刑申抗〔2015〕1号

原审被告人陈某甲，男，1968年××月××日出生于广东省仁化县，汉族，农民，初中文化，住仁化县××街道××村××小组。现刑罚已执行完毕。

仁化县人民法院以（2001）仁刑初字第67号刑事附带民事判决书对被告人陈某甲故意伤害一案做出判决：一、被告人陈某甲犯故意伤害罪，判处有期徒刑一年（刑期自2001年7月11日起至2002年7月10日止）；二、被告人陈某甲赔偿附带民事诉讼原告人陈某乙下列经济损失的70%：1. 医疗费5035.7元；2. 住院伙食补助费960元；3. 误工费2925.6元；4. 护理费935.34元；5. 拆钢针费用1500元，以上5项的70%为7949.65元。

① 选自人民检察院案件信息公开网“法律文书公开”栏：http://www.ajxxgk.jcy.cn/html/20151009/2/1211231.html，最后访问日期：2015年10月10日。

原审被害人陈某乙以其伤情经韶关市公安局复核鉴定为重伤,属七级伤残,故原生效判决认定事实错误,以轻罪量刑太轻、附带民事赔偿数额太少为由,请求检察机关抗诉。

经依法审查,本案的事实如下:2001年6月18日21时许,陈某乙发现有人偷窥其妻子冲凉,怀疑是本村村民陈某甲所为,但当晚双方在对质时,陈某甲予以否认。第二天清晨,陈某乙去陈某甲家门口,看到陈某甲的妻子黄某某即对黄进行了辱骂,双方发生争吵。第二天即6月20日清晨6时许,陈某乙路过陈某甲家门口时,又对陈某甲的妻子黄某某进行辱骂,黄某某从地上捡起一块石头击中陈某乙的头部,陈某乙被打后跑回家拿一根木棍,黄某某见状也拿来一根木棍双方对打,陈某甲见妻子与陈某乙打架,立刻跑回家中拿了一把柴刀冲向陈某乙,陈某乙见状即往自己的家的方向跑,跑了10米左右不慎跌倒在地,陈某甲追上去用柴刀向陈某乙砍去,将其左手砍伤。经仁化县公安局(2001)仁公刑技[活]字第54号法医学活体检验报告书,鉴定结论:陈某乙体表损伤符合锐器砍击所形成,其所受损伤暂定为轻伤。

判决生效后,2002年8月6日,经原审被害人陈某乙申请,由仁化县公安局刑警大队委托,韶关市公安局对陈某乙的伤情进行了鉴定并作出(2002)韶公刑技[活]字第77号法医学活体检验复核鉴定书,结论为:陈某乙的伤情为重伤,属七级伤残。

本院认为,现有新证据证明原审判决认定事实错误,导致适用法律错误,量刑不当,原审被告人陈某甲赔偿附带民事诉讼原告人陈某乙的经济损失应增加,理由如下:

一、仁化县公安局(2001)仁公刑技[活]字第54号法医学活体检验报告书根据陈某乙体表损伤情况、案情介绍和病历资料分析,得出陈某乙所受损失暂定为轻伤,是否达到重伤,待三个月复检的结论。2002年8月6日,经原审被害人陈某乙请求,由仁化县公安局刑警大队委托,韶关市公安局针对陈某乙的伤情作出了(2002)韶公刑技[活]字第77号法医学活体检验复核鉴定书,结论为:陈某乙的伤情为重伤,属七级伤残。因此,韶关市公安局(2002)韶公刑技[活]字第77号法医学活体检验复核鉴定书证明仁化县人民法院(2001)仁刑初字第67号刑事附带民事判决书查明陈某乙损伤属轻伤范畴的事实有误。

二、本案应适用《中华人民共和国刑法》第二百三十四条第二款"犯前款罪,致人重伤的,处三年以上十年以下有期徒刑"之规定对陈某甲定罪量刑。

三、因原审被害人陈某乙于2002年8月6日被鉴定为重伤,七级伤残,因此,原审被告人陈某甲赔偿附带民事诉讼原告人陈某乙的经济损失应增加。

综上所述,现有新证据证明仁化县人民法院(2001)仁刑初字第67号刑事附带民事判决认定事实错误,导致适用法律错误,量刑不当,附带民事诉讼赔偿的经济损失应增加,为维护司法公正,准确惩治犯罪,依照《中华人民共和国刑事诉讼法》第二百四十三条第三款之规定,①对仁化县人民法院(2001)仁刑初字第67号刑事附带民事判决书,提出抗诉,请依法判处。

此致

韶关市中级人民法院

韶关市人民检察院

(院印)

2015年2月13日

第六节　复议与复核决定书

一、适用范围

复议决定书,是人民检察院依照我国刑事诉讼法的规定,对公安机关要求复议的不批准逮捕或不起诉案件复议后作出复议决定时所制作的诉讼文书。

复议决定书主要适用于以下两种情况:一是公安机关对同级人民检察机关不批准逮捕的刑事案件要求复议,检察机关在复议后作出复议决定;二是公安机关对同级人民检察机关不起诉的刑事案件要求复议,检察机关在复议后作出复议决定。

复核决定书是上级人民检察院依据我国刑事诉讼法的规定,根据

① 此文书制作时,《刑事诉讼法》还未修改,故援引的是2018年修正以前的条文。

下一级公安机关的提请,对下一级人民检察院作出的不批准逮捕、不起诉决定进行复核后,作出复核决定,答复下一级公安机关,通知下一级人民检察院时所制作的诉讼文书。

复议决定书与复核决定书分别依据《中华人民共和国刑事诉讼法》第九十二条、第一百七十九条和《人民检察院刑事诉讼规则》第三百二十三条和第四百一十五条的规定制作。《中华人民共和国刑事诉讼法》第九十二条规定:"公安机关对人民检察院不批准逮捕的决定,认为有错误的时候,可以要求复议,但是必须将被拘留的人立即释放。如果意见不被接受,可以向上一级人民检察院提请复核。上级人民检察院应当立即复核,作出是否变更的决定,通知下级人民检察院和公安机关执行。"第一百七十九条规定:"对于公安机关移送起诉的案件,人民检察院决定不起诉的,应当将不起诉决定书送达公安机关。公安机关认为不起诉的决定有错误的时候,可以要求复议,如果意见不被接受,可以向上一级人民检察院提请复核。"上述法律条文规定了公安机关提请复议的条件和程序。《人民检察院刑事诉讼规则》第三百二十三条规定:"对公安机关要求复议的不批准逮捕的案件,人民检察院侦查监督部门应当另行指派办案人员复议,并在收到提请复议书和案卷材料后的七日以内作出是否变更的决定,通知公安机关。"第四百一十五条规定:"公安机关认为不起诉决定有错误,要求复议的,人民检察院公诉部门应当另行指定检察人员进行审查并提出审查意见,经公诉部门负责人审核,报请检察长或者检察委员会决定。人民检察院应当在收到要求复议意见书后的三十日以内作出复议决定,通知公安机关。"

二、制作方法

(一)复议决定书

本文书为填充式文书,共三联:第一联为存根;第二联为副本附卷;第三联为正本,送达侦查机关。

1. 存根联(第一联)的主要内容和制作方法

(1)首部。包括制作本文书的人民检察院的名称,写为"复议决定书",并有"(存根)"字样;文书编号,与第二、三联相同。

(2)正文。包括:案由,即案中涉嫌的罪名;犯罪嫌疑人的基本情况,包括姓名、性别、年龄、工作单位、住址、身份证号码,如果是人大代表或者是政协委员,应当写明;送达单位,即提请复议的公安机关;复议决定内容(“决定批准逮捕”或“决定不批准逮捕”;“决定起诉”或“决定不起诉”);批准人;承办人;填发人;填发时间,逐项填写。

2. 副本联(第二联)制作方法与正本联基本相同,只是在首部文书名称之下标有“(副本)”字样

3. 正本联(第三联)

(1)首部。包括制作本文书的人民检察院的名称及“复议决定书”;文书编号,即“××检××议〔20××〕×号”,空余地方依次填写制作文书的人民检察院的简称,具体办案部门的简称,中括号内填写制作文书的年度,其后的空余地方填写本文书在该年度的序号。

(2)正文。包括案件来源、作出复议决定的事实理由、法律根据、决定事项。现将正本联正文的内容举例如下:

“你局对本院××号不批准逮捕决定书要求复议的意见书收悉。经本院复议认为:犯罪嫌疑人王××的行为不构成犯罪,根据《中华人民共和国刑事诉讼法》第×××条的规定,本院决定维持原不批准逮捕决定。”

(3)尾部。填写所送达的侦查机关的名称,即“此致×××公安局”,然后写上制作文书的年月日,并在年月日上加盖人民检察院院印。

(二)复核决定书

本文书为四联填充式文书,第一联存根统一保存,制作时依所列项目填写;第二联副本附卷,副本与第三联正本的格式内容相同,只是副本的文书编号下有“副本”字样;第四联为复核决定通知书,用于通知下一级人民检察院。下面对正本联与通知联的制作事项进行说明。

1. 正本联(第三联)

(1)首部。参照复议决定书制作。

(2)正文。写明以下几项:案件来源,作出复核决定的事实理由、法律依据和决定事项。举例如下:

“你局对××人民检察院××号不批准逮捕决定书提请复核的意

见书及案件材料收悉。经本院复核认为:犯罪嫌疑人王××的行为涉嫌盗窃罪,应予逮捕。

根据《中华人民共和国刑事诉讼法》第×××条的规定,本院决定撤销×××人民检察院××号不批准逮捕决定书,批准逮捕犯罪嫌疑人王××。”

2. 通知联(第四联)

(1)首部。与前三联不同的两点是:文书名称不是“复核决定书”,而是“复核决定通知书”;文书编号下要增写受文的下级人民检察院的名称。

(2)正文。与正本、副本联的内容相同。

(3)尾部。在正文决定事项下一行,写上“特此通知”,然后写明制作文书的时间并加盖院印。

三、特别提示

1. 复议决定书与复核决定书都是对公安机关文书的回应。复议决定书是对公安机关要求复议意见书的回应;复核决定书是对公安机关提请复核意见书的回应。

2. 两种文书制作主体虽然都是检察院,但级别不同。制作复议决定书的是与要求复议的公安机关同级的检察院。如天津市西青公安分局要求对不批准逮捕事项进行复议的话,就要由西青区人民检察院制作复议决定书。而制作复核决定书的是比提请复核的公安机关高一级的检察院。如天津市西青公安分局要求对西青区人民检察院维持不批准逮捕的复议决定进行复核的话,则制作复核决定书的检察院就应当是天津市人民检察院第一分院。

四、格式与示例

(一)复议决定书格式

×××人民检察院

复议决定书

(存　根)

××检××议[20××]×号

案由＿＿＿＿＿＿＿＿

犯罪嫌疑人基本情况＿＿＿＿＿＿＿＿

复议决定内容＿＿＿＿＿＿＿＿

送达单位＿＿＿＿＿＿＿＿

批准人＿＿＿＿＿＿＿＿

承办人＿＿＿＿＿＿＿＿

填发人＿＿＿＿＿＿＿＿

填发时间＿＿＿＿＿＿＿＿

第一联　统一保存

××检××议字贰零××第×号

×××人民检察院

复议决定书

(副　本)

××检××议[20××]×号

你＿＿对于本院＿＿＿＿号＿＿＿＿书要求复议的意见书收悉。经本院复议认为＿＿＿＿＿＿＿＿＿＿＿＿＿＿＿＿。根据《中华人民共和国刑事诉讼法》第＿＿＿条的规定,本院决定＿＿＿＿＿＿＿＿。

此致

＿＿＿＿＿＿

年　月　日

(院印)

第二联　附卷

××检××议字贰零××第×号

×××人民检察院

复议决定书

××检××议[20××]×号

你＿＿对于本院＿＿＿＿号＿＿＿＿书要求复议的意见书收悉。经本院复议认为＿＿＿＿＿＿＿＿＿＿＿＿＿＿＿＿。根据《中华人民共和国刑事诉讼法》第＿＿＿条的规定,本院决定＿＿＿＿＿＿＿＿。

此致

＿＿＿＿＿＿

年　月　日

(院印)

第三联　送达侦查机关

(二)复核决定书格式

×××人民检察院

复核决定书

(存　根)

××检××核[20××]×号

案由______

犯罪嫌疑人基本情况______

送达机关______

批准人______

承办人______

填发人______

填发时间______

第一联　统一保存

××检××核字贰零××第×号

×××人民检察院

复核决定书

(副　本)

××检××核[20××]×号

你___对于______人民检察院______号______书要求复核的意见书收悉。经本院复核认为:______

______。

根据《中华人民共和国刑事诉讼法》第______条的规定,本院决定______

______。

此致

______

年　月　日

(院印)

第二联　附卷

××检××核字贰零××第×号

×××人民检察院

复核决定书

××检××核[20××]×号

你___对于______人民检察院______号______书要求复核的意见书收悉。经本院复核认为:______

______。

根据《中华人民共和国刑事诉讼法》第______条的规定,本院决定______

______。

此致

______

年　月　日

(院印)

第三联　送达下级侦查机关

××检××核字贰零××第×号

×××人民检察院

复核决定书

××检××核[20××]×号

______人民检察院:

______对你院______号______书提请本院复核。经本院复核认为______

______。

根据《中华人民共和国刑事诉讼法》第______条的规定,本院决定______

______。

特此通知

年　月　日

(院印)

第四联　送达作出决定的下级人民检察院

第三章　人民法院刑事裁判文书

第一节　概　述

一、刑事裁判文书的概念

人民法院刑事裁判文书，是指人民法院对人民检察院提起公诉或者自诉人提起自诉的刑事案件在审理终结或者在审理过程中，依照法律及有关司法解释对案件的实体问题或者程序问题进行处理时制作的具有法律效力的诉讼文书，是人民法院在办理刑事案件过程中制作的各种诉讼文书的总称。

二、刑事裁判文书的变化与发展

人民法院刑事裁判文书的格式及制作指导思想，自新民主主义革命时期以来发生了几次变化。

在革命根据地，法院刑事判决文书，正文部分仍采用民国时期的“主文——事实——理由”的倒三段论结构，重视判决理由的阐述。这种刑事判决书格式一直沿用到20世纪50年代后期。

经过1952～1953年的司法改革运动和后来学习苏联司法工作经验，判决书正文逐步演变为现在的“事实——理由——主文”的正三段论式，但是内容趋向简单化，被告人的辩解和辩护人的辩护意见在判决书中不提了，有利于被告人的事实、证据和理由也不讲了。

1980年1月1日起，我国第一部刑法、刑事诉讼法颁布施行后，司法部和最高人民法院相继制订了有关刑事诉讼方面的司法文书格式，结合司法实践的需要适时作了修订和完善。

1997年3月14日，第八届全国人民代表大会第五次会议通过了修订刑法的决定。修订后的刑法不仅条文成倍增加,而且内容也发生了重大的变化,新增加了单位犯罪、在法定刑以下判处刑罚等事项。这些内容都必然反映到刑事诉讼文书中,这就要求人民法院必须对刑事裁判文书样式严格按照修订后的法律做相应的修改和完善。

在 1997 年刑法修改的同时,刑事诉讼法也进行了修改,我国的刑事裁判文书改革又提上了议事日程。为此,最高人民法院于 1999 年 4 月 30 日公布了《法院刑事诉讼文书样式》(样本)。该样本是对 1992 年最高人民法院制定的《法院诉讼文书样式(试行)》中有关刑事诉讼文书样式的修改和完善,修订后的样式共有 164 种,其中有 53 种是根据修正后的刑事诉讼法和修订后的刑法及相关司法解释的规定新增加的,其他诉讼文书也大都在原有样式的基础上作了较大的修改和完善。最高人民法院还于 1999 年 11 月 18 日发布了《关于审理死刑缓期执行期间故意犯罪的一审案件如何制作裁判文书有关问题的通知》及此类案件的刑事判决书样式及其说明。此后相继出台了一系列与法院文书相关的文件:2000 年 3 月 4 日发布了《关于刑事裁判文书中刑期起止日期如何表述问题的批复》,再次对有关法院刑事诉讼文书样式作了补充和完善;2012 年刑事诉讼法的再次修订对刑事诉讼制度进行了大幅度的改革,具有许多突破点和创新点。由于刑事司法实践的不断发展,法院刑事诉讼文书的样式也随着不断丰富和完善。目前法院刑事诉讼文书样式大致增加到了 11 类。

近年来,随着司法改革的深入,法院裁判文书上网这项被誉为推进司法改革的重要举措,逐步在全国展开。2013 年 7 月,最高人民法院《裁判文书上网公布暂行办法》正式实施。依据该办法,除法律规定的特殊情形外,最高人民法院发生法律效力的判决书、裁定书、决定书一般均应在互联网公布。对于社会关注度高的案件,生效裁判文书应当在互联网公布。2014 年 1 月 1 日,最高人民法院《关于人民法院在互联网公布裁判文书的规定》正式实施,明确规定最高人民法院在互联网设立中国裁判文书网,统一公布各级人民法院的生效裁判文书;中西部地区基层人民法院在互联网公布裁判文书的时间进度由高级人民法院决定,并报最高人民法院备案。

裁判文书全面上网公开,对裁判文书质量提出了更高的要求。面对新的挑战,裁判文书制作者唯有努力提高自身的法学素养与制作裁判文书的能力,别无他途。

2018 年,我国对刑事诉讼法进行重大修正,法院裁判文书必然迎来相应的改变。

三、刑事裁判文书的分类

人民法院的刑事裁判文书有很多,但最主要的有刑事判决书、刑事裁定书和刑事调解书三类。每一类还可按不同的标准再划分。

刑事判决书,按照提起诉讼的主体的不同,可分为公诉案件刑事判决书和自诉案件刑事判决书;按照内容不同,可分为有罪判决书和无罪判决书;按照程序不同,可分为第一审刑事判决书、第二审刑事判决书、再审刑事判决书、死刑复核刑事判决书。

刑事裁定书,按照程序可分为第一审刑事裁定书、第二审刑事裁定书、死刑复核刑事裁定书、再审刑事裁定书和执行程序刑事裁定书;按解决问题的不同,可分为解决实体问题的刑事裁定书(如二审维持原判的刑事裁定书、关于减刑或假释的刑事裁定书、关于减免罚金的刑事裁定书等)与解决程序问题的刑事裁定书(如驳回自诉刑事裁定书、发回重审刑事裁定书等)。

刑事调解书,按照程序可分为一审刑事调解书、一审刑事附带民事调解书;二审刑事调解书、二审刑事附带民事调解书。

第二节　第一审公诉案件刑事判决书

一、适用范围

第一审公诉案件刑事判决书,是指第一审人民法院对由检察院提起公诉的刑事案件审理终结后,依照法律认定被告人的行为已经构成犯罪应当判处相应刑罚,或者免于刑事处罚;或者不构成犯罪应当宣告无罪时所制作的具有法律效力的诉讼文书。

《中华人民共和国刑事诉讼法》第二百条规定:"在被告人最后陈述后,审判长宣布休庭,合议庭进行评议,根据已经查明的事实、证据和有关的法律规定,分别作出以下判决:(一)案件事实清楚,证据确实、充分,依据法律认定被告人有罪的,应当作出有罪判决;(二)依据法律认定被告人无罪的,应当作出无罪判决;(三)证据不足,不能认定被告人有罪的,应当作出证据不足、指控的犯罪不能成立的无罪判决。”这是关于本文书的法律依据。

二、制作方法

第一审公诉案件刑事判决书由首部、正文和尾部三部分组成。其中,正文包括事实和证据、理由、判决结果,是判决书的核心部分。

(一)首部

1.法院名称和文书名称。

法院名称居中书写,一般应与院印的文字一致,但基层人民法院应冠以省、自治区、直辖市名称,如系涉外案件,各级法院则均应冠以“中华人民共和国”的全称。文书名称为“刑事判决书”,不能写为“一审刑事判决书”或“一审公诉案件刑事判决书”。位置在法院名称下一行之正中。

2.文书编号。

依次由立案年度、制作法院、案件性质、审判程序的代号、顺序号组成。制作法院的代码各不相同,如天津市北辰区人民法院的代字为“津0113”,天津市滨海新区人民法院的代码则为“津0116”等。假设一件天津市北辰区人民法院2018年立案的刑事犯罪第3号案件,则案号应为“(2018)津0113刑初3号”,书写位置在文书名称下一行,右对齐。

3.公诉机关。

“公诉机关”后面直接写“×××人民检察院”,中间不空格,也不用冒号分开,如“公诉机关天津市西青区人民检察院”。

4.被告人基本情况。

包括身份情况(被告人姓名、性别、出生年月日、民族、出生地、文化程度、职业或工作单位和职务、住址)、是否受到过行政或刑事处罚和因本案所受强制措施情况。

在此基础上注意一些特殊情形的处理。被告人如有与案情相关的别名、化名或者绰号的,应在其姓名后面用括号加以注明,如系外国人的,应注明其国籍、英文译名和护照号码。

被告人的出生年月日,一般应按公历书写,如出生年月日确实查不清的,也可写实足年龄,但对犯罪时不满18周岁的未成年被告人,必须写出生年月日。

若被告人是未成年人或限制行为能力人,另起一行还要列明其法定代理人或指定代理人的基本情况。

被告人的住址,应写住所所在地,住所所在地和经常居住地不一致的,写经常居住地。

被告人曾经受过行政处罚、刑事处罚或又在以上限制人身自由期间逃跑,可能构成累犯或者有法定、酌定从重处罚情节的,应在住址后面写明其事由和时间。

同案被告人为二人以上的,且存在主犯从犯的,按判决结果所确定的主、从关系顺序或判处刑罚的重轻顺序列项书写。

另外,被告人是单位的,在公诉机关的下一项,首先要列明"被告单位",写明单位的名称和地址。在"被告单位"下一项,还需列明"诉讼代表人"。如果有自然人被告,在"诉讼代表人"及其辩护人的下一项列明。这一点将在后面的第一审单位犯罪刑事判决书中详细说明。

5. 辩护人。

辩护人系律师的,只写姓名、工作单位和职务。如"辩护人×××,××律师事务所律师";辩护人是人民团体或者被告人所在单位推荐的,也只写姓名、工作单位和职务;辩护人如系被告人的监护人、亲属,还应写明其与被告人的关系;辩护人如系人民法院指定的,写为"指定辩护人×××",并在审判经过段和"控辩主张"部分作相应的表述。同案两人以上被告人各有辩护人的,应分别在各被告人项下单独列项写明。

6. 案件的由来、审判组织和审判经过。

这一部分的内容一般表述为:

"×××人民检察院以×检×诉〔　　〕×号起诉书指控被告人×××犯××罪,于××××年××月××日向本院提起公诉。本院依法组成合议庭,公开(或者不公开)开庭审理了本案。×××人民检察院指派检察员×××出庭支持公诉,被害人×××及其法定代理人×××、诉讼代理人×××,被告人×××及其法定代理人×××、辩护人×××,证人×××,鉴定人×××,翻译人员×××等到庭参加诉讼。本案现已审理终结。"

从这一段可看出审判程序是否合法,审理期限是否超期,审理是否贯彻了公开原则，诉讼参与人的诉讼权利是否得到了法律的保障等。在具体制作时，除上述一般的表述外，还应掌握对一些特殊情形的处理：

(1)起诉日期。起诉日期是按起诉书标明的时间还是按受理起诉时的时间起算，《人民法院诉讼文书样式、制作与范例（刑事卷）》①（本章以下简称《样式》）中刑事判决书（第一审公诉案件适用普通程序用）文书样式后的“说明”中有了明确规定，即起诉日期为法院签收起诉书等材料的日期，这样才能真实反映人民法院受理案件的时间。

(2)公诉人。《样式》只规定了检察员出庭支持公诉的情形，其实出庭支持公诉人员除检察员外，还有检察长、副检察长或助理检察员。因此，应视实际情况表述为×××人民检察院“检察长”“副检察长”或“代理检察员”。如果起诉书上署名的检察员与出庭支持公诉的检察员不一致时，应以出庭支持公诉的检察员为准。

(3)对于二审法院发回重审的案件，原审法院在制作重审后的判决书时，应在“审理了本案”一句之后增写以下内容：“本院于××××年××月××日作出（××××）×刑初×号刑事判决，被告人×××提出上诉（或×××人民检察院提出抗诉），×××人民法院二审后，于××××年××月××日作出（××××）×刑终×号刑事裁定，撤销原判，发回重审。本院依法另行组成合议庭，公开（或不公开）开庭审理本案。”

(4)对于曾经本院以“证据不足，××××人民检察院指控的犯罪不能成立”而宣告“被告人×××无罪”后，又经检察机关重新起诉的案件，原判决不予撤销，应在案件审理经过段“×××人民检察院以×检×诉〔　　〕××号起诉书”一句前，增写“被告人×××曾于××××年××月××日被×××人民检察院以犯××罪向本院提起公诉，因证据不足，被本院宣告无罪”一段文字。

(二)正文

1. 案件事实和证据。

事实是判决的基础，而充分、有力的证据则使事实更具说服力。

---

① 司法文书研究中心：人民法院业务指导用书《人民法院诉讼文书样式、制作与范例（刑事卷）》，中国法制出版社2015年版，第19页。

在充分认证的基础上将事实叙述清楚、明白，是制作一份好的判决书的关键。按照《样式》，刑事判决书事实部分的内容包括四个方面：

(1)检察院指控被告人犯罪的事实和证据以及检察院对本案适用法律的意见。这部分写作，要求概括、精炼，避免与后面被告人的供述、辩护人的辩护及法院经审理查明的事实相重复。如某刑事判决书概括×××人民检察院指控的犯罪事实为：

“2015年2月4日上午9时许，被告人朱××与被害人肖××因为两家之间的人行通道发生争吵，双方不听劝阻，相互斗殴。被告人朱××用木棒打中肖××头部，朱××之子朱×辉持匕首刺了肖××胸部一刀。后朱××与其子朱×辉逃离现场。被害人肖××左头部被钝器击伤，深至颅骨，右胸被锐器猛刺后致开放性血气胸，严重呼吸困难死亡。有目击证人李××、苏××证言与现场勘查、尸检鉴定等相印证。被告人朱××的行为触犯了《中华人民共和国刑法》第二百三十四第二款的规定，构成故意伤害罪。”

这份判决书对公诉机关指控的犯罪事实做了较为清楚的概述，同时又简要地罗列了公诉机关指控犯罪的几类证据以及公诉机关的适用法律意见。列举的证据不仅有名称，而且还有出处，让人知道哪些人的证人证言、什么鉴定结论等。

(2)被告人的供述、辩解和辩护人的辩护意见和有关证据。在这一部分内容中，对于辩护人的辩护意见的叙述，应以对公诉机关指控的事实、证据和适用法律意见有分歧的内容作为叙述的重点。

例如，前面所举的刑事判决书，对被告人及辩护人的意见是这样表述的：

被告人朱××辩称：“2月4日早上7时许，我全家在吃早餐，肖××、肖×勇、肖×华、范×美四人一起上我家来乱骂，我说不合理的地方可以去请村干部来解决，肖××就将他手里拿着的凶器打我的背膀一棒，我转过身来，把他的棒子抢过来，用他的棒子打了他头部一棒。这是正当防卫，不负刑事责任。”

这样的表述，将控辩双方分歧的焦点突出出来了，较好地体现了控辩式庭审的特征。

(3)经庭审调查查明的犯罪事实。这部分以“经审理查明”引出。要先写明经法院审理查明的事实；然后对控辩双方有异议的事实和证据进行分析论证,说明采信或不予采信的理由。

检察院对犯罪事实的指控,被告人的供述及其辩护人的辩护意见,法院经审理查明的事实,这三部分相比较,法院对犯罪事实的叙述是重点,应该比前两部分更为详细和具体。一般应按时间先后顺序,详细写明案件发生的时间、地点、被告人的动机、目的、手段、实施行为的过程、危害后果和被告人在案发后的表现等内容。如下面这份判决书对法院经审理查明的事实是这样叙述的:

"经审理查明,肖××家与朱××家系邻居,两家曾因相邻的人行通道多次发生争吵,曾经村干部及寨邻调解未果。2015年1月30日,被告人朱××打桩、编篱笆将靠自己这面的路堵住,两家又发生争吵。同年2月4日晨7时许,肖×华(肖××之弟)起床就去拔朱××打的桩,被告人朱××听见响声后出来,就与肖×华发生争吵,其后朱×辉、苏×琴、肖××、肖×勇、范×美等也来到现场,此时也有部分群众围观。朱、肖双方群吵,言语粗鲁,最后发展至群殴。斗殴中,被告人朱××持木棒打中肖××头部一棒,被告人朱××之子朱×辉持匕首刺中肖××胸部一刀。被告人朱××及其子朱×辉听到肖××'不行了'的喊声即逃离现场。庭审中,公诉机关宣读了公安机关在案件侦破过程中收集的用以证实被告人朱××犯罪过程及犯罪事实的证人证言、现场勘验笔录、尸体检验报告等证据材料。被告人朱××对公诉机关宣读的所有证据材料的来源及客观真实性不持疑义,但作了其是正当防卫的辩解。"

(4)经庭审质证后的认定犯罪事实的证据。之所以将证据放在事实部分来写,是因为事实与证据是不可分的。《中华人民共和国刑事诉讼法》第五十条第一款规定:"可以用于证明案件事实的材料,都是证据。"因此,把证据放在事实部分,更符合逻辑。

为了使事实的叙述层次清楚,上述四个方面的内容一般应当分四个自然段书写。

对于经举证、质证、认证后认定犯罪事实的证据,要具体写明证据的内容、证明目的,而不要只是简单罗列证据的种类,不加任何说明。

目前判决书在事实与证据部分存在的主要问题,一是缺乏对控辩双方在事实问题上不同看法的分析辩驳。许多法官认为,对控辩双方意见的辩驳,只需在"判决理由"(实为狭义的判决理由)部分进行,主要针对在犯罪的成立、性质、情节等法律问题上的不同见解进行反驳。而就事实方面的问题，正确确认法院认定的事实以及所依据的证据即可。因此忽视事实证据问题上的辩驳，导致控方或辩方对判决事实难以信服。

二是普遍缺乏对证据的分析论证。我们经常看到判决书经常这样陈述证据内容："上述事实，证据确凿，足以认定，被告人亦供认不讳。"是什么证据？这些证据是如何确凿证明犯罪事实的？完全没有交代，使法院经审理查明的事实这部分显得非常武断。有的虽然列举了证据名称，称所认定的事实，有证人某某、某某证词、某种物证、某一书证、某种鉴定结论或检查笔录证实，证据确实、充分，被告人也供认不讳。但对这些证据的内容并无交代，这些证据如何证实案件事实也无分析，对法院为何采信这些证据而不采信其他证据更无说明。造成认证不清，证明过程不清。

这些都是法院判决书亟须改革的地方。

2. 判决理由。

理由是判决的灵魂，是将犯罪的事实和判决结果有机地联系在一起的纽带，刑事判决书理由的核心就是针对案情的特点，运用刑事法律和犯罪构成理论，分析论证控方的指控是否成立、辩方的意见是否应采纳、被告人行为的性质、量刑情节及法律后果等，为判决结果奠定基础。因此，在说理时，应力求透彻，逻辑严密，应使用法律术语，语言规范。一般而言，判决理由部分应当由以下几个内容组成：

(1)定性。即针对案件的事实、性质、情节，根据法律规定，运用犯罪构成理论，对被告人的行为进行法律分析和判断，明确指出被告人的行为是否构成犯罪。

(2)确定罪名。应以刑法分则规定的罪状和最高人民法院《关于执行〈中华人民共和国刑法〉确定罪名的规定》为依据，确定被告人的罪名。罪名必须准确无误。一人犯数罪的，先定重罪，后定轻罪；共同犯罪案件，应在分清各被告人的地位、作用和刑事责任的前提下，依次确定主犯、从犯或胁从犯、教唆犯的罪名；共同犯罪之外还有其他犯罪的，一般先确定共同犯罪的罪名，再逐一确定其他犯罪的罪名。对起诉书指控被告人犯罪行为所涉及罪名，判定成立的，应当明确表示肯定意见；判定不构成犯罪或者罪名不准确的，应当有理有据地进行分析说明。

(3)明确量刑情节。被告人具有法定或酌定从重、加重，从轻、减轻，免除处罚等量刑情节中的一种或多种时，应当予以认定并明确表述。

(4)对公诉机关指控的表态。指控的犯罪成立的，应表示肯定；指控罪名不当的，应当有理有据地作出分析认定，写明变更的理由和依据；不构成犯罪的，也应当在分析的基础上作出结论；证据不足，不能认定被告人有罪的，应当写明“证据不足，×××人民检察院指控的犯罪不能成立”。

(5)对被告人的辩解及辩护人辩护意见的表态。对于被告人、辩护人关于案件的性质、情节、危害后果等方面的辩解与意见，也应有理有据地分析论证。其辩解和辩护意见成立的，应表示采纳，不成立的，则表示不予采纳。

(6)判决的法律依据。引用的法律依据，应当包括司法解释在内。引用法律依据时，应当准确、完整、具体，并要有一定的条理和先后次序。需要引用两条以上的法律条文时，先引用有关定罪与确定量刑幅度的条文，后引用从轻、减轻、免除处罚或从重、加重处罚的条文；判决结果既有主刑，又有附加刑内容的，先引用适用主刑的条文，后引用适用附加刑的条文；适用以他罪论处的条文时，先引用本条条文，再按本条的规定，引用相应的他罪条文；一人犯数罪的，应逐罪引用法律条文；共同犯罪案件，既可集中引用有关的法律条文，必要时也可逐人逐罪引用法律条文。既适用法律规定又适用司法解释的，应先引用法律规定，再引用相关的司法解释。

我国目前的判决书在判决理由制作部分存在不少问题，其中最为突出的，表现在重视认定，忽视论证说理，因而造成分析不透，说理不足，削弱了判决的说服力和公信力。虽然有关司法解释以及最高人民法院颁发的法院诉讼文书样式都强调裁判文书说理，但在实践中，往往存在注重裁判结果而忽视裁判理由的现象，认为只要结果正确，文书制作得好与坏并不重要。尤其是一些法官担心言多有失，被抓住把柄，使法官和法院陷入被动。因此认为裁判文书理由越模糊、越简化则今后自已越有解释的空间。这导致了判决书说理部分存在公式化、简单化、表面化问题，缺乏针对性、逻辑性与法理性，不能针对诉讼各方当事人的诉辩主张及个案的具体情况来分析说理，而是说一些官话、空话，或是说同一种类型案件都适用的公式性的套话，蜻蜓点水，用几句冠冕堂皇、不痛不痒的话一笔带过。比如，刑事案件中，有的法官会不假思索地在大部分判决书的理由部分套用一个模板:“被告人作案手段残忍,性质恶劣,后果严重,民愤极大,应当依法从重判处。”这种判定到处搬用,不就案中情节作出具体分析,完全流于“官样文章”,不能有效地发挥说服和教育作用。

裁判文书是展示人民法院司法公正的“窗口”,其质量的高低直接关系着法院的司法公信力。判决书在说明判决理由方面存在的问题,影响了判决的质量,损害了司法公信力和法院公正、理性的形象,对此,早在1998年年底召开的全国高级法院院长会议上就强调:要加快裁判文书的改革步伐,做到“裁判文书无懈可击,使裁判文书成为向社会公众展示法院文明、公正司法形象的载体,真正具有司法权威”。

3. 判决结果。

判决结果就是判决书的判决决定部分,也称主文,是人民法院依照法定程序审理案件后,根据查明的事实和法律条文的具体规定,对被告人作出有罪或者无罪,犯了什么罪,适用什么刑罚或免除处罚的处理决定。一审公诉案件的判决结果,有四种不同的写法:

(1)对被告人定罪判刑的,判决结果表述为:

“一、被告人×××犯××罪,判处(写明主刑、附加刑)(有刑期的,写:刑期从判决执行之日起计算。判决执行以前先羁押的,羁押一日折抵刑期一日,即自××××年××月××日起至××××年××月××日止。)

二、被告人×××(写决定追缴、退赔或者发还被害人、没收财物的名称、种类和数额)。”

(2)对被告人定罪免刑的,判决结果表述为:

“被告人×××犯××罪,免予刑事处罚(如有追缴、退赔或者没收财物的,续写为第二项)。”

(3)对被告人宣告无罪的,无论是适用《中华人民共和国刑事诉讼法》第二百条第一款第(二)项还是第(三)项,均应表述为:

“被告人×××无罪。”

(4)对于下列两种情形,在判决结果均应表述为:

“被告人×××不负刑事责任。”

根据最高人民法院《关于适用〈中华人民共和国刑事诉讼法〉的解释》第二百四十一条第一款第(六)项、第(七)项的规定,这两种情形是:被告人因不满16周岁不予刑事处罚和被告人是精神病人在不能辨认或不能控制自己行为的时候造成危害结果不予刑事处罚的。

书写判决结果时应注意以下几个问题:

其一,应先给被告人确定罪名,再判处刑罚。不能不定罪,直接判处刑罚。如被告人孙××因犯贩卖毒品罪被判处有期徒刑15年,则判决结果的规范表述应为"被告人孙××犯贩卖毒品罪,判处有期徒刑15年。(刑期从判决执行之日起计算。判决执行以前先羁押的,羁押一日折抵刑期一日,即自××××年××月××日起至××××年××月××日止。)"不能写为"判处被告人孙××有期徒刑15年"。

其二,判处的各种刑罚应按法律规定写明全称,不能随意简化。如不能将"判处死刑,缓期二年执行"简化为"判死缓"。

其三,数罪并罚的写法,应先分别逐罪定罪量刑,然后再决定执行的刑罚。如"被告人田××犯受贿罪,判处有期徒刑10年,剥夺政治权利3年;犯玩忽职守罪,判处有期徒刑4年,决定执行有期徒刑12年,剥夺政治权利3年。"

(三)尾部

尾部应依次写明下列内容:

1. 交代上诉权。在判决结果之后,另起一行写明:

"如不服本判决,可在接到判决书的第二日起十日内,通过本院或者直接向×××人民法院提出上诉。书面上诉的,应当提交上诉状正本一份,副本×份。"

注意,如果适用《中华人民共和国刑法》第六十三条第二款规定,犯罪分子虽然不具有本法规定的减轻处罚情节,但是根据案件的特殊情况,经最高人民法院核准,也可以在法定刑以下判处刑罚时,应当在交代上诉权后,另起一行写明:

"本判决依法报请最高人民法院核准后生效。"

2. 合议庭组成人员或者独任审判员署名。合议庭有陪审员的,署名为"人民陪审员";合议庭成员有助理审判员的,署名为"代理审判员";助理审判员担任合议庭审判长的,与审判员担任合议庭审判长一样,署名为"审判长";院长(副院长)或者庭长(副庭长)参加合议庭的,均署名为"审判长"。

3. 作出判决的日期。当庭宣判的,应该写明当庭宣判的日期;定期或者委托宣判的，应当写签发判决书的日期。

4. 书记员署名。在年月日的下方，由书记员署名。

5. 加盖“本件与原本核对无异”戳记。书记员将正本与原本核对无异之后，加盖在正本末页的年月日的左下方、书记员署名的左上方。

三、格式及示例

（一）格式（刑事一审公诉案件适用普通程序判处有罪用）

×××人民法院

刑事判决书

（××××）×刑初×号

公诉机关×××人民检察院。

被告人×××（写明姓名、性别、出生年月日、民族、出生地、文化程度、职业或者工作单位、职务、住址和因本案所受强制措施情况等，现羁押处所）。

辩护人×××（写明姓名、工作单位和职务）。

××××人民检察院以×检×诉〔　　〕×号起诉书指控被告人×××犯××罪，于××××年××月××日向本院提起公诉。本院依法组成合议庭，公开（或者不公开）开庭审理了本案。×××人民检察院指派检察员×××出庭支持公诉，被害人×××及其法定代理人×××，诉讼代理人×××，被告人×××及其法定代理人×××，辩护人×××，证人×××，鉴定人×××，翻译人员×××等到庭参加诉讼。本案现已审理终结。

×××人民检察院指控……（概述人民检察院指控被告人犯罪的事实、证据和适用法律的意见。）

被告人×××辩称……（概述被告人对指控的犯罪事实予以供述、辩解、自行辩护的意见和有关证据。）辩护人×××提出的辩护意见是……（概述辩护人的辩护意见和有关证据。）

经审理查明……（首先写明经庭审查明的事实；其次写明经举证、质证定案的证据及其来源；最后对控辩双方有异议的事实、证据进行分析、认证。）

本院认为……（根据查证属实的事实、证据和有关法律规定，论证公诉机关指控的犯罪是否成立,被告人的行为是否构成犯罪,犯的什么罪,应否从轻、减轻、免除处罚或者从重处罚。对于控辩双方关于适用法律方面的意见,应当有分析的表示是否予以采纳,并阐明理由)依照……(写明判决的法律依据)的规定,判决如下:

一、被告人×××犯××罪,判处……(写明主刑、附加刑。)

(刑期从判决执行之日起计算。判决执行以前先行羁押的,羁押一日折抵刑期一日,即自××××年××月××日起至××××年××月××日止。)

二、被告人×××……(写明决定追缴、退赔或者发还被害人、没收财物的名称、种类和数额。)

如不服本判决,可在接到判决书的第二日起十日内,通过本院或者直接向×××人民法院提出上诉。书面上诉的,应当提交上诉状正本一份,副本×份。

审判长　×××

审判员　×××

审判员　×××

××××年××月××日

(院印)

本件与原本核对无异

书记员　×××

(二)示例①

成都市新都区人民法院

刑事判决书

(2018)川0114刑初20号

公诉机关成都市新都区人民检察院。

被告人周某某,男,1964年2月20日出生,汉族,初中文化,无业,四川省三台县人,户籍所在地:四川省三台县。2016年4月5日因犯

① 选自中国裁判文书网:http://wenshu.court.gov.cn/content/content?DocID=be50f521-eba5-4244-a4d3-a87900159038&KeyWord=,最后访问日期:2018年9月18日。

盗窃罪被成都市龙泉驿区人民法院判处有期徒刑十一个月,2016 年 11 月 8 日刑满释放。因涉嫌盗窃罪,于 2017 年 8 月 22 日被成都市公安局新都区分局刑事拘留,2017 年 9 月 28 日被执行逮捕,现羁押于成都市看守所。

指定辩护人陈×军,四川信诺达律师事务所律师。

被告人许某某,男,1963 年 1 月 5 日出生,汉族,初中文化,无业,四川省遂宁市人,户籍所在地:四川省遂宁市安居区。2016 年 4 月 5 日因犯盗窃罪被成都市龙泉驿区人民法院判处有期徒刑十个月,2016 年 10 月 8 日刑满释放。因涉嫌盗窃罪,于 2017 年 8 月 22 日被成都市公安局新都区分局刑事拘留,2017 年 9 月 28 日被执行逮捕,现羁押于成都市看守所。

指定辩护人陈×林,四川信诺达律师事务所律师。

被告人李某某,男,1968 年 9 月 7 日出生,汉族,小学文化,无业,四川省三台县人,户籍所在地:四川省三台县。因涉嫌盗窃罪,于 2017 年 8 月 22 日被成都市公安局新都区分局刑事拘留,2017 年 9 月 28 日被执行逮捕,现羁押于成都市看守所。

指定辩护人代×,四川信诺达律师事务所律师。

成都市新都区人民检察院以成新检公诉刑诉(2017)776 号起诉书指控被告人周某某、许某某、李某某犯盗窃罪,于 2018 年 1 月 2 日向本院提起公诉。本院依法适用普通程序,组成合议庭,公开开庭审理了本案。成都市新都区人民检察院指派检察员张×娟出庭支持公诉。被告人周某某、许某某、李某某及辩护人陈×军、陈×林、代×到庭参加诉讼。现已审理终结。

公诉机关指控,1. 2017 年 8 月 22 日 9 时许,被告人周某某、许某某、李某某经事先预谋,由被告人许某某驾驶车牌号为“川 A×××××”的灰色夏利牌汽车搭载被告人周某某、李某某在成都市新都区川龙拖拉机厂外成彭路边公交站牌处,由被告人李某某以搭乘顺风车为名将在此等公交车的被害人张某 2 骗上被告人许某某驾驶的汽车。车行至新都区北星大道与香城大道交汇处辅道时,被告人周某某以钱包丢失为由,要求检查所有人的随身物品,并问得被害人银行卡密码,趁被害人张某 2 不备将其 7100 元现金及邮政银行卡 2 张盗走。被告人许某某、周某某、李某某将被害人张某 2 支开后驾车逃离现场,在新都区斑竹园镇竹韵大道工商银行自动取款机处将被害人张某2银行卡内5000元盗走。

2. 2014年12月1日13时许,被告人李某某伙同张某3(已判)、王某(已判)、杜某(另案处理)经事先预谋在西藏自治区拉萨市堆龙德庆县农业银行物色盗窃对象。当日15时许,被害人罗某从堆龙德庆县农业银行出来,张某3、杜某上前与其搭讪,杜某趁被害人罗某不备将其7000余元现金和银行卡窃取,并将被害人银行卡交给被告人李某某并告知银行卡密码。被告人李某某随即在中国建设银行金珠西路支行取走被害人罗某银行卡内现金69,000元。

2017年8月22日,公安民警在新都区上巡逻,发现三被告人驾驶的汽车形迹可疑追踪至新都区兴城大道与宝光大道交叉路口将三被告人捕获。

公诉机关认为,被告人周某某、许某某、李某某以非法占有为目的,秘密窃取他人财物,其中周某某、许某某盗窃他人财物12,100元,数额较大;被告人李某某盗窃他人财物88,100元,数额巨大,其行为均应当以盗窃罪追究刑事责任。被告人周某某、李某某、许某某共同实施盗窃行为,系共同犯罪。被告人周某某、许某某在刑罚执行完毕五年以内再犯应当判处有期徒刑以上刑罚之罪,系累犯。

三被告人对公诉机关指控的犯罪事实及罪名均无异议。

被告人周某某、许某某的辩护人均对指控事实及罪名无异议,均提出周某某、许某某归案后如实供述犯罪事实,认罪悔罪态度好,被盗财物已发还被害人,请求法庭对其从轻处罚。被告人李某某的辩护人对指控事实及罪名无异议,提出李某某有坦白情节,且被盗财物已发还被害人;被告人李某某在盗窃中所起作用较小,系从犯,请求对其从轻处罚。

经审理查明的事实与指控事实一致。

另查明:1. 被告人周某某、许某某、李某某2017年8月22日违法所得的财物已全部发还被害人张某2。2. 张某3、王某在案发后赔偿了被害人罗某44,000元。3. 公安机关将1辆夏利牌汽车、1个黑色手提包等作案工具扣押在案。

上述事实,有经庭审质证的受案登记表、立案决定书、到案经过、辨认笔录及照片、扣押决定书、扣押清单、发还清单、涉案财物保管清单、随案移送清单、现场勘验笔录、指认照片、四川人口信息证明、被害人陈述、刑事判决书、释放证明书、常住人口基本信息、三被告人供述与辩解等证据予以证实，足以认定。

本院认为，被告人周某某、许某某、李某某以非法占有为目的，秘密窃取他人财物，其中被告人周某某、许某某盗窃他人财物12,100元，数额较大，被告人李某某盗窃他人财物88,100元，数额巨大，其行为均构成盗窃罪。成都市新都区人民检察院指控被告人周某某、许某某、李某某犯盗窃罪，事实清楚，证据确实、充分，指控罪名成立，本院予以支持。被告人周某某、许某某、李某某基于同一犯意，共同实施盗窃行为，系共同犯罪。在共同犯罪中，三被告人分工合作，相互配合，所起作用相当，不宜区分主从犯。被告人周某某、许某某曾因犯盗窃罪被判处过有期徒刑，在刑罚执行完毕五年以内再犯应当判处有期徒刑以上刑罚之罪，系累犯，本院依法对其从重处罚。被告人周某某、许某某、李某某归案后如实供述其犯罪事实，系坦白，本院依法对其均从轻处罚。鉴于三被告人此次犯罪所得财物已全部发还被害人张某2，本院酌定对三被告人从轻处罚。被告人周某某、许某某的辩护人提出的辩护意见与庭审查明的事实相符，本院予以采纳。就被告人李某某的辩护人提出的李某某系从犯的辩护意见，与庭审查明事实不符，本院不予采纳。综合被告人的犯罪情节、犯罪后果以及归案后的认罪态度、悔罪表现等因素，依照《中华人民共和国刑法》第二百六十四条、第二十五条第一款、第五十二条、第五十三条、第六十四条、第六十五条第一款、第六十七条第三款之规定，判决如下：

一、被告人周某某犯盗窃罪，判处有期徒刑一年二个月，并处罚金三千元。（刑期从判决执行之日起计算。判决执行以前先行羁押的，羁押一日折抵刑期一日，即自2017年8月22日起至2018年10月21日止。罚金在本判决发生法律效力的第二日起三日内缴纳。期满不缴纳的，强制缴纳。）

二、被告人许某某犯盗窃罪，判处有期徒刑一年二个月，并处罚金三千元。（刑期从判决执行之日起计算。判决执行以前先行羁押的，羁押一日折抵刑期一日，即自2017年8月22日起至2018年10月21日止。罚金在本判决发生法律效力的第二日起三日内缴纳。期满不缴纳的，强制缴纳。）

三、被告人李某某犯盗窃罪，判处有期徒刑三年十个月，并处罚金六千元。(刑期从判决执行之日起计算。判决执行以前先行羁押的,羁押一日折抵刑期一日,即自2017年8月22日起至2021年6月21日止。罚金在本判决发生法律效力的第二日起三日内缴纳。期满不缴纳的,强制缴纳。)

四、公安机关扣押的1辆夏利汽车、1个黑色手提包予以没收,上缴国库。被告人李某某的违法所得予以退赔。

如不服本判决,可在接到判决书的第二日起十日内,通过本院或者直接向四川省成都市中级人民法院提出上诉。书面上诉的,应当提交上诉状正本一份,副本二份。

审　判　长　　王　×
人民陪审员　　陈××
人民陪审员　　朱××
二〇一八年一月二十四日
书　记　员　　陈　×

第三节　第一审自诉案件刑事判决书

一、适用范围

第一审自诉案件刑事判决书,是指基层人民法院对于直接受理的自诉人提起自诉的刑事案件,依照刑事诉讼法规定的第一审程序中有关审理自诉案件的程序审理终结后,根据查明的事实、证据和法律的规定而制作的认定被告人是否有罪、是否处以刑罚或者免除处罚的具有法律效力的诉讼文书。

依照刑法、刑事诉讼法和有关司法解释的规定,第一审自诉案件刑事判决书的适用范围有以下三大类:

第一类是刑法规定的"告诉才处理"的案件有四种:一是《中华人民共和国刑法》第二百四十六条规定的侮辱、诽谤案(严重危害社会秩序和国家利益的除外);二是《中华人民共和国刑法》第二百五十七条第一款规定的暴力干涉他人婚姻自由案;三是《中华人民共和国刑法》第二百六十条第一款规定的虐待案;四是《中华人民共和国刑法》第二百七十条规定的侵占案。

第二类是刑事诉讼法规定的人民检察院没有提起公诉，被害人有证据证明的轻微刑事案件有八种：一是《中华人民共和国刑法》第二百三十四条第一款规定的故意伤害案；二是《中华人民共和国刑法》第二百四十五条第一款规定的非法侵入住宅案；三是《中华人民共和国刑法》第二百五十二条规定的妨害通信自由案；四是《中华人民共和国刑法》第二百五十八条规定的重婚案；五是《中华人民共和国刑法》第二百六十一条规定的遗弃案；六是刑法分则第三章第一节规定的生产、销售伪劣商品案（严重危害社会秩序和国家利益的除外）；七是刑法分则第三章第七节规定的侵犯知识产权案（严重危害社会秩序和国家利益的除外）；八是刑法分则第四章、第五章规定的对被告人可能判处三年有期徒刑以下刑罚的案件。

第三类是刑事诉讼法规定的被害人有证据证明对被告人侵犯自己人身、财产权利行为应当依法追究刑事责任，而公安机关或者人民检察院已经作出不予追究的书面决定的案件。

二、制作方法

（一）首部

1. 制作文书的机关名称、文书名称、文书编号，此与公诉案件判决书相同；

2. 自诉人的身份事项。写明自诉人姓名、性别、出生年月日、民族、出生地、文化程度、职业或者工作单位和职务、住址；

3. 刑事自诉人委托了诉讼代理人的，应在自诉人的下一行，写明委托代理人的姓名和所在单位；

4. 被告人的身份事项、辩护人的身份事项；

5. 自诉案件的被告人如果是未成年人并涉及经济赔偿的，应当在被告人的下一行，将未成年人的监护人列为被告人的法定代理人暨附带民事诉讼被告人，并注明其与被告人之间的关系；

6. 案件的由来、审判组织、审判方式和审判经过。这一段具体表述为：

“自诉人×××（姓名）以被告人×××（姓名）犯××罪，于××××年××月××日向本院提起控诉。本院受理后，依法实行独任审判(或者组成合议庭),公开(或者不公开)开庭审理了本案。自诉人×××及其诉讼代理人×××,被告人×××及其辩护人×××等到庭参加诉讼,现已审理终结。"

(二)正文

1.事实。按照《样式》的要求,自诉案件的事实,仍应像公诉案件那样,用四个自然段分别写明控方指控的事实、辩方辩解的事实、法院经审理查明的事实、经庭审质证认定的证明犯罪事实的证据四方面内容。

(1)控方指控的事实。即自诉人指控被告人犯罪的事实、证据和诉讼请求(包括附带民事诉讼的内容),在有"诉讼代理人"参加的案件中,对诉讼代理人的代理意见,也应当予以概述。

(2)辩方辩解的事实。即被告人对自诉人的指控予以供述、辩解、自行辩护、反诉的事实和有关证据以及辩护人的辩护意见。

(3)法院经审理查明的事实。

(4)证据。写明据以定案的证据,同时对控辩双方有异议的事实、证据进行分析认证的情况。

2.判决理由。这部分与公诉案件判决书的相应部分要求基本一致。

首先要定性,根据查证属实的被告人犯罪的事实、证据和法律规定,确认被告人行为是否构成犯罪;如构成犯罪,犯的是何罪,有无法定从轻、减轻、免除处罚情节或者从重处罚情节;对控辩双方有关适用法律方面的意见是否采纳及理由等,都应当在理由部分进行分析阐述并作出明确的回答。其次要写明本案适用的法律依据。

3.判决结果。根据案件的不同情况,无论是对被告人定罪判刑、定罪免刑还是宣告无罪的,都应当参照有关制作公诉案件刑事判决书"判决结果"的写法予以明确表述。如有附带民事诉讼或者反诉内容的,还应当在判决结果中单独列项具体写明。

(三)尾部

依次写明交代上诉事项、审判员署名、判决日期、书记员署名等。

三、特别提示

(一)自诉案件判决结果中有关"宣告无罪"的刑事判决书只适用于对已经开庭审理而宣告无罪的自诉案件。如果人民法院对于自诉人提起的自诉案件在“开庭审理”前即发现“缺乏罪证”且自诉人提不出“补充证据”又不愿“撤回自诉”的，依照《中华人民共和国刑事诉讼法》第二百一十一条第（二）项的规定，就应当“裁定驳回”自诉人的自诉，故此种情况下应制作“驳回起诉”的刑事裁定书而不是“宣告无罪”的刑事判决书。

（二）对于本属公诉案件，但由于种种原因检察机关、公安机关不追究，被害人直接向人民法院提起自诉的案件，应当在案件由来和审理经过中写明检察机关或者公安机关作出不予追究书面决定的情况，以说明人民法院对本属公诉案件而作为自诉案件审理的合法性。

（三）一般而言，刑事自诉案往往会附带民事诉讼。

四、格式及示例

（一）格式

××××人民法院

刑事判决书

（××××）×刑初×号

自诉人……（写明姓名、性别、出生年月日、民族、出生地、文化程度、职业或工作单位和职务、住址等）。

诉讼代理人……（写明姓名、工作单位和职务）。

被告人……（写明姓名、性别、出生年月日、民族、出生地、文化程度、职业或工作单位和职务、住址等）。

辩护人……（写明姓名、工作单位和职务）。

自诉人×××以被告人×××犯××罪，于××××年××月××日向本院提起控诉。本院受理后，依法组成合议庭（或由审判员×××独任审判），公开（或不公开）开庭审理了本案。自诉人×××及其诉讼代理人×××、被告人×××及其辩护人×××、证人×××等到庭参加诉讼。本案现已审理终结。

自诉人诉称……（概述自诉人指控被告人犯罪的事实、证据和诉讼请求）。

被告人辩称……（概述被告人对自诉人的指控予以供述、辩解、自行辩护的意见和有关证据）。辩护人提出的辩护意见是……（辩护人的辩护意见和有关证据)。

经审理查明,……(首先写明经法庭审理查明的事实;其次写明据以定案的证据及其来源;最后对各方有异议的事实、证据进行分析、认证)。

本院认为,……(写明根据查证属实的事实、证据和有关法律规定,论证自诉人的指控是否成立,被告人的行为是否构成犯罪,犯何种罪,应当如何处罚。对于控、辩双方关于适用法律方面的意见,应当有分析地表示是否予以采纳,并阐明理由)。依照……(写明判决的法律依据)的规定,判决如下:

被告人×××犯××罪,……(写明判处的刑罚或者免予刑事处分等)。

如不服本判决,可在接到判决书的第二日起××日内,通过本院或者直接向×××人民法院提出上诉。书面上诉的,应交上诉状正本一份,副本×份。

审判员×××

××××年××月××日

(院印)

本件与原本核对无异

书记员×××

(二)示例①

×××人民法院

刑事判决书

(2014)×刑初312号

自诉人孙某,男,1951年12月2日出生,汉族,农民,文盲,住某省某县某镇某村。

诉讼代理人张某,某律师事务所律师。

被告人尹某,男,1962年3月28日出生,汉族,农民,小学文化,住

---

① 改编自司法文书研究中心:《人民法院诉讼文书样式、制作与范例》(刑事卷),中国法制出版社2015年版,第5~7页。

某省某县某镇某村。

辩护人胡某,某律师事务所律师。

自诉人孙某以被告人尹某犯侮辱罪,于2014年4月17日向本院提起控诉。本院受理后,依法由审判员陈某独任审判,公开开庭进行了审理。自诉人孙某及其诉讼代理人张某、被告人尹某及其辩护人胡某到庭参加诉讼。本案现已审理终结。

自诉人孙某诉称,2014年2月20日下午,被告人尹某在自己家门前倒垃圾,遭到自诉人的制止。被告人遂将其装修房子所剩的油漆泼到自诉人家门口及屋内。自诉人制止被告人时,被告人将自诉人抓伤,还将油漆泼到自诉人的脸及头上。自诉人认为被告人的行为已经构成了侮辱罪,请求法院追究被告人的刑事责任。

其诉讼代理人的意见为:被告人尹某向孙某脸上及头上泼油漆的事实,有被告人的供述及证人证言证实。本案是被告人尹某挑起事端在先,且将油漆泼到自诉人家门口及屋内,甚至泼到自诉人的脸及头上,性质恶劣,已经构成了侮辱罪,请求追究其侮辱罪的刑事责任。

被告人尹某称,是孙某先将油漆泼到自己身上,自己才将剩余的油漆泼到自诉人的身上。辩护人的辩护意见是自诉人指控的情况明显夸大事实,缺乏依据。孙某先将油漆泼到尹某身上,尹某才将剩余的油漆泼到自诉人的身上,情节显著轻微,不构成犯罪,请求依法驳回自诉人的诉讼请求。

经审理查明,自诉人孙某与被告人尹某系同村村民,两家因生活琐事纠纷已久。2014年2月20日下午,被告人尹某在孙某家门前倒垃圾,孙某发现后,即用铁锹将垃圾往尹某家门前撒。尹某发现后,也拿铁锹将垃圾往孙某家门前撒。以致发展到双方互将垃圾往对方身上撒。尹某遂将自己家扔的油漆泼到孙某家门口,在泼的过程中,孙某将门口的油漆泼到了尹某的身上,尹某一生气,便将剩余的油漆泼到了自诉人孙某的脸及头上。认定上述事实的证据有:

1. 自诉人孙某的陈述:2014年2月20日下午,被告人尹某在我门前倒垃圾,遭到我的制止。被告人还往我身上撒垃圾,并将其装修房子所剩的油漆泼到我家门口及屋内。我制止被告人时,被告人将我抓伤,还将油漆泼到了我的脸及头上。

2. 被告人尹某的供述:2014年2月20日下午,我在孙某家门前一块空地上倒垃圾,孙某发现后,便用铁锹将垃圾往我家撒。我一生气,也拿铁锹将垃圾往孙某家门前撒。到后来发展到双方互将垃圾往对方身上撒,再后来我将自己家扔的油漆泼到孙某家门口,在泼的过程中,孙某将门口的油漆泼到了我身上,我特别生气,便将剩余的油漆泼到了孙某的脸及头上。

3. 证人郝某、刘某、白某的证人证言:2014年2月20日下午,被告人尹某在孙家门前倒垃圾,孙某发现后,即用铁锹将垃圾往尹某家门前撒。尹某发现后,也拿铁锹将垃圾往孙某家门前撒。以致发展到双方互将垃圾往对方身上撒。尹某遂将自己家扔的油漆泼到孙某家门口,在泼的过程中,孙某将门口的油漆泼到了尹某的身上,尹某一生气,便将剩余的油漆泼到了自诉人孙某的脸及头上。

上述证据经庭审质证,足以证明案件事实,本院予以认可。

本院认为,被告人尹某遇事不冷静,因琐事将油漆公然泼到自诉人孙某的脸及身上,情节严重,其行为已经构成侮辱罪,自诉人孙某指控被告人尹某的罪名成立,本院予以支持。孙某的诉讼代理人提出被告人的行为已经构成侮辱罪,请求追究被告人的刑事责任的代理意见合理,予以采纳。被告人尹某的辩护人胡某辩称尹某的犯罪情节轻微不构成犯罪的辩护意见与事实不符,本院不予采纳。考虑到本案系邻里纠纷,自诉人对本案的发生也存在一定过错,综合考虑被告人尹某的犯罪情节、犯罪结果,依据《中华人民共和国刑法》第二百四十六条的规定,判决如下:

被告人尹某犯侮辱罪,判处管制一年。

(管制期限从判决执行之日起计算。判决执行前先行羁押的,羁押一日折抵刑期两日。)

如不服本判决,可在接到判决书的第二日起十日内,通过本院或者直接向某市中级人民法院提出上诉,书面上诉的,应当提交上诉状正本一份,副本×份。

审判员　陈　某

二〇一四年七月三日

本件与原本核对无异

书记员　曾　某

第四节　第一审刑事附带民事判决书

一、适用范围

第一审刑事附带民事判决书,是指第一审人民法院依照刑事诉讼法和民事诉讼法规定的有关程序,对审理终结的刑事附带民事案件,确认被告人的行为是否构成犯罪,是否应负刑事责任和民事赔偿责任时所制作的具有法律效力的诉讼文书。这种民事诉讼是以被告人的犯罪行为使被害人遭受物质损失为前提,是刑事诉讼派生的,是在刑事诉讼过程中附带解决的,所以叫作附带民事诉讼。

从民事侵权损害赔偿的因果关系上看,根据《中华人民共和国刑事诉讼法》第一百零一条的规定和最高人民法院所作的解释,刑事附带民事判决书适用于以下范围:

(一)被告人的行为已构成犯罪,而被告人的犯罪行为又直接造成被害人经济损失的。

(二)被告人只有一般违法行为,尚不构成犯罪,但被害人的经济损失是由于被告人的违法行为直接造成的。

(三)被告人系未达刑事责任年龄的未成年人,但其行为已造成被害人的经济损失,依法应当由被告人的监护人负民事赔偿责任。

从案件性质来看,第一审刑事附带民事判决书既适用于公诉案件也适用于自诉案件按照普通程序审理且被害人提出了附带民事诉讼的案件。

对于附带民事部分已达成调解协议的,虽然其调解协议的具体内容已另行制作附带民事调解书或调解笔录,在本文书中不作叙述,但其达成调解协议的事实应在判决书的事实部分加以说明。经调解无法达成协议或者调解书签收前当事人反悔的,附带民事诉讼应当同刑事诉讼一并判决,并制作刑事附带民事判决书。对于人民法院在适用简易程序审理案件过程中发现不宜适用简易程序而依法转为适用普通程序的刑事附带民事诉讼案件,也适用本样式。

二、制作方法

(一)首部

1. 制作文书机关的名称、文书名称和文书编号。

除文书名称应为“刑事附带民事判决书”以外,其他两项与一审公诉案件刑事判决书这部分的制作要求一样,可参照制作。

2. 公诉机关或自诉人基本情况。

如果是公诉机关提起公诉的案件,则写明“公诉机关×××人民检察院”。如果是自诉人提起诉讼的案件,则写为自诉人暨附带民事诉讼原告人的姓名、性别、出生年月日、民族、出生地、文化程度、职业或者工作单位和职务、住址等。若自诉人暨附带民事诉讼原告人为法人或其他组织,则须写明法人或其他组织的全称及住所地,另起一行写明法定代表人或代表人姓名和职务。

3. 附带民事诉讼原告人或诉讼代理人的基本情况。

如果是公诉案件,则在公诉机关项下另起一行写明附带民事诉讼原告人的姓名、性别、出生年月日、民族、出生地、文化程度、职业或者工作单位和职务、住址等。如果是自诉案件,则在自诉人暨附带民事诉讼原告人项下另起一行写明诉讼代理人的姓名、工作单位和职务。

4. 被告人基本情况。

包括身份情况、前科劣迹情况和因本案而被采取强制措施的情况。具体事项参见第一审公诉案件刑事判决书的对应部分。

若在刑事被告人之外,还有单纯的附带民事诉讼被告人的,则在被告人项后,另起一行单列附带民事诉讼被告人,写明姓名、性别、出生年月日、民族、出生地、文化程度、职业或者工作单位和职务、住址等。若该附带民事诉讼被告人有诉讼代理人的,则另起一行写明。

5. 辩护人。

写明辩护人的姓名、工作单位和职务。

6. 案由、案件来源和审判过程。

公诉案件可表述为:

“×××人民检察院以×检×诉〔　　〕×号起诉书指控被告人××犯××罪,于××××年××月××日向本院提起公诉。在诉讼过程中,附带民事诉讼原告人×××向本院提起民事诉讼,本院依法组成合议庭,公开(或者不公开)开庭进行了合并审理。×××人民检察院指派检察员×××出庭支持公诉,附带民事诉讼原告人×××及其法定(诉讼)代理人×××,被告人×××及其辩护人×××,证人×

××，鉴定人×××，翻译人员×××等到庭参加诉讼，现已审理终结。”

自诉案件可表述为：

“自诉人×××以被告人×××犯××罪，并由此造成经济损失为由，于××××年××月××日向本院提起控诉。本院受理后，依法实行独任审判（或者组成合议庭），公开（或者不公开）开庭审理了本案。自诉人×××及其诉讼代理人、被告人×××及其辩护人×××等到庭参加诉讼。本案现已审理终结。”

（二）正文

1. 案件事实和证据

刑事附带民事判决书这部分内容与一审公诉案件的相应部分比较，除了对刑事部分的陈述外，要增加附带民事部分的事实、证据的叙述。

如果是公诉案件的刑事附带民事判决书，事实部分就包含以下层次：一是公诉机关指控被告人犯罪的事实、证据和适用法律的意见；二是附带民事诉讼原告人的诉讼请求；三是被告人及其辩护人的辩解及辩护意见；四是法院经审理查明的事实和证据。

如果是自诉案件的刑事附带民事判决书，事实部分应包含以下层次：一是自诉人暨附带民事诉讼原告人的诉讼请求；二是被告人及其辩护人的辩解及辩护意见；三是法院经审理查明的事实和证据。

具体要求参见一审公诉案件刑事判决书。

2. 理由

理由部分可分两个层次来写，首先根据法庭查证属实的事实、证据和法律规定，论证公诉机关或者自诉人指控的犯罪是否成立，被告人的行为是否构成犯罪、犯什么罪、应否追究刑事责任；论证被害人是否由于被告人的犯罪行为而遭受经济损失，被告人对被害人的经济损失应否负民事赔偿责任；应否从轻、减轻、免除处罚或者从重处罚，并且对控辩双方适用法律方面的意见阐明是否采纳的理由。然后引用有关法律条文说明判决的法律依据。

理由的写作仍然可以参照第一审公诉案件刑事判决书的内容。

3. 判决结果

判决结果根据具体的案情，分四种情况分别表述：

第一，定罪判刑并应当赔偿经济损失的表述为：

“一、被告人×××犯××罪……(写明判处的刑罚,刑期的起止日期);

二、被告人×××赔偿附带民事诉讼原告人(自诉人)……(写明受偿人姓名、赔偿的金额和支付的日期)。”

第二,定罪免刑并应当赔偿经济损失的,表述为:

“一、被告人×××犯××罪,免予刑事处罚;

二、被告人×××赔偿附带民事诉讼原告人(自诉人)×××……(写明赔偿的金额和支付的日期)。”

第三,宣告无罪但应当赔偿经济损失的,表述为:

“一、被告人×××无罪;

二、被告人×××赔偿附带民事诉讼原告人(自诉人)×××……(赔偿的金额和支付的日期)。”

第四,宣告无罪且不赔偿经济损失的,表述为:

“一、被告人×××无罪;

二、被告人×××不承担民事责任。”

(三)尾部

1. 上诉事项。

2. 合议庭人员署名。

3. 判决的年月日。

4. 书记员署名。

上述几项的写法与一审公诉案件刑事判决书一致,注意参照。

三、特别提示

(一)本判决书应当完整地反映刑事附带民事诉讼的特点

刑事附带民事诉讼不同于单纯的刑事诉讼或者单纯的民事诉讼,它要在刑事诉讼过程中依照民事诉讼程序附带解决民事赔偿问题。因此,在制作这种判决书时,应当注意在首部、事实、理由和判决结果部分完整地反映出刑事附带民事诉讼这一特点。

(二)本文书尾部没有诉讼费用负担的交代

有人以为本文书中有民事诉讼的部分,而按我国法律规定,法院审理民事诉讼应当收取诉讼费,所以在本文书的尾部应当有诉讼费用交代的文字。这样的理解和做法是错误的。如前所述,刑事附带民事诉讼是在刑事诉讼过程中附带解决民事诉讼问题，本质上是刑事案件而非民事案件，只是为了简化诉讼程序而合并审理。因此，不应当收取诉讼费用。根据最高人民法院《关于适用〈中华人民共和国刑事诉讼法〉的解释》第一百六十二条关于“人民法院审理附带民事诉讼案件，不收取诉讼费”的规定，在判决结果之后不要写诉讼费用的负担。

（三）不服上诉、抗诉的期限应当以刑事诉讼法的规定为准

依照《中华人民共和国刑事诉讼法》第二百二十七条第二款的规定，附带民事诉讼的当事人和他们的法定代理人，可以对地方各级人民法院第一审的判决、裁定中的附带民事诉讼部分，提出上诉。这就涉及对上诉、抗诉的期限是按照民事诉讼法还是刑事诉讼法的规定确定的问题。根据《关于适用〈中华人民共和国刑事诉讼法〉的解释》第三百零一条第二款的规定，对附带民事判决或者裁定的上诉、抗诉期限，应当按照刑事部分的上诉、抗诉期限确定。附带民事部分另行审判的，上诉期限也应当按照刑事诉讼法规定的期限确定。因此，在判决书尾部，不服判决的上诉和抗诉的期限为十日，不服裁定的上诉、抗诉的期限为五日。

（四）缺乏罪证的刑事附带民事审诉案件的处理

法院在自诉案件审查起诉环节，发现缺乏罪证的自诉案件，如果自诉人提不出补充证据，根据《中华人民共和国刑事诉讼法》第二百一十一条第（二）项的规定，应当说服自诉人撤回起诉。如果自诉人坚持不撤回起诉的，人民法院可以裁定驳回起诉。这类案件的民事赔偿部分，受害人可以按民事案件另行起诉，不存在刑事附带民事诉讼问题，自然也不适用刑事附带民事判决书。

四、格式及示例

（一）格式及示例一

1. 格式（第一审公诉刑事附带民事案件适用普通程序用）

×××人民法院

刑事附带民事判决书

（××××）×刑初××号

公诉机关×××人民检察院。

附带民事诉讼原告人……(写明姓名、性别、出生年月日、民族、出生地、文化程度、职业或者工作单位和职务、住址等)。

被告人……(写明姓名、性别、出生年月日、民族、出生地、文化程度、职业或者工作单位和职务、住址、因本案所受强制措施情况等,现羁押处所)。

辩护人……(写明姓名、工作单位和职务)。

附带民事诉讼被告人……(写明姓名、性别、出生年月日、民族、出生地、文化程度、职业或者工作单位和职务、住址等)。

委托代理人……(写明姓名、工作单位和职务)。

×××人民检察院以×检×诉〔 〕××号起诉书指控被告人×××犯××罪,于××××年××月××日向本院提起公诉。在诉讼过程中,附带民事诉讼原告人向本院提起附带民事诉讼。本院依法组成合议庭,公开(或者不公开)开庭进行了合并审理。×××人民检察院指派检察员×××出庭支持公诉,附带民事诉讼原告人×××及其法定(诉讼)代理人×××,被告人×××及其法定代理人×××、辩护人×××,证人×××,鉴定人×××,翻译人员×××等到庭参加诉讼。现已审理终结。

×××人民检察院指控……(概述人民检察院指控被告人犯罪的事实、证据和适用法律的意见)。附带民事诉讼原告人诉称……(概述附带民事诉讼原告人的诉讼请求和有关证据)。

被告人×××辩称……(概述被告人对人民检察院指控的犯罪事实和附带民事诉讼原告人的诉讼请求予以供述、辩解、自行辩护的意见和有关证据)。辩护人×××提出的辩护意见是……(概述辩护人的辩护意见和有关证据)。

经审理查明,……(首先写明经法庭审理查明的事实,既要写明经法庭查明的全部犯罪事实,又要写明由于被告人的犯罪行为使被害人遭受经济损失的事实;其次写明据以定案的证据及其来源;最后对控辩双方有异议的事实、证据进行分析、认证)。

本院认为,……(根据查证属实的事实、证据和法律规定,论证公诉机关指控的犯罪是否成立,被告人的行为是否构成犯罪,犯的什么罪,应否追究刑事责任;论证被害人是否由于被告人的犯罪行为而遭受经济损失,被告人对被害人的经济损失应否负民事赔偿责任;应否从轻、减轻、免除处罚或者从重处罚。对于控辩双方关于适用法律方面的意见,应当有分析地表示是否予以采纳,并阐明理由)。依照……(写明判决的法律依据)的规定,判决如下:

……[写明判决结果。分四种情况:

第一,定罪判刑并应当赔偿经济损失的,表述为:

"一、被告人×××犯××罪,……(写明主刑、附加刑,刑期从判决执行之日起计算。判决执行以前先行羁押的,羁押一日折抵刑期一日,即自××××年××月××日起至××××年××月××日止)

二、被告人×××赔偿附带民事诉讼原告人×××……(写明受偿人的姓名、赔偿的金额和支付的日期)。"

第二,定罪免刑并应当赔偿经济损失的,表述为:

"一、被告人×××犯××罪,免予刑事处罚;

二、被告人×××赔偿附带民事诉讼原告人×××……(写明受偿人的姓名、赔偿的金额和支付的日期)。"

第三,宣告无罪但应当赔偿经济损失的,表述为:

"一、被告人×××无罪;

二、被告人×××赔偿附带民事诉讼原告人×××……(写明受偿人的姓名、赔偿的金额和支付的日期)。"

第四,宣告无罪且不赔偿经济损失的,表述为:

"一、被告人×××无罪;

二、被告人×××不承担民事赔偿责任。"]

如不服本判决,可在接到判决书的第二日起十日内,通过本院或者直接向×××人民法院提出上诉。书面上诉的,应当提交上诉状正本一份,副本×份。

审判长　×××
审判员　×××
审判员　×××
××××年××月××日
(院印)

本件与原本核对无异

书记员　×××

2. 示例①

安徽省宿州市埇桥区人民法院
刑事附带民事判决书

(2017)皖 1302 刑初 638 号

公诉机关安徽省宿州市埇桥区人民检察院。

附带民事诉讼原告人李某1,男,1944 年 5 月 10 日出生于安徽省宿州市,汉族,小学文化,农民,住宿州市埇桥区。

附带民事诉讼原告人李某2,男,1966 年 3 月 1 日出生于安徽省淮北市,汉族,高中文化,住安徽省淮北市相山区。

附带民事诉讼原告人李某3,男,1972 年 8 月 13 日出生于安徽省淮北市,汉族,初中文化,住安徽省淮北市相山区。

附带民事诉讼原告人李某4,女,1969 年 11 月 26 日出生于安徽省宿州市,汉族,初中文化,宿州市埇桥区。

附带民事诉讼原告人李某5,女,1974 年 10 月 1 日出生于安徽省宿州市,汉族,高中文化,宿州市埇桥区。

附带民事诉讼原告人李某6,女,1975 年 4 月 13 日出生于安徽省宿州市,汉族,初中文化,宿州市埇桥区。

上述六名原告人共同委托代理人侯×安,安徽君光律师事务所律师。

被告人汪×华,男,1948 年 10 月 13 日出生于安徽省宿州市,汉族,小学文化,农民,住宿州市埇桥区。因涉嫌犯交通肇事罪,于 2017 年 6 月 12 日被宿州市公安局刑事拘留,同年 6 月 14 日被取保候审。2017 年 8 月 14 日被本院决定取保候审。

辩护人张×,安徽拂晓律师事务所律师。

辩护人李×竟,安徽拂晓律师事务所律师。

委托代理人李×志,宿州市埇桥区祁县镇法律服务所法律工作者。

---

① 选自中国裁判文书网:http://wenshu.court.gov.cn/content/content?DocID=837ca5c7-a5b5-4e2c-9d8d-a884015472e9&KeyWord=附带民事诉讼,最后访问日期:2018 年 9 月 19 日。

宿州市埇桥区人民检察院以宿埇检刑诉(2017)640号起诉书指控被告人汪×华犯交通肇事罪,于2017年8月11日向本院提起公诉。在诉讼过程中,附带民事诉讼原告人李某1、李某2、李某3、李某4、李某5、李某6向本院提起附带民事诉讼,本院依法组成合议庭,公开开庭审理了本案。宿州市埇桥区人民检察院指派检察员潘×出庭支持公诉,附带民事诉讼原告人李某2、李某3、李某4、李某5、李某6及其诉讼代理人侯×安,被告人汪×华及其辩护人张×、李×竟和委托代理人李×志均到庭参加诉讼。其间,经宿州市中级人民法院批准,延长审理期限三个月。本案现已审理终结。

宿州市埇桥区人民检察院指控:2017年5月16日4时36分许,被告人汪×华驾驶无号牌"福田五星"牌电动三轮车沿宿州市宿某2由西向东行驶至宿州市看守所东侧路段时,与被害人张某1发生刮撞,造成被害人张某1受伤后经医院抢救无效死亡的交通事故,案发后,被告人汪×华驾车逃逸。经宿州市公安司法鉴定中心鉴定:被害人张某1系颅脑损伤死亡。经宿州市公安局交通警察支队认定,被告人汪×华承担本次事故的全部责任,被害人张某1无责任。

2017年5月16日4时40分,宿州市公安局交通警察支队一大队接110指令,本案案发。2017年6月12日被告人汪×华在其家中被抓获。

针对上述指控,公诉机关当庭出示了被告人的供述、证人证言、道路交通事故现场勘查笔录、鉴定意见书、事故责任认定书等证据予以证实,认为被告人汪×华的行为构成交通肇事罪,且肇事后逃逸,被告人汪×华归案后能如实供述自己的罪行,系坦白,依法予以从轻处罚。依照《中华人民共和国刑法》第一百三十三条的规定,建议对被告人汪×华在有期徒刑三年至五年幅度内量刑处罚。

附带民事诉讼原告人李某1、李某2、李某3、李某4、李某5、李某6诉称,2017年5月16日4时30分许,被告人汪×华驾驶无号牌电动三轮车在宿州市看守所东侧路段将被害人张某1撞倒在地,后被告人汪×华驾车逃逸。被害人张某1经抢救无效死亡。被害人张某1在医院抢救期间花费了大量医疗费,请求判令被告人汪×华赔偿附带民事原告人医疗费10万元、护理费1500元、住院伙食补助费500元、营养费500元、交通费100元、死亡赔偿金26万元、丧葬费29,551元。

合计各项经济损失392,151元。

被告人汪×华对公诉机关指控的犯罪事实无异议。愿意赔偿附带民事诉讼原告人的经济损失,但其没有经济能力。其辩护人辩护意见是:被告人汪×华归案后能如实供述自己的罪行,系坦白,依法予以从轻处罚,并已赔偿了被害人近亲属部分经济损失,建议对被告人汪×华适用缓刑。

经审理查明:2017年5月16日4时36分许,被告人汪×华驾驶无号牌"福田五星"牌电动三轮车沿宿州市埇桥区境内的宿某2由西向东行驶至宿州市看守所东侧路段时,与被害人张某1发生刮撞,造成被害人张某1受伤的交通事故。事故发生后,被告人汪×华驾车逃离事故现场。后被害人张某1经医院抢救无效,于2017年5月21日死亡。经宿州市公安局交通警察支队一大队认定,被告人汪×华承担本次事故的全部责任。2017年6月12日,被告人汪×华在其家中被抓获,归案后能如实供述自己的罪行。

另查明:经本院调解,被告人汪×华支付附带民事诉讼原告人李某1、李某2、李某3、李某4、李某5、李某6人民币3万元。

上述事实,有公诉机关及附带民事诉讼原告人当庭提交,并经法庭质证、认证的下列证据予以证明:

一、公诉机关提交的证据

(一)道路交通事故现场勘查笔录、道路交通事故现场图及照片,证明在宿州市埇桥区宿某2宿州市看守所东侧附近发生交通事故及事故现场的相关情况。

(二)宿州市公安局交通警察支队一大队出具的(2017)第10015号道路交通事故认定书,证明被告人汪×华负事故的全部责任。

(三)鉴定意见

1. 宿州市公安司法鉴定中心(宿)公(司)鉴(死因)字[2017]75号法医学尸体检验鉴定书,证明被害人张某1系颅脑损伤死亡。

2. 宿州市公安司法鉴定中心(2017)254号物证鉴定书,证明"福田五星"牌电动三轮车前保险杠左右两侧护板处有断裂痕迹;右后视镜支架底部螺丝处松动。

(四)证人证言

1. 证人张某2的证言,证明在2017年5月16日早上4点28分左右,她和大娘张某1一起步行沿宿某2南侧由西向东去锻炼,在走到宿州市看守所东侧时,从后面来了一辆银白色的电动三轮车把大娘张某1给撞到了,骑电动三轮车的人“哎哟”了一声就跑了,她就去追电动三轮车,电动三轮车后厢有菜,骑电动三轮车的是个男的,穿着灰色或褐色上衣,她边追边喊撞着人了,追了有二十米左右,从后面来了一辆骑蓝色电动三轮车的人让她报警,她就不追了。然后她就拨打报警和急救电话,后来救护车来到现场,她就和大娘张某1一起到了医院。

2. 证人常某的证言,证明事发当天早上4点40左右,他骑车在宿州市看守所东边看见一个妇女在撵一辆电动车,并喊你撞着人了,别走。电动车没有停车一直向东跑,他从后面骑车赶上来对那妇女说,你撵不上了,赶快报警吧。他就骑车跟在那辆电动车后面有三十多米,同方向的大车车灯一照,他看见电动车是辆银灰色的,车后厢有福田五星几个字,骑车的可能是个男的,在走到三八路口时他就看不见那辆电动车了。

(五)被告人汪×华的供述,称2017年5月6日3时40分左右,他骑福田五星电动车从家里出来到菜市场卖菜,沿宿某2由西向东行驶,走到宿州市看守所东边的时候,从东往西过来一辆大车,车灯照得他眼睛看不清东西,他看见路边有两个人并排向东走,两人中间有空隙,他就骑车从两人中间穿过去,他感觉电动车右侧的倒车镜碰到行人的左手了,那人还喊了一声说碰到手了,他听声音是个女的,他以为只是碰到手了,没有什么大事,就直接骑车到公平街卖菜了。

二、附带民事诉讼原告人的代理人提交的证据

(一)身份证复印件六份,证明六名附带民事诉讼原告人的身份信息与附带民事诉状所列一致。

(二)宿州市埇桥区三八街道十里村民委员会出具的证明,证明六名附带民事诉讼原告人与被害人的亲属关系。

(三)皖北煤电集团总医院死亡记录和医疗费票据,证明被害人张某1住院治疗7天,支付医疗费66,345.15元。

本案其他相关证据:

1. 户籍信息,证明被告人汪×华于1948年10月13日出生于安徽

省宿州市,身份证号码××××××××××××××××××。被害人张某1于1946年4月15日出生于安徽省宿州市,身份证号码××××××××××××××××××。

2. 案发及抓获经过,证明2017年5月16日4时36分许,接110指令称,在宿州市埇桥区三八街道办事处境内宿某2宿州市看守所东侧路段发生一起交通事故,造成一人受伤,肇事车辆逃逸,该案案发。2017年6月12日宿州市公安局交通警察支队一大队民警将被告人汪×华抓获。

本院认为:被告人汪×华违反交通运输管理法规,因而发生重大交通事故,致一人死亡,负事故的全部责任,且肇事后逃逸,其行为已构成交通肇事罪。公诉机关指控的罪名成立,本院予以支持。被告人汪×华归案后能如实供述自己的罪行,依法可对其从轻处罚。被告人汪×华的犯罪行为给附带民事诉讼原告人李某1、李某2、李某3、李某4、李某5、李某6造成了经济损失应承担赔偿责任。被害人张某1住院期间支付医疗费66,345.15元,护理费801.50元(114.50元/天×7天),误工费560元(80元/天×7天),营养费210元(30元/天×7天),住院伙食补助费210元(30元/天×7天),交通费140元(20元/天×7天),死亡赔偿金105,480元(被害人张某1于1946年4月15日出生)11,720元/年×20年,丧葬费29,551元,合计应支付人民币203,297.65元。被告人汪×华已支付附带民事诉讼原告人3万元应予扣除,应予以赔偿173,297.65元。依照《中华人民共和国刑法》第一百三十三条、第三十六条第一款、第六十一条、第六十七条第三款及《最高人民法院关于审理交通肇事刑事案件具体应用法律若干问题的解释》第二条第一款第(一)项、第三条及《最高人民法院关于适用〈中华人民共和国刑事诉讼法〉的解释》第一百五十一条、第一百五十五条第一款、第二款、第三款之规定,判决如下:

一、被告人汪×华犯交通肇事罪,判处有期徒刑三年。

(刑期从判决执行之日起计算。判决执行以前先行羁押的,羁押一日折抵刑期一日。)

二、限被告人汪×华在本判决生效后十日内赔偿附带民事诉讼原告人李某1、李某2、李某3、李某4、李某5、李某6各项经济损失173,297.65元。

如不服本判决,可在接到判决书的第二日起十日内,通过本院或者直接向安徽省宿州市中级人民法院提出上诉。书面上诉的,应当提交上诉状正本一份,副本二份。

审　判　长　孙××
审　判　员　刘××
人民陪审员　陈××
二〇一八年一月九日
书　记　员　范××

附　本案适用的相关法律条款:

《中华人民共和国刑法》

第一百三十三条　违反交通运输管理法规,因而发生重大事故,致人重伤、死亡或者使公私财产遭受重大损失的,处三年以下有期徒刑或者拘役;交通运输肇事后逃逸或者有其他特别恶劣情节的,处三年以上七年以下有期徒刑;因逃逸致人死亡的,处七年以上有期徒刑。

第三十六条　由于犯罪行为而使被害人遭受经济损失的,对犯罪分子除依法给予刑事处罚外,并应根据情况判处赔偿经济损失。

承担民事赔偿责任的犯罪分子,同时被判处罚金,其财产不足以全部支付的,或者被判处没收财产的,应当先承担对被害人的民事赔偿责任。

第六十一条　对于犯罪分子决定刑罚的时候,应当根据犯罪的事实、犯罪的性质、情节和对于社会的危害程度,依照本法的有关规定判处。

第六十七条　犯罪以后自动投案,如实供述自己的罪行的,是自首。对于自首的犯罪分子,可以从轻或者减轻处罚。其中,犯罪较轻的,可以免除处罚。

被采取强制措施的犯罪嫌疑人、被告人和正在服刑的罪犯,如实供述司法机关还未掌握的本人其他罪行的,以自首论。

犯罪嫌疑人虽不具有前两款规定的自首情节,但是如实供述自己罪行的,可以从轻处罚;因其如实供述自己罪行,避免特别严重后果发生的,可以减轻处罚。

《最高人民法院关于审理交通肇事刑事案件具体应用法律若干问题的解释》

第二条　交通肇事具有下列情形之一的,处三年以下有期徒刑或者拘役:

(一)死亡一人或者重伤三人以上,负事故全部或者主要责任的;

(二)死亡三人以上,负事故同等责任的;

(三)造成公共财产或者他人财产直接损失,负事故全部或者主要责任,无能力赔偿数额在三十万元以上的。

《最高人民法院关于适用〈中华人民共和国刑事诉讼法〉的解释》

第一百五十一条　附带民事诉讼当事人对自己提出的主张,有责任提供证据。

第一百五十五条　对附带民事诉讼作出判决,应当根据犯罪行为造成的物质损失,结合案件具体情况,确定被告人应当赔偿的数额。

犯罪行为造成被害人人身损害的,应当赔偿医疗费、护理费、交通费等为治疗和康复支付的合理费用,以及因误工减少的收入。造成被害人残疾的,还应当赔偿残疾生活辅助费等费用;造成被害人死亡的,还应当赔偿丧葬费等费用。

(二)格式及示例二

1. 格式(第一审自诉刑事附带民事案件适用普通程序用)

×××人民法院

刑事附带民事判决书

(××××)×刑初××号

自诉人(附带民事诉讼原告人)……(写明姓名、性别、出生年月日、民族、出生地、文化程度、职业或者工作单位和职务、住址等)。

诉讼代理人……(写明姓名、工作单位和职务)。

被告人……(写明姓名、性别、出生年月日、民族、出生地、文化程度、职业或者工作单位和职务、住址等)。

辩护人……(写明姓名、工作单位和职务)。

自诉人×××以被告人×××犯××罪,并由此造成经济损失为由,于××××年××月××日向本院提起控诉。本院受理后,依法实行独任审判(或者组成合议庭),公开(或者不公开)开庭审理了本案。自诉人×××及其诉讼代理人×××、被告人×××及其辩护人×××等到庭参加诉讼。现已审理终结。

自诉人×××诉称……(概述自诉人指控被告人犯罪和由此造成经济损失的事实、证据和诉讼请求)。

被告人×××辩称……(概述被告人对自诉人的指控予以供述、辩解、自行辩护的意见和有关证据)。辩护人×××提出的辩护意见是……(概述辩护人的辩护意见和有关证据)。

经审理查明,……(首先写明经法庭审理查明的被告人的犯罪事实,包括由此造成被害人经济损失的事实;其次写明据以定案的证据及其来源;最后对控辩双方有异议的事实、证据进行分析、认证)。

本院认为,……(写明根据查证属实的事实、证据和法律规定,论证自诉人暨附带民事诉讼原告人的指控是否成立,被告人的行为是否构成犯罪,应如何处罚,被告人的行为是否给被害人造成经济损失和应否承担民事赔偿责任。对于控辩双方有关适用法律方面的意见,应当有分析地表示是否予以采纳,并阐明理由)。依照……(写明判决的法律依据)的规定,判决如下:

……[写明判决结果。分四种情况:

第一,定罪判刑并应当赔偿经济损失的,表述为:

"一、被告人×××犯××罪……(写明判处的刑罚);

(刑期从判决执行之日起计算。判决执行以前先行羁押的,羁押一日折抵刑期一日,即自××××年××月××日起至××××年××月××日止。)

二、被告人×××赔偿自诉人×××……(写明赔偿的金额和支付日期)。"

第二,定罪免刑并应当赔偿经济损失的,表述为:

"一、被告人×××犯××罪,免予刑事处罚;

二、被告人×××赔偿自诉人×××……(写明赔偿的金额和支付日期)。"

第三,宣告无罪但应当赔偿经济损失的,表述为:

"一、被告人×××无罪;

二、被告人×××赔偿自诉人×××……(写明赔偿的金额和支付日期)。"

第四,宣告无罪并且不赔偿经济损失的,表述为:

"一、被告人×××无罪;

二、被告人×××不承担民事赔偿责任。"]

如不服本判决,可在接到判决书的第二日起十日内,通过本院或者直接向×××人民法院提出上诉。书面上诉的,应当提交上诉状正本一份,副本×份。

审判员　×××

××××年××月××日

(院印)

本件与原本核对无异

书记员　×××

2. 示例①

河北省新乐市人民法院

刑事附带民事判决书

(2018)冀0184刑初77号

自诉人暨附带民事诉讼原告人孙×四,男,1945年4月4日出生,汉族,河北省新乐市人,住新乐市。

被告人李×,女,1971年4月9日出生,汉族,系霍某光之妻。户籍所在地:河北省新乐市协神乡闵镇村新开街二区59号。因涉嫌拒不执行判决罪,2018年4月18日由新乐市人民法院决定逮捕,2018年5月13日被新乐市公安局依法执行逮捕,现羁押于石家庄市。

自诉人暨附带民事诉讼原告人孙×四以被告人李×犯拒不执行判决、裁定罪,并由此造成经济损失为由,于2018年3月19日向本院提起控诉。本院受理后,依法组成合议庭,公开开庭审理了本案。自诉人暨附带民事诉讼原告人(以下简称自诉人)孙×四、被告人李×均

① 选自中国裁判文书网:http://wenshu.court.gov.cn/content/content?DocID=9c886a65-7b6c-4b25-850e-a93501129ad9&KeyWord=附带民事诉讼|自诉人,最后访问日期:2018年9月19日。

到庭参加了诉讼。现已审理终结。

自诉人孙×四诉称,因原告孙×四与被告李×是前后排,李×家翻盖门洞严重影响孙×四家后窗户采光,导致孙×四家屋内见不到阳光,因此两家之间有矛盾,孙×四申请执行生效的河北省新乐市人民法院(2015)新民一初字第810号民事判决书,拆除所建门洞,李×有能力履行而拒不执行生效判决书确定的义务,涉嫌拒不履行生效判决裁定罪,执行中李×组织家庭成员暴力抗法,请求依法追究被告人李×涉嫌拒执罪的刑事责任,赔偿自诉人经济损失1000元。

被告人李芳辩称:"我确实没拆,因为去年我家没了当家的,我说等过了麦再拆,我不是不拆。我没有占孙×四家地方,而且我家已经拆除了所建门洞,我不可能赔偿给他钱。"

经审理查明,自诉人孙×四与霍×光排除妨碍纠纷一案,河北省新乐市人民法院于2015年8月22日作出(2015)新民一初字第810号民事判决书,判决霍×光在判决生效后十日内拆除部分所建门洞,拆除部分为原告后窗户底部以上。该民事判决书于2016年4月19日发生法律效力,自诉人孙×四于2016年5月1日申请强制执行,新乐市人民法院于2016年5月3日立案执行,于2016年6月6日向被执行人送达拆除公告,限三日内履行判决书确定的义务,被执行人一直未履行生效法律文书确定的义务。

执行过程中,被执行人霍×光因病死亡,新乐市人民法院于2016年11月14日作出(2016)冀0184执358号执行裁定书,变更、追加李×(系霍×光之妻)为被执行人,在其继承的范围内承担责任,并要求其在十五日内履行河北省新乐市人民法院(2015)新民一初字第810号民事判决书确定的义务。但被告人李×拒不履行义务,2017年3月,新乐市人民法院在新乐市协神乡及村干部协助下,组织30余名干警强制拆除,因被告人李×多次带孩子在门口阻拦抗法,致使强拆未果。2017年9月21日被告人李×签订保证书,保证在2017年9月28日之前履行拆除义务,魏×平进行了担保,直至2018年5月17日李×家属方将所建门洞拆除,履行了(2015)新民一初字第810号民事判决书确定的义务。

上述事实,被告人在开庭审理过程中亦无异议,且有新乐市人民法院(2015)新民一初字第810号民事判决书、新乐市人民法院判决书生效确认书、强制执行申请书、新乐市人民法院普通执行案件立案审查、流程管理信息表、执行笔录、(2016)冀0184执358－1号公告、(2016)冀0184执358－2号执行裁定书、(2016)冀0184执358－3号通知书、李×的保证书、孙×四询问笔录及保证书、新乐市人民法院关于李×涉嫌拒执犯罪的报告等证据证实,足以认定。

自诉人孙×四诉称,在执行过程中,自己找了五个人,每人200元,被告人李×应把这钱赔偿给我。但自诉人并未对此提供相应的证据。

本院认为,被告人李×对人民法院的判决有能力执行而拒不执行,情节严重,其行为已构成拒不执行判决罪,自诉人孙×四的指控成立,依法应予惩处。现被告人李×已主动履行生效判决确定的义务,可对其从轻处罚。被告人自愿认罪,可从轻处罚。自诉人孙×四未能提供相关证据予以证实自己的损失,故对其附带民事诉讼请求不予支持。依照《中华人民共和国刑法》第三百一十三条、第七十二条、第七十三条及《中华人民共和国刑事诉讼法》第九十九条及《中华人民共和国民事诉讼法》第六十五条的规定,①判决如下:

一、被告人李×犯拒不执行判决罪,判处有期徒刑八个月缓刑一年。

(缓刑考验期,从判决确定之日起计算。)

二、驳回自诉人暨附带民事诉讼原告人孙×四的附带民事诉讼请求。

如不服本判决,可在接到判决书的第二日起十日内,通过本院或者直接向河北省石家庄市中级人民法院提出上诉。书面上诉的,应当提交上诉状正本一份,副本一份。

审　判　长　刘　×
审　判　员　王　×
人民陪审员　郝××
二〇一八年六月二十二日
书　记　员　张××

---

① 此文书制作时,2018年《刑事诉讼法》修正案还未颁布实施,故援引的是2018年修正以前的条文。

第五节　第二审刑事判决书

一、适用范围

第二审刑事判决书是中级以上人民法院,依照第二审程序,全面审理当事人或人民检察院对第一审尚未发生法律效力的刑事判决所提出的上诉或抗诉案件,对一审判决实体问题的错误之处进行改判的具有法律效力的诉讼文书。

这里应注意的是,本文书适用的前提条件是二审法院认为一审法院的一审判决有错误,需要进行改判。如果二审法院认为一审判决没有错误,则不制作本文书。

根据《中华人民共和国刑事诉讼法》第二百三十六条第二、三项的规定,第二审刑事判决书的适用范围为:(1)原判决认定事实没有错误,但适用法律有错误,或者量刑不当的,应当改判的;(2)原判决事实不清楚或者证据不足的,在查清事实后改判的。

有两种除外情形:一是第二审人民法院审理只对刑事部分判决提出上诉、抗诉,附带民事诉讼部分判决已经发生法律效力的案件,如果发现第一审判决或者裁定中的民事部分确有错误,应当对民事部分按照审判监督程序予以纠正;二是第二审人民法院审理只对附带民事诉讼部分提出上诉、抗诉,刑事部分判决已经发生法律效力的案件,如果发现第一审判决或者裁定中的刑事部分确有错误,应当对刑事部分按照审判监督程序进行再审,并将附带民事诉讼部分与刑事部分一并审理。

二、制作方法

(一)首部

1.制作机关名称、文书名称、文书编号。

二审刑事判决书的文书名称包括两种:一为“刑事判决书”;二为“刑事附带民事判决书”。

文书编号为“(　)×刑终×号”。其中,“终”字是二审审级代字。由于我国实行两审终审,故二审的审级代字确定为“终”字。

2. 抗诉人和上诉人的称谓、身份事项及列写顺序。

这部分要分别情况来进行,现将几种情形下的称谓及列写顺序分列如下:

(1)检察机关提出抗诉的,写为:

"抗诉机关……

原审被告人……"

(2)公诉案件的被告人提出上诉的,写为:

"原公诉机关……

上诉人(原审被告人)……"

(3)公诉案件未成年被告人的法定代理人或者指定代理人提出上诉的,写为:

"原公诉机关……

上诉人(系被告人的……)……

原审被告人……"

(4)公诉案件被告人的辩护人或者近亲属经过被告人同意提出上诉的,写为:

"原公诉机关……

上诉人(系被告人的……)……

原审被告人……"

(5)公诉案件人民检察院和当事人同时提出抗诉和上诉的,根据最高人民法院的司法解释,应按抗诉程序进行审理,因此,此时应列写为:

"抗诉机关……

上诉人(原审被告人)……"

(6)共同犯罪案件的个别或者部分被告人提出上诉的,写为:

"原公诉机关……

上诉人(原审被告人)……

原审被告人……"

(7)自诉案件的自诉人提出上诉的,写为:

"上诉人(原审自诉人)……

原审被告人……"

(8)自诉案件被告人提出上诉的,写为:

“上诉人(原审被告人)……

原审自诉人……”

(9)自诉人和被告人都提出上诉的,写为:

“上诉人(原审自诉人)……

上诉人(原审被告人)……”

3.案件来源、一审处理结果、提出上诉或者抗诉的请求。具体表述为:

×××人民法院审理×××人民检察院指控原审被告人×××犯××罪一案,于××××年××月××日作出(××××)×刑初××号刑事判决。原审被告人×××不服,提出上诉。(如系被告人××的辩护人或者近亲属提出上诉的,则写为:经被告人同意,上诉人×××不服原判,向本院提出上诉。如系检察机关提出抗诉的,可写为:×××人民检察院不同意原判,向本院提出抗诉。)本院依法组成合议庭,公开(或者不公开)开庭审理了本案。×××人民检察院指派检察员×××出庭履行职务。上诉人(原审被告人)×××及其辩护人×××等到庭参加诉讼。现已审理终结。

(二)正文

1.案件事实和证据。

第二审改判刑事判决书适用于纠正第一审判决在认定事实、量刑或适用法律上存在错误的情形。由于提出抗诉、上诉的理由不尽相同,因而在写法上尽量写得简明扼要。应根据案件的不同情况,采取不同的写法:

(1)如果上诉、抗诉只是对第一审判决适用法律和量刑提出的,对第一审判决认定的事实没有异议,经过第二审法院审理查实后,也确认原判认定事实没有错误,则第二审判决书只需概括地转述原判认定的事实和情节,表明予以同意即可,无须重复。但如果经第二审法院对第二审案件进行全面审查后,发现原判认定事实有错误的,第二审判决书应详述一二审法院对事实认定的不同之处,并加以论证,指出一审判决对事实的认定错在何处。

(2)如果上诉、抗诉是对第一审判决认定的事实全部否认的,第二审判决书应当根据第二审审查核实的事实,有根有据地逐一详细论证,对正确的上诉、抗诉意见予以采纳,对错误的意见予以分析批驳。

对原判决有错误的地方予以纠正,对原判决没有错误的地方,应给予重新确定,同时表明对上诉、抗诉意见予以支持或不予支持。

2. 原判结果。

3. 二审改判的理由和依据。

第二审刑事判决书在理由部分一定要注意有针对性,即要针对上诉、抗诉的意见,对原判决是否正确进行论证分析,回答上诉、抗诉提出的问题,阐述改判的理由和根据,得出正确结论。具体有三种写法:

(1)如果二审法院认为原判决认定事实没有错误,但适用法律、定罪量刑确有错误或不当,则应当阐明原判决适用法律有什么错误或者量刑有什么不当,改判的依据和理由。

(2)如果二审法院认为原判决认定事实不清或者证据不足,则应当阐明原判决中哪些事实不清、证据不足,改判的依据和理由。

(3)如果二审法院认为原判决在认定事实和适用法律上均有不当之处,则分别加以说明与论证。

4. 改判结果。

二审刑事判决书的判决结果从总体上看,其实只有一种,那就是改判。只不过,改判又可分为全部改判与部分改判。因此,不论因原判决事实不清楚,或证据不足,或适用法律有错误,或量刑不当,应当改判时,判决结果均应按全部改判或者部分改判的不同写法来制作。

(1)全部改判的,应分两行,首先写明撤销原审法院的判决,然后写明改判的内容。可表述为:

"一、撤销×××人民法院(××××)×刑初×号刑事判决;

二、上诉人(原审被告人)×××……(写明改判的具体内容)。"

(2)部分改判的,应分三行具体写明维持原判的哪一项,撤销原判的哪一项以及如何改判。可表述为:

"一、维持×××人民法院(××××)×刑初×号刑事判决第×项,即……(写明维持的具体内容);

二、撤销×××人民法院(××××)×刑初×号刑事判决第×项,即……(写明撤销的具体内容);

三、上诉人(原审被告人)×××……(写明部分改判的具体内容)。”

(3)原判决认定事实、性质(罪名)和适用法律均不当,原审被告人无罪的,应当撤销原判,宣告上诉人无罪。可表述为:

“一、撤销×××人民法院(××××)×刑初×号刑事判决;

二、上诉人(原审被告人)×××(姓名)无罪。”

(三)尾部

二审刑事判决书的尾部与一审刑事判决书的尾部有很大的差别。

1. 在判决结果的左下方,另起一行写明:“本判决为终审判决。”

2. 关于“核准”内容的写法。

《中华人民共和国刑事诉讼法》第二百四十六条规定,死刑由最高人民法院核准。第二百四十七条规定,中级人民法院判处死刑的第一审案件,被告人不上诉的,应当由高级人民法院复核后,报请最高人民法院核准。高级人民法院不同意判处死刑的,可以提审或者发回重新审判。高级人民法院判处死刑的第一审案件被告人不上诉的,和判处死刑的第二审案件,都应当报请最高人民法院核准。第二百四十八条规定,中级人民法院判处死刑缓期二年执行的案件,由高级人民法院核准。

可知,死刑案件由最高人民法院核准;中级人民法院判处死刑缓期二年执行案件由高级人民法院核准。因此,当二审法院为高级人民法院,二审刑事判决书中有被告人被判处死刑或死刑缓期二年执行的判决结果时,就要在尾部写入“核准”的内容。现分述如下:

(1)如果二审刑事判决书的制作机关是高级人民法院(含解放军军事法院),改判的结果中有判处死刑的被告人,应在判决结果之下另起一行写“由本院依法报请最高人民法院核准以后发生法律效力”。

(2)如果二审刑事判决书的制作机关是高级人民法院(含解放军军事法院),改判的结果中有判处死刑缓期二年执行的被告人的,根据《最高人民法院关于高级人民法院将死刑案件改判为死刑缓期二年执行的判决书表述问题的批复》,在判决书尾部写明“本判决为终审判决”即可。

3. 审判人员署名。

尾部其余各项的书写,与第一审刑事判决书相同。

三、特别提示

（一）二审法院认为一审判决在认定事实、适用法律、定罪量刑上并无不当，应当维持原判时，制作的文书不是刑事判决书，而是刑事裁定书。如果部分事实有错误的，但原判在适用法律、定罪量刑上仍属正确的，亦应制作刑事裁定书维持原判，不能适用刑事判决书。如果二审法院认为一审判决认定事实不清，证据不足，需要发回重审时，也应当制作刑事裁定书，而非刑事判决书。

（二）如果二审改变一审的案件性质，即使量刑上没有变化，仍应制作第二审刑事判决书予以改判。

四、格式及示例

（一）格式（原审被告人提出上诉时适用）

×××人民法院

刑事判决书

（××××）×刑终××号

原公诉机关×××人民检察院。

上诉人（原审被告人）……（写明姓名、性别、出生年月日、民族、出生地、文化程度、职业或工作单位和职务、住址和因本案所受强制措施情况等，现羁押处所）。

辩护人……（写明姓名、工作单位和职务）。

×××人民法院审理×××人民检察院指控原审被告人×××犯××罪一案，于××××年××月××日作出（××××）×刑初字第××号刑事判决。原审被告人×××不服，提出上诉。本院依法组成合议庭，公开（或者不公开）开庭审理了本案。×××人民检察院指派检察员×××出庭履行职务。上诉人（原审被告人）×××及其辩护人×××等到庭参加诉讼。现已审理终结。

……（首先概述原判决认定的事实、证据、理由和判处结果；其次概述上诉、辩护的意见；最后概述人民检察院在二审中提出的新意见）。

经审理查明，……（首先写明经二审审理查明的事实；其次写明二审据以定案的证据；最后针对上诉理由中与原判认定的事实、证据有异议的问题进行分析、认证。）

本院认为，……（根据二审查明的事实、证据和有关法律规定，论证原审法院判决认定的事实、证据和适用法律是否正确。对于上诉人、辩护人或者出庭履行职务的检察人员等在适用法律、定性处理方面的意见，应当明确表示是否予以采纳，并阐明理由）。依照……（写明判决的法律依据）的规定，判决如下：

……［写明判决结果。分两种情况：

第一，全部改判的，表述为：

“一、撤销×××人民法院（××××）×刑初××号刑事判决；

二、上诉人（原审被告人）×××……（写明改判的具体内容）。

（刑期从……）”

第二，部分改判的，表述为：

“一、维持×××人民法院（××××）×刑初××号刑事判决的第×项，即……（写明维持的具体内容）；

二、撤销×××人民法院（××××）×刑初××号刑事判决的第×项，即……（写明撤销的具体内容）；

三、上诉人（原审被告人）×××……（写明部分改判的具体内容）。

（刑期从……）”］

本判决为终审判决。

审判长　×××
审判员　×××
审判员　×××
××××年××月××日
（院印）

本件与原本核对无异

书记员　×××

（二）示例①

安徽省亳州市中级人民法院
刑事判决书

（2017）皖16刑终102号

原公诉机关亳州市谯城区人民检察院。

上诉人（原审被告人）刘×，女，汉族，1971年12月10日出生于安徽省亳州市，文盲，农民，住亳州市谯城区。因涉嫌犯盗窃罪于2016年6月17日被刑事拘留，同年7月22日被逮捕。现羁押于亳州市看守所。

辩护人白×，安徽智立律师事务所律师。

上诉人（原审被告人）卢×，曾用名王×，女，汉族，1967年8月10日出生于河南省夏邑县，文盲，农民，户籍地夏邑县，住安徽省亳州市。因涉嫌犯盗窃罪于2016年6月17日被刑事拘留，同年7月22日被逮捕。现羁押于亳州市看守所。

原审被告人翟×堂，男，汉族，1948年7月18日出生于安徽省亳州市，文盲，农民，住亳州市谯城区。2012年11月22日因犯盗窃罪被亳州市谯城区人民法院判处有期徒刑六个月，并处罚金人民币二千元，同年12月26日刑满释放。因涉嫌犯盗窃罪于2016年6月17日被刑事拘留，同年7月22日被逮捕。现羁押于亳州市看守所。

亳州市谯城区人民法院审理亳州市谯城区人民检察院指控原审被告人翟×堂、刘×、卢×犯盗窃罪一案，于2016年12月30日作出（2016）皖1602刑初794号刑事判决。宣判后，刘×、卢×不服，提出上诉。本院受理后，依法组成合议庭，经过阅卷，讯问原审被告人，听取辩护人意见，认为本案事实清楚，决定不开庭审理。本院审理期间，上诉人卢×以服从原判为由申请撤回上诉。本案现已审理终结。

一审法院依据现场勘查笔录、现场图、照片、辨认笔录、书证、物证、被害人陈述、证人证言、被告人供述等证据认定：2016年1月的一天至同年6月15日夜，被告人翟×堂分别伙同被告人刘×、卢×等人

---

① 选自中国裁判文书网：http://wenshu.court.gov.cn/Content/GetHtml2Word，最后访问日期：2018年9月4日。

至安徽省亳州市谯城区牛集镇、古井镇、河南省商丘市睢阳区宋集镇、河南省鹿邑县马铺镇等地村民家中进行盗窃。其中,翟×堂、刘×参与盗窃九起,盗窃物品价值29,059元;卢×参与盗窃四起,盗窃物品价值16,640元,已退赔所涉全部被害人的经济损失并取得谅解。据此认为,翟×堂、刘×、卢×结伙多次入户盗窃他人财物的行为均已构成盗窃罪。其中,翟×堂、刘×盗窃数额巨大,卢×盗窃数额较大。翟×堂系累犯,应从重处罚。翟×堂、刘×、卢×当庭自愿认罪,可酌情从轻处罚。卢×赔偿所涉全部被害人的经济损失,取得谅解,可从轻处罚。遂依照《中华人民共和国刑法》第二百六十四条、第二十五条、第六十五条、第五十二条、第五十三条、第六十四条的规定,判决:一、被告人翟×堂犯盗窃罪,判处有期徒刑四年,并处罚金人民币一万元;二、被告人刘×犯盗窃罪,判处有期徒刑三年六个月,并处罚金人民币一万元;三、被告人卢×犯盗窃罪,判处有期徒刑一年,并处罚金人民币五千元;四、违法所得予以追缴。

刘×上诉提出:其系从犯;愿意积极退赔被害人的经济损失,争取谅解,原判量刑偏重,请求从轻处罚。其辩护人提出基本相同的辩护意见。

卢×上诉提出:其未参与原判认定的第七、八起犯罪。

经审理查明,上诉人刘×、卢×与原审被告人翟×堂结伙实施盗窃,其中翟×堂、刘×参与九起盗窃,盗窃物品价值29,969元;卢×参与四起盗窃,盗窃物品价值16,640元的事实,有业经庭审举证、质证的证据予以证实。本院审理期间,原审被告人未提出影响本案事实认定的新证据,故本院对原判所列证据及认定的主要犯罪事实予以确认。

另查明,本院审理期间,上诉人刘×亲属积极赔偿被害人经济损失共15,860元,各被害人均表示谅解刘×,请求本院对刘×从轻处罚。刘×已缴纳罚金10,000元。

本院认为,上诉人刘×、卢×与原审被告人翟×堂结伙多次入户盗窃他人财物的行为均已构成盗窃罪。其中,刘×、翟×堂入户盗窃价值29,969元的财物,属其他严重情节;卢×盗窃数额较大。原判认定刘×、翟×堂盗窃数额巨大错误,应予纠正。翟×堂系累犯,应从重处罚;又有坦白情节,可依法从轻处罚。卢×自愿认罪,赔偿所涉全部被害人的经济损失并取得谅解，可依法从轻处罚。刘×具有坦白情节，本院审理期间积极赔偿被害人的经济损失并取得谅解，对刘×的量刑可在原判基础上酌情从轻。对刘×与之相同的上诉理由及其辩护人的辩护意见予以采纳。在共同犯罪中，翟×堂、刘×、卢×相互协作、行为均积极主动，起主要作用，均应认定为主犯。对刘×所提其系从犯的上诉理由及其辩护人的辩护意见不予采纳。原判关于翟×堂、卢×刑期起止时间计算错误，应予纠正。翟×堂应为自2016年6月17日起至2020年6月16日止；卢×应为自2016年6月17日起至2017年6月16日止。卢×自愿申请撤回上诉，符合法律规定，应予准许。综上，对翟×堂，依照《中华人民共和国刑法》第二百六十四条、第二十五条第一款、第二十六条第一款、第六十五条第一款、第六十七条第三款、第六十四条，《中华人民共和国刑事诉讼法》第二百二十五条第一款第(一)项的规定；[①]对刘×，依照《中华人民共和国刑法》第二百六十四条、第二十五条第一款、第二十六条第一款、第六十七条第三款、第六十四条，《中华人民共和国刑事诉讼法》第二百二十五条第一款第(二)项的规定；对卢×，依照最高人民法院《关于适用〈中华人民共和国刑事诉讼法〉的解释》第三百零五条第一款、第三百零八条的规定，判决如下：

一、准许上诉人卢×撤回上诉。

二、维持亳州市谯城区人民法院(2016)皖1602刑初794号刑事判决第一、三项，即“被告人翟×堂犯盗窃罪，判处有期徒刑四年，并处罚金人民币一万元；被告人卢 ×犯盗窃罪，判处有期徒刑一年，并处罚金人民币五千元”。

三、撤销亳州市谯城区人民法院(2016)皖1602刑初794号刑事判决第二、四项，即“被告人刘×犯盗窃罪，判处有期徒刑三年六个月，并处罚金人民币一万元；违法所得予以追缴”。

四、上诉人刘×犯盗窃罪，判处有期徒刑三年，并处罚金人民币一万元。(刑期从判决执行之日起计算，判决执行前先行羁押的，羁押一日折抵刑期一日。即自2016年6月17日起至2019年6月16日止。

① 此文书制作时，《刑事诉讼法》还未修改，故援引的是2018年修正以前的条文。下同。

罚金已缴纳。)

五、责令原审被告人翟×堂退赔违法所得。

本判决为终审判决。

审判长　赵××
审判员　梅　×
审判员　罗　×
二〇一七年二月十三日
书记员　张××

附:相关法律条文

一、《中华人民共和国刑法》

第二百六十四条　盗窃公私财物,数额较大的,或者多次盗窃、入户盗窃、携带凶器盗窃、扒窃的,处三年以下有期徒刑、拘役或者管制,并处或者单处罚金;数额巨大或者有其他严重情节的,处三年以上十年以下有期徒刑,并处罚金;数额特别巨大或者有其他特别严重情节的,处十年以上有期徒刑或者无期徒刑,并处罚金或者没收财产。

第二十五条第一款　共同犯罪是指二人以上共同故意犯罪。

第二十六条第一款　组织、领导犯罪集团进行犯罪活动的或者在共同犯罪中起主要作用的,是主犯。

第六十五条第一款　被判处有期徒刑以上刑罚的犯罪分子,刑罚执行完毕或者赦免以后,在五年以内再犯应当判处有期徒刑以上刑罚之罪的,是累犯,应当从重处罚,但是过失犯罪和不满十八周岁的人犯罪的除外。

第六十七条第三款　犯罪嫌疑人虽不具有前两款规定的自首情节,但是如实供述自己罪行的,可以从轻处罚;因其如实供述自己罪行,避免特别严重后果发生的,可以减轻处罚。

第六十四条　犯罪分子违法所得的一切财物,应当予以追缴或者责令退赔;对被害人的合法财产,应当及时返还;违禁品和供犯罪所用的本人财物,应当予以没收。没收的财物和罚金,一律上缴国库,不得挪用和自行处理。

二、《中华人民共和国刑事诉讼法》

第二百二十五条第一款　第二审人民法院对不服第一审判决的

上诉、抗诉案件，经过审理后，应当按照下列情形分别处理：

（一）原判决认定事实和适用法律正确、量刑适当的，应当裁定驳回上诉或者抗诉，维持原判；

（二）原判决认定事实没有错误，但适用法律有错误，或者量刑不当的，应当改判；

（三）原判决事实不清楚或者证据不足的，可以在查清事实后改判；也可以裁定撤销原判，发回原审人民法院重新审判。

三、《最高人民法院关于适用〈中华人民共和国刑事诉讼法〉的解释》

第三百零五条第一款　上诉人在上诉期满后要求撤回上诉的，第二审人民法院应当审查。经审查，认为原判认定事实和适用法律正确，量刑适当的，应当裁定准许撤回上诉；认为原判事实不清、证据不足或者将无罪判为有罪、轻罪重判等的，应当不予准许，继续按照上诉案件审理。

第三百零八条　在上诉、抗诉期满前撤回上诉、抗诉的，第一审判决、裁定在上诉、抗诉期满之日起生效。在上诉、抗诉期满后要求撤回上诉、抗诉，第二审人民法院裁定准许的，第一审判决、裁定应当自第二审裁定书送达上诉人或者抗诉机关之日起生效。

第六节　刑事裁定书

一、概念

刑事裁定书是人民法院在刑事案件的审理和执行过程中，依照刑事诉讼法规定，为解决程序问题和部分实体问题而制作的具有法律效力的诉讼文书。

二、类别与适用范围

（一）类别

从程序上分，刑事裁定书可分为第一审程序、第二审程序、再审程序、死刑复核程序、执行程序的刑事裁定书和各程序通用的刑事裁定书。从内容上可分为解决程序问题的刑事裁定书和解决实体问题的刑事裁定书。根据我国刑事诉讼法的规定，解决实体问题的刑事裁定书是指维持原判、核准死刑、减刑、假释、减免罚金时制作的刑事裁定书。

（二）适用范围

根据《中华人民共和国刑事诉讼法》和《最高人民法院关于执行〈中华人民共和国刑事诉讼法〉若干问题的解释》的有关规定，第一审刑事裁定书适用于以下情形：

1. 驳回自诉人对被告人控告时；

2. 中止对案件的审理时；

3. 终止对案件的审理时；

4. 准许撤诉或按撤诉处理时；

5. 对有差错的刑事裁判文书予以改正、补充时。

第二审刑事裁定书适用于以下情形：

1. 驳回上诉或抗诉，维持原判时；

2. 撤销原判，发回原审人民法院重新审判时；

3. 驳回对第一审刑事裁定的上诉、抗诉，维护原裁定；或者变更原裁定；或者撤销原裁定，发回重审时；

4. 准许撤回上诉或者抗诉时；

5. 核准或不核准法定刑以下刑罚时。

刑事裁定书的制作与刑事判决书基本相同，而内容相对简单。因此，这里选择第一审驳回自诉刑事裁定书和第二审维持原判刑事裁定书、减刑刑事裁定书加以介绍。

三、第一审驳回自诉刑事裁定书

（一）适用范围

驳回自诉刑事裁定书，是指基层人民法院在受理自诉案件后，经审查发现自诉人对被告人的控告缺乏罪证，且提不出补充证据，又不愿撤回自诉，或者被告人的行为不构成犯罪，决定依法驳回自诉时制作的具有法律效力的诉讼文书。

根据法律规定，驳回自诉刑事裁定书适用于以下范围：

1. 不符合自诉案件的受理条件的，如没有明确的被告人、具体的诉讼请求、能够证明被告人犯罪事实的证据等；

2. 证据不充分的；

3. 犯罪已过追诉时效期限的；

4. 被告人死亡的；

5. 被告人下落不明的；

6. 除因证据不足而撤诉的以外，自诉人撤诉后，就同一事实又告诉的；

7. 经人民法院调解结案后，自诉人反悔，就同一事实再行告诉的；

8. 被告人对自诉人提出反诉之后，经审查发现反诉人缺乏罪证，且提不出补充证据又不愿意撤回反诉的；

9. 反诉被告人（本诉自诉人）的行为不构成犯罪的。

（二）制作方法

1. 首部

（1）制作机关名称、文书名称、文书编号。除文书名称为“刑事裁定书”或者“刑事附带民事裁定书”以外，其余两项均与刑事判决书的要求一致。

（2）自诉人身份事项。依次写明自诉人姓名、性别、出生年月日、民族、出生地、文化程度、职业或者工作单位和职务、住址等。

（3）被告人的身份事项。同上。

（4）案件来源。案件来源可表述为：

“自诉人×××以被告人×××犯××罪，于××××年××月××日向本院提起控诉。”

2. 正文

（1）事实。驳回自诉刑事裁定书一般可以不写事实和证据。但对于控诉缺乏罪证，而自诉人又提不出补充证据也不愿撤回自诉的，或者当事人要求写明事实和证据的，也可以据实表述控辩双方的主张和事实根据。

（2）理由。以“本院审查认为”引起，首先说明按照法律规定，自诉人的起诉缺乏罪证，且在合理期限内仍未提出补充证据，然后引用有关法律条文作为裁定结果的依据。

（3）裁定结果。裁定结果为：“驳回自诉人×××对被告人×××的起诉。”

3. 尾部

尾部依次写明如下内容：

(1)交代上诉权。“如不服本裁定,可在接到裁定书的第二日起五日内,通过本院或者直接向×××人民法院提出上诉。书面上诉的,应当提交上诉状正本一份,副本×份”。

(2)审判员署名。

(3)日期。

(4)注明“本件与原本核对无异”。

(5)书记名署名。

(三)格式及示例

1. 格式(驳回自诉适用)

×××人民法院

刑事裁定书

(××××)×刑初××号

自诉人……(写明姓名、性别、出生年月日、民族、出生地、文化程度、职业或者工作单位和职务、住址等)。

被告人……(写明姓名、性别、出生年月日、民族、出生地、文化程度、职业或者工作单位和职务、住址等)。

自诉人×××以被告人×××犯××罪,于××××年××月××日向本院提起控诉。

本院审查认为,……(简写驳回自诉的理由)。依照……(写明裁定的法律依据)的规定,裁定如下:

驳回自诉人×××对被告人×××的起诉。

如不服本裁定,可在接到裁定书的第二日起五日内,通过本院或者直接向×××人民法院提出上诉。书面上诉的,应当提交上诉状正本一份,副本×份。

审判员　×××

××××年××月××日

(院印)

本件与原本核对无异

书记员　×××

2. 示例①

青海省尖扎县人民法院
刑事附带民事裁定书

（2018）青 2322 刑初 10 号

自诉人暨附带民事诉讼原告人：王×，女，1967 年 8 月 18 日出生，住尖扎县。

被告人：兰×，女，1967 年 7 月 10 日出生，住尖扎县。

自诉人王×以被告人兰措犯故意伤害罪，并由此造成经济损失为由，于 2018 年 3 月 20 日向本院提起控诉。

自诉人王×诉称，2016 年 10 月 19 日 21 时，当时因下雨，被告人认为是原告人倒的水，与被告人在其家门前过道水果摊处发生争执，被告人兰×一脚把原告人踹到她挖的坑里，造成右肩锁关节脱位，在西宁市第二人民医院住院治疗，共花去住院等费用 16，586.43 元，案件发生后，自诉人打 110 报案，2017 年 3 月 3 日自诉人委托青海正信司法鉴定所作出自诉人王×的损伤程度属轻伤二级的鉴定意见，故被告人的行为已构成犯罪，但尖扎县公安局马克唐派出所于 2017 年 6 月 15 日却作出尖公（马）决字【2017】02 号行政处罚决定书。为维护自诉人的合法权益，现自诉人提出刑事自诉，同时提出附带民事诉讼，请求法院依法追究被告人的刑事责任和赔偿经济损失。

本院审查认为，尖扎县公安局马克唐派出所作出尖公（马）决字【2017】2 号行政处罚决定书认定，自诉人与被告人因垃圾污水问题在被告人家门前过道水果摊处发生争执，后相厮打过程中二人同时从水果摊 1.5 米台阶处摔倒地上，不同程度受伤。对自诉人王×和被告人兰×给予行政罚款 300 元的处罚，自诉人对行政处罚决定书不服，在复议期内申请复议，于 2017 年 8 月 13 日撤回申请复议，自诉人未在期限内提起行政诉讼。2018 年 1 月 25 日尖扎县公安局以事实不清，证据不足作出尖公（马派）不立字【2018】01 号不予立案通知书。最高人

---

① 选自中国裁判文书网：http://wenshu.court.gov.cn/content/content?DocID=ed22e9e0-9395-4776-a509-a8e800663dd0&KeyWord=驳回，最后访问日期：2018 年 9 月 20 日。

民法院《关于适用〈中华人民共和国刑事诉讼法〉的解释》第二百六十四条规定，对已经立案，经审查对缺乏罪证的自诉案件，自诉人提不出补充证据的，人民法院应当说服其撤回起诉或者裁定驳回起诉。自诉人王×指控被告人兰×犯罪的证据不足，且自诉人王×提不出补充证据，缺乏罪证，经说服，自诉人不撤回起诉，故刑事部分应予驳回；刑事部分不予支持的前提下，附带民事赔偿诉讼便失去存在的基础和依据，故自诉人王×起诉的附带民事赔偿诉讼不符合起诉条件，因此自诉人王×对被告人兰×的刑事及附带民事诉讼不能成立。

综上，依照《中华人民共和国刑事诉讼法》第二百零五条第(二)项的规定，①裁定如下：

驳回自诉人暨附带民事诉讼原告人王×对被告人兰×的起诉。

如不服本裁定，可在接到裁定书的第二日起五日内，通过本院或者直接向黄南藏族自治州中级人民法院提出上诉。书面上诉的，应当提交上诉状正本一份，副本三份。

审　判　长　祝××
审　判　员　宋　×
人民陪审员　切　×
二〇一八年三月三十日
书　记　员　项×××

四、第二审维持原判刑事裁定书

(一)适用范围

第二审维持原判刑事裁定书，是指第二审人民法院在受理当事人不服一审法院判决提出上诉或者人民检察院提出抗诉的刑事案件后，经审理查明，一审法院判决在认定事实和适用法律上没有错误，量刑适当，审判程序合法，依法驳回上诉、抗诉，维持原判时制作的具有法律效力的诉讼文书。

因此，第二审维持原判用刑事裁定书的适用范围为：第二审人民

① 此文书制作时，《刑事诉讼法》还未修改，故援引的是2018年修正以前的条文。

法院对受理上诉或抗诉的案件依法审理后,认为第一审人民法院的判决在认定事实和适用法律上没有错误,量刑适当,依法应予裁定维持原判,驳回上诉或者抗诉的案件。

(二)制作方法

1. 首部

(1)制作机关名称、文书名称、文书编号。同第一审驳回自诉刑事裁定书。

(2)原公诉机关或抗诉机关名称。

(3)上诉人基本情况。

在"上诉人"后用括号注明"原审被告人"。基本情况包括身份情况、前科劣迹情况、因本案所受强制措施情况、现羁押的处所。

(4)辩护人基本情况。写明其姓名、工作单位和职务。

(5)案件来源和审理过程。具体可以这样表述:

"×××人民法院审理×××人民检察院指控原审被告人×××犯××罪一案,于××××年××月××日作出(××××)×刑初×号刑事判决。原审被告人×××不服(原公诉机关不同意一审判决),提出上诉(抗诉)。本院依法组成合议庭,公开(或者不公开)开庭审理了本案。×××人民检察院指派检察员×××出庭履行职务(支持抗诉)。上诉人(原审被告人)×××及其辩护人等到庭参加诉讼。现已审理终结。"

2. 正文

(1)案件事实。事实部分分四个层次来写,第一,概括叙述原判决书认定的事实、证据、理由和判决的结果。第二,概括叙述上诉人、辩护人的意见。第三,概括叙述人民检察院在二审中提出的新意见。第四,详细叙述法院二审后审理查明的事实和据以定案的证据,应针对上诉或抗诉理由中与原审认定的事实、证据有异议的问题进行分析和论证,阐明原判认定事实是客观真实的,证据是确凿可采信的。

(2)理由。以"本院认为"引起,首先,根据二审查明的事实、证据和有关法律论证原审判决在认定事实、证据和适用法律方面的正确性。其次,对上诉人(抗诉机关)、辩护人、出庭履行职务的检察人员在适用法律方面、定性处理方面的意见作出回答,并阐明不予采纳的理由。最后,引用有关法律条文,为裁定提供法律依据。

(3)裁定结果。表述为:"驳回上诉(抗诉),维持原判。"

3.尾部

(1)写明"本裁定为终审裁定"。

(2)审判人员署名。

(3)写明年月日。

(三)格式及示例

1.格式(公诉案件的被告人提出上诉时适用)①

×××人民法院

刑事裁定书

(××××)×刑终××号

原公诉机关×××人民检察院。

上诉人(原审被告人)……(写明姓名、性别、出生年月日、民族、出生地、文化程度、职业或者工作单位和职务、住址和因本案所受强制措施情况等,现羁押处所)。

辩护人……(写明姓名、工作单位和职务)。

×××人民法院审理×××人民检察院指控原审被告人×××犯××罪一案,于××××年××月××日作出(××××)×刑初××号刑事判决。原审被告人×××不服,提出上诉。本院依法组成合议庭,公开(或者不公开)开庭审理了本案。×××人民检察院指派检察员×××出庭履行职务。上诉人(原审被告人)×××及其辩护人×××等到庭参加诉讼。现已审理终结。

……(首先概述原判决认定的事实、证据、理由和判决结果;其次概述上诉、辩护的意见;最后概述人民检察院在二审中提出的新意见)。

经审理查明,……(首先写明经二审审理查明的事实;其次写明二审据以定案的证据;最后针对上诉理由中与原判认定的事实、证据有异议的问题进行分析、认证)。

① 本二审维持原判刑事裁定书的格式是按公诉案件被告人提出上诉的模式设计的,如果条件变化,则文书的首部各项和其他相关各处应作相应变动。

本院认为，……（根据二审查明的事实、证据和有关法律规定，论证原审法院判决认定事实、证据和适用法律是正确的。对于上诉人、辩护人或者出庭履行职务的检察人员等在适用法律、定性处理方面的意见，应当逐一作出回答，阐明不予采纳的理由）。依照……（写明裁定的法律依据）的规定，裁定如下：

驳回上诉，维持原判。

本裁定为终审裁定。

审判长　×××
审判员　×××
审判员　×××
××××年××月××日
（院印）

本件与原本核对无异

书记员　×××

2. 示例[①]

上海市第一中级人民法院
刑事裁定书

（2018）沪01刑终45号

原公诉机关上海市浦东新区人民检察院。

上诉人（原审被告人）李某超，男，1969年2月13日出生于四川省邻水县，汉族，初中文化，农民，户籍地四川省邻水县；因犯盗窃罪于2004年被判处有期徒刑八个月，罚金人民币一千元；因犯盗窃罪于2005年被判处有期徒刑九个月，罚金人民币一千元；因犯盗窃罪于2014年被判处有期徒刑一年二个月，并处罚金人民币二千元，2015年4月14日刑满释放；因本案于2017年4月17日被刑事拘留，同年5月18日被逮捕，现羁押于上海市浦东新区看守所。

① 选自中国裁判文书网：http://wenshu.court.gov.cn/content/content?DocID=60c78114-dbe2-4c3a-b4c8-a8b50019d920&KeyWord=驳回，最后访问日期：2018年9月21日。

辩护人朱某亮,上海市白玉兰律师事务所律师(由上海市法律援助中心指派)。

上海市浦东新区人民法院审理上海市浦东新区人民检察院指控原审被告人李某超犯盗窃罪一案,于2017年12月13日作出(2017)沪0115刑初4177号刑事判决。原审被告人李某超不服,提出上诉。本院立案受理后,依法组成合议庭,公开开庭审理了本案。上海市人民检察院第一分院指派检察员应×、代理检察员王×燕出庭履行职务。上诉人李某超及其辩护人朱某亮到庭参加诉讼。现已审理终结。

上海市浦东新区人民法院判决认定:2017年4月16日17时50分许,被告人李某超在上海市浦东新区××园××号门附近河边的草地处,窃得被害人韦某放在该处的佳能E0S40D相机1台(带佳能EF24-105mm镜头)、相机包1只,包内有大疆域航拍无人机1架、华为移动电话1部、各类相机镜头4只、闪光灯、遥控器、引闪器等物。李某超被其他游客发现后弃赃逃离时被抓获。经鉴定,上述物品共计价值人民币11,700元。案发后,赃物已发还被害人。

认定上述事实并经一审庭审质证的证据有:被害人韦某的陈述、证人周某1、周某2、刘×等人的证言、相关辨认笔录、调取证据清单、清点记录、赃物照片、发还清单、价格鉴定意见书、案发经过、事件单、刑事判决书、释放证明书及被告人李某超的相关供述及辩解等。

原审法院认为,被告人李某超以非法占有为目的,采用秘密手段窃取财物,数额较大,其行为已构成盗窃罪。李某超系累犯,对其依法从重处罚。该院依照《中华人民共和国刑法》第二百六十四条、第六十五条第一款、第六十四条、第五十三条之规定,对被告人李某超犯盗窃罪,判处有期徒刑一年四个月,罚金人民币三千元;调取到的赃物发还被害人。

上诉人李某超上诉称,本案其除偷窃照相机外,并未窃取双肩包。辩护人提出,本案仅有言辞证据,认定李某超偷窃他人双肩包的证据尚不充分,且李某超偷窃照相机时即被发现,随即放下照相机逃跑,属犯罪未遂。

上海市人民检察院第一分院出庭意见认为,原判认定上诉人李某超犯盗窃罪的事实清楚,证据确实、充分,定罪量刑并无不当,李某超的上诉理由及其辩护人的辩护意见均不能成立,建议二审法院驳回上诉,维持原判。

经二审审理查明的本案事实和证据与原审相同。

关于上诉人李某超的上诉理由及其辩护人所提相关辩护意见,经查:证人周某1、周某2目睹了李某超偷窃被害人韦某照相机及双肩包的犯罪过程,并分别对李某超的犯罪事实予以指证,符合法律规定。韦某及证人刘×对本案财物失窃过程的陈述亦与周某1、周某2的证言相互印证。上述证人和被害人事前均与李某超无利害关系,因此上述证据可以采信,由此足以认定李某超当场实施了偷窃韦某的照相机及双肩包的犯罪事实。李某超在窃得财物被发现后将财物予以扔弃,依法不应该认定为未遂。据此,上诉方的意见与事实不符,或于法无据,本院均不予采纳。

本院认为,上诉人李某超以非法占有为目的,采用秘密手段窃取财物,数额较大,其行为已构成盗窃罪。李某超系累犯,依法应当从重处罚。原审判决认定事实清楚,证据确实、充分,定罪准确,量刑在幅度之内,且诉讼程序合法,依法应予维持。二审检察机关建议驳回上诉,维持原判的出庭意见符合法律规定,本院予以支持。据此,依照《中华人民共和国刑事诉讼法》第二百二十五条第一款第(一)项之规定,裁定如下:

驳回上诉,维持原判。

本裁定为终审裁定。

审判长　胡××
审判员　吴××
审判员　韦　×
二〇一八年二月二十六日
书记员　刘××

附:相关法律条文

《中华人民共和国刑事诉讼法》第二百二十五条　第二审人民法院对不服第一审判决的上诉、抗诉案件,经过审理后,应当按照下列情形分别处理:(一)原判决认定事实和适用法律正确、量刑适当的,应当裁定驳回上诉或者抗诉,维持原判……

(四)特别提示

1. 如果驳回上诉或者抗诉、维持原判裁定书的制作机关是高级人民法院(含解放军军事法院),且裁定维持内容中有判处死刑的情况时,在裁定结果之后应将“本裁定为终审裁定”改写为:“本裁定依法报请最高人民法院核准。”

2. 如果是高级人民法院裁定维持死刑缓期二年执行判决的,则在“本裁定为终审裁定”之后,续写“根据《中华人民共和国刑事诉讼法》第二百四十八条的规定,本裁定即为核准以××罪,判处被告人×××死刑,缓期二年执行,剥夺政治权利终身的刑事裁定”。

五、减刑刑事裁定书

(一)适用范围

减刑裁定书,是人民法院在判决执行过程中,依照刑事诉讼法规定的执行程序,对执行机关给予罪犯减刑的建议进行审查后,对符合法定条件的罪犯准予以减刑时制作的具有法律效力的诉讼文书。

《中华人民共和国刑法》第七十八条第一款规定:“被判处管制、拘役、有期徒刑、无期徒刑的犯罪分子,在执行期间,如果认真遵守监规,接受教育改造,确有悔改表现的,或者有立功表现的,可以减刑;有下列重大立功表现之一的,应当减刑:(一)阻止他人重大犯罪活动的;(二)检举监狱内外重大犯罪活动,经查证属实的;(三)有发明创造或者重大技术革新的;(四)在日常生产、生活中舍己救人的;(五)在抗御自然灾害或者排除重大事故中,有突出表现的;(六)对国家和社会有其他重大贡献的。”第七十九条规定:“对于犯罪分子的减刑,由执行机关向中级以上人民法院提出减刑建议书。人民法院应当组成合议庭进行审理,对确有悔改或者立功事实的,裁定予以减刑。非经法定程序不得减刑。”

2017年1月1日起施行的最高人民法院《关于办理减刑、假释案件具体应用法律若干问题的规定》,对悔改表现、立功和重大立功表现均作了更为明确具体的规定。其第三条第一款规定:“‘确有悔改表现’是指同时具备以下四个方面情形:(一)认罪悔罪;(二)遵守法律法规及监规,接受教育改造;(三)积极参加思想、文化、职业技术教育;(四)积极参加劳动,努力完成劳动任务。”第四条规定:“具有下列情形之一的,应当认定为有‘立功表现’:(一)阻止他人实施犯罪活动的;(二)检举、揭发监狱内外犯罪活动,或者提供重要的破案线索,经查证属实的;(三)协助司法机关抓捕其他犯罪嫌疑人的;(四)在生产、科研中进行技术革新,成绩突出的;(五)在抗御自然灾害或者排除重大事故中,表现积极的;(六)对国家和社会有其他较大贡献的。”第五条规定:“具有下列情形之一的,应当认定为有‘重大立功表现’:(一)阻止他人实施重大犯罪活动的;(二)检举监狱内外重大犯罪活动,经查证属实的;(三)协助司法机关抓捕其他重大犯罪嫌疑人的;(四)有发明创造或者重大技术革新的;(五)在日常生产、生活中舍己救人的;(六)在抗御自然灾害或者排除重大事故中,有突出表现的;(七)对国家和社会有其他重大贡献的。”上述法律规定是制作本文书的法律依据。

按照上述法律规定,减刑裁定书适用于依法减刑的案件。但不适用于判处死刑缓期二年执行的罪犯,在死刑缓期执行期间,没有故意犯罪,二年期满后减刑的案件。因为死缓犯的减刑,是一种法定的特殊形式的减刑,在性质上不属于《中华人民共和国刑法》第四章第六节规定的减刑。

(二)制作方法

减刑刑事裁定书由首部、正文和尾部组成。

1. 首部。

与其他刑事裁定书的不同之处,一是文书编号用“刑更”字。[①] 二是被减刑的人称“罪犯”,并写明其身份事项和现服刑监所(监狱、看守所、未成年犯管教所)。三是罪犯在服刑期间是否曾被减过刑的情况应当在罪犯身份中加以写明。四是案件的来源要写明哪个执行机关及提出减刑建议书的时间。

2. 正文。

包括事实及证据、理由及法律依据、裁定结果三部分。按照《样式》的要求,这三部分应当分四个自然段,写明执行机关关于提请减刑的罪犯确有悔改或者立功、重大立功表现的事实和证据;经合议庭审理查明的,确认罪犯在服刑期间确有悔改表现或者立功表现、重大立

---

① 按照2015年出版的《人民法院诉讼文书样式、制作与范例(刑事卷)》第217页,减刑用的刑事裁定书样式中的文书编号是“刑执”字,而非“刑更”字,但2018年以来中国裁判文书网上的减刑用刑事裁定书均在文书编号中用“刑更”字,故此采用最新的变化。

功表现的具体事实；减刑的理由及其法律依据；裁定结果。

裁定结果，应当写明罪犯姓名和对其减刑的具体内容。当由较重的刑种减为较轻的刑种时，表述为：

“将罪犯×××的刑罚，减为……（写明刑种和减去的刑期）。”

由同一刑种的较长刑期减为较短刑期的，表述为：

“对罪犯×××的刑罚减去……（写明刑种和减去的刑期）（减刑后的刑期至××××年××月××日止）。”

减轻有期徒刑或者拘役，同时缩短缓刑考验期限的，表述为：

“将罪犯×××的刑罚，减为……（写明减轻后的刑种、刑期和缩短后的缓刑考验期限）。”

减刑的同时，又缩短剥夺政治权利期限的，应当在主刑后面续写：

“剥夺政治权利改为……（写明具体期限）。”

对于依法不予缩短剥夺政治权利期限的，则应当在主刑后续写：

“剥夺政治权利×年不变。”

3. 尾部。

写明裁定的效力。表述为：

“本裁定送达后即发生法律效力。”

合议庭组成人员署名。依照《中华人民共和国刑法》第七十九条的规定，对减刑案件，人民法院应当组成合议庭进行审理，不得独任审判。因此，减刑裁定书应当由合议庭署名。

日期、院印、核对章、书记员署名等项与刑事判决书一样。

（三）格式及示例

1. 格式（减刑适用）

×××人民法院

刑事裁定书

（××××）×刑更××号

罪犯……（写明姓名、性别、出生年月日、民族、出生地、文化程度和现服刑监所）。

×××人民法院于××××年××月××日作出了（××××）×刑初××号刑事判决，以被告人×××犯××罪，判处……（写明主刑的刑种、刑期和附加剥夺政治权利及其刑期）。……（写明上诉、抗诉后二审法院的裁判结果和执行中的刑种、刑期变更情况)。执行机关……(写明机关名称)于××××年××月××日提出减刑建议书,报送本院审理。本院依法组成合议庭进行了审理。现已审理终结。

执行机关××××认为……(简述执行机关所提出罪犯确有改悔或者立功、重大立功表现的事实和证据)。

经审理查明,……(写明确认罪犯在服刑期间确有悔改表现或者立功、重大立功表现的具体事实和证据)。

本院认为,……(写明应予减刑的理由)。依照……(写明裁定的法律依据)的规定,裁定如下:

……(写明罪犯姓名和对其减刑的具体内容)。

本裁定送达后即发生法律效力。

审判长　×××
审判员　×××
审判员　×××
××××年××月××日
(院印)

本件与原本核对无异

书记员　×××

2. 示例①

吉林省吉林市中级人民法院
刑事裁定书

(2018)吉02刑更21号

罪犯盖××,男,1960年10月1日出生,汉族,初中文化,吉林省蛟河市人。现在吉林省吉林监狱服刑。

北京市第二中级人民法院于1998年7月14日作出(1998)二中刑初字第916号刑事附带民事判决,以被告人盖××犯抢劫罪,判处无期

① 选自中国裁判文书网:http://wenshu.court.gov.cn/content/content?DocID=fda41b03-cd25-49f1-bfaa-a87a008ed5f3&KeyWord=减刑,最后访问日期:2018年3月22日。

徒刑，剥夺政治权利终身；赔偿附带民事诉讼原告人经济损失人民币4000元；追缴被告人盖××非法所得人民币2800元。2001年9月12日经吉林省高级人民法院裁定减为有期徒刑二十年，剥夺政治权利改为八年。因在服刑期间再犯罪，吉林省四平市铁西区人民法院于2009年9月28日作出(2009)四刑公初字第121号刑事判决，以被告人盖××犯故意伤害罪，判处有期徒刑六年，与原判残刑十一年十一个月十四天及剥夺政治权利八年实行数罪并罚，决定执行有期徒刑十七年，剥夺政治权利八年。2015年11月18日经本院裁定减去有期徒刑一年。执行机关吉林省吉林监狱于2018年1月10日提出减刑建议书，报送本院审理。本院依法组成合议庭进行了审理。现已审理终结。

执行机关认为，该犯在服刑期间，能够认罪悔罪，认真遵守法律、法规及监规、监纪，积极参加思想、文化、职业技术教育，积极参加劳动，确有悔改表现。

经审理查明，罪犯盖××能够认真遵守监规，接受教育改造，确有悔改表现。

本院认为，罪犯盖××在服刑期间，认真遵守监规，接受教育改造，确有悔改表现，符合法定减刑条件。依照《中华人民共和国刑事诉讼法》第二百六十二条第二款，①《中华人民共和国刑法》第七十八条、第七十九条，裁定如下：

将罪犯盖××减去有期徒刑七个月(刑期自2009年9月28日起至2025年2月27日止)。

本裁定送达后即发生法律效力。

审　判　长　陈　×
代理审判员　王　×
人民陪审员　刘××
二〇一八年一月二十四日
书　记　员　陈××

① 本文书的法律依据除了《刑法》《刑事诉讼法》的相关条文而外，还应当引用2017年7月1日起施行的最高人民法院《关于办理减刑、假释案件具体应用法律若干问题的规定》中的相关条文。本实例未加引用，是为瑕疵。

第四章　监狱刑事执法文书

第一节　概　　述

一、概念

监狱刑事执法文书是监狱和未成年犯管教所在依法对被判处死刑缓期二年执行、无期徒刑和有期徒刑的罪犯执行刑罚的过程中所制作的具有法律效力的诉讼文书。

《中华人民共和国刑事诉讼法》第二百六十四条第二款规定："对被判处死刑缓期二年执行、无期徒刑、有期徒刑的罪犯，由公安机关依法将该罪犯送交监狱执行刑罚……"第三款规定："对未成年犯应当在未成年犯管教所执行刑罚。"

1982年，公安部制定了《劳动改造机关执法文书格式》，首次对监狱执法文书的格式和内容进行规范。2002年7月，司法部监狱管理局在广泛调研的基础上，对原有文书进行了修改补充，颁布了《监狱执法文书格式(试行)》，共计48种。

二、种类

监狱刑事执法文书可分为四类：

(一)收监类法律文书。包括罪犯不予收监通知书、罪犯暂不收监通知书、罪犯入监登记表、重要罪犯登记表、外籍犯或港澳台犯登记表、罪犯入监通知书、罪犯收监身体检查表、罪犯物品保管收据等。

(二)监狱管理类法律文书。包括罪犯奖励审批表、罪犯奖励通知书、罪犯处罚审批表、罪犯处罚通知书、罪犯积极改造审批表、罪犯评审鉴定表、罪犯离监探亲表、罪犯离监探亲证明书、罪犯脱逃登记表、在押罪犯脱逃通知书、脱逃罪犯捕回报告表、提请减刑建议书、提请假释建议书等。

(三)狱内侦查文书。有狱内案件立案表、狱内案件结/销案表,监狱起诉意见书等。

(四)其他文书。有罪犯死因鉴定书、罪犯病危通知书、罪犯死亡通知书、罪犯病残鉴定表等。

以下将重点介绍提请减刑建议书、提请假释建议书、监狱起诉意见书三种文书。

第二节　提请减刑建议书

一、适用范围

提请减刑建议书,是监狱、未成年犯管教所依法在对服刑改造期间确有悔改或立功表现的罪犯,提请法院审核裁定减刑时所制作的诉讼文书。

《中华人民共和国刑法》第七十八条第一款规定:“被判处管制、拘役、有期徒刑、无期徒刑的犯罪分子,在执行期间,如果认真遵守监规,接受教育改造,确有悔改表现的,或者有立功表现的,可以减刑;有下列重大立功表现之一的,应当减刑:(一)阻止他人重大犯罪活动的;(二)检举监狱内外重大犯罪活动,经查证属实的;(三)有发明创造或者重大技术革新的;(四)在日常生产、生活中舍己救人的;(五)在抗御自然灾害或者排除重大事故中,有突出表现的;(六)对国家和社会有其他重大贡献的。”第七十九条规定:“对于犯罪分子的减刑,由执行机关向中级以上人民法院提出减刑建议书。人民法院应当组成合议庭进行审理,对确有悔改或者立功事实的,裁定予以减刑。非经法定程序不得减刑。”

另据《中华人民共和国刑事诉讼法》第二百六十一条第二款规定:“被判处死刑缓期二年执行的罪犯,在死刑缓期执行期间,如果没有故意犯罪,死刑缓期执行期满,应当予以减刑,由执行机关提出书面意见,报请高级人民法院裁定……”第二百七十三条第二款规定:“被判处管制、拘役、有期徒刑或者无期徒刑的罪犯,在执行期间确有悔改或者立功表现,应当依法予以减刑、假释的时候,由执行机关提出建议书,报请人民法院审核裁定,并将建议书副本抄送人民检察院。人民检察院可以向人民法院提出书面意见。”

上述法律条款的规定,是监狱等执行机关制作提请减刑建议书的法律根据。对符合上述条件的罪犯,都应当制作减刑建议书,提请人民法院审核裁定。

二、制作方法

提请减刑建议书包括三部分:

(一)首部

1. 制作机关名称、文书名称、文书编号。

2. 罪犯基本情况和案由。依次写明罪犯的姓名、性别、出生年月日、民族、出生地、原判罪名、原判法院名称、判决日期、判决字号、判处刑罚种类、交付执行改造的日期和场所、服刑期间执行刑期变动情况。案由表述用语为:“该犯在近期确有悔改(或立功)表现,具体事实如下。”

(二)正文

应当写明悔改或者立功表现的具体事实,提请减刑的理由、法律根据和监狱部门的结论性意见等三方面内容。

1. 悔改或者立功表现的具体事实。

这是减刑的必备条件和事实依据,是重点内容,应当具体地、详细地叙写清楚。《中华人民共和国刑法》第七十八条第一款列举了悔改或者立功的六种具体表现。

上述法律法规是制作提请减刑建议书的法律依据,在叙述悔改或者立功事实时,应围绕这些法律规定进行,要有具体的、典型的事例,切忌空泛。

2. 减刑的理由。

这部分首先要对前面叙述的具体事实进行概括,认定该事实属于法律规定的悔改表现、立功表现还是重大立功表现,这就是减刑的法定理由。

3. 法律依据及监狱的意见。

提请减刑的法律依据是《中华人民共和国监狱法》《中华人民共和国刑法》和《中华人民共和国刑事诉讼法》的相关条款。

这一部分单写一段,具体表述为:“为此,根据《中华人民共和国监狱法》第×条、《中华人民共和国刑法》第×条、《中华人民共和国刑事诉讼法》第×条的规定,建议对罪犯×××予以减刑……(具体写明如何减)，特提请审核裁定。"

(三)尾部

1. 用"此致""×××人民法院"写明送达的人民法院名称。

2. 在右下方注明文书制作的年月日，并加盖文书制作机关的公章。

3. 附项中说明附"罪犯×××卷宗材料共×卷×册×页"。

三、特别提示

本文书的名称应为提请减刑建议书，而不是提请减刑意见书。

四、格式及示例

(一)格式

×××监狱提请减刑建议书

(　)字第　号

罪犯____，男(女)，__年__月__日出生，____族，原户籍所在地______________，因__________罪经________人民法院于__年__月__日以(　　)____字第____号刑事判决书判处________，附加____，刑期自__年__月__日至__年__月__日止，于__年__月__日送我狱服刑改造。服刑期间执行刑期变动情况：____。

该犯在近期，确有______表现，具体事实如下：

____

____

____

为此，根据《中华人民共和国刑法》第____条、《中华人民共和国刑事诉讼法》第____条的规定，建议对罪犯______予以减刑________。特提请裁定。

此致

__________人民法院

(公章)

年　月　日

附：罪犯________卷宗材料共____卷____册____页。

（二）示例①

贵州省都匀监狱提请减刑建议书

（2015）都监减字第838号

罪犯吴××，男，1955年11月29日生，汉族，文盲，原户籍所在地贵州省大方县六龙镇大梁子村大岩峰组。因犯拐卖儿童罪，经贵州省贵阳市中级人民法院于2012年12月13日以（2012）筑刑一初字第70号刑事判决，判处有期徒刑七年，并处罚金10,000元（未履行）。该犯不服，提出上诉。经贵州省高级人民法院于2013年10月24日以（2013）黔高刑三终字第116号刑事判决②，维持对该犯的原判决（刑期自2009年6月30日起至2016年6月29日止）。于2014年1月14日送贵州省白云监狱服刑改造。于2014年3月21日调入贵州省都匀监狱服刑改造。

该犯在近期确有悔改表现，具体事实如下：

该犯自入监服刑改造以来，能够认罪悔罪，服从管教，深挖自己的犯罪根源，表示要重新做人。改造过程中，能够严格的遵守《监狱服刑人员行为规范》，以监规纪律严格地要求自己，积极主动的追求改造，能够遵守好各项法律法规及监规纪律。

劳动改造中，该犯能够积极参加生产劳动并且完成生产任务，服从生产管理，保质保量地完成生产劳动任务，能遵守原材料管理制度，努力做到安全文明生产，劳动综合表现较好。

该犯在思想、文化、职业技术教育中，能积极参加，按时到课，学习态度端正，遵守学习纪律，学习成绩合格。能积极参加监狱、监区组织的各项文体活动，自觉遵守生活卫生管理制度。由于表现突出，在2014年4月至2015年6月被评为改造积极分子。

综上所述，罪犯吴××在服刑改造期间，认罪悔罪，认真遵守法律法规及监规，接受教育改造；积极参加思想、文化、职业技术教育；积极参加劳动，努力完成劳动任务；自觉遵守生活卫生管理制度；确有悔改表现，

---

① 选自贵州省都匀监狱网：http://dy.gzjyj.gov.cn/××gk/ywgk/69625.shtml，最后访问日期：2016年3月1日。

② 按照法律规定，刑事上诉案件若二审维持原判，则应当用刑事裁定书，而非刑事判决书。故这里的“刑事判决”当为“刑事裁定”之误。

并经贵州省黔南布依族苗族自治州人民检察院驻监检察室参与审核。

为此,根据《中华人民共和国监狱法》第二十九条,《中华人民共和国刑法》第七十八条第一款、第七十九条,《中华人民共和国刑事诉讼法》第二百六十二条第二款之规定,[①]建议对罪犯吴××减去有期徒刑三个月,特提请裁定。

此致

贵州省黔南布依族苗族自治州中级人民法院

贵州省都匀监狱

2015年12月7日

附:罪犯吴××卷宗材料共一卷二册。

第三节　提请假释建议书

一、适用范围

提请假释建议书,是监狱、未成年犯管教所依法在对服刑改造期间确有悔改或立功表现且已执行符合法定要求刑期的罪犯,向人民法院提出假释建议时所制作的法律文书。

《中华人民共和国刑法》第八十一条第一款规定:"被判处有期徒刑的犯罪分子,执行原判刑期二分之一以上,被判处无期徒刑的犯罪分子,实际执行十三年以上,如果认真遵守监规,接受教育改造,确有悔改表现,没有再犯罪的危险的,可以假释。如果有特殊情况,经最高人民法院核准,可以不受上述执行刑期的限制。"

《中华人民共和国刑事诉讼法》第二百七十三条第二款规定:"被判处管制、拘役、有期徒刑或者无期徒刑的罪犯,在执行期间确有悔改或者立功表现,应当依法予以减刑、假释的时候,由执行机关提出建议书,报请人民法院审核裁定,并将建议书副本抄送人民检察院。人民检察院可以向人民法院提出书面意见。"

由此可知,本文书适用对象有两个:一是被判处有期徒刑的罪犯,二是被判处无期徒刑的罪犯。当这两类罪犯具备了假释条件,即在执

① 此文书制作时,《刑事诉讼法》还未修改,故援引的是2018年修正以前的条文。

行法定刑期后,确有悔改表现,没有再犯罪的危险的,监狱等执行机关应当制作假释建议书,提请人民法院审核裁定。

二、制作方法

由于提请减刑建议书与提请假释建议书在制作主体、格式、写法上基本相同,故在此不再重复。

三、格式及示例

(一)格式

×××监狱提请假释建议书

( ) 字第 号

罪犯________,男(女),________年__月__日出生,____族,原户籍所在地__________________________,因______________罪经____________人民法院于________年__月__日以( )__字第__号刑事判决书判处__________,附加______,刑期自________年__月__日至________年__月__日止,于________年____月____日送我狱服刑改造。服刑期间执行刑期变动情况:______________________________。

该犯在近期,确有______表现,具体事实如下:

____

____

____

为此,根据《中华人民共和国监狱法》第____条、《中华人民共和国刑法》第____条第__款、《中华人民共和国刑事诉讼法》第____条第____款的规定,建议对罪犯__________予以假释。特提请裁定。

此致

__________人民法院

________年__月__日

(公章)

附:罪犯______卷宗材料共__卷__册__页。

（二）示例①

贵州省都匀监狱提请假释建议书

（2015）都监假字第58号

罪犯黎××，男，1984年4月2日生，布依族，初中文化，原户籍所在地贵州省独山县甲里镇四九村八约上组30号。因犯盗窃罪，经贵州省独山县人民法院于2009年1月14日以（2009）独刑初字第11号刑事判决，判处有期徒刑十二年，并处罚金10,000元（已履行），犯罪所得赃款6600元予以追缴。该犯不服，提出上诉。经贵州省黔南布依族苗族自治州中级人民法院于2009年3月27日以（2009）黔南刑二字第29号刑事裁定，驳回上诉，维持原判（刑期自2008年9月9日起至2020年9月8日止）。于2009年4月7日送贵州省凯里新犯收押分流中心服刑改造，2009年5月21日转入贵州省都匀监狱服刑改造。服刑期间，因确有悔改表现。经贵州省黔南布依族苗族自治州中人民法院于2011年11月21日以（2011）黔南刑执字第4621号刑事裁定，减去有期徒刑一年零九个月；于2014年1月22日以（2014）黔南刑执字第207号刑事裁定，减去有期徒刑十一个月（刑期至2018年1月8日止）。

该犯在近期确有悔改表现，具体事实如下：

该犯在服刑改造期间，在监狱人民警察的耐心教育下，深挖犯罪根源，深悔自己的犯罪行为给社会及他人带来的危害。在改造中认罪悔罪，认真遵守法律法规及监规，接受教育改造，自觉遵守《监狱服刑人员行为规范》，改造态度端正，思想改造表现突出。

在劳动改造方面，该犯劳动态度端正，遵守劳动纪律，服从生产管理和技术指导，严格遵守操作规程，劳动中节约原材料，爱护生产工具和设备，遵守安全文明生产规定，积极参加劳动，努力完成劳动任务，劳动改造表现突出。

在思想、文化、职业技术教育及生活卫生方面。该犯积极参加思想、文化、职业技术教育；积极参加监狱举办的各种活动；遵守生活卫生管理制度，保持良好的个人卫生。由于改造表现较好，在2013年8

---

① 选自贵州省都匀监狱网：http://dy. gzjyj. gov. cn/××gk/ywgk/69625. shtml，最后访问日期：2016年3月1日。

月至2014年7月、2014年8月至2015年7月连续两个考评积分周期均被评为改造积极分子。

综上所述，罪犯黎××在服刑改造期间，深挖犯罪根源，认罪悔罪，认真遵守法律法规及监规，自觉接受教育改造，改造态度端正；积极参加思想、文化、职业技术教育；严守生活卫生制度；积极参加劳动，努力完成劳动任务。改造表现较好，确有悔改表现，并经贵州省黔南布依族苗族自治州人民检察院驻监检察室参与审查。

为此，根据《中华人民共和国监狱法》第三十二条，《中华人民共和国刑法》第八十一条第一款、第八十二条、第八十三条，《中华人民共和国刑事诉讼法》第二百六十二条第二款之规定，[①]且积极履行罚金，具有从宽情形，建议对罪犯黎××予以假释。特提请裁定。

此致

贵州省黔南布依族苗族自治州中级人民法院

贵州省都匀监狱

2015年12月7日

附：罪犯黎××卷宗材料共一卷二册。

第四节 监狱起诉意见书

一、适用范围

监狱起诉意见书，是指监狱、未成年犯管教所对罪犯在服刑期间又犯罪，或者发现了判决时没有发现的罪行，认为需要追究刑事责任，依法向人民检察院提出起诉意见，将案件移送人民检察院审查起诉时制作的诉讼文书。

《中华人民共和国刑事诉讼法》第二百七十三条第一款规定："罪犯在服刑期间又犯罪的，或者发现了判决的时候所没有发现的罪行，由执行机关移送人民检察院处理。"《中华人民共和国监狱法》第六十条规定："对罪犯在监狱内犯罪的案件，由监狱进行侦查。侦查终结后，写出起诉

① 此文书制作时，《刑事诉讼法》还未修改，故援引的是2018年修正以前的条文。

意见书,连同案卷材料、证据一并移送人民检察院。"根据这些法律规定,监狱对罪犯在服刑期间又犯新罪,或者发现判决时漏判的罪行,经侦查终结后,认为犯罪事实清楚,证据确实、充分,应当追究刑事责任,就要制作起诉意见书,连同案卷材料、证据一并移送同级人民检察院审查起诉。

二、监狱起诉意见书与公安机关起诉意见书的异同

监狱起诉意见书与公安机关起诉意见书性质相同,具有同等的法律效力,都有要求人民检察院对案件进行审查起诉的作用,这两种起诉意见书,都是根据案件侦查终结的结论而制作的,文书格式和写作内容大体上相同或相近。但是二者也有区别,主要是:

(一)文书制作的法律根据不同

监狱起诉意见书制作的法律根据是《中华人民共和国监狱法》第六十条、《中华人民共和国刑事诉讼法》第二百七十三条第一款,而公安机关起诉意见书制作的法律根据是《中华人民共和国刑事诉讼法》第一百六十二条。

(二)文书适用的范围不同

监狱起诉意见书,只适用于罪犯在服刑期间又重新犯罪或者发现了判决时没有发现的罪行,依法应当追究刑事责任的案件;而公安机关起诉意见书,适用范围具有广泛性,社会上发生的应当追究刑事责任的各类属于公安机关管辖的刑事案件均适用。

(三)文书中的称谓

监狱起诉意见书要求起诉的对象是正在服刑的罪犯,在文书中称为"罪犯";公安机关起诉意见书要求起诉的对象在文书中称为"犯罪嫌疑人"。两种文书要求起诉的对象所处的法律地位不同。

(四)制作主体不同,署名不同

监狱起诉意见书的制作主体为监狱,公安机关起诉意见书的制作主体是公安机关。

三、制作方法

(一)首部

1. 制作机关名称、文书名称、文书编号。

2. 罪犯的基本情况和案由。

罪犯的基本情况与减刑、假释建议书的项目大体相同，只是如有改造期间刑种、刑期、劳改场所的变化情况的，要增写。

3. 案由。应根据统一格式规定填写。其文字表述是：

“现经侦查，罪犯______在服刑期间涉嫌____________________”

概括写明罪犯重新犯罪，或发现漏判的罪行名称。

（二）正文

正文包括犯罪事实和证据、提请起诉的理由和法律依据、移送审查起诉的法律依据和请求决定三部分。其中移送审查起诉的法律依据与公安机关起诉意见书有所不同：本文书应引用《中华人民共和国刑事诉讼法》第二百七十三条第一款，而非第一百六十二条。除此之外的部分，制作要求与应注意的事项与公安机关的起诉意见书基本相同，可参照制作。

（三）尾部

1. 写明送达机关的名称。

2. 写明文书制作的监狱名称，并注明年月日，同时加盖公章。

3. 附项，分项写明罪犯×××档案共×卷×册；罪犯×××涉嫌又犯罪（或发现余罪）的案卷材料共×卷×册。

四、格式及示例

（一）格式

×××监狱起诉意见书

〔 〕字第 号

罪犯________，男（女），________年____月____日出生，________族，原户籍所在地__________，因____________________罪，经________________人民法院于________年____月____日以____号刑事判决（裁定）判处__________，附加__________。于________年____月____日交付执行，现押于____________。

现经侦查，罪犯________在服刑期间涉嫌________________________________。主要事实如下：

____

____

____

为此，根据《中华人民共和国监狱法》第六十条，《中华人民共和国刑法》第____条第____款，《中华人民共和国刑事诉讼法》第二百七十三条第一款，特提请你院审查处理。

此致

__________人民检察院

（公章）

年　月　日

附：1. 罪犯________档案共______卷______册。

2. 罪犯________涉嫌又犯新罪（或发现余罪）的案卷材料共______卷______册。

（二）示例①

××监狱起诉意见书

〔2014〕×监刑字第12号

罪犯刘××，男，1968年5月13日出生，汉族，原户籍所在地河北省××县××乡××村，因盗窃罪经××市××区人民法院于2011年9月17日以（2011）×刑初字第24号刑事判决判处有期徒刑9年，刑期自2011年8月7日起至2020年8月6日止，于2011年11月3日交付执行。刑期无变化。现押于××监狱。

现经侦查，罪犯刘××在服刑期间涉嫌盗窃犯罪。主要事实如下：

2014年7月21日19时许，该罪犯乘加班维修设备之机，从窗户钻进放有配电柜（半成品）的仓库内，用所携带的螺丝刀，将两台配电柜上的24个"银触点"拆卸下来拿走，藏匿在生产车间该罪犯的更衣柜内。该犯又先后将银用气焊融化，做成银戒指1只，其余装入自制的模子里，准备做一个手镯。刘××的行为给监狱造成直接损失1600元。

以上事实，有失窃现场勘查笔录、现场照片和绘图、刘××的供述、在押罪犯李××、高××的证言、监狱管教人员武××的证言等证实。

---

① 示例系作者自拟。

罪犯刘××在服刑期间，不思悔改，以秘密窃取的手段，非法占有监狱生产用的贵重原材料，其行为已触犯《中华人民共和国刑法》第二百六十四条之规定，涉嫌盗窃犯罪。为此，根据《中华人民共和国监狱法》第六十条、《中华人民共和国刑法》第二百六十四条、《中华人民共和国刑事诉讼法》第二百六十二条第一款的规定，①特提请你院审查处理。

此致

×××人民检察院

2014年10月12日

（公章）

附：1. 罪犯刘××档案共1卷1册。

2. 罪犯刘××涉嫌又犯罪的案卷材料共1卷1册。

① 此文书制作时，《刑事诉讼法》还未修改，故援引的是2018年修正以前的条文。

第五章　当事人及辩护人刑事诉讼文书

当事人及辩护人刑事诉讼文书是指刑事诉讼的被害人(或其法定代理人、近亲属)、被告人、辩护人依照相关法律规定,为维护或者实现自己或委托人的权益而制作的刑事诉讼文书。主要有刑事自诉状、刑事上诉状、刑事申诉状和辩护词。

第一节　刑事自诉状

一、适用范围

刑事自诉状是刑事自诉案件的被害人或其法定代理人、近亲属为追究被告人的刑事责任而制作并直接向人民法院递交的具有法律意义的诉讼文书。之所以称为刑事自诉状,是相对于人民检察院的刑事公诉文书——起诉书而言的。

刑事自诉状适用于刑事自诉案件。凡是《中华人民共和国刑事诉讼法》第二百一十条规定范围内的刑事案件被害人或其法定代理人、近亲属都有权向人民法院提交刑事自诉状。

刑事自诉状是人民法院受理自诉案件,追究自诉案件被告人刑事责任的主要依据。

二、制作方法

刑事自诉状由三部分组成,即首部、正文和尾部。

(一)首部

1. 文书名称。

居中写明“刑事自诉状”。

2. 当事人的基本情况。

分项依次写明自诉人和被告人的姓名、性别、出生年月日、民族、出生地、文化程度、职业或者工作单位和职务、住址等项。确实不知道被告人的出生年月日的,可以只写被告人的年龄。如果自诉人有法定代理人,应当在自诉人的次行写明法定代理人的基本情况。

当事人应当按照规定的顺序列写,先写自诉人,后写被告人,不能颠倒排列顺序。自诉人和被告人为二人以上的,自诉人按受伤害的轻重程度列出,被告人按罪行轻重列出,均为重的在前,轻的在后,然后分别写明各人的基本情况。

(二)正文

正文主要包括案由和诉讼请求,事实与理由,证人姓名和住址、其他证据名称和来源等。

1.案由和诉讼请求。

应当写明控告的罪名和要求人民法院追究被告人刑事责任的请求。罪名要依法确定,准确无误;诉讼请求要明确具体。

2.事实与理由。

事实与理由部分是刑事自诉状的核心内容,是本文书的重点。

关于如何清楚叙述事实,如何切当说明理由,在本书的基本理论部分,以及前面的许多文书(如公安机关的起诉意见书、检察院的起诉书、法院的判决书)中都有涉及,这里不再重复。制作时可参见相关部分。

3.证人姓名和住址,其他证据名称和来源。

列举证据要注意几个问题:一是证据要与犯罪事实有客观联系;二是证据的名称要规范化;三是证据的来源、名称、件数要清楚;四是证人的姓名要准确无误,住址要详细、具体。

(三)尾部

主要包括下面三项内容:

1.致送人民法院的名称。

2.自诉人署名,以及年月日。注意,如果律师仅代写刑事自诉状,而非本案自诉人的委托代理人,则应增写代书律师所在的事务所名称与代书律师的签名。

3.附项。应当写明附件的名称和件数。

三、格式及示例

(一)格式

刑事自诉状

自诉人……(写明姓名、性别、出生年月日、民族、出生地、文化程度、职业或者工作单位和职务、住址等)

被告人……(写明姓名、性别、出生年月日、民族、出生地、文化程度、职业或者工作单位和职务、住址等)

案由和诉讼请求

……

事实与理由

……

证人姓名和住址,其他证据名称和来源

……

此致

×××人民法院

自诉人×××

××××年××月××日

附:本诉状副本××份

(二)示例①

刑事自诉状

自诉人周××,男,××××年×月××日出生,汉族,住××省××市×××农场××渔场××号,身份证号:××××××××××××××××××××,电话:×××××××××××。

被告人宋××,男,××××年×月×日出生,汉族,住××省××县××乡××村××号,身份证号:×××××××××××××××

① 选自律师董润桃的博客:http://blog. sina. com. cn/s/blog_e18e82a20102×h4×. html,最后访问日期:2018 年 3 月 23 日。

××××××,电话:×××××××××××××。

案由:拒不执行判决裁定罪

诉讼请求:

1. 追究宋××拒不执行判决裁定罪的刑事责任;

2. 判决宋××履行××县人民法院(201×)×民初字第×××号民事调解书中未支付的执行款项×××××元及加倍支付拖延履行期间的债务利息××××元;

3. 赔偿自诉人因向宋××追索劳动报酬所产生的交通费、住宿费、证人出庭费、律师费等所有花费共计×××××元。

事实与理由:

被告人宋××因欠付自诉人工资款61,834元,被自诉人诉至贵院,该案审理完毕后,在贵院主持下,双方于2015年5月达成调解协议,贵院出具(201×)×民初字第×××号民事调解书。

因被告人对该生效调解书的不履行,自诉人在贵院立案,申请对被告人强制执行。贵院执行庭对被告人下达了执行通知书后,被告人既不露面,也不申报财产。2016年3月1日,在贵院执行庭向被告人下达拘留通知准备拘留被告人时,被告人向自诉人支付了25,000元执行款,自诉人为了能顺利拿到剩余执行款,特别授权委托河南天盈律师事务所董润桃律师在贵院主持下与宋××达成了执行和解协议,该协议中被告人承诺剩余款项在2016年3月31日前一次性付清,如到期未能按协议履行,自诉人可申请恢复(201×)×民初字第×××号民事调解书的执行及延迟履行利息的执行,并自愿接受法院对其采取罚款、拘留等强制措施。该和解协议签订后,因宋××依然不履行,2016年7月19日,自诉人再次到贵院立案,恢复了对被告人的强制执行申请。再次立案后,宋××直接不再露面,百般躲赖,甚至连电话也时常拒接,他声称他银行卡内有28,000元,要挟自诉人及代理律师说不给他降下来,他就无法给付。

面对被告人,依法生效的法律文书如同废纸,法律对其侵权行为似乎已无任何制约性,其肆意践踏的不仅仅是自诉人的财产权利,更是国家法律的尊严和严肃性。

面对贵院的执行通知,宋××有钱也不履行,现有证据充分证明其行为已经触犯了《中华人民共和国刑法》第三百一十三条拒不执行判决、裁定罪。自诉人强烈要求追究其刑事责任，并判令其承担由此给自诉人带来的各项经济损失。

此致

××县人民法院

自诉人：周××

2017年4月6日

三、练习

请按照相关法律规定及文书制作要求，对上面所引"刑事自诉状"进行评析

第二节　刑事上诉状

一、适用范围

刑事上诉状是指刑事案件的自诉人、被告人和他们的法定代理人、辩护人、近亲属，不服地方各级人民法院第一审尚未生效的判决、裁定，在法定期限内向上一级人民法院提出上诉，要求撤销、改判或发回原审法院重新审理的具有法律意义的诉讼文书。

我国《刑事诉讼法》第二百二十七条规定："被告人、自诉人和他们的法定代理人，不服地方各级人民法院第一审的判决、裁定，有权用书状或者口头向上一级人民法院上诉。被告人的辩护人和近亲属，经被告人同意，可以提出上诉。附带民事诉讼的当事人和他们的法定代理人，可以对地方各级人民法院第一审的判决、裁定中的附带民事诉讼部分，提出上诉。对被告人的上诉权，不得以任何借口加以剥夺。"

由此可知，一旦刑事诉讼当事人或者其他依照法律规定有权提出上诉的其他人，不服人民法院的第一审刑事判决、裁定，都可以制作刑事上诉状行使上诉权。因此，本文书适用于所有提起上诉的刑事案件，不论是公诉案件、自诉案件，还是刑事附带民事案件。

刑事上诉状既是刑事案件当事人等不服第一审判决、裁定，要求

引起第二审程序的法律文书，也是第二审人民法院开始刑事案件二审程序的依据之一。

二、制作方法

刑事上诉状由首部、正文和尾部三部分组成。

(一)首部

1. 文书名称。

居中写明“刑事上诉状”。

2. 当事人的基本情况。

分项依次写明上诉人、被上诉人的姓名、性别、出生年月日、民族、出生地、文化程度、职业或者工作单位和职务、住址等。

特别需要注意的是，刑事自诉案件或附带民事案件上诉状才列写被上诉人；而刑事公诉案件的被告人提出上诉的，没有被上诉人，因而只列写上诉人项，不列写被上诉人项。

3. 案由。

依程式写为：“上诉人因××(案由)一案，于××××年××月××日收到×××人民法院××××年××月××日(××××)×刑初××号刑事××，现因不服该××提出上诉。”

(二)正文

正文包括上诉请求和上诉理由。

1. 上诉请求。

上诉请求是上诉人提出上诉所要达到的目的，体现了上诉人的愿望，一般要求写明上诉人请求第二审人民法院部分还是全部撤销原审裁判，或者请求第二审人民法院重新审理，改变原审裁判。上诉请求应当具体、明确。

2. 上诉理由。

上诉理由是上诉人对原审裁判的反驳，是本文书的关键点。制作时应重点突出，针对一审判决、裁定在认定事实、适用法律、定罪量刑、诉讼程序等方面存在的错误进行论证。这要求文书制作者在制作文书以前，认真仔细地研究一审裁判文书，正确、全面地理解裁判文书的内容，然后才能准确地把裁判文书存在的问题找出来，加以评论，进行反驳。

(三)尾部

尾部包括三项内容:

1. 致送人民法院名称。

2. 上诉人和代书人署名、日期。

3. 附项。写明附件的名称和件数。

三、格式及示例

(一)格式(刑事自诉上诉案适用。刑事公诉被告人上诉时制作的刑事上诉状需要删除本格式中的被上诉人项)

刑事上诉状

上诉人(原审自诉人或被告人)……(姓名、性别、出生年月日、民族、出生地、文化程度、职业或者工作单位和职务、住址等)

被上诉人(原审被告人或自诉人)……(姓名、性别、出生年月日、民族、出生地、文化程度、职业或者工作单位和职务、住址等)

上诉人因×××一案,于××××年××月××日收到×××人民法院××××年××月××日(××××)×刑初×号刑事××书,现不服该××(判决或裁定)提出上诉。

上诉请求

……

事实与理由

……

此致

×××人民法院

上诉人×××

××××年××月××日

附:本上诉状副本×份

(二)示例①

刑事上诉状

上诉人程××,男,1984年6月24日出生,汉族,住××省××县××乡××村四组。

上诉人因交通肇事罪一案,于2013年8月27日收到广东省佛山市南海区人民法院(2013)佛南法刑初字第1698号刑事判决书,现因不服该判决书提出上诉。

上诉请求:

一、依法撤销广东省佛山市南海区人民法院(2013)佛南法刑初字第1698号刑事判决书;

二、依法判决宣告对上诉人减轻处罚并适用缓刑。

事实与理由:

一审判决对上诉人量刑过重,依法应对上诉人减轻处罚并适用缓刑。

一、上诉人在本案的交通事故中,主要是因为离开了现场,才被交警部门认定为逃逸并承担事故的主要责任,上诉人并没有其他严重的违章行为。

1. 上诉人当时驾驶的车辆装满货物,车重五十余吨,摩托车撞上上诉人驾驶的车辆时,车辆几乎没有震动,本案交通事故发生时正值深夜,光线较暗,本案中摩托车是碰撞到上诉人驾驶车辆的尾部,上诉人驾驶的重型半挂牵引车的车身较长,上诉人已经尽了应该尽的注意义务,交通事故的结果是上诉人无法控制的。

2. 本案交通事故发生时,上诉人驾驶的车辆行驶的速度极其缓慢,是被害人高速驾驶的摩托车主动撞上了上诉人驾驶的车辆,而不是上诉人驾驶车辆撞上被害人。

3. 上诉人直到2013年4月13日凌晨3点左右收到公安机关要求协助调查的通知,[见《讯问笔录》(第2次)中程付良的供述内容]才详细检查自己的车辆并发现自己挂车最后一排轮子的左后轮的挡泥

---

① 选自110法律咨询网>资料库>律师随笔>查看资料2013-11-10日发布的郑兰运律师提供的刑事上诉状,http://www.110.com/ziliao/article-472909.html,最后访问日期:2016年3月4日。

板有些损坏,也才知道自己车辆与被害人摩托车相撞的具体位置,当天,上诉人就驾驶自己的车辆去交警大队协助调查,投案自首。

4. 上诉人在交警部门调查过程中,办案人员曾调取了事发时的视频录像,上诉人看到:录像显示上诉人当时是在缓慢地驾驶车辆行驶,摩托车驾驶人则是以极快的速度撞向上诉人驾驶车辆的尾部。

二、上诉人为维持并不富裕的家庭生活才于去年多方筹借款项购买了本案中赖以生存的大货车,原本希望以靠运输为生,改善一下家人的生活,没想到买车时向亲戚朋友借来的款项还没有还完,却发生了本案的交通事故,使得并不宽裕的家庭经济因此而濒临绝境,但本案交通事故发生后,上诉人及家属还是尽自己所能支付了赔偿款人民币25,000元,上诉人在一审庭审中明确向法庭表示,愿意在法律确定的范围内将本案中价值人民币20万元的肇事车辆依法折价或拍卖,价款赔偿给被害人家属。上诉人下有年幼的女儿需要抚养,上有无经济收入的年迈的父母需要赡养,上诉人是家庭经济的支柱,现上诉人因被羁押,家庭已经濒临解体,为使上诉人的家庭能继续完整地存在,让年幼的孩子健康成长,让年迈父母老有所养,上诉人请求上级法院能充分考虑:上诉人已经尽了最大的努力给予了对方家属适当的赔偿及上诉人家庭的具体情况,对上诉人能适用缓刑;而一审法院在量刑时并没有充分考虑这一情节,对上诉人进行了过重的量刑。

三、本案交通事故中,被害人醉酒驾驶摩托车是严重地违反刑法的行为,是应该承担刑事责任的!是其严重的过错直接导致了本案交通事故的发生,上诉人也成为被害人醉酒驾驶摩托车的受害者;很显然,一审法院并没有充分考虑到被害人在本案中的过错的严重程度,没有因此而充分地减轻对上诉人的刑事处罚,对上诉人量刑明显过重。

四、上诉人符合适用缓刑的条件,对上诉人量刑时应该适用缓刑。

1. 本案上诉人犯罪情节较轻;本案中,上诉人不存在比较恶劣的情节,且被害人在本案中也有严重的过错行为。

2. 上诉人有悔罪表现;犯罪后,上诉人主动投案自首,并愿意尽其所能赔偿对方的损失,有强烈的悔罪表现。

3. 上诉人没有犯罪的前科;经过本案的教训,上诉人已经深深反省了自己的行为,已经痛下决心,以后的生活中会严格要求自己,做一个遵纪守法的公民。

4. 对上诉人宣告缓刑对所居住社区没有重大不良影响。上诉人平时遵纪守法，没有犯罪前科，对上诉人宣告缓刑对所居住社区没有不良影响。

综上所述，上诉人认为：一审判决量刑过重，上诉人请求上级法院充分考虑上诉人具有从轻、减轻处罚的法定情节和酌定情节，综合本案案情，上诉人请求上级法院对上诉人减轻处罚并宣告缓刑，以维护上诉人的合法权益。

此致

佛山市中级人民法院

上诉人：程××

2013年9月3日

第三节　刑事附带民事自诉状

刑事附带民事自诉状是一种刑事自诉案件中经常使用的诉讼法律文书。这种文书虽然没有必须遵守的格式与结构，但在长期的实践中，也形成了一种约定俗成的惯例。

一、概念

刑事附带民事起诉状是刑事自诉案件的被害人（自诉人）或者其法定代理人、近亲属，为追究被告人的刑事责任并附带要求承担因其犯罪行为而导致的民事侵权损害责任而向人民法院提起诉讼时制作的具有法律意义的诉讼文书。

二、法律依据

《中华人民共和国刑事诉讼法》第七章“附带民事诉讼”第一百零一条规定：“被害人由于被告人的犯罪行为而遭受物质损失的，在刑事诉讼过程中，有权提起附带民事诉讼。被害人死亡或者丧失行为能力的，被害人的法定代理人、近亲属有权提起附带民事诉讼。如果是国家财产、集体财产遭受损失的，人民检察院在提起公诉的时候，可以提起附带民事诉讼。”

从该条规定可以看出，能否在刑事诉讼中提附带民事诉讼，需要符合一定的条件：

一是附带民事诉讼的被告与刑事诉讼的被告人必须正确。一般来说，附带民事诉讼的被告就是刑事诉讼中的刑事被告人，但有时也可能包括以下人员：未被追究刑事责任的其他共同致害人；未成年刑事被告人的监护人；已被执行死刑的罪犯的遗产继承人；刑事案件审结前已死亡的被告人的遗产继承人；对刑事被告人的犯罪行为造成的损害依法应当承担民事赔偿责任的单位或个人。

二是刑事诉讼案件被害人的物质损失与被告人的犯罪行为之间必须具有因果关系。

三、制作方法

刑事附带民事起诉书由首部、正文和尾部组成。

（一）首部

应当写明：

1. 文书名称，即“刑事附带民事自诉状”；

2. 自诉人兼附带民事诉讼原告人、被告人兼附带民事诉讼被告人的姓名、性别、出生年月日、民族、出生地、文化程度、职业或者工作单位和职务、住址。法人或其他组织应写明单位全称、地址、法定代表人或代表人的姓名、性别、职务。

（二）正文

应当写明：

1. 诉讼请求。此部分应当依次写明两种诉讼请求，即请求人民法院追究被告人刑事责任和民事赔偿责任。关于刑事责任的请求应当明确、概括，但不必写明要求给予何种具体刑罚；关于民事赔偿责任的请求则要写得明确具体，要有明确的赔偿的项目和具体数额。

2. 事实与理由。这部分是本文书的核心。

事实要写明附带民事诉讼被告人的犯罪事实与民事侵权事实。前者应依次写明被告人实施刑事犯罪的各要素：时间、地点、动机、目的、手段、经过、结果等；后者应突出民事损害的程度，物质损失的具体数额，并分析损失与被告人的犯罪行为之间的因果关系。

理由应论述被告人双重侵权行为的不同性质，并分别引用我国法律关于刑事自诉案件的规定和相关的民事法律规定，充分论述被告人承担双重责任的必然性与合法性。

3. 证明物质损失的证据等。应当一一列明证据的正确名称、种类及合法来源。主要证据的排列应根据所证明的事项进行，不能随意、跳跃式排列。

（三）尾部

应当写明：

1. 致送人民法院的名称；

2. 附带民事起诉状的份数；

3. 附带民事诉讼原告人签名或者盖章；

4. 具状时间。

四、特别提示

（一）由于附带民事诉讼是在刑事诉讼过程中提起的，检察机关或自诉人已经对犯罪行为提起公诉或自诉，因此刑事附带民事起诉状中应当重点写明被告人的犯罪行为给被害人造成物质损失的情况及有关证据。

（二）按照《中华人民共和国刑事诉讼法》第一百零一条的规定，附带民事诉讼损害赔偿的请求限于物质损失，不包括精神损失。因此，刑事附带民事自诉状的诉讼请求中不应主张精神损失赔偿。

（三）注意区别刑事自诉附带民事诉讼与刑事公诉附带民事诉讼在诉讼法律文书上的区别。在刑事自诉中附带提起民事诉讼的，可以只撰写一份法律文书即“刑事附带民事自诉状”，在其中同时写明刑事和民事两种行为事实，同时既主张追究被告人的刑事责任，也追究其民事责任。但在刑事公诉案件中被害人若要提起附带民事诉讼，则须在人民检察院向人民法院制作的起诉书外，另行制作“附带民事起诉状”。

五、格式及示例

（一）格式①

刑事附带民事自诉状

自诉人（兼附带民事诉讼原告）……（姓名、性别、出生年月日、民

① 此格式适用于刑事自诉附带民事诉讼案被害人提起附带民事诉讼时使用。

族、出生地、文化程度、职业或者工作单位和职务、住址。法人或其他组织应写明单位全称、地址、法定代表人或代表人的姓名、性别、职务)。

法定代理人……(姓名、性别等身份事项及与自诉人的关系)。

委托代理人……(姓名、性别、单位等;律师写明姓名、工作单位与职务)。

被告人(兼附带民事诉讼被告)……(姓名、性别、出生年月日、民族、出生地、文化程度、职业或者工作单位和职务、住址。法人或其他组织应写明单位全称、地址、法定代表人或代表人的姓名、性别、职务)。

法定代理人……(姓名、性别等身份事项及与被告人的关系)。

委托代理人……(姓名、性别、单位等;律师写明姓名、工作单位与职务)。

案由和诉讼请求:

……

事实与理由:

……

此致

×××人民法院

自诉人(兼附带民事诉讼原告)×××

年　月　日

附:1. 本状副本×份

2. 证据清单和证据×份

(二)示例①

刑事附带民事自诉状

自诉人(兼附带民事诉讼原告)关××,男,1984年5月2日生,汉

① 此例文据法律快车>全国律师>大理州律师>马培杰律师网页上所提供的例文改编而成,http://www.lawtime.cn/article/lll28566522861746oo31248,最后访问日期:2016年3月4日。

族,住四川省德昌县××村15号。身份证号码:513424××××××××××××,联系电话×××××××××××。

被告人(兼附带民事诉讼被告)王××,男,1982年6月24日生,云南省剑川县人,联系电话×××××××××××。

诉讼请求:

一、依法追究被告人王××故意伤害罪的刑事责任,并从重处罚;

二、判令被告人连带赔偿自诉人残疾赔偿金、医疗费、误工费、护理费、住院伙食补助费、营养费、交通费、鉴定费等损失共计22,416.82元。

事实与理由:

2010年7月4日晚,梁××、李××等三人到自诉人合法经营的"夜来香"美容美发店消费。消费后,三人无故拒付费用,并叫来多人在美容美发店门口闹事。被告人王××被叫到现场后,不问事情缘由,不听自诉人解释,即对自诉人关××拳打脚踢,进行殴打。自诉人被打后,被送往剑川县人民医院治疗,后转院至丽江市人民医院治疗,住院十八天,休息至今。

被告人的故意伤害行为导致自诉人受伤,被诊断为:1.鼻骨骨折,断端稍塌陷;2.右侧第十根肋骨背段骨折、折骨错位0.5米。经昆明医学院司法鉴定中心鉴定为轻伤,并经四川鼎诚司法鉴定所鉴定达到九级伤残等级。

被告人的犯罪行为致使自诉人关××遭受物质损失,具体损失为:残疾赔偿金13,476.00元、医疗费3090.82元、误工费2250.00元、护理费500.00元、住院伙食补助费500.00元、营养费500.00元、交通费1000.00元、鉴定费1100.00元等,共计22,416.82元。这些物质损失均因被告的故意伤害行为产生,依法应由被告王××负责赔偿。

综上所述,被告人王××故意伤害他人,致人轻伤,其行为已触犯《中华人民共和国刑法》第二百三十四条之规定,构成故意伤害罪,应依法追究其刑事责任并从重处罚。另外,依据《中华人民共和国刑事诉讼法》第九十九条之规定,①被害人由于被告人的犯罪行为而遭受物

① 此文书制作时,《刑事诉讼法》还未修改,故援引的是2018年修正以前的条文。

质损失的,在刑事诉讼过程中,有权提起附带民事诉讼。因此,为维护自诉人的合法权益,特依法提起刑事附带民事诉讼,请给予公正裁决,判如所请。

此致

××县人民法院

具状人:关××

二〇一五年八月十九日

附:1. 昆明医学院司法鉴定中心司法鉴定书复印件;

2. 四川鼎诚司法鉴定所伤残等级鉴定意见书复印件;

3. 自诉人住院费用单据复印件(原件待查);

4. 自诉人身份证复印件一份(原件待查);

5. 相关赔偿费用清单及计算标准说明一份。

六、练习①

案情:田×和苗×是前后院邻居,田×家盖的房子挡住了苗×家的采光,苗×多次交涉,田×不听,反将苗×打成重伤,田×被逮捕。在刑事诉讼过程中,苗×为提起附带民事诉讼,委托本市某律师事务所律师胡×为其诉讼代理人。胡律师接受委托后,为苗×写了如下诉状:

刑事附带民事起诉状

原告苗×,男,34岁,汉族,××公司职员,家住本市四方区花家胡同20号。

诉讼代理人胡×,本市××律师事务所律师。

被告田×,男,36岁,汉族,××公司职员,家住本市四方区花家胡同21号。

请求事项:

1. 请求法院依法判处被告赔偿全部医疗费、误工损失费和伤残补

① 此练习题涉及的是公诉案件附带提起民事诉讼时被害人制作的附带民事诉讼起诉状,为2003年国家司法考试卷四第二题。

助费；

2. 请求法院判处被告拆除影响原告家采光的非法建筑；

3. 请求法院判处被告赔偿原告精神损害费4万元。

事实和理由：

被告田×和原告系前后院邻居。今年3月，被告在房屋改建过程中，不顾邻里关系，新建的房屋后檐离原告家的前窗只有半米，严重影响了原告家房屋的采光。原告多次同被告交涉，被告均置之不理。今年4月1日，原告再次找被告交涉时，被告态度更为恶劣，不但不听原告交涉，反而拿起铁锨铲原告，原告躲闪不及，右脚跟腱被铲断，虽经住院治疗30余天，仍然留下残疾，行走不便，经鉴定为三级伤残。以上事实，有证人××的证言，××医院的诊断证明书，以及××司法鉴定室的鉴定报告为证。

被告的上述行为，严重侵害了原告的合法权益，给原告的身心健康造成了极大的伤害，现向贵院提起刑事附带民事诉讼，请求法院依法判处。

具状人：胡×

2003年5月4日

问题：请根据刑事附带民事诉讼的法律规定和基本理论，从对执业律师法律文书规范化的角度，分析本刑事附带民事诉状存在哪些问题，并简要说明理由。

第四节 辩 护 词

一、概念

辩护词是刑事案件被告人及其辩护人，在刑事诉讼活动中，为维护被告人的合法权益而提出的证明被告人无罪、罪轻或者应当从轻、减轻或免除刑事责任的口头或书面辩解文书。

辩护词有广义和狭义之分。广义的辩护词，主体包括被告人及辩护人；形式既有书面形式，也有口头形式。狭义的辩护词，仅指被告人或辩护人制作并向法庭递交的书面辩护意见。

二、制作方法

辩护词没有统一固定的格式，只有在司法实践中约定俗成的结构形式，一般也可分为首部、正文与尾部三部分。

(一)首部

1. 文书名称。在页面正中书写“辩护词”。

2. 前言。包括呼告语、辩护人出庭辩护的法律依据、庭前依法所做的工作，对法庭调查和指控内容的总评价或反驳意见、对本案的总体辩护主张。

(二)正文

这部分主要陈述辩护要点及辩护理由，是辩护词的核心。

(三)尾部

也就是结束语，由辩护人对自己发表的辩护意见作总结归纳。

三、特别提示

辩护词的格式非常简单，制作的重点应该是如何寻找辩护要点，进而准确确立辩护主张，并展开事实与法律的论证。

如何寻找辩护要点呢？从实践经验来看，辩护要点总体可以从实体和程序两方面来寻找。要对案情作详细的分析研究，推敲指控的事实是否存在；指控的性质是否正确；案件所涉事实情节是否具有法定或酌定减轻、从轻处罚的情节；诉讼程序是否合法，找出上述几方面存在的问题，也就找到了辩护要点。

根据辩护要点，确立辩护主张。辩护词的辩护主张一般可分为两种：一是无罪辩护；二是从轻、减轻、甚至免除处罚的辩护。需要注意的是，这两种主张在实质上是对立的，即如果是无罪，就根本不存在罪轻的问题；而如果主张从轻、减轻、免除处罚的话，必然是以有罪为前提。所以，一份辩护词只能确立一种主张，要么主张无罪，要么主张从轻、减轻、免除处罚，不能既主张无罪，又主张从轻、减轻、免除处罚。

四、格式及示例

(一)格式

辩 护 词

审判长、人民陪审员:

前 言

(主要写三项内容:一是申明辩护人的合法地位;二是辩护人在出庭前进行了哪些工作;三是讲辩护人对全案的基本看法。)

辩护理由

(是辩护词的核心内容。是辩护人为维护被告人的合法权益所要阐明的主旨,应该从被告人的行为事实出发,对照有关的法律规定,论证被告人无罪、罪轻或应该予以减轻甚至免除其刑事责任的意见和根据。因此,通常是要围绕是否构成犯罪、属于何种罪名、有无减轻、从轻的法定条件,以及诉讼程序是否合法等问题上展开辩论和论述。)

结束语

(是对辩护词的归纳和小结。一般讲两个内容:一是辩护词的中心观点;二是向法庭提出对被告人的处理建议。)

辩护人×××

年 月 日

(二)示例一(主张从轻、减轻、免除处罚)[①]

辩 护 词

审判长、人民陪审员:

根据《中华人民共和国刑事诉讼法》第三十二条的规定,[②]××律师事务所接受被告人李×的委托,指派我担任被告人李×的辩护人。在出庭前,本辩护人会见了被告人,阅读了案卷材料,进行了必要的走

---

① 选自顾克广主编:《国家司法考试法律文书教程》,朝华出版社2004年版,第240页。

② 此文书制作时,《刑事诉讼法》还未修改,故援引的是2018年修正以前的条文。

访，刚才又参加了法庭调查，并认真听取了公诉人发表的公诉意见，现发表辩护意见如下：

1. 李×不构成故意杀人罪，只构成抢劫罪

根据《中华人民共和国刑法》的有关规定，抢劫罪是以非法占有为目的，使用暴力、胁迫或者其他方法，当场抢走公私财物的行为。故意杀人罪，是指非法故意剥夺他人生命的行为。本案中，当胡、李二被告人看到前面有一个人肩挑两个大旅行包赶路时，胡提议说："这个人是做生意的，我们把他的东西搞来。"李×说："怎么干？"胡说："你跟我来。"从二人的对话中可以看出，胡、李二被告人有共同抢劫的故意。两人赶上行路人，胡就地拣起石头打击行路人头部，致其昏倒。李×急忙挑起受害人的东西离开现场。李×离去后，胡又用石头多次猛砸受害人头部，使其当场死亡。上述事实说明，李×存在抢劫的故意，并且实施了抢劫行为。但是，李×不具有杀人的故意，胡杀人是在李×挑东西离开现场后，事前并未与李×商量。由此可见，李×只构成抢劫罪，不构成故意杀人罪。

2. 在抢劫罪中，李×是从犯

胡、刘二人共同故意实施了抢劫行为，李×构成了抢劫罪，但是李×属于从犯。因为从上述事实可以看出，胡是抢劫的提议者。在实施犯罪的过程中，是胡用石头将行路人打昏，而李×只是挑起东西逃离现场。根据《中华人民共和国刑法》第二十七条的规定，在共同犯罪中起次要或者辅助作用的，是从犯。对于从犯，应当从轻、减轻处罚或者免除处罚。李×在共同抢劫中一直处于次要地位，起辅助作用。因此，属于从犯。

3. 李×属于未成年人犯罪

《中华人民共和国刑法》规定，对已满14周岁不满18周岁的人犯罪，应当从轻或者减轻处罚。李×1973年8月出生，到1990年10月实施抢劫行为时，未满18周岁，属于未成年人。对于未成年人犯罪的，应当从轻或者减轻处罚，因此，对李×应当从轻处罚。

4. 李×作案后投案自首，具有立功表现

李×作案回家后十分惧怕，当晚把作案经过告知其父，其父于次日晨将李×送往公安机关。李×在公安机关如实交代了罪行，并揭发检举了胡×的罪行。公安机关根据李×提供的线索，将胡×捕获归

案。由此可见,李×作案后投案自首,并有立功表现,可以从轻、减轻或免除处罚。因此,对李×应当从轻、减轻或免除处罚。

综上所述,辩护人认为,被告人李×只构成抢劫罪,不构成故意杀人罪。他在抢劫过程中属于未成年人犯罪,处于从犯地位,而且犯罪后主动投案自首,揭发、检举其他同案犯,有立功表现,建议法庭对被告人李×从轻、减轻或者免除处罚。

辩护人×××

××××年××月××日

(三)示例二(主张无罪)①

辩 护 词

尊敬的审判长、各位审判员:

我是北京市立言律师事务所律师,根据《中华人民共和国刑事诉讼法》第三十二条之规定,②受律师事务所的指派,接受本案被告人张×之委托,担任他的辩护律师。为了履行律师的职责,我查阅了本案的所有的案件材料,会见了本案的被告人,对于本案有了比较明确的认识。现发表如下辩护意见,供合议庭在合议时考虑。

起诉书中认定张×明知撞伤王××而驾车逃离现场,证据不足。曾在事发现场的王××的同事李×证明:在事发时见张×及其堂弟张××曾透过车窗向后观望。丰台交通大队事故科王×证明,在事发现场未发现刹车痕迹和任何车辆停止的迹象。用以上证明张×是肇事后故意逃逸的证据存在事实的矛盾。张×不是肇事后故意逃逸的,主要理由如下:既然丰台交通大队事故科王×(事故的处理人员)证实在事发现场没有刹车和任何车辆停止的痕迹,那么王××的同事李×又称事故发生时张×和其堂弟张××曾通过车窗向后观望,并知道王××受伤的事实。而如果张×和张××回头观望并得知王××受伤并逃逸,那么必然在回头观望时会刹车或减慢车速,并能够在公安交通

---

① 据清华大学出版社2004年出版的陈建民编著《常用法律文书教程》第225页上的辩护词和修改后的法律法规改编。

② 此文书制作时,《刑事诉讼法》还未修改,故援引的是2018年修正以前的条文。

部门的事故勘察记录中有所记载。因此,从丰台交通大队的勘察结果来看,李×的证言应是不符合事实的。

办案人员席××在调查中称,张×在案发当日曾到北京市西城区的某汽车修理厂修车,并由此推断出,张×是在知道自己肇事后逃逸并为掩盖证据而去修车的。而我在对案件的调查中了解到的事实是,当日应为张×所在的北京明光出租汽车公司的车辆统一保养日,而且是在事故发生的前一天该出租汽车公司领导通知张×去保养车辆。办案人员还称张×在事故发生的当天的夜间将车辆存放在居住的小区的偏僻角落,而经我在张×居住的小区调查,办案人员所称的角落是根本不能停放汽车的。事实是,张×当日未曾将其车辆放在其固定的停车位置(该小区的车辆停放有固定的停车位置),原因是当天有别的车辆错停在张×的停车位置上致使张×将车停在非停车区的停车位置上。以上的事实被办案人员作为张×的逃避罪证的事实是不能成立的。

综上所述,起诉书中认定的张×驾车肇事后逃逸是不符合事实的,不能予以认定。在没有证据证明张×系肇事后故意逃逸的情况下,不能认定张×的行为符合《中华人民共和国刑法》关于危害公共安全罪的构成要件,不能认定为犯罪,因此被告人张×的行为不能构成犯罪,请求法庭宣告被告人张×无罪。

辩护人李××

2014年4月1日

第三编

民事诉讼文书

民事诉讼文书是一个大类,其下包括不同制作主体依法制作的与民事诉讼有关各类文书,主要有人民检察院的民事诉讼监督文书、人民法院的民事裁判文书、当事人及其代理人的民事诉讼文书。以下各章就依不同的制作主体进行叙述。

第一章 人民检察院民事诉讼监督文书

第一节 概 述

我国法律赋予各级人民检察院了一项重要职能就是监督职能。这种监督不仅体现在刑事案件的办理过程中,也体现在民事、行政案件的诉讼过程中。近年来,各级人民检察院充分认识到对生效民事裁判的监督,是规范司法程序,注重监督实效,维护司法公正与司法权威,保障公民、法人及其他组织合法权益,维护社会稳定的重要途径,在紧抓刑事诉讼的同时,不断强化对民事诉讼的监督工作,民事诉讼监督日益受到检察机关的重视。为此初步构建了生效裁判监督、审判程序违法行为监督和执行监督的多元化监督格局。

为了规范对民事诉讼的监督,最高人民检察院制订了《人民检察院民事诉讼监督规则(试行)》,于 2013 年 11 月 18 日公布实施。这是各级人民检察院进行民事诉讼监督的重要法律依据,也是各级人民检察院制作民事诉讼监督文书的重要依据。以该规则为基础,民事诉讼监督法律文书可分为七个大类:抗诉类、检察建议类、审查终结报告类、决定类、通知类、函类、其他文书。

第二节 人民检察院民事抗诉书

各级人民检察院对民事诉讼进行监督有很多方式,对应的民事诉讼监督文书也有许多种,具体而言,有提请抗诉报告书、民事抗诉书、再审检察建议书、执行监督检察建议书、诉讼违法监督检察建议书等。在对民事诉讼进行监督的过程中,检察院行使抗诉权是其中最主要也最有力的一种方式。为此,以下选择检察院民事抗诉书制作进行重点讲述。

一、适用范围

民事抗诉书,是人民检察院依照我国民事诉讼法关于法律监督的规定,发现已生效民事案件的判决、裁定存在《中华人民共和国民事诉讼法》第二百条规定的情形之一,或发现调解书损害国家利益、社会公共利益,向同级人民法院提出抗诉,要求再审时所制作的诉讼法律文书。

由此可知,民事抗诉书适用的前提条件是判决或裁定已经生效,但该判决或裁定存在《中华人民共和国民事诉讼法》第二百条规定的情形之一;或者调解书已生效,但调解书损害国家利益或社会公共利益。也就是说民事抗诉针对的对象既可以是生效的判决、裁定,也可以是生效的调解书。除了判决、裁定而外,对调解书的监督也正式纳入人民检察院民事抗诉的范围,这是2012年修订后的《中华人民共和国民事诉讼法》新增的一项内容。

民事抗诉书,既是要求人民法院对作出确有错误的生效民事判决、裁定、调解书的案件进行再审的有效依据,也是人民检察院对民事审判活动进行法律监督的法定手段。

二、法律依据

人民检察院制作民事抗诉书的法律依据主要是《中华人民共和国民事诉讼法》第二百条、第二百零八条、第二百一十二条。

《中华人民共和国民事诉讼法》第二百条规定:当事人的申请符合下列情形之一的,人民法院应当再审:(1)有新的证据,足以推翻原判决、裁定的;(2)原判决、裁定认定的基本事实缺乏证据证明的;(3)原判决、裁定认定事实的主要证据是伪造的;(4)原判决、裁定认定事实的主要证据未经质证的;(5)对审理案件需要的主要证据,当事人因客观原因不能自行收集,书面申请人民法院调查收集,人民法院未调查收集的;(6)原判决、裁定适用法律确有错误的;(7)审判组织的组成不合法或者依法应当回避的审判人员没有回避的;(8)无诉讼行为能力人未经法定代理人代为诉讼或者应当参加诉讼的当事人,因不能归责于本人或者其诉讼代理人的事由,未参加诉讼的;(9)违反法律规定,剥夺当事人辩论权利的;(10)未经传票传唤,缺席判决的;(11)原判决、裁定遗漏或者超出诉讼请求的;(12)据以作出原判决、裁定的法律文书被撤销或者变更的;(13)审判人员审理该案件时有贪污受贿,徇私舞弊,枉法裁判行为的。

第二百零八条规定:最高人民检察院对各级人民法院已经发生法律效力的判决、裁定,上级人民检察院对下级人民法院已经发生法律效力的判决、裁定,发现有本法第二百条规定情形之一的,或者发现调解书损害国家利益、社会公共利益的,应当提出抗诉。地方各级人民检察院对同级人民法院已经发生法律效力的判决、裁定,发现有本法第二百条规定情形之一的,或者发现调解书损害国家利益、社会公共利益的,可以向同级人民法院提出检察建议,并报上级人民检察院备案;也可以提请上级人民检察院向同级人民法院提出抗诉。各级人民检察院对审判监督程序以外的其他审判程序中审判人员的违法行为,有权向同级人民法院提出检察建议。

第二百一十二条规定:人民检察院决定对人民法院的判决、裁定、调解书提出抗诉的,应当制作抗诉书。

三、制作方法

民事抗诉书为文字叙述式文书。由首部、正文和尾部组成。

(一)首部

1. 制作机关名称、文书名称、文书编号。

制作机关名称为:×××人民检察院;文书名称为:民事抗诉书;文书编号为:×检×民抗〔　〕×号。

2. 案件来源及本院审查过程。

案件来源分为四种情况:第一种情况是当事人不服原判决或裁定,直接向本检察院申诉后,经本院审查决定提出抗诉的,直接写明当事人申诉的情况;第二种情况是当事人向下级人民检察院提出申诉,下级人民检察院审查后又提请本院抗诉的;第三种是检察机关自行发现的;第四种是由案外人申诉引起的。无论是哪种情形,都应在本部分清楚交代。具体行文请结合下面的格式选择适用。

（二）正文

正文包括本院审查认定的案件事实、审查意见和抗诉理由、抗诉决定和法律依据。

1. 本院审查认定的案件事实。

案件事实是阐明抗诉理由的基础，应当叙写清楚。根据不同情况，叙写的要求也不同。当检察院与法院在认定事实上没有分歧时，可以不再具体写案件事实，直接进入对判决、裁定本身的分析论证。当人民检察院与人民法院认定的事实不同时，即在“现查明”的引语下，准确写明案件基本事实；对于抗诉依据的事实，应重点叙述；对于分歧的关键环节，或者是应当更正法院所认定的事实部分应具体叙述；为了说明本院认定事实的依据，可以简要列明认定事实的证据情况。

2. 审查意见和抗诉理由。

这部分要针对案件实际情况，综合分析、论证下列内容：

（1）指出原判决、裁定、调解书的错误之处。

（2）分析、论证抗诉理由。要根据事实和证据，依据法律、法规，对原审裁判在认定事实、采信证据、适用法律、诉讼程序等方面存在的问题，进行分析评议。说明为什么错误，同时论证检察机关抗诉理由的正确性。

3. 抗诉决定和法律根据。

写这部分时，先要综述抗诉结论性意见，将前一部分指出的错误要点概括写明，进一步阐明抗诉的必要性。然后写明本院抗诉的决定和据以抗诉的我国民事诉讼法律规定。如是本院检察委员会讨论决定的，也应写明。

（三）尾部

写明以下各项：

1. 致送受理抗诉案件的人民法院名称；

2. 决定抗诉的年月日，并加盖院印；

3. 附项：要写明随案移送的卷宗及有关材料情况。

四、特别提示

（一）本文书当事人的称谓为“申诉人”。

（二）本文书首部没有当事人的基本情况列项。编号下直接进入案件来源及本院审查过程部分。

（三）本文书的受文对象为提出抗诉的人民检察院的同级人民法院。

（四）本文书只能针对已经生效但确有错误的民事判决、裁定及有损国家利益、社会公共利益的调解书提出抗诉，对尚未生效的民事判决、裁定、调解书，虽然认为有错误，也不能提出抗诉。

五、格式及示例

（一）格式

×××人民检察院

民事抗诉书

×检×民抗〔　〕×号

×××（申诉人）因与×××（对方当事人）×××（案由）纠纷一案，不服×××人民法院×××（写明生效判决、裁定文号）民事判决（或裁定），向我院提出申诉。（由下级人民检察院提请抗诉的案件写为：向×××人民检察院提出申诉，×××人民检察院提请我院抗诉。）[由检察机关自行发现的案件写为：我院对×××人民法院对×××（原审原告）与×××（原审被告）×××（案由）纠纷案的×××（生效判决、裁定、调解书文号）民事判决（裁定或调解书）进行了审查。][由案外人申诉的案件写为：我院受理×××（申诉人）的申诉后，对×××人民法院对×××（原审原告）与×××（原审被告）×××（案由）纠纷案的×××（生效判决、裁定、调解书文号）民事判决（裁定或调解书）进行了审查。]我院对该案进行了……审查（简述审查过程，如审查了原审卷宗、进行了调查等），现已审查终结。

……（该部分写检察机关审查认定的事实，最后写明由谁提起诉讼）。

……（该部分写诉讼过程，写明一审法院、二审法院判决、裁定、调解书的作出日期、文号、理由、主文及诉讼费用负担，如果法院判决、裁定与检察机关认定事实有不同之处，要在该部分简要写明。）（如经过了再审，还要将再审情况写明。）

本院认为:……(结合案件具体情况,分析、论证生效判决、裁定、调解书存在的问题及错误)。

综上所述,×××人民法院(作出生效判决、裁定、调解书的人民法院)对本案的判决(裁定或调解书)……(指出原判决、裁定、调解书存在哪几方面的问题)。经本院第×届检察委员会第×次会议讨论决定(未经检察委员会讨论的,可不写),依照《中华人民共和国民事诉讼法》第二百条第一款第×项(如包括多项,均列出)及第二百零八条的规定(如系对已生效的调解书提起抗诉,则直接引用第二百零八条即可),向你院提出抗诉,请依法再审。

此致

×××人民法院

年　月　日

(院印)

本件与原本核对无误

附:……(写明随案移送的卷宗及有关材料情况)

(二)示例①

北京市人民检察院第一分院
民事抗诉书

京一分检民监〔2014〕11810000366 号

华塑控股股份有限公司因与北京惠华元投资管理咨询有限公司房屋买卖合同纠纷一案,北京市海淀区人民法院作出(2005)海民初字第 25438 号民事调解书,北京市海淀区人民检察院提请本院抗诉。本院现已审查终结。

2005 年 10 月 25 日,北京惠华元投资管理咨询有限公司(以下简称惠华元公司)以同人华塑股份有限公司(2009 年 4 月 8 日更名为华塑控股股份有限公司,以下简称华塑公司)未依协议约定履行办理房产权属证书变更登记过户手续为由,将华塑公司诉至北京市海淀区人

---

① 选自山东德孚威律师事务所网≫成功案例,http://www.defulawyer.com/guwennr.asp?id=3144,最后访问日期:2016 年 3 月 8 日。

民法院，请求判令华塑公司支付违约金5万元。审理中，双方当事人提交《调解协议》，称其已经达成和解协议。

同年11月15日，北京市海淀区人民法院作出(2005)海民初字第25438号民事调解书，调解书载明："本案在审理过程中，经本院主持调解，双方当事人自愿达成如下协议：一、北京惠华元投资管理咨询有限公司放弃要求同人华塑股份有限公司支付违约金五万元的诉讼请求；二、同人华塑股份有限公司于本调解书生效后五日内将位于海南省海口金盘工业开发区的美国工业村5号标准厂房面积25,723.66平方米房产(房产证号：海口市房权证海房字第HK065×××)产权过户至北京惠华元投资管理咨询有限公司名下。"

北京市海淀区人民检察院在办理本案过程中，通过行使调查核实权，查明以下事实：

2005年5月15日，惠华元公司与华塑公司签订《房地产抵债协议》，约定：1.惠华元公司代为华塑公司清偿了本协议附件一清单(原审卷宗中并无附件)所列之华塑公司指定的到期债务，华塑公司以其拥有所有权的海南省海口金盘工业开发区的美国工业村5号标准厂房(面积25,723.66平方米，以下简称美国工业村5号)抵债转让给惠华元公司。2.转让价款为2000万元，相应抵销华塑公司应付惠华元公司等额债务。3.上述目标房地产自交接日起所有权归属惠华元公司所有，本协议签署前已办理目标房地产交接，本协议签署视为交接完毕且无争议，同时作为交接清单。华塑公司应在本协议签订之日起30日内将目标房地产权属办理变更过户登记至惠华元公司名下。4.任何一方违约须按抵债款总额的千分之二点五向对方支付违约金。5.因本协议起的争议，任何一方均可向惠华元住所地人民法院提起诉讼。

协议签订后，华塑公司没有履行过户登记的义务，惠华元公司将其诉至北京市海淀区人民法院。李×(甲)作为惠华元公司法律顾问、王×作为华塑公司法律主管参加了诉讼。

2014年7月25日，经北京市海淀区人民检察院赴四川省南充市公安局调取询问笔录及其他证据材料，查明以下事实：

2010年10月22日，华塑公司前往四川省南充市公安局经侦支队报案称：2004～2006年，公司前任董事长刘壮成伙同公司前法律顾问韩××，擅自将公司位于北京海淀区中关村南大街的中电大厦及海口市金盘工业区房产通过非法手段分别转移至由韩××控制的惠华元公司和北京中谋投资管理咨询有限公司，两宗资产价值6000余万元，华塑公司从未与上述两公司发生过业务往来，根本不存在任何债权债务关系。

2011年1月5日，南充市公安局经侦支队立案侦办，依法询问了华塑公司原法定代表人兼董事长刘×成、惠华元公司原法定代表人周××、惠华元公司原实际控制人刘×华、华塑公司委托代理人王×、惠华元公司委托代理人李×（甲）、兴德门窗公司委托代理人李×（乙）、华塑公司原总裁助理戴×、华塑公司原办公室主任成××、华塑公司副董事长李×生、华塑公司原法务部长庹×、华塑公司原财务部长黄××、华塑公司原副总经理兼财务总监卢××等人。

刘×成在询问笔录中称：1. 2005年，华塑公司面临报告到期债务和银行诉讼，为了防止公司资产被查封和拍卖，公司的法律顾问韩××为公司作了很多诉讼，其目的就是保护公司资产。2. 我同意韩××的总体方案，具体事情都由韩××负责。3.《房地产抵债协议》没有经过董事会的同意，是为了通过诉讼保护公司资产而准备的。4. 华塑公司与惠华元公司不存在债权债务关系，惠华元公司没有为华塑公司清偿2000万元到期债务。5. 标的房产没有交接，2005年的时候，海口金盘开发区美国工业村5号标准厂房华塑公司还没有拿回来，不可能抵债给惠华元公司，更不可能交接。6. 王×是韩××手下的律师，不是华塑公司的职工。7. 李×（甲）也是韩××手下的律师。8. 民事调解书的内容由韩××安排处理，调解书的内容我没有看过。

周××在询问笔录中称：1. 我不知道有惠华元公司。2. 我没有签订过2005年5月15日的《房地产抵债协议》。3. 我不清楚惠华元公司代华塑公司清偿到期债务的情况。

刘×华（周××之女）在询问笔录中称：1. 惠华元公司是我借用母亲周××等人的名义开办的，注册资本10万元，周××是名义上的法定代表人，但她对公司并不知情，公司实际上由我打理。2. 2005年6至7月我将惠华元公司转让给了韩××担任法人代表的北京东瑞财务顾问有限公司和韩××的妻子侯×。转让公司后的情况我就不知道了。3. 惠华元公司从成立到我转让没有做过业务、没有收益、没有债权债务,也没有代其他公司清偿过债务。4. 我的印象中惠华元公司的印章、营业执照等相关资料没有借给别的单位和个人使用过。5. 我不知道有华塑公司,更没有与其签订《房地产抵债协议》。6. 惠华元公司没有为华塑公司清偿过2000万的到期债务,也没有能力清偿这么巨额的债务。7. 对于《房地产抵债协议》于2005年10月引发诉讼的情况,因惠华元公司已转让,我就不知道了。

王×(华塑公司委托代理人)在询问笔录中称:1. 我、杨×、李×(乙)都是为韩××打工的,我不是华塑公司的职工。2. 韩××安排我作为华塑公司的诉讼代理人,安排杨×、李×(乙)为兴德公司的代理人。3. 当时,韩××知道南充市中级人民法院已裁定标的房产由华塑公司所有,于是安排我、李×(甲)做一个案件,将这个资产转移到惠华元公司。4. 韩××安排我为华塑公司代理人、李×(甲)为惠华元公司代理人,然后安排李×(甲)以惠华元公司名义起诉华塑公司,在诉讼中达成和解。法院下达调解书。5. 和解要征得韩××同意,因为是他直接安排的,无须征得华塑公司同意。6. 这实际上是做的假案子,不是正常的民事诉讼。7. 韩××说运作这个案件的目的是保护华塑公司的资产不被执行、查封。惠华元公司先是韩××朋友的公司,后来韩××通过股权转让的方式收购了该公司,他老婆侯×是这个公司的董事长。

李×(甲)(惠华元公司委托代理人)在询问笔录中称:1. 我不是惠华元公司的职工,而是嘉铭律师事务所的律师,我没见过周××。2. 我是韩××的工薪律师,为他打工,由他统一安排工作,这个案子就是韩××交给我办的。3. 韩××同意我写的诉状后,我去立案,被告代理人是韩××安排的王×,在法院调解前,韩××安排我们以和解的形式去结案。4. 我觉得《房地产抵债协议》可能存在问题。5. 双方达成和解这个事也是韩××安排的。6. 对于本案,因为是韩××安排我去办的,我只需征得韩××同意,无须征得惠华元公司法定代表人的同意。

庹×(华塑公司原法务部长)在询问笔录中称:1. 从2005年开始,建行、工行、中信银行等相继起诉公司履行到期债务。2. 2006年,公司赢得了针对美国工业村5号标准厂房的诉讼,最高人民法院确认公司拥有该宗财产的合法权益。刘×成担心此事被各大金融机构知晓后会查封、拍卖该资产，指示我让韩××想办法保全该资产，同时还包括保全北京中电大厦的4套房屋。我就把刘×成的意思告诉韩××了，后来，韩××告诉我这两宗财产的诉讼保全成功了。3. 我认为《房地产抵债协议》是虚构的，是为了规避银行追债，韩××伪造的假协议。4. 当时公司有两枚印章，一枚由我管，另一枚在刘×成那儿，协议上的章不是我盖的，据我判断协议上章的印迹也不是刘×成那枚章的印迹。5. 委托韩××所做的这几起诉讼所依据的事实是不成立的，当时是为保全公司资产。

戴×(华塑公司原总裁助理)在询问笔录中称：1. 我没有见过惠华元公司与华塑公司签订的《房地产抵债协议》。2. 我认为《房地产抵债协议》是虚构的，因为公司财务、年报上都没有，公司董事会也没有讨论。3. 华塑公司与惠华元公司没有经济往来、没有债权债务关系。

李×生(华塑公司副董事长)在询问笔录中称：1. 我没有见过惠华元公司与华塑公司签订的《房地产抵债协议》。2. 在华塑公司召开的正式会议中从未提起过该事。按照公司章程规定，处置如此巨大数额的资产必须经过董事会讨论通过后报股东大会批准，并公告。我作为公司副董事长，不知道有此事。

成××(华塑公司原办公室主任)在询问笔录中称：1. 我没有见过惠华元公司与华塑公司签订的《房地产抵债协议》。2.《房地产抵债协议》上的章不是我盖上去的。

黄××(华塑公司原财务部长)在询问笔录中称：1. 我没有见过惠华元公司与华塑公司签订的《房地产抵债协议》，财务上也没有反映。2. 对(2005)海民初字第25438号民事调解书也不清楚，财务上没有反映。3. 美国工业村5号标准厂房从2007年7月至今都在公司资产账户上，2007年7月前在公司往来账上。

卢××(华塑公司原副总经理兼财务总监)在询问笔录中称：1. 我没有见过惠华元公司与华塑公司签订的《房地产抵债协议》，财务上也没有反映。2. 不存在惠华元公司为华塑公司清偿了2000万元的债务的情况。3. 我不知道(2005)海民初字第25438号民事调解书。

2011年10月20日，南充市公安局“因韩××、刘×成无犯罪事实，不应追究刑事责任”撤销了韩××、刘×成涉嫌职务侵占案。

另查，华塑公司2005年年度报告中记载了5起重大诉讼及仲裁，这5起重大诉讼中并无惠华元公司诉华塑公司、兴德公司其他合同纠纷案[(2005)海民初字第2547号]。这5起重大诉讼中有4起涉及金融机构,分别是:1.中国建设银行股份有限公司成都第七支行请求判令华塑公司偿还所欠9000万元,四川省高级人民法院审理后作出判决,华塑已向最高人民法院上诉。2.中国农业银行章丘市支行诉华塑子公司山东华塑建材有限公司2391万元借款纠纷案,济南市仲裁委员会作出裁决,山东华塑负还款义务。3.中国建设银行章丘市支行诉华塑子公司山东华塑建材有限公司1400万元借款纠纷案,章丘市人民法院判决山东华塑负还款义务。4.中国工商银行成都市锦江支行诉华塑公司6700万元借款纠纷案,四川省高级人民法院审理后作出判决,华塑公司已上诉。

在同年的年度报告中,华塑公司披露了6项逾期贷款情况,分别是:截至2005年12月31日,华塑公司(含控股子公司)在中国银行逾期贷款4029万元;在中国建设银行逾期贷款10,400万元;在中国工商银行逾期贷款14,042万元;在中国农业银行逾期贷款4821万元;在中信实业银行逾期贷款1348万元;在农村信用社逾期贷款840万元。

又查,华塑公司2005年度《审计报告》载明:华塑公司2004年度亏损3096,76万元,2005年度亏损16,747.95万元,已连续2年亏损;华塑公司已被银行起诉的债务总额为25,892.97万元,导致公司债务情况严重恶化。

再查,华塑公司2007年、2008年、2009年三年的年度报告中均披露:2007年2月5日,最高人民法院作出(2005)民二提字第7号民事判决书,确认了华塑公司对美国工业村5号标准厂房,同时由华塑公司物业管理分公司对该厂房出租进行管理。2007年7月,华塑公司与成都七星科技有限公司达成协议,华塑公司回购上述房屋,作价3816万元。上述房屋一直处于出租状态。截至年度报告期末,华塑公司已取得房权证,但未取得土地使用权证。

本院认为,(2005)海民初字第25438号民事调解书损害了国家利益和社会公共利益。

(一)本案系刘×成、韩××等人策划、实施的,通过虚假的《房地产抵债协议》与和解意愿,非法转移华塑公司财产、逃避合法债务的虚假诉讼行为。

经检察机关调查,四川省南充市公安局对刘×成、韩××等人涉嫌职务侵占罪进行立案侦查后,依法询问了案件相关人员并制作了询问笔录,后虽因刘×成、韩××等人缺乏职务侵占的主观故意而撤销了该案,但相关人员在询问笔录中所做的案件事实陈述应予认定。且检察机关另查明,刘×成、韩××等人利用相同手段在山东省淄博市周村区针对华塑公司所有的海口市美国工业村5号标准厂房进行虚假诉讼。山东省淄博市中级人民法院已改判,并在生效判决中认定:南充市公安局在侦办此案过程中依法形成对刘×成及华塑公司员工等人的询问笔录,一审法院依法进行调查取证,该询问笔录并经南充市公安局盖章予以确认,符合证据的合法性、真实性、关联性特征。换言之,该笔录证据效力和证明力已经法院生效裁判予以认定。检察机关认为,上述证据足以证明本案系刘×成、韩××等人策划、实施的,通过虚假的《房地产抵债协议》与和解意愿,非法转移华塑公司财产、逃避合法债务的虚假诉讼行为。

1.《房地产抵债协议》所记载的房地产抵债行为系虚假抵债行为。

刘×成、刘×华等人的陈述可以证明:华塑公司与惠华元公司并无债权债务关系,华塑公司财务账上并无惠华元公司代为华塑公司清偿债务的记载。故《房地产抵债协议》中称房地产转让价款相应抵消华塑公司应付惠华元公司之等额债务并不真实。

依据询问笔录和华塑公司年报来看,华塑公司直到2007才获得了涉诉房产的权益,并且一直处于华塑公司的管理中,华塑公司将其出租并收取租金。《房地产抵债协议》第一项记载的协议签署前已办理交接、本协议签署视为交接完毕并不真实。

从刘×华的陈述来看,2005年6月之前,作为惠华元公司的实际控制人的刘×华对签订于2005年5月15日的《房产抵债协议》并不知情,由此可见协议签订时间不真实。

而刘×成、庹×等人的陈述更直接表明《房地产抵债协议》所记载的房地产转让行为并非真实的以房抵债行为,协议内容系虚构而成,其本质系恶意串通,转移上市公司财产,损害第三人利益的非法行为。

2. 惠华元公司与华塑公司房屋买卖合同纠纷一案系虚假诉讼行为。

首先,从诉讼基本事实来看,如上文所述,作为本案基本事实的房地产抵债行为系虚假抵债行为。

其次,从诉讼主体来看,诉讼代理人并非当事人委托。南充市公安局经侦支队的询问笔录来看,刘×成、本案诉代理人李×(甲)、王×等人的证人证言相互印证,证明李×(甲)、王×都是韩××手下的律师,由韩××安排工作、支付薪酬。韩××安排为自己工作的三位律师分别代理本案的原被告,两名诉讼代理人都只代表韩××的意志,并非本案各方当事人委托。

再次,从诉讼过程来看,一方面,各方当事人并未以诉讼请求为中心展开协商,而是直接就涉诉房地产所有权转移问题达成和解协议;另一方面,诉讼中各方当事人的诉讼代理人非但未开展实际、有效的诉辩对抗,反而在诉讼中步调、口径颇为一致。

最后,从诉讼结果来看,因诉讼代理人并非本案双方当事人委托,诉讼中达成的和解协议也并非当事人真实意思表示,该行为的目的是得到法院生效调解书的确认,本质上是妨碍正常诉讼秩序的非法行为。

(二)法院因本案虚假诉讼行为作出的调解书损害了国家利益、社会公共利益。

首先,华塑公司作为上市公司,其权益属于全体股东。上市公司股东的组成具有开放性和复杂性:一方面,上市公司股东人数众多,股东组成结构具有复杂性,各类市场主体依法均可以成为上市公司股东;另一方面,上市公司因公司股票具有高度流动性导致股东成员具有开放性和不确定性。本案中,相关人员通过虚假诉讼行为将上市公司财产非法转移至其他公司,致使华塑公司财产减少、偿债能力降低,导致股东权益和广大投资者利益面临损失的风险。故本案虚假诉讼行为侵害了不特定第三人的利益,法院因虚假诉讼行为作出的生效调解书亦因此损害了社会公共利益。

其次,从华塑公司2005年年报来看,华塑公司在“本年度公司重大诉讼、仲裁事项”中披露了四起涉及国有银行的诉讼,在这四起借款纠纷中华塑公司及其子公司均为被告,诉讼标的累计近2亿元人民币。在“其他事项中”中华塑公司披露了六起逾期贷款情况,数额高达数亿元人民币,涉及中国银行、中国建设银行、中国工商银行和中国农业银行等国有控股银行,华塑公司表示“积极寻求办法,采取措施,争取稳妥处理上述逾期贷款事宜”。结合南充市公安局经侦支队的询问笔录可以证实，刘×成授意韩前进操作本案就是为逃避到期债务采取的“保护公司财产”的行为。该行为使得华塑公司偿债能力大幅下降，妨害了华塑公司债权人行使合法权利，严重威胁到国有银行资金的安全，损害了国有银行的利益，使大量国有资产面临流失风险。

最后，我国司法权从根本上属于中央事权。相关人员通过虚假诉讼的方式得到法院生效调解书，严重扰乱了正常的司法秩序，严重侵害了法院裁判的公正性与权威性，严重妨碍了司法权的依法、公正行使，从而损害了国家利益。

综上所述，(2005)海民初字第25438号民事调解书损害了国家利益和社会公共利益，根据《中华人民共和国民事诉讼法》第二百零八条第一款及《人民检察院民事诉讼监督规则(试行)》第七十七条、第九十一条的规定，特提出抗诉，请依法再审。

此致

北京市第一中级人民法院

北京市人民检察院第一分院

2014年11月15日

附：检查卷宗4册

第二章　人民法院民事裁判文书

第一节　概　　述

平等主体之间的各种民事经济关系，是一切法治国家法律关系的主体。随着我国社会主义市场经济体制的进一步建立和完善，经济活动和社会生活中的民事法律关系呈现的内容越来越丰富，影响面越来越大，数量越来越多，人民法院的民事审判工作进入了前所未有的重要发展时期。制作好人民法院民事裁判文书意义十分重大。

最高人民法院对民事诉讼裁判文书制作高度重视，先后于2003年1月印发了《〈关于民事诉讼证据的若干规定〉文书样式（试行）》；2003年12月印发了《民事简易程序诉讼文书样式（试行）》和《海事诉讼文书样式（试行）》，2008年印发了《民事审判监督简易程序裁判文书样式（试行）》。2012年我国民事诉讼法修改后，最高人民法院自2015年开始着手部署、推进民事诉讼文书样式的修订，并于2016年7月5日发布了《民事诉讼文书样式》，于同年8月1日起实施。

一、概念和种类

人民法院民事裁判文书，是指人民法院依照我国民事实体法与程序法的规定，审理民事、海事案件，解决民事权利义务争议时制作的具有法律效力或法律意义的诉讼文书。

人民法院民事裁判文书的种类繁多，这里主要选择民事判决书、民事裁定书、民事调解书和民事决定书进行讲述。

二、当前民事裁判文书制作中存在的主要问题

（一）在认定事实方面，存在以下问题：其一，没有准确归纳原告的诉讼请求和被告的答辩意见，而是一字不漏地照搬当事人开庭时的诉讼理由和答辩意见；其二，没有归纳或是没有准确归纳案件当事人的争议焦点；其三，对当事人提供的证据认定理由不充分，缺少对当事人提供的证据的真实性、关联性、合法性进行说理认定。

（二）表述裁判理由不进行论证：许多民事裁判文书在案件事实与适用法律之间缺乏内在的逻辑联系，形成认定的事实与适用法律相脱离的"两张皮"现象；没有针对当事人就相关法律适用的意见（如原告的诉讼请求、被告的辩解等）依次进行说理和论证，没有论证采纳或者不采纳的理由；对一些较为复杂的法律问题，陈述裁判理由时只引用法律条文，不阐明适用法律的道理等。

（三）引用法律条文不规范。制作民事裁判文书引用法律条文时，应该先引用程序法再引用实体法；先引用法律再引用相关的司法解释；先引用特别法再引用普通法；引用法律法规的全称，而不应使用简称。

三、民事裁判文书改革的重点

前述裁判文书中存在的不足，需要在今后裁判文书的制作中加以注意和克服。但改革的重点是加强民事裁判文书的说理性。

裁判文书必须说理已经成为当今世界大多数国家法院遵循的一项原则。在一个法治社会，一份叙事清楚、逻辑严密、说理透彻、无懈可击的裁判文书是实现司法理性与公正、树立司法权威的重要手段。

加强说理可从以下方面入手：

（一）重视对争议事实认定的说理

过去的裁判文书只注意和强调对判决适用法律理由方面的论证和说理，忽视对事实认定方面的说理。其实，裁判文书的说理首先就要从对争议事实认定的说理开始。

这就是说，在事实部分也存在说理的必要性。而这有一个前提，那就是当事人对事实认定存在争议。对于没有争议的事实，在裁判文书的事实部分只需客观陈述，没有必要写明质证认证过程及理由。对

于争议事实,则要对当事人提交的某项证据,从真实性、关联性、合法性方面进行论证,并表明所适用的证据规则及理由,阐述清楚如何确定举证责任的分担、为什么举证责任要倒置、法院为什么要依职权调查取证,这样才能让当事人明白其举证是否被采信的理由,进而准确认定案件事实。

(二)深化理由的论证

深化要从三方面入手,一是要加强说理的针对性。就是要针对当事人对适用法律的争议焦点展开论述,不能因当事人的观点似是而非,难以分析就避而不谈,更不能害怕言多必失而对一些敏感、棘手问题不予涉及。二是要注重全面性,表述裁判理由要穷尽,有一说一,有二说二,不能遗漏。三是增强逻辑性,在文书的各部分应保持同一概念周延性,注意使用多种逻辑方法。目前民事裁判文书广泛采用的三段论演绎推理,就是这多种逻辑方法中的一种。

第二节　第一审民事判决书

一、适用范围

第一审民事判决书,是指人民法院对受理的民事、海事案件,按照民事诉讼法规定的第一审程序(包括普通程序和简易程序)审理终结后,根据已经查明的事实、认定的证据和有关实体法的规定,就案件的实体问题作出的具有法律效力的书面处理决定。

可知,本文书的适用范围为各类按一审程序审理的民事案件、海事案件。

二、法律依据

《中华人民共和国民事诉讼法》第一百五十二条规定:判决书应当写明判决结果以及作出该判决的理由。判决书内容包括:(1)案由、诉讼请求、争议的事实和理由;(2)判决认定的事实和理由、适用的法律和理由;(3)判决结果和诉讼费用的负担;(4)上诉期间和上诉的法院。判决书由审判人员、书记员署名,加盖人民法院印章。

这是制作第一审民事判决书的法律依据。

三、制作方法

第一审民事判决书由首部、正文和尾部三部分组成。

(一)首部

1. 制作机关名称。制作机关名称要求书写法院的全称,一般应与法院的印章保持一致,基层法院应冠以省、市、自治区的名称。涉外民事判决书应冠以国名,如"中华人民共和国天津海事法院"。

2. 文书名称。文书名称为"民事判决书"。法院名称的字体比正文大一号,文书名称写在下一行,字体比正文大两号。两者均居中书写。

3. 文书编号。文书编号由立案年度、制作法院代字、案件性质、审判程序代字以及案件的顺序号组成。如天津市西青人民法院 2018 年受理的第 209 号民事案件,则文书编号应为:(2018)津 0111 民初 209 号。立案年度和案件的顺序号均用阿拉伯数字表示。文书编号在文书名称下一行的右端对齐,行文时上下各空一行。

4. 诉讼参加人及其基本情况。在该项内容中要求将本案涉及的所有诉讼参加人依次列出,无论其是原告、被告、共同诉讼人、诉讼代表人、第三人,还是法定代表人、法定代理人、委托代理人,不能遗漏。每一个诉讼参加人不仅要写明称谓,还要写明其基本情况。

(1)当事人及其基本情况。当事人是自然人的,按次序写出姓名、性别、出生年月日、民族、职业或工作单位和职务、住址。出生年月日用阿拉伯数字书写。民族尤其是少数民族应写全称。住址应写明其住所;住所与经常居住地不一致的,写经常居住地。如果是外国人的,在中文译名之后用括号标注其外文原名、国籍和护照号码,无国籍人写明"无国籍";港澳台地区的居民分别写明"香港特别行政区居民""澳门特别行政区居民""台湾地区居民"。

当事人是法人的,写出法人全称和住所,并另起一行写明法定代表人及其姓名和职务。当事人是不具备法人条件的组织的,同样写明其全称或字号和住所,并另起一行写明代表人及其姓名、性别和职务。如果是外国企业的,在其中文译名之后用括号注明其外文名称。

有第三人的,在原被告之后,列出第三人及其基本情况。无论是自然人还是法人,所写内容和要求均与原被告相同。

被告提出反诉的案件,可在本诉称谓之后用括号注明其反诉称谓,写为"原告(反诉被告)……""被告(反诉原告)……"

(2)诉讼代理人及其基本情况。诉讼代理人应在被代理人项下列出,但写时注意不能笼统写为"诉讼代理人",而要视具体情况,写明该诉讼代理人是"法定代理人""指定代理人",还是"委托代理人"。法定代理人应列项写明姓名、性别、职务或工作单位、住所,并在姓名之后用括号标注其与当事人的关系。有委托代理人的,应列项写明姓名、性别、职业或工作单位和职务、住所。如果委托代理人系当事人的近亲属,还应在姓名之后用括号注明其与当事人的关系。如果委托代理人是律师,只需写出姓名、所在律师事务所名称以及职务即可。

(3)案件由来、审判组织和开庭审理经过。这是一段程式化文字,通常表述为:

"原告×××(姓名或名称)与被告×××(姓名或名称)××(纠纷性质)一案,本院受理后,依法组成合议庭(或依法由审判员×××独任审判),公开(或不公开)开庭进行了审理。……(到庭参加诉讼的诉讼参加人名单)等到庭参加诉讼,本案现已审理终结。"

如果当事人经合法传唤无正当理由拒不到庭的,应写为:

"×告×××经传票传唤无正当理由拒不到庭参加诉讼"或者"×告×××经公告送达开庭传票,未到庭参加诉讼"。

当事人未经法庭许可中途退庭的,应写为:

"×告×××未经法庭许可中途退庭。"

另外,案件经过移送,或由上级法院指定管辖的,应当将过程交代清楚。

(二)正文

1.事实

事实部分包括原告起诉的诉讼请求、事实和理由,被告答辩的事实和理由,法院认定的事实及证据。

(1)当事人的诉讼请求、争议的事实和理由。这一部分应简要叙述各方当事人在起诉状、答辩状以及庭审过程中所陈述的诉讼主张和对于争议事实、理由的看法,分别用"原告诉称""被告辩称""第三人述称"引起段落。"原告诉称"段,一般先简要介绍原告情况、当事人之间民事法律关系的性质,然后以民事法律关系出现争议后原告对被告行为的评价为基础,逐一写出原告的诉讼请求。“被告辩称”段,则从被告对原告的指责进行回答和辩解的角度,阐明被告对该争议的看法和结论。

制作这部分的要求是正确反映当事人诉辩主张,突出争议焦点。叙述时要做到文句简练,内容概括,切忌冗长与简单地重复当事人在起诉状与答辩状中对事实的陈述。如果当事人在诉讼过程中有增加或者变更诉讼请求,或者提出反诉的,亦应当在此部分写明。

(2)法院认定的事实。法院认定的事实以“经审理查明”引出,主要内容包括:当事人之间的民事法律关系发生的时间、地点及内容;该民事法律关系的发展,纠纷产生的原因、经过、情节和后果及持续至今的状态。叙述事实一般应按照时间顺序,客观地、全面地、真实地反映案情,同时要抓住重点,详述主要情节和因果关系。

整个事实的叙述始终要与判决结果相照应,涉及区分是非责任的事实应详述。对于双方当事人分歧较大的事实部分,除详细叙述而外,还要说明法院对争议事实是如何认定的,认定的理由何在。

(3)当事人所举证据和定案证据。在这一部分应写出合议庭认证的过程。首先列出双方当事人在诉讼过程中所举证据,包括证据名称、来源、内容及其所要证明的待证事实和对方当事人对证据的异议。然后写明合议庭认定的证据。

法院认定的事实,是依靠定案证据来证明的。合议庭审理查明事实的过程,也就是对证据审核认定的过程。审查证据是法庭审理的重点,对案件的最后处理有着决定性影响,因此,判决书要对证据有无证明力和证明力大小进行判断,并对证据的审查结论即采信或不采信作出说明。对当事人无争议的证据,是否采纳的理由可不予表述。若是符合最高人民法院《关于民事诉讼证据的若干规定》的条件,经当事人提出申请由人民法院调查收集的证据,必须写明经何方当事人申请、调查收集的证据的内容及所能证明的案件事实。

2. 理由

(1)判决的理由。首先根据合议庭所认定的案件事实和有关法律、法规、司法解释,阐明法院对纠纷的性质、当事人责任以及纠纷如何解决的意见,要特别突出针对性,根据不同案件的具体情况,对于合法有理的意见进行分析并表示支持;对于不合法无理的,亦要说明原因并表明态度;对于违法行为,则应严肃指明并给予恰当批驳。

(2)判决所依据的法律。在对合议庭意见进行总结和综合论证后,紧跟着必须引述判决所依据的法律。引述时应当准确、全面、具体。引用条文应处理一般法与特别法的关系,凡是特别法有具体规定的,无须援引一般法;同时还应正确对待法律的基本原则与具体规定之间的关系,凡有具体规定的,必须援引具体规定,不能以援引基本原则代替具体规定;如果所引法条中有两款互相补充的,不能只援引其中一款而遗漏另一款。

3.判决结果

判决结果是对案件实体问题作出的处理决定。判决结果要明确、具体、完整。判决结果要明白无误地表明如何解决当事人之间的纠纷,不能似是而非、模棱两可,产生歧义;判决决定的每一事项必须能够具体实施、具有可操作性,以便承担责任的一方当事人遵照履行和满足权利方维权的需要;解决争议的各处理事项不能缺漏。例如,给付之诉,要写明标的物的名称、数量或数额、给付的时间以及给付方式等,如果给付的财物品种较多,在判决结果中可以概写,详情另附清单。

判决结果在判决书中所占篇幅虽然不多,但却是制作判决书的主旨所在,地位相当重要。所以,判决结果应当独立和醒目。当判决结果不止一项时,应分项列明。需要驳回当事人不合理不合法的诉讼请求的,可列为最后一项书写。

(三)尾部

尾部应写明延迟履行责任告知、诉讼费用的负担,当事人的上诉权利、上诉期间和上诉法院名称以及合议庭成员署名和判决决定的日期等。

1.延迟履行责任告知。审判决结果中有金钱给付义务的,应当在所有判项之后另起一行写明:"如果未按本判决指定的期间履行给付金钱义务,应当依照《中华人民共和国民事诉讼法》第二百五十三条之规定,加倍支付迟延履行期间的债务利息。"

2.诉讼费用的负担。它不属于诉讼争议的问题,不能列为判决结果的一项内容,应在判决结果后另起一行写明。先写案件受理费的总额,然后写当事人一方或双方各自承担的数额。

3. 交代上诉权。写明上诉期限、上诉的法院和途径,当事人应当提交的上诉状的份数。上诉状的份数根据具体案件的对方当事人人数来确定。

当事人的上诉期为十五日。在中华人民共和国领域内没有住所的当事人上诉期为三十日。同一案件既有当事人的上诉期为十五日又有当事人的上诉期为三十日的,写明:“×××可在判决书送达之日起十五日内,×××可在判决书送达之日起三十日内,……”

4. 合议庭的签署。组成合议庭的,由合议庭审判长和审判员共同署名;独任审判的,由独任审判员署名。助理审判员参加合议庭或独任审判的,署代理审判员。人民陪审员参加合议庭的,署人民陪审员。

5. 判决决定的日期。当庭宣判的,应写当庭宣判的日期;定期或委托宣判的,应当写签发判决书的日期。判决决定的日期要用汉字书写。在判决书的本件上,应加盖院印和“本件与原本核对无异”的印戳。院印加盖在年月日上,且保证院印上的国徽端正不歪斜。核对印戳应加盖在年月日与书记员之间的左边。

四、特别提示

(一)不要漏列和错列诉讼参加人

对于诉讼参加人在诉讼中的称谓应当书写准确。依照法律规定,未成年人尽管不具有民事诉讼行为能力,但具有民事诉讼权利能力,能够成为案件的当事人,因此,在涉及未成年人的案件中,不要将其法定代理人错列成当事人。共同诉讼的案件应注意不能漏列共同诉讼人。有第三人的案件不要遗漏了第三人。诉讼代理人应具体写明是法定代理人、指定代理人还是委托代理人。

(二)尾部对上诉权的交代文字,粗看与一审刑事判决书交代上诉权的文字没什么区别,其实二者是不相同的。现将这两种一审判决书对上诉权的交代文字作一对比:

一审刑事判决书是这样表述的:

“如不服本判决,可在接到判决书的第二日起十日内,通过本院或者直接向×××人民法院提出上诉。书面上诉的,应当提交上诉状正本一份、副本×份。”

一审民事判决书是这样表述的：

“如不服本判决，可在判决书送达之日起十五日内，向本院提交上诉状，并按对方当事人的人数提出副本，上诉于×××人民法院。”

其中关于上诉期限起算的表达是最大的差异。以笔者所做的调查显示，当要求被调查者按“可在接到判决书的第二日起×日内”来计算上诉的最后期限时，基本上都能计算准确。而当要求被调查者按“可在判决书送达之日起×日内”来计算上诉的最后期限时，几乎很少有人能准确地计算出，通常都按字面的表达，从判决书送达之日起计算上诉期限，无形中缩短了一天。需要强调的是，这些被调查者都是法学专业的在校大学生。接受专业教育的人尚且会计算错误，那些非专业人员的计算结果就可想而知了。更何况诉讼中的当事人不一定有多高的文化水平，有的甚至是文盲。两相比较，一审刑事判决书对上诉权的交代比一审民事判决书对上诉权的交代要准确，更符合法律的规定，更能有效地维护当事人的上诉权。

这引起了笔者的思考。我们一直强调法律文书表达要准确、科学，一审民事判决书对上诉权的交代符合这一要求吗？同样都是交代上诉权，为何一定要有民事、刑事的区别？这种区别有存在的必要吗？这些实际上涉及法律文书格式设计的科学性问题。在大力提倡审判制度改革的今天，有必要对这些问题进行深入探讨。①

五、格式及示例

（一）格式（第一审普通程序用）②

×××人民法院

民事判决书

（××××）××民初××号

原告×××，……（写明姓名或名称、住所等基本信息）。

---

① 关于这个问题，可参见笔者论文《从比较中看司法文书格式的科学性》，载《华北电力大学学报》（社会科学版）2002年第2期。

② 参见沈德咏主编、最高人民法院修改后民事诉讼法贯彻实施工作领导小组编：《民事诉讼文书样式》，人民法院出版社2016年版，第248页。

法定代表人(或代表人)×××,……(写明姓名、职务)。

法定代理人(或指定代理人)×××,……(写明姓名或名称、住所等基本信息)。

委托代理人×××,……(写明姓名等基本信息)。

被告×××,……(写明姓名或名称、住所等基本信息)。

法定代表人(代表人)×××,……(写明姓名、职务)。

法定代理人(或指定代理人)×××,……(写明姓名或名称、住所等基本信息)。

委托代理人×××,……(写明姓名等基本信息)。

第三人×××,……(写明姓名或名称、住所等基本信息)。

法定代表人×××,……(写明姓名、职务)。

法定代理人(或指定代理人)×××,……(写明姓名或名称、住所等基本信息)。

委托代理人×××,……(写明姓名等基本信息)。

原告×××与被告×××、第三人×××……(写明案由)一案,本院于××××年××月××日立案后,依法适用普通程序,公开(或因涉及……不公开)开庭进行了审理。原告×××、被告×××、第三人×××(其他诉讼参加人到庭的亦需写清)到庭参加诉讼。本案现已审理终结。

原告×××向本院提出诉讼请求:1. ……;2. ……(明确原告的诉讼请求)。事实和理由:……(概述原告主张的事实和理由)。

被告×××辩称,……(概述被告答辩意见)。

第三人×××诉/述称,……(概述第三人陈述意见)。

当事人围绕诉讼请求依法提交了证据,本院组织当事人进行了证据交换和质证。对当事人无异议的证据,本院予以确认并在卷佐证。对有争议的证据和事实,本院认定如下:1. ……;2. ……(写明法院是否采集证据,事实认定的意见和理由)。

本院认为,……(写明争议焦点,根据认定的事实和相关法律,对当事人的诉讼请求作出分析评判,说明理由)。

综上所述,……(对当事人的诉讼请求是否支持进行总结评述)。依照《中华人民共和国……法》第×条,……(写明法律文件名称及其条款项序号)的规定,判决如下:

一、……

二、……

(以上分项写明判决结果)

如果未按本判决指定的期间履行给付金钱义务,应当按照《中华人民共和国民事诉讼法》第二百五十三条之规定,加倍支付迟延履行期间的债务利息(没有给付金钱义务的,不写)。

案件受理费……元,由……负担(写明当事人姓名或者名称、负担金额)。

如不服本判决,可在判决书送达之日起十五日内,向本院递交上诉状,并按对方当事人或者代表人的人数提出副本,上诉于×××人民法院。

审判长:×××

审判员:×××

审判员:×××

××××年××月××日

(院印)

本件与原本核对无异(印戳)

书记员　×××

(二)示例①

湖北省黄石市黄石港区人民法院

民事判决书

(2017)鄂0202民初2299号

原告:陈××。②

委托诉讼代理人:刘××,黄石市金秋法律服务所法律工作者。

---

① 选自中国裁判文书网:http://wenshu. court. gov. cn/CreateContentJS/CreateListDocZip. aspx?action =1,最后访问日期:2019年7月16日。

② 为保护当事人隐私,通过数据自动识别,上网文书一般会自动屏蔽当事人姓名外的相关身份信息,本案例中当事人事项即是屏蔽的结果。以下凡遇类似情形,不再一一解释。

被告:叶××。

被告:罗××。

两被告共同委托诉讼代理人:殷×,湖北鸣伸律师事务所律师。

原告陈××诉被告叶××、罗××民间借贷纠纷一案,本院于2017年8月28日立案受理后,依法适用普通程序公开开庭进行了审理。原告陈××及委托诉讼代理人刘××,被告叶××、罗××及共同委托诉讼代理人殷×到庭参加了诉讼。现已审理终结。

原告向本院提出诉讼请求:1. 判令两被告连带偿还债务即借款本金40,000元。2. 判令两被告支付自2015年3月4日起至借款本金全部清偿之日止的合同约定的利息(按约定的年利率24%计算)。3. 判令两被告共同承担原告维权产生的案件受理费、法律服务费2000元。事实与理由:2012年12月4日,被告叶××因家庭急需,与原告达成借款协议,双方约定:原告向被告叶××出借本金40,000元,被告叶××按每月750元支付利息,借款期限为36个月,即从2012年12月4日至2015年12月4日,由被告罗××作为保证人承担连带清偿责任。而被告叶××仅支付利息至2015年3月4日,其后未能还本付息,经原告多次向两被告催讨无果。原告故而诉至法院。

原告为证明其所主张的事实,在开庭时提供了以下证据材料:

证据一　借款合同书、保证合同书。证明:原、被告存在借贷关系。

证据二　收款收据。证明:被告叶××借款40,000元。

证据三　债务确认书。证明:为了确认该笔债务,被告叶××向原告出具债务确认书。

证据四　法律服务费收款收据。证明:原告支出了法律服务费2000元。

证据五　银行存折。证明:被告叶××将其工资存折给原告用于偿还利息,后来叶××存折被法院冻结,原告无法继续取款。

证据六　补充约定。证明:被告叶××将其工资存折给原告质押,用于偿还利息,两被告在补充约定上签字确认。

证据七　原审法律服务费发票。证明:原告支出了法律服务费2000元。

证据八　影像视频资料。证明:被告借款的经过。

证据九　证明。证明:两被告的工作单位。

被告叶××辩称:1. 本案诉讼借款合同中实际出借人是黄石市忠诚咨询事务所,并不是本案原告,答辩人与被答辩人之间并没有借款合意。2. 答辩人在借款当日仅领取到黄石市忠诚咨询事务所借款27,000元,并不是原告所称40,000元。3. 叶××与黄石市忠诚咨询事务所所签的原借款合同书借款期限是2012年12月4日至2013年12月4日,借款时间为12个月。综上,请法院驳回原告的诉讼请求。

被告罗××辩称:1. 其与原告之间没有任何担保关系。2. 借款保证期限已过,其依法不应承担连带清偿责任。故请求驳回原告的诉讼请求。

被告叶××、罗××为证明其所主张的事实,在开庭时提供了以下证据材料:

证据一　借款合同书。证明:被告叶××向黄石市忠诚咨询事务所借款,借款期限12个月,借款截止日期是2013年12月4日。

证据二　保证合同书。证明:被告叶××支付保证金10,000元。

证据三　个人理财咨询服务协议书。证明:被告叶××支付了咨询中介服务费2250元。

证据四　收款收据。证明:借款当日黄石市忠诚咨询事务所收取叶××首月利息750元。

证据五　银行流水。证明:2012年12月4日黄石市忠诚咨询事务所通过银行汇款汇入20,000元至叶××账户,另仅支付7000元现金,共计支付27,000元。

证据六　二审调查笔录。证明:原告在二审中提交借款当日相关的录音录像,通过该录像可以明确叶××当日仅收取到7000元现金,且签了多份空白的借款合同书。

证据七　(2017)鄂02民终317号民事判决书。证明:2017年5月25日黄石市中级人民法院针对本案类似情况陈××民间借贷案件依法驳回了陈××的诉讼请求,原告陈××仅2016年向人民法院提起的民间借贷案件共13起,借款总金额共计32万余元,且均通过黄石市忠诚咨询事务所介绍,明显与其陈述的事实不符。

本院依职权调取的证据:昌××、黄××的调查笔录。证明该二人未与叶××、罗××签订借款合同,也未向叶××、罗××出借过任何款项。

本院组织当事人对证据进行了质证,对当事人无异议的证据,本院予以确认并在卷佐证。对有争议的证据和事实,本院认定如下:对原告提供的证据一、二内容的真实性,须结合当事人的陈述、庭审查明的事实及其他证据综合认定;对证据三予以确认;证据四真实性无法核实,不予确认;对证据五、证据六予以确认;证据七不能证明与本案有关联性,不予确认;证据八能够证明案件事实经过,予以确认;证据九与本案没有关联性,不予确认。对两被告提供的证据一、二内容的真实性,须结合当事人的陈述、庭审查明的事实及其他证据综合认定;对证据三、四、五与本案事实具有关联性,予以确认;对证据六予以确认;证据七经本院核实,该判决书已经生效,故予以确认。

根据当事人陈述和经审查确认的证据,本院认定事实如下:2012年12月4日,叶××与罗××前往黄石市忠诚咨询事务所借款。叶××、罗××在黄石市忠诚咨询事务所提供的具备格式条款的借款合同书、补充约定、保证合同书及收款收据的借款人及担保人处签名后交给该所,叶××并与该所签订个人理财咨询服务协议书一份,约定叶××须向黄石市忠诚咨询事务所支付中介费2250元。当日,叶××通过银行转账及现金方式收到借款27,000元。该所并将签有债权人“昌××”“黄××”的借款合同交予叶××。同时,叶××将其工资存折交予该所进行质押,该所并向叶××出具收到一个月利息750元(2012年12月4日至2013年1月4日)的收据一份。事后,黄石市忠诚咨询事务所的工作人员陈××在该借款合同的债权人处签名。借款后,该所每月从叶××的存折中支取利息750元共计19,300元。2015年5月29日,叶××向该所出具了债务确认书,确认了拖欠借款及支付利息19,300元的事实,并承诺在两个月内偿还全部借款。但此后再未还款。

本院认为,自然人之间的借款合同须双方当事人达成合意且出借人交付款项时生效。本案中,原告陈××主张借款合同成立,要求叶××、罗××还款,而被告叶××、罗××则主张其与陈××既不认识,也不存在借贷关系,其实际与黄石市忠诚咨询事务所之间存在借贷关系,在签订借款合同的当日即收到黄石市忠诚咨询事务所交付的出借款项。从原、被告提交的借款合同来看,签订时间均为2012年12

月4日,但原告提交的借款合同中的出借人为陈××,而两被告留存并提交的借款合同中的出借人为昌××、黄××,且昌××、黄××自认没有向两被告出借过借款,也没有签订借款合同,故两被告借款当日存在签订多份借款合同的可能;从原告在庭审中自认及其提交的视频资料证明,陈××是两被告到黄石市忠诚咨询事务所办理借款时的经办人员,两被告在签订借款合同时,陈××并未签名,由此可以证明原告提交的借款合同中陈××的签名是事后补签的;经黄石市中级人民法院(2017)鄂02民终317号民事判决书认定,陈××仅2016年向人民法院提起民间借贷诉讼纠纷案件13起,借款总金额逾32万元,且均通过黄石市忠诚咨询事务所"居间介绍",此与原告的实际收入明显不相符。由此可见,原告与被告叶××并未就借款达成合意,叶××实际与黄石市忠诚咨询事务所发生的借款合同关系,罗××为该笔借款提供保证,而陈××主张其与叶××之间存在民间借贷关系的证据不足,依据民事诉讼法的相关规定,当事人对自己主张的事实有责任提供证据,证据不足以证明其事实主张的应承担不利后果。故本院对原告主张要求两被告连带偿还借款的诉讼请求不予支持。综上,依照《中华人民共和国合同法》第十三条、第十四条、第二十条、第二十一条、第一百九十六条,《最高人民法院关于审理民间借贷案件适用法律若干问题的规定》第十六条第二款,《中华人民共和国民事诉讼法》第六十四条第一款之规定,判决如下:

驳回原告陈××的诉讼请求。

案件受理费1156元,由原告陈××负担。

如不服本判决,可以在判决书送达之日起十五日内,向本院递交上诉状,并按对方当事人的人数或者代表人的人数提出副本,上诉于湖北省黄石市中级人民法院。

审　判　长　　周××
人民陪审员　　傅××
人民陪审员　　刘　×
二〇一八年一月十九日
书　记　员　　肖　×

第三节　第二审民事判决书

一、适用范围

第二审民事判决书，是二审人民法院对当事人因不服第一审人民法院尚未发生法律效力的判决提出上诉的民事、海事案件，依照《中华人民共和国民事诉讼法》规定的第二审程序审理终结后，就实体问题作出维持原判或改变原判的具有法律效力的书面决定。

可知，凡当事人对一审未发生法律效力的判决不服而提出上诉的民事、海事案件，二审法院都要制作本文书，以解决纠纷各方的实体争议问题。

二、制作方法

第二审民事判决书也由首部、正文和尾部组成。但内容和写法与第一审民事判决书不尽相同。

（一）首部

1. 制作机关名称、文书名称、文书编号。其中，文书编号的审级代级为“终”字，故编号应写为“（××××）×民终××号”。

2. 诉讼参加人情况

当事人的称谓为“上诉人”“被上诉人”，并括号注明其在原审中的诉讼地位。提出上诉的一方为上诉人，相对方为被上诉人。双方都上诉的，都列为“上诉人”，没有被上诉人。要特别注意在一些特殊情形下，如何确定上诉人、被上诉人的问题。

双方当事人和第三人都提出上诉时，根据最高人民法院审判委员会第1636次会议通过，且于2015年2月4日起施行的《关于适用〈中华人民共和国民事诉讼法〉的解释》第三百一十七条规定，三方均为“上诉人”，没有“被上诉人”。

当共同诉讼案件，其中一人或者部分人提出上诉时，要按《关于适用〈中华人民共和国民事诉讼法〉的解释》第三百一十九条规定的具体情况分别认定其诉讼地位：（1）该上诉是对对方当事人之间权利义务分担有意见，不涉及其他共同诉讼人利益的，对方当事人为

“被上诉人”,未上诉的同一方当事人仍按原审诉讼地位列写;(2)该上诉只对共同诉讼人之间权利义务分担有意见,不涉及对方当事人利益的,未上诉的同一方当事人为“被上诉人”,对方当事人仍按原审诉讼地位列写;(3)该上诉对双方当事人之间及其共同诉讼人之间权利义务承担均有意见的,未提出上诉的其他当事人均为“被上诉人”。

“上诉人”“被上诉人”称谓后,用括号注明其在一审中的诉讼地位。无民事行为能力人或限制民事行为能力人的法定代理人,代为当事人提起上诉的,“上诉人”仍是无民事行为能力人或限制民事行为能力人,其法定代理人在二审中仍处于法定代理人的地位。

当事人基本情况的书写项目,与第一审民事判决书要求相同。

3. 案由、审判组织、审判方式及开庭审理过程

这部分是程式用语,表述为:

“上诉人×××因与被上诉人×××……(写明案由)一案,不服×××人民法院(××××)×民初××号民事判决,向本院提起上诉。本院于××××年××月××日立案后,依法组成合议庭,开庭(因涉及……不开庭)进行了审理。上诉人×××、被上诉人×××、原审原告/被告/第三人×××(写明当事人和其他诉讼参加人的诉讼地位和姓名或者名称)到庭参加诉讼。本案现已审理终结。”

因合议庭认为不需要开庭审理的,可以径行判决,故此种情形下,在“向本院提起上诉”后,续写“本院于××××年××月××日受理后,依法组成合议庭审理了本案,现已审理终结”。

(二)正文

1. 事实

二审判决表述事实,要突出其针对性的特点。为此,事实由以下三部分内容组成:

(1)写明一审判决认定的事实和判决结果;

(2)写明上诉人的上诉请求及理由,被上诉人答辩的意见,第三人的意见(没有第三人的不写);

(3)二审判决认定的事实和证据。

二审要对一审判决认定的事实进行全面审查。在叙述时注意这

几部分的简繁安排,避免重复。如果经审查认为原判认定事实清楚,上诉人对此又无异议的,采用简述方式即可;如果原判认定的主要事实失实或者部分事实失实,对改变认定的事实要详叙,并列举证据,指出原判认定事实的不当之处;如果原判认定的事实有遗漏的,则应补充叙述;如果原判认定的事实没有错误,但上诉人提出异议的,应把有异议的部分叙述清楚,并有针对性地列举相关证据进行分析,论证异议为何不能成立。

2. 理由

理由主要针对一审判决是否正确,上诉是否有理,进行有理有据的分析评断,然后正确适用有关法律。具体来说,本部分应包含如下层次:

(1)应对二审的争议焦点进行归纳,根据争议焦点并针对上诉请求所依据的事实和理由逐一进行分析评判。案情复杂,且二审争议的焦点问题较多的,应当分别予以论述,避免漏审。

(2)应当对当事人争议的民事法律关系的性质作出认定。如果经审理发现一审法院确定的案由错误,二审法院应当予以纠正,并说明理由。

(3)应当根据二审审理情况对一审判决认定事实、适用法律、判决结果是否正确作出认定。原判决正确,上诉无理的,要指出上诉理由的不当之处;原判决不当,上诉有理的,要阐明原判决错在哪里,为什么错,上诉请求和理由符合什么法律、法规,改判的理由是什么;原判决部分正确,或者上诉部分有理的,则要具体分析,阐明原判决和上诉意见分别对在哪里,错在何处,等等。

(4)引用法律、法规、司法解释等规范性法律文件时,应当按照最高人民法院《关于裁判文书引用法律、法规等规范性法律文件的规定》(法释〔2009〕14号)的规定,准确完整写明规范性法律文件的名称、条款序号,需要引用具体条文的,应当整条引用。引用司法解释时,制定机关的称谓应当置于书名号之内。

驳回上诉,维持原判的,只须引用《中华人民共和国民事诉讼法》第一百七十条第一款第(一)项;全部改判或者部分改判的,应当既引用实体法又引用程序法。除首先引用《中华人民共和国民事诉讼法》的有关条款项外,还必须引用改判所依据的实体法的有关条、款、项。

(5)对于非司法解释类的其他文件,如各种指导性意见、会议纪要、个案答复等,不应作为法律依据直接援引,但其原则和精神可以在说理时予以体现。

(6)理由部分是二审判决书的重点之一,应当做到论证充分、逻辑严密,具有针对性和说服力,使判决理由与上诉理由、答辩意见、判决主文相呼应,论理与事实相呼应。维持原判时,不应照抄一审判决的理由。

3.判决结果

判决结果按《中华人民共和国民事诉讼法》第一百七十条的规定,有下列三种情况:

(1)维持原判的,写为:

“驳回上诉,维持原判。”

(2)全部改判的,应当先撤销一审判决,再作出新的判决。写为:

“一、撤销×××人民法院(××××)×民初××号民事判决;

二、……(写明改判的内容,内容多的可分项列写)。”

(3)部分改判的,应当先维持一审判决×××部分,后撤销或变更一审判决×××部分,再作出新的判决。写为:

“一、维持××人民法院(××××)×民初××号民事判决的第×项,即……(写明维持的具体内容);

二、撤销××人民法院(××××)×民初××号民事判决的第×项,即……(写明撤销的具体内容);

三、变更××人民法院(××××)×民初××号民事判决的第×项为……;

四、……(写明新增判项)。”

在此部分当事人名称应当使用全称,判项与判项之间应当使用分号;应当写明各判项的履行日期,一审判决未明确履行期限的,二审判决应当予以纠正;判决承担利息的,当事人提出具体请求数额的,二审法院可以根据当事人请求的数额作出相应判决;当事人没有提出具体请求数额的,可以表述为“按×××利率,自××××年××月××日起计算至××××年××月××日止”。

（三）尾部

包括延迟履行责任告知、诉讼费用的交代、判决效力的交代、审判员署名、日期、院印、核对无异戳记、书记员署名。与一审判决不同之处在于：

1. 二审判决书尾部应当写明对诉讼费用负担问题作出的决定。二审法院维持原判的，仅对二审诉讼费用负担问题作出决定。二审法院改判的，应当分别对一、二审诉讼费用负担问题作出决定。如果对一审诉讼费用负担问题不作调整，可以表述为“一审案件受理费×××元，其他费用×××元，按一审判决执行。二审案件受理费×××元，由×××当事人负担×××元，×××当事人负担×××元”。

2. 交代判决效力。第二审是终审判决，要写明“本判决为终审判决”。

3. 第二审民事案件，均须由审判员组成合议庭审理，故不存在陪审员或者独任审判员署名的问题。

其余项目与一审判决书的尾部一样。

三、特别提示

注意比较二审民事判决书与二审刑事判决书的不同。一个最容易忽略的区别在于：判决结果不同。前面说过，二审刑事判决书的判决结果可以说只有一个，即改判。不论是全部改判，还是部分改判，都属于改判的范畴。如果二审法院认为一审刑事判决在认定事实、适用法律、定罪量刑方面均无不当，应当维持原判时，要制作裁定书而不是判决书来维持。但二审民事判决书的判决结果却有维持和改判两种情形。也就是说当二审法院认为一审民事判决书在认定事实、适用法律方面均无不当，应当维持原判时，所制作的文书也应当是二审民事判决书，而不是民事裁定书。

四、格式及示例

(一)格式(二审驳回上诉,维持原判用)①

×××人民法院

民事判决书

(××××)××民终××号

上诉人(原审诉讼地位)×××,……(写明姓名或名称等基本情况)。

法定代理人(指定代理人/法定代表人/主要负责人)×××,……(写明姓名和职务)。

委托诉讼代理人×××,……(写明姓名等基本情况)。

被上诉人(原审诉讼地位)×××,……(写明姓名或名称等基本情况)。

法定代理人(指定代理人/法定代表人/主要负责人)×××,……(写明姓名和职务)。

委托诉讼代理人×××,……(写明姓名等基本情况)。

原审原告/被告/第三人×××,……(写明姓名或名称等基本情况)。

法定代理人(指定代理人/法定代表人/主要负责人)×××,……(写明姓名和职务)。

委托诉讼代理人×××,……(写明姓名等基本情况)。

上诉人×××因与被上诉人×××/上诉人×××及原审原告/被告/第三人×××……(案由)一案,不服××××人民法院(××××)××民初××号民事判决,向本院提起上诉。本院于××××年××月××日立案后,依法组成合议庭,开庭(因涉及……不开庭)进行了审理。上诉人×××、被上诉人×××、原审原告/被告/第三人×××(写明当事人和其他诉讼参加人的诉讼地位和姓名或者名称)到庭参加诉讼。本案现已审理终结。

---

① 参见沈德咏主编、最高人民法院修改后民事诉讼法贯彻实施工作领导小组编:《民事诉讼文书样式》,人民法院出版社2016年版,第402页。

×××上诉请求:……(写明上诉请求)。事实和理由:……(概述上诉人主张的事实和理由)。

×××辩称,……(概述被上诉人答辩意见)。

×××述称,……(概述原审原告/被告/第三人陈述的意见)。

×××向一审法院起诉请求:……(写明原告/反诉原告/有独立请求权的第三人的诉讼请求)。

一审法院认定事实:……(概述一审认定的事实)。一审法院认为,……(概述一审裁判理由)。判决:……(写明一审判决主文)。

本院二审期间,当事人围绕上诉请求依法提交了证据。本院组织当事人进行了证据交换和质证(当事人没有提交新证据的,写明:二审中,当事人没有提交新证据)。对当事人二审争议的事实,本院认定如下:……(写明二审法院采信证据、认定事实的意见和理由,对一审查明相关事实的评判)。

本院认为,……(根据二审认定的案件事实和相关法律规定,对当事人的上诉请求进行分析评判,说明理由)。

综上所述,×××的上诉请求不能成立,应予驳回;一审判决认定事实清楚,适用法律正确,应予维持。依照《中华人民共和国民事诉讼法》第一百七十条第一款第一项规定,判决如下:

驳回上诉,维持原判。

二审案件受理费……元,由×××负担(写明当事人姓名或者名称、负担金额)。

本判决为终审判决。

审判长　×××
审判员　×××
审判员　×××
××××年××月××日
(院印)

本件与原本核对无异

书记员　×××

（二）示例[1]

上海市高级人民法院
民事判决书

（2017）沪民终 393 号

上诉人（原审原告）：季××，……

委托诉讼代理人：陈××，江苏东亭律师事务所律师。

被上诉人（原审被告）：徐×，……

委托诉讼代理人：季×，启东市吕四法律服务所法律服务工作者。

上诉人季××因与被上诉人徐×海上人身损害责任纠纷一案，不服上海海事法院（2017）沪 72 民初 1797 号民事判决，向本院提起上诉。本院于 2017 年 11 月 16 日立案受理后，依法组成合议庭，并于 2017 年 12 月 4 日公开开庭审理了本案。季××委托诉讼代理人陈××，徐×委托诉讼代理人季×到庭参加诉讼。本案现已审理终结。

季××上诉请求：依法撤销原判决，改判残疾赔偿金按照江苏省城镇居民可支配收入标准计算，即在一审判决金额的基础上增加残疾赔偿金的赔偿额人民币 99,202.40 元（以下币种均为人民币），或者将本案发回重审。事实和理由：季××的户口虽然在老家一直没有迁移，但其主要收入来源于海上作业；且一审判决认定季××在徐×处工作的年收入为 70,000 元，远高于江苏省 2016 年度农村常住居民人均可支配收入 17,606 元和城镇居民人均可支配收入 40,152 元；季××一直在城镇缴纳企业社会养老保险，属于城镇养老保险范畴，亦属于城镇居民。综上，一审法院适用农村标准计算残疾赔偿金是错误的，要求二审法院依法改判或发回重审。

徐×辩称，季××系农村户口且在农村有承包地，在事故发生时，季××从事的是渔业工作，属于农业的范畴。在事故发生前，季××不是在城镇中的企事业单位上班，在事故发生之前，也没有在城镇的企事业单位工作满一年以上。根据国家政策，城镇、农村人员均可以缴纳社会保险，并非缴纳了社会保险的人员就一定是城镇居民。故没

---

[1] 选自中国裁判文书网：http://wenshu.court.gov.cn/content/content?DocID=c18749a4-6ae0-46eb-b069-a8940122e214，最后访问日期：2018 年 4 月 11 日。

有证据显示本案应当按照城镇标准计算残疾赔偿金。一审法院认定事实正确，适用法律正确，请求二审法院驳回上诉，维持一审判决。

季××向一审法院起诉请求：季××自2014年7月起在徐×所有的“苏常渔0×××3”号渔船上担任大副。2015年4月10日，季××在该渔船上工作时不慎受伤，于2015年4月10日至5月4日在南通大学附属医院进行第一次手术治疗。2016年9月14日至9月30日实施第二次手术治疗。2017年3月14日，经南通三院司法鉴定所鉴定，季××被评定为一个九级伤残和一个十级伤残，护理期限为90日（其中2人护理40日，1人护理50日），营养期限为80日。季××认为，其受伤后，徐×仅向其支付了90,000元医疗费，其余款项拒不支付。现季××诉至法院，请求依法判令徐×赔偿季××残疾赔偿金176,668.80元、误工费134,550元、护理费13,000元、住院伙食补贴800元、营养费3200元、交通费3000元、住宿费2400元、精神损害抚慰金15,000元、鉴定费1560元，以上共计350,178.80元，诉讼费由徐×承担。

一审法院认定事实：

季××于2014年7月起在徐×所有的“苏常渔0×××3”号渔船上担任大副。2015年4月10日，该船在启东吕四渔场从事捕捞作业时，季××被船上的网杆子砸伤腰部，当日被送至南通大学附属医院治疗，入院诊断为××骨折伴不全瘫，双侧××骨折，左侧××积液，××滑脱。于2015年4月14日在全麻下行××引流术、××固定术。经手术治疗后于2015年5月4日出院，出院医嘱：卧床休息3个月，多咳嗽及排痰，加强腰背肌及下肢功能锻炼，3个月后门诊复查；如有不适，随时就诊。在此住院期间共支付医疗费68,200.96元。2016年9月14日，季××再次入南通大学附属医院治疗，于2016年9月20日在全麻下行××骨折术后内固定物取出术，于2016年9月30日出院，支付医疗费17,416.70元。2015年4月10日至2016年9月12日，季××自行发生诊疗费、医药费1909.60元。

2017年3月1日，受一审法院委托，南通三院司法鉴定所对季××的伤残等级以及营养、护理等期限做了司法鉴定，认为：季××意外受伤致××骨折、××粉碎性骨折、××积液、××滑脱、××横突骨折，其××粉碎性骨折评定为人损九级伤残，××骨折评定为人损十级伤残；护理期限为90日（其中2人护理40日，1人护理50日），营养期限为80日。

"苏常渔0×××3"号船系钢质拖网捕捞渔船，于2014年7月15日建成后登记在徐×名下。

季××，1962年×月×日出生，住江苏省某某市某某镇新某居委会某组43号，与其妻、长女共同承包土地0.61亩，户口簿登记职业为粮农。

一审庭审中，双方当事人共同确认：徐×曾支付季××医疗费90,000元，误工工资、生活费补贴40,000元；季××工作期间年收入为70,000元，该部分费用可与残疾赔偿金、误工费、精神抚慰金等一并结算。

另查明：

江苏省高级人民法院2017年3月公布2016年度该省相关赔偿费用标准：城镇常住居民人均可支配收入40,152元；城镇常住居民人均生活消费支出26,433元；农村常住居民人均可支配收入17,606元；农村常住居民人均生活消费支出14,428元。

一审法院认为，依据最高人民法院《关于审理人身损害赔偿案件适用法律若干问题的解释》第十一条第一款的规定，"雇员在从事雇佣活动中遭受人身损害，雇主应当承担赔偿责任"。本案中，季××受"苏常渔0×××3"号渔船船舶所有人徐×雇佣上船担任大副，于2015年4月10日在启东吕四渔场从事捕捞作业中受伤，雇主徐×应承担赔偿责任。一审庭审中，徐×称季××因违反船上工作纪律，在船工作期间饮酒导致操作失误而受伤，应由季××自行承担责任，并提出可由其船员出庭作证。但因季××对于徐×的这一陈述并不认可，徐×也无相应证据佐证，而其提出证人出庭作证申请日期已超过举证期限，故一审法院对徐×的该项抗辩理由不予采信，徐×应承担全部的赔偿责任。

依据现已查明的事实，季××户口簿登记的户口性质为家庭户，职业为粮农，其在当地拥有承包经营的土地，故其应被认定为农村家庭户口，有关损害赔偿费用应当根据江苏省农村居民的相关标准计算。依据最高人民法院《关于审理人身损害赔偿案件适用法律若干问题的解释》第十七条"受害人遭受人身损害，因就医治疗支出的各项费用以及因误工减少的收入，包括医疗费、误工费、护理费、交通费、住宿费、住院伙食补助费、必要的营养费，赔偿义务人应当予以赔偿。受害人因伤致残的,其因增加生活上需要所支出的必要费用以及因丧失劳动能力导致的收入损失,包括残疾赔偿金……赔偿义务人也应当予以赔偿”的规定,对于各项损失金额,一审法院做如下认定:一、医疗费。季××两次住院治疗发生医疗费85,617.66元,在此期间自行购药和门诊付费1909.60元。徐×虽对季××部分自行购药(人血白蛋白)发生的费用提出异议,但考虑到季××购买人血白蛋白需要医嘱,且购买日期为手术后第二天,徐×也未能提供证据证明季××的该行为有不符常理之处,故一审法院对季××所称发生的医疗费用87,527.26元予以确认;二、住院伙食补助费。根据出院小结记载,季××两次住院共计40天,双方当事人在一审庭审中确认每天的标准为20元,故住院伙食补助费为800元;三、营养费。最高人民法院《关于审理人身损害赔偿案件适用法律若干问题的解释》第二十四条规定,“营养费根据受害人的伤残情况参照医疗机构的意见确定”。季××主张按每天40元的标准计算,徐×主张按每天10元的标准计算,但均未提供相关依据,参照江苏省2016年度农村常住居民人均生活消费支出14,428元,按鉴定机构意见计算80日,本院支持营养费3162.30元;四、误工费。根据最高人民法院《关于审理人身损害赔偿案件适用法律若干问题的解释》第二十条关于“误工费根据受害人的误工时间和收入状况确定……受害人有固定收入的,误工费按照实际减少的收入计算”的规定,双方当事人在一审庭审中一致确认季××的年收入为70,000元,误工时间为180天,据此得出误工费应为34,520.55元;五、护理费。鉴定报告认定季××的护理期为90日(其中2人护理40日,1人护理50日),护理费应以陪护人的收入结合护理时间计算。季××主张按每天100元计算,但未予举证。徐×同意按每天89.14元计算,于法无悖,可予支持。护理费一审法院支持11,588.20元;六、交通费。季××主张交通费3000元,虽未提供相关票据,但考虑到季××在南通大学附属医院治疗,家住某某市某某镇,距离医院有一段距离,家属前往探视照料必定会产生一定费用,一审法院酌定支持交通费500元;七、残疾赔偿金。根据最高人民法院《关于审理人身损害赔偿案件适用法律若干问题的解释》第二十五条关于“残疾赔偿金根据受害人丧失劳动能力程度或者伤残等级,按照受诉法院所在地上一年度城镇居民人均可支配收入或者农村居民人均纯收入标准,自定残之日起按二十年计算。但六十周岁以上的,年龄每增加一岁减少一年;七十五周岁以上的,按五年计算”的规定,季××为农村家庭户口,定残之日54周岁,按照江苏省2016年度农村常住居民人均可支配收入17,606元计算。季××之伤残经鉴定为一项九级伤残、一项十级伤残,故其残疾赔偿金经计算,应为17,606×20×22% = 77,466.40元;八、精神损害抚慰金。季××之伤残鉴定为一项九级伤残、一项十级伤残,确实给季××造成了一定的精神损失。但季××主张15,000元的精神抚慰金过高,一审法院酌定为10,000元;九、住宿费。根据最高人民法院《关于审理人身损害赔偿案件适用法律若干问题的解释》第二十三条第二款关于“受害人确有必要到外地治疗,因客观原因不能住院,受害人本人及其陪护人员实际发生的住宿费和伙食费,其合理部分应予赔偿”的规定,本案季××未能证明费用已实际发生以及费用的数额,一审法院对此不予支持;十、鉴定费。季××主张鉴定费1560元,徐×对此并无异议,且季××提供了相应的发票,一审法院对此予以支持。

综上,徐×应赔偿季××误工费、残疾赔偿金等各项共计227,124.71元,扣除徐×已经支付的医疗费90,000元、预付的生活费40,000元,徐×尚应向季××支付97,124.71元。依照《中华人民共和国侵权责任法》第十六条、第二十二条,最高人民法院《关于审理人身损害赔偿案件适用法律若干问题的解释》第十一条第一款、第十七条第一、二款,第十九条第一款,第二十条,第二十一条第一款,第二十三条,第二十四条,第二十五条第一款,《中华人民共和国民事诉讼法》第六十四条第一款之规定,一审法院判决:一、徐×应于判决生效之日起十日内赔偿季××残疾赔偿金、营养费、护理费、住院伙食补助费、误工费、精神抚慰金等共计97,124.71元;二、对季××的其他诉讼请求不予支持。本案一审案件受理费6552.68元,因适用简易程序减半收取,计3276.34元,由季××负担2367.62元,徐×负担908.72元。

本案二审期间,季××提供了两份证据:1.某某市某某镇新某居委会出具的证明,用以证明季××的主要收入来源并非农村;2.常某市某某新区某某街道办事处劳动保险事务所出具的1992年起至今季××缴纳企业养老保险的明细清单,用以证明季××长期缴纳企业职工养老保险，而非农村养老保险。

徐×质证认为：1. 对证明的真实性没有异议，但该证明系根据季××的自述而出具的，居委会本身不掌握季××在哪里工作，从事什么工作的动态，对证明力不予认可；2. 对明细清单的真实性没有异议，但认为无论是城镇居民还是农村居民均可以缴纳社会保险，这并不是区分城镇居民和农村居民的标准，故不能证明待证事实。

本院认为，徐×对证明的真实性没有异议，本院对证明的证据效力予以确认，但居委会并不是掌握季××工作情况的有权机关，故对居委会证明的证明力不予认可。徐×对明细清单的真实性没有异议，且季××提供了证据的原件，对明细清单的证据效力予以确认。

二审中，徐×没有提交新证据。

一审查明的事实，有相关证据予以证实，本院予以确认。

本院经审理查明：自1992年起，季××长期在江苏省常某市某某新区某某街道办事处劳动保险事务所缴纳社会保险，险种类型为企业养老。

本院认为，本案系海上人身损害责任纠纷。本案二审中的争议焦点是残疾赔偿金应当按照城镇居民人均可支配收入还是农村居民人均纯收入标准计算。

本院认为，根据最高人民法院《关于审理人身损害赔偿案件适用法律若干问题的解释》第二十五条的规定，残疾赔偿金根据受害人损失劳动能力程度或者伤残等级，按照受诉法院所在地上一年度城镇居民人均可支配收入或者农村居民人均纯收入标准计算。而司法实践中，残疾赔偿金的计算，应当根据案件的实际情况，结合受害人住所地、经常居住地等因素，确定适用城镇居民人均可支配收入或者农村居民人均纯收入的标准。季××户口所在地即为其长期居住地，其不存在长期居住在城镇的相关事实，故一审法院按照农村居民人均可支配收入标准计算残疾赔偿金并无不当。本院对季××关于残疾赔偿金应按江苏省城镇居民可支配收入标准计算的上诉理由不予支持。

综上，季××的上诉请求无事实和法律依据，本院不予支持。根据《中华人民共和国民事诉讼法》第一百七十条第一款第(一)项、第一百七十五条之规定，判决如下：

驳回上诉，维持原判。

本案二审案件受理费人民币2280.06元，由上诉人季××负担。

本判决为终审判决。

审判长　陈××
审判员　高××
审判员　张　×
二〇一八年二月七日
书记员　罗　×

附:相关法律条文

《中华人民共和国民事诉讼法》

第一百七十条　第二审人民法院对上诉案件,经过审理,按照下列情形,分别处理:

(一)原判决、裁定认定事实清楚,适用法律正确的,以判决、裁定方式驳回上诉,维持原判决、裁定;

……

第一百七十五条　第二审人民法院的判决、裁定,是终审的判决、裁定。

第四节　特别程序民事判决书

一、适用范围

特别程序民事判决书,是人民法院按照民事诉讼法中的特别程序,审理特殊类型案件,就某种法律事实是否存在或者对某种权利的实际状况进行确认的具有法律效力的书面决定。

《中华人民共和国民事诉讼法》第一百七十七条规定:"人民法院审理选民资格案件、宣告失踪或者宣告死亡案件、认定公民无民事行为能力或者限制民事行为能力案件、认定财产无主案件、确认调解协议案件和实现担保物权案件,适用本章规定。本章没有规定的,适用本法和其他法律的有关规定。"

可知,特别程序民事判决书适用于对选民资格案件、宣告失踪或者宣告死亡案件、认定公民无民事行为能力案件或者限制民事行为能力案件、认定财产无主案件、确认调解协议案件和实现担保物权案件等特殊类型案件的审理。

二、特点

按照特别程序审理的案件的特点是:第一,都不具有民事权益争议的内容。第二,起诉人或者申请人都不要求追究民事责任。

上述两个特点决定了特别程序民事判决书与普通案件的一审、二审和再审民事判决书,在格式和制作方面,都有不同之处。主要是:

(一)判决所解决问题的性质不同。特别程序民事判决书是对某种法律事实是否存在和某种权利的实际状况如何作出确认;而一般的民事判决书是要对民事诉讼当事人之间的民事权益争议作出决定。

(二)适用的范围不同。特别程序民事判决书适用于依照民事诉讼法规定的特别程序审理的特殊类型民事案件;而一般民事判决书适用于按简易程序、第一审程序、第二审程序、再审程序审理的各种民事权益纠纷案件。

(三)判决发生效力的时间不同。按照特别程序审理的案件实行一审终审制。因此,特别程序民事判决书送达当事人后即发生法律效力;而一般民事案件实行两审终审制,一审民事判决只有当事人在法定上诉期限内不上诉或者二审判决予以维持时,判决才能发生法律效力。

(四)判决书中当事人的称谓和列项不同。适用特别程序审理的案件,一般不是来自当事人的起诉,而是来自利害关系人或者其他公民、法人和组织的申请。由于不是民事权益纠纷,没有对方当事人,所以,除了选民资格案件判决书中对当事人称为“起诉人”外,其余特别程序判决书中均称为“申请人”,而且都没有对方当事人的列项。

(五)判决书中应写明的事实内容不同。适用特别程序审理的案件,除选民资格案件外,均属于非讼案件。因此,判决书的事实部分只有申请人提供的事实和法院确认的事实,而没有当事人争议的事实。

(六)有的判决书并不要求严格区分事实和理由。如确认某一事实存在后,即可依照有关法律作出判决,不需要再去论证为什么要这样判决。

三、种类

特别程序民事判决书，按照案件性质的不同，可分为：选民资格案件民事判决书，宣告失踪或者宣告死亡案件民事判决书，认定公民民事行为能力案件民事判决书，认定财产无主案件民事判决书，确认调解协议案件民事判决书，实现担保物权案件民事判决书；按照判决所确认的问题的不同，可分为：确认某种事实是否存在的民事判决书和确认某种权利的实际状态如何的民事判决书。

本书将选择选民资格案件民事判决书和宣告失踪案件民事判决书进行讲述。

四、选民资格案件民事判决书

（一）概念

选民资格案件民事判决书，是人民法院依照民事诉讼法规定的特别程序，审理选民资格案件后，就公民是否享有选举权依法做出的具有法律效力的书面决定。

（二）法律依据

《中华人民共和国民事诉讼法》第一百八十一条规定："公民不服选举委员会对选民资格的申诉所做的处理决定，可以在选举日的五日以前向选区所在地基层人民法院起诉。"

第一百八十二条规定："人民法院受理选民资格案件后，必须在选举日前审结。审理时，起诉人、选举委员会的代表和有关公民必须参加。人民法院的判决书，应当在选举日前送达选举委员会和起诉人，并通知有关公民。"

第一百七十八条规定："依照本章程序审理的案件，实行一审终审。选民资格案件或者重大、疑难的案件，由审判员组成合议庭审理；其他案件由审判员一人独任审理。"可知，选民资格案件由审判员组成合议庭审理。

以上是关于选民资格案件民事判决书的法律依据。

（三）制作方法

选民资格案件和其他按特别程序审理的案件的民事判决书都由首部、正文和尾部组成。

1. 首部。应当写明文书制作机关名称和文书名称、文书编号、当事人的基本情况、案件的由来和审理经过。

其中文书编号中的程序代字为“特”字。

当事人的称谓，根据《中华人民共和国民事诉讼法》第一百八十二条的规定应为“起诉人”。当事人的基本情况应写明：姓名、性别、出生年月日、民族、出生地、职业或工作单位和职务、住址。

案件的由来和审理经过是程式语，表述为：

“起诉人×××申请确定选民资格一案，本院于××××年××月××日立案后，依法适用特别程序进行了审理。起诉人×××、×××选举委员会的代表×××、公民×××到庭参加诉讼。现已审理终结。”

上文中列写的到庭参加诉讼的“公民×××”，是指起诉人认为选民名单中漏掉的有选举权的公民，或者选民名单中列入的不应有选举权的公民；如果起诉人本人就是认为选民名单中漏掉的有选举权的公民，“公民×××”一句可不写。

2. 正文。包括起诉人的起诉理由和请求，法院查明的事实、判决理由、判决结果。

(1) 起诉人起诉的理由和请求可以概括写明。

(2) 法院查明的事实，分两个层次：一是查明的选举委员会对选民资格的申诉所做的处理决定、依据和理由；二是法院经审理后认定的事实。主要认定两个问题，即该公民的确切年龄和该公民是否被剥夺政治权利。

(3) 判决理由主要写明两点：一是说明该公民是否应享有选举权；二是引用判决所适用的法律条款。

(4) 判决结果应当明确写明该公民是否有选举权。

3. 尾部。

(1) 交代判决效力，写为“本判决为终审判决”；

(2) 合议庭组成人员署名；

(3) 写明判决日期；

(4) 加盖院印；

(5) “本件与原本核对无异”戳记；

(6) 书记员署名。

（四）格式（申请确定选民资格用）①

×××人民法院
民事判决书

（××××）××民特××号

起诉人……（写明姓名、性别、出生年月日、民族、出生地、职业或工作单位和职务、住址）。

代理人……

起诉人×××申请确定选民资格一案，本院于××××年××月××日立案后，依法适用特别程序进行了审理。起诉人×××、×××选举委员会的代表×××、公民×××到庭参加诉讼。现已审理终结。

起诉人×××诉称，……（写明起诉的请求、事实和理由）。

经审理查明，××××年××月××日，××××选举委员会作出《关于……的决定》，……（写明选举委员会对起诉人选民资格问题的处理和法院查明的其他事实）。

本院认为，……（写明判决的理由）。

依照《中华人民共和国民事诉讼法》第一百八十二条的规定，判决如下：

（支持申请的，写明：）×××在……街区具有/不具有选民资格。

（驳回申请的，写明：）驳回×××的申请。

本判决为终审判决。

审判长　×××
审判员　×××
审判员　×××
××××年××月××日
（院印）

本件与原本核对无异

书记员　×××

---

① 沈德咏主编、最高人民法院修改后民事诉讼法贯彻实施工作领导小组编：《民事诉讼文书样式》，人民法院出版社2016年版，第448页。

五、宣告失踪案件民事判决书

(一)概念

宣告失踪案件民事判决书,是人民法院按照民事诉讼法规定的特别程序,审理宣告失踪案件后,依法作出的具有法律效力的书面决定。

《中华人民共和国民事诉讼法》第一百八十五条规定:"人民法院受理宣告失踪、宣告死亡案件后,应当发出寻找下落不明人的公告。宣告失踪的公告期间为三个月,宣告死亡的公告期间为一年。因意外事故下落不明,经有关机关证明该公民不可能生存的,宣告死亡的公告期间为三个月。公告期间届满,人民法院应当根据被宣告失踪、宣告死亡的事实是否得到确认,作出宣告失踪、宣告死亡的判决或者驳回申请的判决。"

这是本文书制作的法律依据。

(二)制作方法

1. 首部。应写明制作机关名称、文书名称、文书编号、当事人基本情况、案由和审理经过。与选民资格案件民事判决书不同的是,宣告失踪案件,是因利害关系人的申请而发生的,所以,首部当事人的称谓为"申请人"。案件的由来和审理经过,可从简表述为:"申请人×××要求宣告×××失踪(或死亡)一案,本院于××××年××月××日立案后,依法适用特别程序进行了审理。现已审理终结。"

2. 正文包括事实、判决理由和法律依据、判决结果。

(1)事实。应当写明申请人的请求、事实和理由,法院查明的事实和公告的情况。其中,申请人申请的主要内容为申请人所述下落不明人下落不明的事实、时间和请求;法院查明的事实,应当写明经法院查实的下落不明人的姓名、性别、出生年月日、籍贯、与申请人的关系以及下落不明的事实。《中华人民共和国民事诉讼法》第一百八十五条规定,人民法院受理宣告失踪案件,应当发出寻找下落不明人的公告。发出寻找公告是这类案件的必经程序,这是推定下落不明人失踪的主要依据,具有重要的法律意义。所以,判决书中要记载发出寻找公告的情况。在行文上可这样表述:"本院于××××年××月××日在……(写明公告方式)发出寻找×××的公告。法定公告期间为三个月(或一年),现已届满,×××仍然下落不明。"公告方式应当写明在某某报刊上刊登,或在法院公告栏上张贴,或在失踪人×××住所地张贴等。如果是驳回申请的判决,这部分应当写明公民下落不明得不到确认的事实及其根据。

(2)判决理由。应当写明为什么要作出宣告失踪或者宣告死亡的判决,或者为什么要驳回申请人的申请;还应当写明判决所依据的法律条款。

(3)判决结果。

宣告失踪的,表述为:

"一、宣告×××为失踪人;

二、指定×××为失踪人×××的财产代管人。"

驳回申请的,表述为:

"驳回×××的申请。"

(三)格式及示例(宣告失踪或宣告死亡用)

1. 格式①

×××人民法院

民事判决书

(××××)××民特××号

申请人……(写明姓名、性别、出生年月日、民族、籍贯、职业或工作单位和职务、住址)。

代理人……

申请人×××申请宣告×××失踪(或死亡)一案,本院于××××年××月××日立案后,依法适用特别程序进行了审理。现已审理终结。

×××称,……(写明申请人的请求、事实和理由)。

经审理查明,……下落不明人×××,男/女,出生年月日,×族,户籍地、原住……,系申请人×××的××。……(写明下落不明的事实、时间)。申请人×××申请宣告×××失踪后,本院于××××年

① 参见沈德咏主编、最高人民法院修改后民事诉讼法贯彻实施工作领导小组编:《民事诉讼文书样式》,人民法院出版社2016年版,第450、454页。

××月××日在……(写明公告方式)发出寻找×××的公告。法定公告期间为三个月(或一年),现已届满,×××仍然下落不明。(下落不明得不到确认的,写明事实根据)……

本院认为,……(写明判决的理由)。

依照《中华人民共和国民事诉讼法》第一百八十五条、《最高人民法院关于适〈中华人民共和国民事诉讼法〉的解释》第三百四十三条规定(如宣告死亡,则只引用第一百八十五条即可),判决如下:

……(写明判决结果。分三种情况:

第一,宣告失踪的,写:

“一、宣告×××为失踪人;

二、指定×××为失踪人×××的财产代管人。”

第二,宣告死亡的,写:

“宣告×××死亡。”

第三,驳回申请的,写:

“驳回×××的申请。”)

本判决为终审判决。

审判员 ×××

××××年××月××日

(院印)

本件与原本核对无异

书记员 ×××

2. 示例①

宁波海事法院
民事判决书

(2016)浙72民特667号

申请人:洪×文,男,1956年5月14日出生,汉族,住贵州省普定县。

---

① 选自中国裁判文书网:http://wenshu.court.gov.cn/content/content?DocID=a079cdeb-09d1-4320-8020-a84800c7b832&KeyWord=洪永文,最后访问日期:2018年4月13日。

委托代理人:洪×宜,男,1978年11月17日出生,汉族,住贵州省普定县。

申请人洪×文申请宣告公民死亡一案,本院于2016年11月2日立案后,依法适用特别程序进行了审理,现已审理终结。

申请人洪×文起诉称:申请人与洪×红系父子关系。2016年9月7日凌晨,“浙普远818”船在北××渔区作业时,洪×红不慎落水,失去联系。洪×红下落不明,至今已无生还可能。现依法要求宣告洪×红死亡。

经审理查明:下落不明人洪×红,男,1990年1月26日出生,汉族,“浙普远818”船船员,住贵州省普定县,居民身份证号码××××××××××××××××××,系申请人洪×文儿子。2016年9月7日凌晨,“浙普远818”船在北××渔区作业时,洪×红不慎落水,失去联系,经有关机关证明,至今已无生还可能。本院依据《中华人民共和国民事诉讼法》第一百八十五条第一款的规定,于2016年11月19日在《人民法院报》发出寻找洪×红的公告。法定公告期间为三个月,现已届满,洪×红仍然下落不明。

本院认为:洪×红因意外事故下落不明,经有关机关证明其不可能生存,现公告寻找无果,故对申请人洪×文的请求应予支持。依照《中华人民共和国民事诉讼法》第一百七十八条、第一百八十四条、第一百八十五条的规定,判决如下:

宣告洪×红死亡。

本判决为终审判决。

审判员　崔　×

二〇一七年二月二十二日

代书记员　朱××

附:相关法律条文

《中华人民共和国民事诉讼法》

第一百七十八条　依照本章程序审理的案件,实行一审终审。选民资格案件或者重大、疑难的案件,由审判员组成合议庭审理;其他案件由审判员一人独任审理。

第一百八十四条　公民下落不明满四年,或者因意外事故下落不明满二年,或者因意外事故下落不明,经有关机关证明该公民不可能生存,利害关系人申请宣告其死亡的,向下落不明人住所地基层人民法院提出。

申请书应当写明下落不明的事实、时间和请求,并附有公安机关或者其他有关机关关于该公民下落不明的书面证明。

第一百八十五条　人民法院受理宣告失踪、宣告死亡案件后,应当发出寻找下落不明人的公告。宣告失踪的公告期间为三个月,宣告死亡的公告期间为一年。因意外事故下落不明,经有关机关证明该公民不可能生存的,宣告死亡的公告期间为三个月。

公告期间届满,人民法院应当根据被宣告失踪、宣告死亡的事实是否得到确认,作出宣告失踪、宣告死亡的判决或者驳回申请的判决。

第五节　民事调解书

一、适用范围

民事调解书,是人民法院按照《中华人民共和国民事诉讼法》第九十七条的规定,在一审、二审和审判监督程序中,通过调解方式处理民事案件,在当事人双方自愿达成协议后,予以认可时所制作的具有法律效力的文书。

人民法院的调解,贯穿在民事诉讼整个过程之中。即不论在审理前、审理中或再审时,都可以进行调解。《中华人民共和国民事诉讼法》第九十七条第一款规定:"调解达成协议,人民法院应当制作调解书……"

可知,本文书适用于在审理过程中双方达成解决纠纷协议的民事纠纷案件。

需要指出的是,并非所有人民法院采用调解方式处理民事案件,都要制作民事调解书。根据《中华人民共和国民事诉讼法》第九十八条规定:"下列案件调解达成协议,人民法院可以不制作调解书:(一)调解和好的离婚案件;(二)调解维持收养关系的案件;(三)能够即时履行的案件;(四)其他不需要制作调解书的案件。对不需要制作调解书的协议,应当记入笔录,由双方当事人、审判人员、书记员签名或者盖章后,即具有法律效力。”

二、民事调解书与民事判决书的区别

民事调解书与民事判决书都是法院用于处理民事案件的法律文书,二者有一些相同之处,但两种文书反映的案件处理方式不同,因此,它们的区别也是十分明显的:

(一)解决纠纷的方式不同。民事调解书是人民法院依法采用调解方式解决纠纷的结果;民事判决书则是人民法院依法采用审判方式解决纠纷的结果。

(二)体现的意愿不同。民事调解书是在合法的前提下,双方当事人自愿达成协议,法院予以认可后的文字凭据,体现的是诉讼双方当事人的意志;民事判决书是人民法院代表国家行使审判职能的具体体现,它代表的是国家意志。

(三)内容项目及书写要求不同。调解书的内容比较简单,它不必写审理程序有关问题,叙述事实要求简明,而且不用写理由。相比之下,民事判决书的内容项目、格式要求都较严格。

(四)发生法律效力的时间不同。不论哪个审判程序的调解书,一经双方当事人签收,即具有法律效力;而一审民事判决书送达当事人后并不立即生效,只有超过了法定的上诉期限,当事人不上诉,一审民事判决书才发生法律效力。

三、制作方法

(一)首部

1. 制作机关名称、文书名称、文书编号。

2. 当事人的基本情况。

3. 案由、审理经过。具体写法:“……(写明当事人的姓名或名称和案由)一案,本院于××××年××月××日立案后,依法适用普通程序,公开(或因涉及……不公开)开庭进行了审理(开庭前调解的,不写开庭情况)。”

(二)正文

1. 事实

简要写明当事人的诉讼请求、案件事实和理由。这部分可以写成一段,必要时也可分两段叙写。此部分写时应力求简洁、概括,可以不写审理过程及证据情况。

(1)当事人的诉讼请求。即当事人提出的实体权利要求。包括原告(或上诉人、原审原告)诉称(简述起诉的事实、理由及诉讼请求);被告(包括被上诉人、原审被告)辩称(简述答辩的内容)。

(2)案件事实。案件事实主要依据案情的繁简和审级而有所区别。

一审民事调解书,可简要写明案件的事实,重点写明当事人法律关系的构成和争执的焦点。若案情较复杂,可以稍微详细一些,但与民事判决书叙述事实相比,仍然要简单得多。

二审和再审民事调解书,除简要写明案件的事实外,还要简述原判决的结果,上诉人上诉和被上诉人答辩或第三人陈述以及申请再审的请求和理由。

(3)过渡性程式语。在事实后,另起一行,写上程式语:"本案在审理过程中,经本院主持调解,当事人自愿达成如下协议/当事人自行和解达成如下协议,请求人民法院确认/经本院委托……(写明受委托单位)主持调解,当事人自愿达成如下协议。"说明调解协议达成的方式,并由此引入协议内容。

2. 协议内容

这是民事调解书的核心部分。表述务求明白、准确、具体、完整、合法。

协议后另起一行写上:"上述协议,符合有关法律规定/不违反法律规定,本院予以确认。"

(三)尾部

写明下列内容:

1. 写明诉讼费用的负担。但若调解协议中已包含诉讼费用负担的,则不写此项。

2. 写明调解书效力:"本调解书经各方当事人签收后,即具有法律效力。"若是由各方当事人同意在调解协议上签名或者盖章后发生法律效力的,则写为:"本调解书经各方当事人在笔录上签名或者盖章,本院予以确认后即具有法律效力。"

3. 其他各项的写法,与相应审级的民事判决书相同。

四、特别提示

1. 协议的内容，不得与法律、法规相悖，也不得损害国家、集体和他人的合法权益。

2. 如果涉及民事行为无效或者合同无效的问题，不应在调解书中确认。调解书是体现当事人双方的意志，而民事行为或者合同有效与否的确认，只能由人民法院或者其他有管辖权的机关作出决定，当事人无权确认其效力。

3. 上诉审或再审调解成立的案件，都不应写"原判决撤销"字样。根据《中华人民共和国民事诉讼法》第一百七十二条和最高人民法院《关于适用〈中华人民共和国民事诉讼法〉的解释》第三百二十六条、第三百二十七条、第三百二十八条、第三百二十九条之规定，人民法院审理上诉案件可以进行调解。调解达成协议的案件，调解书送达后，原审人民法院的判决即视为撤销。

五、格式及示例

(一)格式(第一审普通程序适用)①

×××人民法院

民事调解书

(××××)××民初××号

原告×××，……(写明姓名或名称、住所等基本信息)。

法定代理人/指定代理人/法定代表人/主要负责人×××，……(写明姓名、职务)。

委托诉讼代理人×××，……(写明姓名等基本信息)。

被告×××，……(写明姓名或名称、住所等基本信息)。

法定代理人/指定代理人/法定代表人/主要负责人×××，……(写明姓名、职务)。

委托诉讼代理人×××，……(写明姓名等基本信息)。

---

① 参见沈德咏主编、最高人民法院修改后民事诉讼法贯彻实施工作领导小组编：《民事诉讼文书样式》，人民法院出版社2016年版，第164页。

第三人×××,……(写明姓名或名称、住所等基本信息)。

法定代理人/指定代理人/法定代表人/主要负责人×××,……(写明姓名、职务)。

委托诉讼代理人×××,……(写明姓名等基本信息)。

原告×××与被告×××、第三人×××……(写明案由)一案,本院于××××年××月××日立案后,依法适用普通程序,公开(或因涉及……不公开)开庭进行了审理(开庭前调解的,不写开庭情况)。

……(写明当事人的诉讼请求、事实和理由)。

本案审理过程中,经本院主持调解,双方当事人自愿达成如下协议/当事人自行和解达成如下协议,请求人民法院确认/经本院委托……(写明受委托单位)主持调解,当事人自愿达成如下协议:

一、……

二、……

(分项写明调解协议内容)

上述协议,符合有关法律规定/不违反法律规定,本院予以确认。

案件受理费……元,由……负担(写明当事人姓名或者名称、负担金额。调解协议包含诉讼费用负担的,则不写)。

本调解书经各方当事人签收后,即具有法律效力。/本调解协议经各方当事人在笔录上签名或者盖章,本院予以确认后即具有法律效力(各方当事人同意在调解协议上签名或者后发生法律效力的)。

审判长　×××

审判员　×××

审判员　×××

××××年××月××日

(院印)

本件与原本核对无异(印戳)

书记员　×××

（二）示例①

江西省高级人民法院
民事调解书

（2016）赣民初30号

原告九江银行股份有限公司南昌县支行，住所地：江西省南昌市南昌县向阳路601号。

负责人赵×伟，该支行行长。

委托代理人熊×明，江西阳明阳律师事务所律师。

委托代理人徐×君，江西阳明阳律师事务所律师。

被告江西擎能科技实业发展有限公司，住所地：江西省南昌市胜利路82号。

法定代表人姚×，该公司总经理。

被告张×鹍……

被告喻×强……

被告张×强……

被告江西中能投资集团有限公司，住所地：江西省南昌市西湖区胜利路82号。

法定代表人张×强，该公司董事长。

被告南昌齐洛瓦电器有限公司，住所地：江西省南昌经济技术开发区麦园。

法定代表人胡×衔，该公司总经理。

被告姚×莲……

被告应×芹……

被告姚×……

被告胡×衔……

被告谢×凡……

被告王×奎……

被告张×兰……

---

① 选自中国裁判文书网：http://wenshu.court.gov.cn/content/content?DocID=65834ec9-20fc-4579-a19c-df270046f1cd，最后访问日期：2018年4月13日。

被告周×……

被告涂×钰……

被告江西凯尔实业有限公司，住所地：江西省南昌市胜利路70号。

法定代表人张×鹍，该公司总经理。

以上被告共同委托代理人蔡×，江西方正律师事务所律师。

原告九江银行股份有限公司南昌县支行诉被告江西擎能科技实业发展有限公司、张×鹍、张×强、喻×强、江西中能投资集团有限公司、姚×莲、应×芹、姚×、胡×衔、谢×凡、王×奎、张×兰、周×、涂×钰、南昌齐洛瓦电器有限公司、江西凯尔实业有限公司金融借款合同纠纷一案，本院受理后，依法组成合议庭进行了审理。

本案在审理过程中，经本院主持调解，双方自愿达成如下调解协议：

一、限江西擎能科技实业发展有限公司于2016年6月20日前一次性向九江银行股份有限公司南昌县支行归还借款本金人民币18,000万元及利息（截至2016年5月2日的利息为973.803982万元，自2016年5月3日起至实际还款之日止，其中15,000万元按月息1.05%计算，3000万元按月息0.815625%计算）。

二、限江西擎能科技实业发展有限公司于2016年6月20日前一次性向九江银行股份有限公司南昌县支行归还银行承兑汇票款人民币7000万元及逾期利息（截至2016年5月2日止的利息为28.850888万元，本金3000万元自2016年5月3日起至2016年6月2日按日万分之五计息，本金4250万元2016年6月3日按日万分之五计息，本金7000万元自2016年6月4日起至实际还款之日止按日万分之五计息）。

三、如江西擎能科技实业发展有限公司未按本协议约定期限归还借款，九江银行股份有限公司南昌县支行有权对张×鹍持有的江西中能投资集团有限公司10%的股权拍卖款在最高本金额450万元范围内享有优先受偿权。

四、如江西擎能科技实业发展有限公司未按本协议约定期限归还借款，九江银行股份有限公司南昌县支行对张×强持有的江西中能投资集团有限公司90%的股权拍卖款在最高本金额4050万元范围内享有优先受偿权。

五、如江西擎能科技实业发展有限公司未按本协议约定期限归还借款,九江银行股份有限公司南昌县支行对江西凯尔实业有限公司持有的江西宜萍煤业有限责任公司49%的股权拍卖款在最高本金额25,000万元范围内享有优先受偿权。

六、如江西擎能科技实业发展有限公司未按本协议约定期限归还2015年12月25日发生的3000万元借款,九江银行股份有限公司南昌县支行对喻×强所有的位于红谷滩新区红谷中大道998号绿地中央广场C区C4商业楼402室(第4层),房产证号为洪房权证红字第号房屋的拍卖款在最高本金额3000万元的范围内享有优先受偿权。

七、喻×强、应×芹对江西擎能科技实业发展有限公司2015年12月25日发生的3000万元借款在最高额3900万元范围内承担连带还款责任。

八、张×鹍、张×强、江西中能投资集团有限公司、姚×莲、姚×、胡×衔、谢×凡、王×奎、张×兰、周×、涂×钰对江西擎能科技实业发展有限公司的债务在最高额32,500万元范围内承担连带还款责任。

九、南昌齐洛瓦电器有限公司对江西擎能科技实业发展有限公司债务在最高额4000万元范围内承担连带还款责任。

十、被告张×鹍、张×强、喻×强、江西中能投资集团有限公司、姚×莲、应×芹、姚×、胡×衔、谢×凡、王×奎、张×兰、周×、涂×钰、南昌齐洛瓦电器有限公司、江西凯尔实业有限公司承担连带责任后,有权向江西擎能科技实业发展有限公司追偿。

十一、如江西擎能科技实业发展有限公司及张×鹍、张×强、喻×强、江西中能投资集团有限公司、姚×莲、应×芹、姚×、胡×衔、谢×凡、王×奎、张×兰、周×、涂×钰、南昌齐洛瓦电器有限公司、江西凯尔实业有限公司未按本协议约定的期限还款,利息仍按本调解书约定的利率计算。

十二、被告江西擎能科技实业发展有限公司、张×鹍、张×强、江西中能投资集团有限公司、姚×莲、姚×、胡×衔、谢×凡、王×奎、张×兰、周×、涂×钰、南昌齐洛瓦电器有限公司、江西凯尔实业有限公司向九江银行股份有限公司南昌县支行支付律师代理费5万元。

案件受理费1,341,932.75元,减半收取670,966.38元,由江西擎能科技实业发展有限公司、张×鹍、张×强、江西中能投资集团有限公司、姚×莲、姚×、胡×衔、谢×凡、王×奎、张×兰、周×、涂×钰、南昌齐洛瓦电器有限公司、江西凯尔实业有限公司共同承担。

上述协议符合法律规定,本院予以确认。

本调解书经当事人签字后，即具有法律效力。

审 判 长 邓××
审 判 员 肖××
代理审判员 颜××
二〇一六年六月十二日
书 记 员 陈 ×

第六节 民事裁定书

一、适用范围

民事裁定书，是指人民法院在审理民商事、海事案件和执行民事判决的过程中，为解决有关诉讼程序问题而依法制作的具有法律效力的书面处理决定。

从人民法院受理案件到裁判的执行整个过程都有相应的民事裁定书。《中华人民共和国民事诉讼法》第一百五十四条规定："裁定适用于下列范围：(一)不予受理；(二)对管辖权有异议的；(三)驳回起诉；(四)保全和先予执行；(五)准许或者不准许撤诉；(六)中止或者终结诉讼；(七)补正判决书中的笔误；(八)中止或者终结执行；(九)撤销或者不予执行仲裁裁决；(十)不予执行公证机关赋予强制执行效力的债权文书；(十一)其他需要裁定解决的事项。对前款第一项至第三项裁定，可以上诉。裁定书应当写明裁定结果和作出该裁定的理由。裁定书由审判人员、书记员署名，加盖人民法院印章。口头裁定的，记入笔录。"

此外，二审撤销原判决，发回重审；提起再审等事项都需要通过裁定解决。

民事裁定可以口头作出并由人民法院记入笔录，要求必须为书面形式的才制作民事裁定书。

二、制作方法

民事裁定书由首部、正文和尾部三部分组成。

（一）首部

1. 制作机关名称为"×××人民法院"。

2. 文书名称为"民事裁定书"。

3. 文书编号。与民事判决书大体相同。但诉前财产保全民事裁定书文书编号中的程序代字为"财保"；提起再审的程序代字为"民申"；执行程序的程序代字为"执"等。

4. 诉讼参加人及其基本情况。通常情况下，与同级民事判决书写法相同。但有些民事裁定书由于处理事项的不同，其表述与同级民事判决书略有差异。其中不予受理起诉用的民事裁定书，当事人称作"起诉人"，没有对方当事人列项；诉前财产保全的民事裁定书，诉讼参加人称为"申请人"和"被申请人"；执行程序的民事裁定书，诉讼参加人称为"申请执行人"和"被执行人"。

（二）正文

民事裁定书的正文大多用一段文字写明所要解决的程序事项，包括案件由来和基本事实。然后再用一段文字说明裁定的理由和法律依据，最后单列一段写出裁定结果。

（三）尾部

民事裁定书尾部的事项因种类的不同而不同。

1. 交代诉讼费用。需要书写这一项的一审民事裁定书有：驳回起诉、终结诉讼和准予撤诉民事裁定书。

裁定驳回起诉的案件，根据国务院 2007 年施行的《诉讼费用交纳办法》第八条规定，不交纳案件受理费。故裁定书中，凡对于已经预交案件受理费的，驳回起诉时，应交代诉讼费用，写为：

"案件受理费××元，于本裁定生效后退还×××。"

准许撤诉的，案件受理费减半收取。裁定书在交代诉讼费用时定为：

"案件受理费××元，减半收取××元，由×××负担。"

终结诉讼的案件，写为：

"×××已经预交的案件受理费××元，不予退还。"

2. 交代上诉权。注意并不是所有的一审民事裁定书都要交代上诉事项。只有驳回管辖异议、驳回起诉和不予受理起诉三类民事裁定书的尾部才交代上诉事项。其中，驳回管辖异议、驳回起诉裁定书的这部分写为：

"如不服本裁定,可在裁定书送达之日起十日内,向本院递交上诉状,并按对方当事人或者代表人的人数提出副本,上诉于×××人民法院。"

不予受理起诉裁定书这部分写为:

"如不服本裁定,可在裁定书送达之日起十日内,向本院递交上诉状,上诉于×××人民法院。"

3. 交代复议权。财产保全和先予执行这两种一审民事裁定书要写这一项。写为:

"如不服本裁定,可以自收到裁定书之日起五日内向本院申请复议一次。复议期间不停止裁定的执行。"

4. 交代文书效力。

(1)需要书写此项的一审民事裁定书有财产保全、先予执行民事裁定书。写为:

"本裁定立即开始执行。"

(2)二审民事裁定书写为:

"本裁定为终审裁定。"

5. 尾部其余各项与民事判决书一致。

三、格式及示例

民事裁定书的种类很多,不能一一列举其格式与实例,这里选择一审驳回起诉民事裁定书和二审发回重审民事裁定书两种加以介绍。

(一)格式(一审驳回起诉用)①

×××人民法院

民事裁定书

(××××)××民初××号

原告……(写明姓名或名称等基本情况)

法定代理人/指定代理人/法定代表人/主要负责人×××,……(写明姓名、职务)。

委托代理人……(写明姓名等基本情况)

---

① 参见沈德咏主编、最高人民法院修改后民事诉讼法贯彻实施工作领导小组编,《民事诉讼文书样式》,人民法院出版社2016年版,第258页。

被告……(写明姓名或名称等基本情况)

法定代理人/指定代理人/法定代表人/主要负责人×××,……(写明姓名、职务)。

委托代理人……(写明姓名等基本情况)

第三人……(写明姓名或名称等基本情况)

法定代理人/指定代理人/法定代表人/主要负责人×××,……(写明姓名、职务)。

委托代理人……(写明姓名等基本情况)

原告×××与被告×××、第三人×××……(写明案由)一案,本院于××××年××月××日立案后,依法进行审理。

×××向本院提出诉讼请求:1.……;2.……(明确原告的诉讼请求)。事实和理由:……(概述原告主张的事实和理由)。

本院经审查认为……(写明驳回起诉的理由)。

依照《中华人民共和国民事诉讼法》第×××条、第×××条第×款第×项,《最高人民法院关于适用〈中华人民共和国民事诉讼法〉的解释》第×××条第×款之规定,裁定如下:

驳回×××的起诉。

案件受理费××元,于本裁定生效后退还×××。①

如不服本裁定,可在裁定书送达之日起十日内,向本院递交上诉状,并按对方当事人或者代表人的人数提出副本,上诉于×××人民法院。

审判长　×××
审判员　×××
审判员　×××
××××年××月××日
(院印)

本件与原本核对无异

书记员　×××

---

① 沈德咏主编的《民事诉讼文书样式》第258页上的驳回起诉民事裁定书样式没有关于诉讼费用的交代,当是遗漏之故。

（二）示例①

江西省景德镇市中级人民法院
民事裁定书

（2016）赣02民初37号

原告：贵州茅台酒股份有限公司，住所地：贵州省遵义市仁怀市茅台镇。

法定代表人：袁×国。

委托代理人：王×，广东华埠律师事务所律师。

被告：珠山区义春烟酒店，注册号：360203600202×××，经营场所：景德镇市珠山区陶阳路庐景商住楼×栋×号店。

经营者：张×。

原告贵州茅台酒股份有限公司与被告珠山区义春烟酒店侵害商标权纠纷一案，本院于2016年8月18日立案后，依法组成合议庭进行审理。

贵州茅台酒股份有限公司向本院提出诉讼请求：1. 判令被告立即停止侵权行为；2. 判令被告公开登报赔礼道歉；3. 判令被告承担原告经济损失、律师费及合理支出人民币15万元；4. 判令被告承担本案的全部诉讼费。事实和理由：被告为专营烟酒类销售的商行，经营过程中大量采购和销售假冒"贵州茅台"品牌白酒，被景德镇市商务综合执法队执法人员当场查获。被告销售假冒"贵州茅台"影响范围广，侵权行为有故意嫌疑，被告的行为给原告的形象造成了严重的不良后果。中国贵州茅台酒厂（集团）有限责任公司是第237040号飞天图形、第3159143号图形、第3159141号"贵州茅台"、第284526号"贵州茅台酒"商标的注册人，原告经中国贵州茅台酒厂（集团）有限责任公司的授权，取得了上述商标的独占许可使用权，有权在中华人民共和国境内使用本商标，有权以自己的名义就任何侵犯涉案注册商标权的行为采取任何形式的法律手段。上述商标受到《中华人民共和国商标法》

① 选自中国裁判文书网：http://wenshu.court.gov.cn/content/content?DocID=5cf1b279-e00c-481a-b283-0ae7afa4c0f6&KeyWord=驳回起诉，最后访问日期：2018年4月13日。

及《中华人民共和国反不正当竞争法》《中华人民共和国刑法》等相关法律保护。被告在经营过程中销售假冒茅台品牌的产品属于违法行为,侵犯了原告的合法权益,应承担法律责任。茅台酒自从诞生至今已经有2000多年的历史,多次在国际上获得大奖,“贵州茅台”1991年获得首届“中国驰名商标”。“贵州茅台”这四个字不仅代表着一种白酒的名称,更是中国酒文化的象征,贵州茅台集团是全球最有价值的品牌百强企业。被告大量销售储存假冒茅台酒的行为,严重侵犯了商标人的利益,更影响了“国酒茅台”在世人心中的地位。原告每年花费在防伪、打假方面的各项支出有人民币两亿多元,假冒伪劣产品的侵权行为严重影响了原告的品牌、品质形象,给原告的经济利益造成很大的损失。

本院受理后,在送达过程中无法确定被告珠山区义春烟酒店具体位置,也无法与经营者张×取得联系。根据原告调查取证申请,去往景德镇市商务综合执法支队了解2015年10月14日在被告处执法情况,但其也无法提供被告有效的联系方式。告知原告后,其要求依法驳回起诉。

本院经审查认为,经查证后无法确定被告主体资格,导致无法送达起诉状副本、应诉通知书等其他诉讼文书,故原告本案起诉的被告主体不明确,依法应驳回起诉。

依照《中华人民共和国民事诉讼法》第一百一十九条、第一百五十四条第一款第三项规定,裁定如下:

驳回贵州茅台酒股份有限公司的起诉。

案件受理费3300元,于本裁定生效后退还贵州茅台酒股份有限公司。

如不服本裁定,可以在裁定书送达之日起十日内,向本院递交上诉状,并按照对方当事人的人数提出副本,上诉于江西省高级人民法院。

审　判　长　　傅××
审　判　员　　周××
代理审判员　　胡××
二〇一六年九月十九日
书　记　员　　祝　×

（三）格式（二审发回重审用）①

×××人民法院

民事裁定书

（××××）×民终××号

上诉人（原审××）……（写明姓名或名称等基本情况）。

法定代理人/指定代理人/法定代表人/主要负责人×××，……（写明姓名、职务）。

被上诉人（原审××）……（写明姓名或名称等基本情况）。

法定代理人/指定代理人/法定代表人/主要负责人×××，……（写明姓名、职务）。

原审原告/被告/第三人×××，……（写明姓名、职务）。

上诉人×××因与被上诉人×××/上诉人×××及原审原告/被告/第三人×××……（写明案由）一案，不服××××人民法院（××××）××民初××号民事判决，向本院提起上诉。本院依法组成合议庭对本案进行审理。

本院认为，……（写明发回重审的理由。如原判决认定事实错误或事实不清、证据不足，或者违反法定程序可能影响案件正确判决等）。依照《中华人民共和国民事诉讼法》第一百七十一条第一款第×项规定，裁定如下：

一、撤销×××人民法院（××××）×民初××号民事判决；

二、本案发回×××人民法院重审。

上诉人×××预交的二审案件受理费……元予以退回。

审判长　×××

审判员　×××

审判员　×××

××××年××月××日

（院印）

本件与原本核对无异

书记员　×××

① 参见沈德咏主编、最高人民法院修改后民事诉讼法贯彻实施工作领导小组编：《民事诉讼文书样式》，人民法院出版社2016年版，第411页。

（四）示例①

山东省德州市中级人民法院
民事裁定书

（2016）鲁14民终2027号

上诉人（原审被告）：武×1，男，1958年8月14日出生，汉族，水利部漳卫南运河管理局四女寺枢纽管理处职工，住山东省德州市德城区。

委托诉讼代理人：郭×强，德州开发进取法律服务所法律工作者。

委托诉讼代理人：王×平，德州开发进取法律服务所法律工作者。

被上诉人（原审原告）：李×，女，1932年10月29日出生，汉族，无业，住河北省石家庄市桥东区。

委托诉讼代理人：徐×红，山东鑫大公律师事务所律师。

被上诉人（原审原告）：武×2，女，1961年3月20日出生，汉族，住河北省石家庄市桥东区。

委托诉讼代理人：牛×，山东德洲律师事务所律师。

被上诉人（原审原告）：武×3，男，1956年1月6日出生，汉族，十三局退休职工，住德州市德城区。

上诉人武×1因与被上诉人李×、武×2及武×3继承纠纷一案，不服山东省德州市德城区人民法院（2015）德城民初字第1488号民事判决，向本院提起上诉。本院于2016年8月11日立案后，依法组成合议庭审理了本案。本案现已审理终结。

本院认为，本案中，争议房产是主要遗产，该房产所有权的归属对本案审理结果有决定性影响。上诉人武×1夫妻在本案一审过程中针对争议房产提起了所有权确认纠纷一案，该案的审理结果是本案审理的依据，在所有权确认纠纷一案尚未审结的情况下，涉案争议房产的所有权属不明，一审法院径直判决，导致原审判决认定基本事实不清，本案应发回重审。依照《中华人民共和国民事诉讼法》第一百七十条

---

① 选自中国裁判文书网：http://wenshu. court. gov. cn/content/content?DocID = eca91a0a - d7c1 - 4923 - a761 - a727017ca3e4&KeyWord = 发回重审，最后访问日期：2018年4月14日。

第一款第(三)项之规定,裁定如下:

一、撤销山东省德州市德城区人民法院(2015)德城民初字第1488号民事判决;

二、本案发回山东省德州市德城区人民法院重审。

上诉人武×1预交的二审案件受理费300元予以退回。

审　判　长　王×雁
代理审判员　王×文
代理审判员　王×超
二〇一七年一月二十二日
书　记　员　于×平

第三章　当事人及代理人民事诉讼文书

当事人及代理人民事诉讼文书是指民事诉讼当事人及其代理人在民事诉讼中，为维护自己或被代理人的合法权益，向人民法院提交的具有法律意义的各类文书。

第一节　民事起诉状

一、概念及法律依据

民事起诉状是指公民、法人和其他组织认为自己的民事权益受到侵害或者与他人发生争议时，为了维护自身的合法权益，依据事实和法律，按照法定程序，向人民法院提起民事诉讼时制作的具有法律意义的文书。民事起诉状是人民法院受理民事诉讼案件的依据。

《中华人民共和国民事诉讼法》第一百一十九条规定："起诉必须符合下列条件：（一）原告是与本案有直接利害关系的公民、法人和其他组织；（二）有明确的被告；（三）有具体的诉讼请求和事实、理由；（四）属于人民法院受理民事诉讼的范围和受诉人民法院管辖。"

第一百二十条规定："起诉应当向人民法院递交起诉状，并按照被告人数提出副本。书写起诉状确有困难的，可以口头起诉，由人民法院记入笔录，并告知对方当事人。"

第一百二十一条规定："起诉状应当记明下列事项：（一）原告的姓名、性别、年龄、民族、职业、工作单位、住所、联系方式，法人或者其他组织的名称、住所和法定代表人或者主要负责人的姓名、职务、联系方式；（二）被告的姓名、性别、工作单位、住所等信息，法人或者其他组织的名称、住所等信息；(三)诉讼请求和所根据的事实与理由；(四)证据和证据来源，证人姓名和住所。”

上述三条是当事人制作起诉状的法律依据。

二、制作方法

民事起诉状由三部分组成，即首部、正文和尾部。

(一)首部

1. 文书名称。居中书写“民事起诉状”。

2. 当事人的基本情况。

当事人是公民的，应当依次写明当事人的姓名、性别、出生年月、民族、职业、工作单位、住所、联系方式等项内容。

当事人是法人或其他组织的，原告应当写明单位或组织的名称、住所、邮政编码、统一社会信用代码以及法定代表人或主要负责人的姓名、职务、联系方式；被告应当写明单位或组织的名称、住所、法定代表人或主要负责人的姓名和职务、联系方式。如果有第三人，应当分别按公民或法人、其他组织，相应写出上述事项。

如果原告委托律师代理诉讼，应当在原告、其法定代理人事项的下面，另起一行，写明委托代理律师的姓名及所在律师事务所的名称。

如果同案原告为二人以上，应当一一写明。如果同案被告为二人以上，应当按照责任大小的顺序写明。

(二)正文

包括诉讼请求、事实、理由和证据。

1. 诉讼请求。诉讼请求是指原告请求人民法院依法解决的有关民事权益争执的具体问题，即原告起诉所要达到的目的。请求要明确具体。如果请求事项不止一项，最好分项表述。

2. 事实。事实是提起诉讼、实现诉讼请求的基础和依据，也是人民法院进行裁判的基础和依据。事实部分主要应当写明原告、被告民事法律关系产生的时间、主要内容等，以说明双方民事法律关系存在的事实；然后写明双方发生民事权益争议的时间、地点、原因、经过、情节和后果。

叙写事实应当围绕“诉讼请求”来进行。原告到人民法院起诉的目的是实现某种诉讼请求,而实现诉讼请求必须有事实作为依据。因此,应当紧紧围绕诉讼请求叙写事实。凡是有利于实现诉讼请求及相关证据、材料,都可以写入起诉状的事实部分;反之,应当果断舍弃。另外,叙写事实既要全面反映案件的全貌,又要突出重点。就是既要讲清案件的来龙去脉,前因后果,写明时间、地点、人物、原因、经过、情节、结果,又要讲清楚构成案件的一些必备要素,如双方争执的焦点等。

3.理由。主要应当写明被告实施的侵权行为或者双方发生争议的权益的性质、已造成的后果以及应承担的民事责任。最后还应当写明原告诉讼请求所依据的有关法律的具体条款。

如何叙写理由?有三个指导原则:首先,依事论理,是指在说清楚事实的基础上,根据事实和证据认定被告侵权行为或与之争议的权益的性质、所造成的后果及其应承担的责任,以事实作为起诉的理由和依据,抓住要点,论证自己的主张;其次,依法论理,是指根据不同性质的案件,援引有关的法律阐明起诉的理由;最后,理由与事实、诉讼请求必须一致。起诉状的理由部分是对事实的分析评论,是从事实引出合乎逻辑的结论。因此,理由必须与事实相吻合,这样的理由才具有说服力。如果离开事实谈理由,理由就成了无源之水、无本之木。同样,无论是起诉状的事实部分,还是理由部分,都是为诉讼请求服务的,都是为了证明诉讼中提出的诉讼请求是合理合法的。因此,叙写起诉状的理由时,应当使理由与诉讼请求相一致,使起诉状的各个部分相互呼应,不自相矛盾,衔接自然,浑然一体。

4.证据。证据是证明所叙事实的真实性、可靠性的依据,它是诉讼的胜负关键。"谁主张,谁举证"是民事诉讼的举证原则,因此原告在民事诉讼中负有举证责任。在起诉状中,列举证据不是像有人认为的那样是走过场,切不可轻视。在列举证据时一定要注意所列举证据的名称要规范化,符合法律规定。根据《中华人民共和国民事诉讼法》第六十三条的规定,证据共有八种。在起诉状中列举证据,对证据的分类和确定名称要与此法条规定的八种证据名称相吻合,合乎规范化的要求;另外还要说明证据来源,证人证言应当写明证人姓名及住址。

(三)尾部

包括结束语、致送法院名称、起诉人签名或者盖章、日期和附项。如系律师代书,则代书律师还要签署姓名,并注明单位和职务。附项应当写明民事起诉状的副本数、各种证据等。

三、特别提示

(一)本文书的名称为“民事起诉状”。有的当事人写为“民事起诉书”或“起诉书”,尤其是后者,直接混淆了民事案件当事人提起诉讼所用文书与检察院为追究刑事案件被告人的刑事责任时所用文书,所谓差之毫厘,失之千里,一定要注意区别清楚。

(二)尾部落款姓名前的称谓要注意,不能写为“原告”。以前称为“具状人”,现在一般写为“起诉人”。

四、格式及作业

(一)格式一(公民提起民事诉讼用)①

民事起诉状

原告×××,男/女,××××年××月××日出生,×族,×××(工作单位),×××(住所),×××(联系方式)。

法定代理人/指定代理人:×××,……

委托诉讼代理人:×××,……

被告×××,男/女,××××年××月××日出生,×族,×××(工作单位),×××(住所),×××(联系方式)。

法定代理人/指定代理人:×××……

委托诉讼代理人:×××……

诉讼请求:

1. ……

2. ……

3. ……

---

① 参见沈德咏主编、最高人民法院修改后民事诉讼法贯彻实施工作领导小组编:《民事诉讼文书样式》,人民法院出版社2016年版,第1162页。

事实和理由:

……

……

证据和证据来源,证人姓名和住所:

……

此致

×××人民法院

附:本民事起诉状副本×份

起诉人:×××(签名)

××××年××月××日

(二)作业一:请根据相关法律规定,运用民法、民事诉讼法法学理论,按照起诉状制作要求,评析下面提供的起诉状例文

起 诉 状

原告刘××,女,身份证号码:5102261944121×××××,汉族,住址:××市××镇大田村×组××号,现住××老林场,电话:158259×××××。

被告中国联合网络通信有限公司重庆市合川区分公司,住所地:重庆市合川区南津街南城商业步行街××号3-×,组织机构代码:795873×××。

负责人:彭××,该公司总经理。

诉讼请求:

一、判令被告与原告刘××雇佣劳务关系存在事实。

二、判令被告负责对原告予以伤残鉴定。

三、判令被告对原告辐射职业病鉴定,赔偿另外计算。

四、判令被告赔偿原告多次在工作中的身体损害,一次性赔偿医疗费1万元,后续医疗费1万元、住院伙食补助费5万元、营养费5万元、住院期间护理费1万元、护理费1万元、误工费1万元、交通费1万元、伤残赔偿金10万元,后续整容费15万元、精神损害抚慰金20万元,合计61万元。(不含辐射职业病鉴定赔偿)

五、判令被告补发原告2012年1月1日至雇佣关系解除为止之日的工资，以每月最低工资1050元计算，并按《重庆市最低工资保障规定》（市政府令第106号）规定，欠付时间6个月以上的，向劳动者支付所欠最低工资差额100%的赔偿金。

六、判令被告支付法院要求证人出庭作证的误工费、生活费、车费200元每人。

七、被告承担案件诉讼费。

案由：提供劳务者损害赔偿及劳务报酬纠纷

事实与理由：

1999年8月，联通合川分公司在华蓥山三汇林场夸寨子山顶修建通信网络基站机房，当时联通合川分公司请我为修建基站工程搬运材料，煮饭等事务，该公司觉得我忠厚老实，于2000年2月，该公司基站房竣工后需要一个能长年累月，坚守不离的人值守人员。当时，该公司基站负责人周×、彭××等人都一致认为聘请我最适合，因为我年纪大，一个人在深山山顶静得下心看守，没有哪个年轻人愿意干这样的工作，于是决定我为基站机房值守员，但该公司负责人提出用工协议以我的儿子王××的名义签订，由我实际工作，况且当时的这个用工协议也由他人代签，王××根本还不知道，从那时至今日，我已坚守基站岗位13年多，为了做这份工作，我和我丈夫专门在山脚下搭建了临时的工棚居住，常年无照明电，都是点煤油灯作照明，十多年来吃尽苦头，生活十分艰难。

2001年5月6日，我被因雷电击坏机房天线引起的高温灼伤，用去大量的医药费；2011年8月12日，为排除机房高温存在的安全隐患而开空调降温，被空调高温冲击倒地，全身被烫伤，面部毁容，现场目击证人有黄××、杨×菊、杨×明、徐××。该公司恶意拖延抵赖，两次都未予医疗报销，烫伤直到现在都未痊愈，遭遇亲友的嫌弃与疏远，内心难以承受，使我的精神受到无比的伤害。

2013年1月2日下午5:28，一伙盗贼手持钢钳、钢锯、手锤等作案工具，企图盗走机房里的空调，被我即时发现后迅速逃跑，我立即打了110，向三汇镇派出所报了案，在我将空调从室外搬进屋内的过程中导致胸部，背部严重挫伤，用去大量的医药费，至今未痊愈，该公司依然恶意拖延抵赖，分文未支付医疗费。

2012年2月7日、2013年8月13日、2013年10月22日，我先后到北碚第三军医大学第一附属医院就诊，诊断为白癜风，烫伤，白癜风，最后一次复查医生告诉我是多次外伤及工作环境辐射有关所致的白癜风，这才知道我的权利被侵害，这是我以前从来不知道的医学常识。

另外，该公司从来没提供防辐射衣服穿戴上班，致使我长期接受强度辐射，且经常吃住在基站里面，现在身体有出现眩晕、持续头疼、视力下降、心脏不适、失眠、乏力等现象，越来越严重，疑是辐射职业病。

为了索赔我身体的伤害赔偿，我连续不断地向被告及市、区信访办提出赔偿请求，主张我的权利，却遭到该公司五次报警，把我带回南津街派出所欲以拘留，派出所得知真情，虽然没有拘留我，却给我一张公安局行政处罚单，只有南津街派出所的公章，却没有负责人签字，更没有被处罚人签收。这五次分别是：

2012年3月4日、6月28日、7月22日、10月25日，2013年5月18日。

证据：

以上事实有如下证据：

1. 用工协议；

2. 2001～2012年多次诊断证明；

3. 报案记录；

4. 证人证言。

以上事实与证据足以说明被告与原告雇佣劳务关系存在，并足以证明我因工受伤的事实。要求被告一次性给付原告人身损害赔偿费共计61万元。（职业病鉴定，赔偿另外计算）

综上，请人民法院支持原告诉讼请求，维护原告的合法权益。

此致

合川区人民法院

起诉人：刘××

2013年12月17日

(三)格式二(法人或其他组织提起民事诉讼用)①

民事起诉状

原告:×××,住所:……

法定代表人/主要负责人:×××,……(写明职务,联系方式)。

委托诉讼代理人:×××,……

被告:×××,……

……

诉讼请求:

1. ……

2. ……

3. ……

事实和理由:

……

……

证据和证据来源,证人姓名和住所:

……

此致

×××人民法院

附:本民事起诉状副本×份

起诉人:(公章和签名)

××××年××月××日

(四)作业二:请根据相关法律规定,运用民法、民事诉讼法法学理论,按照起诉状制作要求,评析下面提供的起诉状例文

民事起诉状

原告河南××啤酒厂,住所地:郑州市××路××号。

① 参见沈德咏主编、最高人民法院修改后民事诉讼法贯彻实施工作领导小组编:《民事诉讼文书样式》,人民法院出版社2016年版,第1164页。

法定代表人×××，厂长。

被告张××，男，19××年××月××日出生，汉族，住址：郑州市管城回族区××路××号院×号楼××号。

原告不服郑州市劳动人事争议仲裁委员会于2012年9月25日所做的郑劳人仲案字［2012］04×1号《仲裁裁决书》，特向贵院提起诉讼。

诉讼请求：

1. 判决原告与被告之间不存在劳动关系；

2. 判决原告不应向被告支付违法解除劳动关系赔偿金、待岗工资和失业保险待遇损失。

3. 判决原告不应为被告办理档案和社会保险关系转移手续。

4. 依法判令本案诉讼费由被告承担。

事实与理由：

一、被告并非原告的员工，其与原告之间不存在劳动关系，仲裁机构认定被告与原告之间存在劳动关系属认定事实证据不足、严重错误。

1. 被告在劳动仲裁阶段所提交的证据均证明其实际是在××集团××啤酒有限公司工作并与该公司签订了劳动合同，被告考勤及工资发放均在××啤酒公司，与××啤酒公司存在劳动关系。关于××集团××啤酒有限公司与原告及××啤酒集团有限公司之间的关系，仲裁机构已经查明：××集团××啤酒有限公司与原告均系××啤酒集团有限公司的子公司。两者均系独立的企业法人，分别具备独立的劳动用工资格。

2. 原告为被告缴纳社会保险费用的原因是基于原告与××啤酒公司之间签订的《委托缴纳社会保险协议》。因为××集团下属的子公司绝大多数都在郑州以外，部分员工的家在郑州市，因办理社保关系转移比较麻烦，为方便员工，××集团协调原告接受被告所在公司的委托，以原告的名义为其部分员工办理了社保手续，在双方签署的《委托缴纳社会保险协议》中对此进行了明确说明，原告只负责接受被告所在公司的委托为其办理社保手续，实际上与其之间不存在任何关系。

根据劳动和社会保障部《关于确立劳动关系有关事项的通知》的精神，在不存在书面劳动合同的情况下，“一单位为某个人缴纳各项社会保险”,只是确定该个人与单位之间存在劳动关系的参考条件之一,并非充分必要的条件,也就是说仅凭该单位为该个人缴纳了社会保险这一情况是不能够必然得出“双方存在劳动关系这一结论”的,故仅依此认定双方之间存在劳动关系的证据是不足的,仲裁机构在原告能够提供书面劳动合同及大量其他直接的证据证明被告与其他单位之间存在劳动关系的情况下,依然认定二者存在劳动关系,显然属于认定事实严重错误。

二、在原被告双方本就不存在劳动关系的前提下,仲裁机构裁决原告向被告支付违法解除劳动关系的赔偿金、待岗工资、失业保险待遇损失等,并裁决原告为被告办理档案和社会保险关系转移手续,缺乏事实及法律依据。

综上所述,原告与被告之间不存在劳动关系,不应向被告支付任何费用,请求贵院依法判如所请。

此致

郑州市管城回族区人民法院

具状人:河南××啤酒厂

二〇一二年十月十二日

第二节 民事反诉状

一、概念

反诉是法律赋予民事被告的一种诉讼权利,是在已经开始的诉讼程序中,被告向本诉原告提出的,目的在于抵销或吞并本诉原告诉讼请求的一种独立的反请求,它具有起诉的性质。

《中华人民共和国民事诉讼法》第五十一条规定:“原告可以放弃或者变更诉讼请求。被告可以承认或者反驳诉讼请求,有权提起反诉。”第一百四十条同时规定:“原告增加诉讼请求,被告提出反诉,第三人提出与本案有关的诉讼请求,可以合并审理。”

故此,民事反诉状是指民事案件的被告在民事诉讼活动中,就原告起诉的同一事实,向人民法院提出相反请求,并要求适用同一诉讼程序与原告起诉合并审理，追究原告相应民事责任的具有法律意义的法律文书。

由此可知，反诉状就是为行使反诉权而使用的法律文书，是被告提出反诉的载体，也是人民法院对原告本诉和被告反诉适用同一程序合并审理的基础。

二、提起反诉应具备的条件

（一）只有本诉的被告才能提起反诉，反诉的对象是本诉的原告；

（二）反诉的提起必须以本诉的存在为前提条件，如果没有本诉，反诉就无从谈起；

（三）反诉的目的在于吞并、抵销原告提出的诉讼请求，而且只能在一审判决前提出；

（四）反诉应当向本诉人民法院提出；

（五）反诉有其独立性，反诉提出之后，如果本诉撤诉，不影响反诉的继续审理；

（六）反诉的诉讼请求与本诉是基于同一事实或者同一法律关系。

三、制作方法

民事反诉状的格式与民事起诉状相同，只是当事人的称谓和诉讼地位不一样。

（一）首部

包括文书名称、当事人基本情况。

1. 文书名称。居中写明“民事反诉状”。

2. 当事人的基本情况。应当按照顺序分别写明反诉人、被反诉人的姓名、性别、出生年月日、民族、文化程度、职业或者工作单位和职务、住址等。如果反诉人或被反诉人是法人或者其他经济组织，应当写明法人或其他经济组织的名称和住所地、邮政编码、统一社会信用代码、联系方式以及法定代表人或主要负责人的姓名、职务。

在写姓名时，应在反诉人、被反诉人之后，用括号标明反诉人、被反诉人在本诉中的地位。例如，反诉人（本诉被告）、被反诉人（本诉原告）。如果反诉人或者被反诉人委托律师代理诉讼，应当在反诉人及其法定代理人的下一行,或者被反诉人及其法定代理人的下一行,写明代理律师的姓名及代理律师所在的律师事务所的名称。

(二)正文

正文包括诉讼请求、事实与理由、证据。

1. 诉讼请求。应当写明反诉人请求人民法院依法解决本案有关民事权益争议的具体主张和要求。如果诉讼请求不止一项,应当分别列出。

2. 事实。因为反诉必须基于本诉的同一事实,这是反诉与本诉能够合并审理的基础。所以,在反诉状中叙述事实时,重点要写明与本诉同一的和相关联的事实,写明起因、过程、结局,并突出被反诉人的侵权行为。

3. 理由。主要应当根据陈述的事实和有关法律规定,阐明案件的性质、被反诉人的责任以及如何解决纠纷的意见。

4. 证据。反诉状要反驳原告的起诉,就必须列出相关的证据。在列举证据时,不仅应当写明证据的名称、件数,而且应当写明证据的来源。有证人的,还应当写明证人的姓名和住址。

(三)尾部

1. 致送人民法院名称、反诉人签名或盖章、反诉时间。如果反诉人委托律师代写反诉状,应当在反诉人签名之后,写明代书律师的姓名及代书律师所在律师事务所的名称。

2. 附项。主要应当写明诉状副本的份数、所附证据等情况。

四、格式及作业

(一)格式(公民提起民事反诉用)①

民事反诉状

反诉原告(本诉被告):×××,男/女,××××年××月××日出生,×族,……(籍贯),……(工作单位和职务或职业),住……联系方式:……

---

① 参见沈德咏主编、最高人民法院修改后民事诉讼法贯彻实施工作领导小组编:《民事诉讼文书样式》,人民法院出版社2016年版,第1166页。

法定代理人/指定代理人：×××，……

委托诉讼代理人：×××，……

反诉被告(本诉原告)：×××，……

反诉请求：

……

事实与理由：

……

证据和证据来源，证人姓名住址：

……

此致

×××人民法院

附：本反诉状副本×份

反诉人×××(签名)

××××年××月××日

(二)作业：请根据相关法律规定，运用民法、民事诉讼法法学理论，按照反诉状制作要求，评析下面提供的反诉状例文

民事反诉状

反诉人(本诉被告)李××，男，××××年××月××日出生，白族，个体商户，现住云南省大理市××路45号，联系电话138872×××××。

诉讼代理人马×杰，男，云南安华律师事务所律师，联系电话1350872××××。

被反诉人(本诉原告)杨××，男，1960年9月6日生，白族，无业，现住大理市……联系电话1398855××××。

反诉请求：

1. 请求法院判令被反诉人对反诉人在承租房屋上总价71,317.5元的添附进行折价补偿。

2. 本案本诉与反诉的诉讼费用由被反诉人承担。

事实及理由：

反诉人李××与被反诉人杨××此前就争议房屋有九年的租赁

合同关系,三年一签。反诉人与被反诉人于2006年12月15日经平等协商一致,签订了《房屋出租合同》。合同约定:被反诉人将其所有的位于××××大门南侧的房屋一院出租给反诉人使用,合同期限为三年,至2009年12月15日止。

合同履行期间,反诉人觉得双方的租赁关系一直进行得很顺利,双方合作关系良好,肯定会和以前一样续签租赁合同。为了改善经营环境,遂分别于2008年3~4月和2009年9~10月两次对所承租的房屋进行零星改造和装修,共花费人民币71,317.5元(2008年3~4月:55,317.50元;2009年9~10月:16,000.00元)。施工期间,被反诉人对反诉人的施工行为表示同意,未表示任何异议,也未进行任何善意提醒。2009年12月15日双方租赁合同到期当天,被反诉人杨××突然通知反诉人,告知其要收回房屋自用。

反诉人李××认为,在双方租赁合同履行期间和即将届满之时,被反诉人杨××允许反诉人对所承租的房屋进行零星改造和装修,此装修和改造已经构成我国民法规定的添附。双方对此添附的归属无约定,应当适用《关于贯彻执行〈中华人民共和国民法通则〉若干问题的意见》第86条之规定处理:"非产权人在使用他人的财产上增添附属物,财产所有人同意增添,并就财产返还时附属物如何处理有约定的,按约定办理;没有约定又协商不成,能够拆除的,可以责令拆除;不能拆除的,也可以折价归财产所有人。"

2010年1月,被反诉人向贵院提起诉讼要求反诉人返还出租房屋。现反诉人为了维护自己的合法权益,特向贵院提出反诉,主张法院判令被反诉人对反诉人在承租房屋上总价71,317.5元的添附进行折价补偿。望贵院判如诉请,作出合法公正判决。

此呈

×××人民法院

具状人:李××

2010年4月2日

附:1. 本反诉状副本一份

2. 主要证据复印件一份

第三节　民事上诉状

一、概念

民事上诉状是指民事诉讼的当事人、有独立请求权的第三人及他们的法定代理人、委托代理人（在委托人有特别授权的情况下）等不服人民法院作出的尚未生效的第一审民事判决、裁定，在法定期限内请求上一级人民法院进行审理并依法作出撤销或者变更原裁判决定的法律文书。

二、法律依据

《中华人民共和国民事诉讼法》第一百六十四条规定："当事人不服地方人民法院第一审判决的，有权在判决书送达之日起十五日内向上一级人民法院提起上诉。当事人不服地方人民法院第一审裁定的，有权在裁定书送达之日起十日内向上一级人民法院提起上诉。"

第一百六十五条规定："上诉应当递交上诉状。上诉状的内容应当包括当事人的姓名，法人的名称及其法定代表人的姓名或者其他组织的名称及其主要负责人的姓名；原审人民法院名称、案件的编号和案由；上诉的请求和理由。"

第一百六十六条规定："上诉状应当通过原审人民法院提出，并按照对方当事人或者代表人的人数提出副本。当事人直接向第二审人民法院上诉的，第二审人民法院应当在五日内将上诉状移交原审人民法院。"

以上三条是制作上诉状的法律依据。

三、制作方法

（一）首部

首部包括文书名称、当事人的基本情况和案由等项内容。

1. 文书名称。居中写明"民事上诉状"。

2. 当事人的基本情况。

应当分别列项写明上诉人、被上诉人的姓名、性别、出生年月日、民族、工作单位和职务或者职业、住址、联系方式。如果有第三人,则按上诉人及被上诉人前述各项一一写明。

书写当事人各项时,应分别在上诉人、被上诉人称谓后括号注明其在一审程序中的诉讼地位,如“上诉人(原审被告)……”

如果当事人是法人或其他经济组织的,应当写明法人或其他经济组织的名称和住所并另起一行写明法定代表人或主要负责人的姓名、职务、联系方式。

如果委托律师代理诉讼,应当在上诉人、被上诉人及其法定代理人项后,另起一行写明诉讼代理人的姓名及其所在律师事务所名称。

3. 案由。

这是一段程式语,写为:

“×××因与×××……(写明案由)一案,不服×××人民法院××××年××月××日作出的(××××)……号判决/裁定,现提出上诉。”

(二)正文

正文包括上诉请求和上诉理由两个部分。

1. 上诉请求。

上诉请求是上诉人请求上一级人民法院解决的问题,也就是上诉的目的。上诉请求应当写明确、具体、详尽。除写明要求撤销或变更原审裁判外,还要写明上诉人对民事权益的实体或者程序上的诉讼事项。

要求部分撤销原判的,应当具体写明撤销原判的哪项,维持原判的哪项,以及如何改判等。例如,一份民事上诉状的上诉请求是这样写的:“一、依法撤销××市××区人民法院(2016)×民初××号民事判决中的第二项判决;二、改判婚生女孩史×(13岁)由上诉人抚养。”请求事项十分明确具体。

另外,注意提出的上诉请求不能超出一审的审理范围。应针对一审判决结果的错误之处及其错误原因,提请上一级人民法院撤销原判、发回重审,或者予以直接改判。

最后,书写上诉请求应当直截了当,简明扼要,不需要解释原因,以免与理由部分相重复。

2. 上诉理由。

民事上诉状是当事人对第一审民事裁判不服时制作的文书，因此，它的矛头所指，应该是一审民事裁判的错误之处。这使得民事上诉状理由部分的书写与民事起诉状有着严格的区别，即民事上诉状是针对原审裁判进行说理论理，而不是针对对方当事人的起诉；民事起诉状则主要针对对方当事人行为的无理之处进行论证。

当事人不服原审裁判的原因就是“上诉理由”。一般来说，当事人不服一审判决的原因不外乎以下几种：

其一，上诉人认为造成原审裁判结果错误的原因在于判决没有准确认定案件事实，没有采信应当采信的证据，或者采信了存在缺陷的证据。只要能够把原审认定的事实部分或者全部推翻，必然会导致原审裁决部分或全部改变。

其二，上诉人认为原审裁判虽然认定案件事实没有错误，但是由于引用的法律条文不全面，或者是曲解了法律条款等原因，导致原审适用法律出现错误。对此，上诉状的理由部分应当分别情况，一一指出。

其三，上诉人认为原审裁判在诉讼程序方面出现错误，导致当事人没有能够依法行使在诉讼中的权利，以至于影响到案件的正确裁判。这些程序错误包括未按规定向当事人送达书状副本、未送达开庭通知、在当事人一方有正当理由的情况下进行缺席审判、未进行调解或未进行法庭辩论等。将这些情况叙述清楚，也是上诉的充分理由。

(三)尾部

包括致送法院名称、上诉人及代书人签名、附项，其中附项应当写明上诉状副本的份数以及有关证据的情况。

四、特别提示

(一)上诉状的制作主体具有特定性

根据我国民事诉讼法的规定，依法有权提起上诉的只能是民事一审案件的当事人及其特别授权的委托代理人、法定代理人、共同诉讼人、有独立请求权的第三人和判决其承担民事责任的无独立请求权的第三人，其他诉讼参加人不可以提起上诉。

（二）上诉状要按法定期限递交才具有法律意义

《中华人民共和国民事诉讼法》第一百六十四条规定，当事人不服地方人民法院第一审判决的，有权在判决书送达之日起十五日内向上一级人民法院提起上诉。当事人不服第一审裁定的，有权在裁定书送达之日起十日内向上一级人民法院提起上诉。

第二百六十九条规定，在中华人民共和国领域内没有住所的当事人，不服第一审人民法院判决、裁定的，有权在判决书、裁定书送达之日起三十日内提起上诉。被上诉人在收到上诉状副本后，应当在三十日内提出答辩状。当事人不能在法定期间提起上诉或者提出答辩状，申请延期的，是否准许，由人民法院决定。

当事人只有在上述法定期限内提交上诉状，才能引起二审程序，实现上诉状的法律意义。

五、格式及作业

（一）格式一（公民提起上诉用）①

民事上诉状

上诉人（原审×告）：×××，男/女，××××年××月××日出生，×族，……（工作单位和职务或者职业），住……联系方式：……

法定代理人/指定代理人：×××，……

委托诉讼代理人：×××，……

被上诉人（原审×告）×××，男/女，××××年××月××日出生，×族，……（工作单位和职务或者职业），住……联系方式：……

……

×××因与×××……（写明案由）一案，不服×××人民法院××××年××月××日作出的（××××）……号判决/裁定，现提起上诉。

上诉请求：

……

① 参见沈德咏主编、最高人民法院修改后民事诉讼法贯彻实施工作领导小组编：《民事诉讼文书样式》，人民法院出版社2016年版，第1224页。

上诉理由：

……

此致

×××人民法院

附：本上诉状副本×份。

上诉人（签名或盖章）

××××年××月××日

（二）格式二（法人或其他组织提起上诉用）①

民事上诉状

上诉人（原审×告）××××公司。住所地：××省××市××区××路××号。

法定代表人/主要负责人：×××，职务，联系方式：……

委托诉讼代理人：×××，……

被上诉人（原审×告）×××，……

……

×××因与×××……（写明案由）一案，不服×××人民法院××××年××月××日作出的（××××）……号判决/裁定，现提起上诉。

上诉请求：

……

上诉理由：

……

此致

×××人民法院

附：本上诉状副本×份。

上诉人（签名或盖章）

××××年××月××日

① 参见沈德咏主编、最高人民法院修改后民事诉讼法贯彻实施工作领导小组编：《民事诉讼文书样式》，人民法院出版社2016年版，第1224页。

(三)作业:请根据相关法律规定,运用民法、民事诉讼法法学理论,按照民事上诉状制作要求,评析下面提供的民事上诉状例文

民事上诉状

上诉人(原审被告):孟××,男,汉族,生于19××年××月××日,农民,小学文化,现住安龙县××镇××村××组××号。

被上诉人(原审原告):刘×,男,汉族,生于19××年××月××日,高中文化,农民,现住安龙县××镇××村××组××号。

上诉人因不服安龙县人民法院于2011年6月14日作出的(2011)安民初字第182号民事判决书,现提出上诉。

诉讼请求:

1.请依法撤销安龙县人民法院作出的(2011)安民初字第182号民事判决书;

2.请求依法发回重审或者判决支持上诉人的诉讼请求,即由被上诉人向上诉人承担各项赔偿费用77,207.8元(扣除被上诉人已支付部分后为53,645.8元);

3.一、二审诉讼费用由被上诉人承担。

事实及理由:

一、一审认定本案中《山岔村人民调解协议书》有效,该认定显然错误,本调解协议应属于无效协议。

首先,《山岔村人民调解协议书》是在上诉人与被上诉人均不在场的情况下,由双方家属自行作出的调解。交通事故发生后,上诉人一直住院,因伤势严重,缺乏正常人的认知,而被上诉人因造成交通事故,为逃避责任一直躲藏。被上诉人家属为使上诉人家人不要"告上",口头向上诉人家属作出愿意承担全部责任的承诺,上诉人家属受被上诉人家属的蒙蔽,同意与被上诉人家属调解。《山岔村人民调解协议书》便是在双方当事人均不在场的情况下由山岔村人民调解委员会作出,没有当事人双方本人在场,所谓的调解协议是不能代表双方当事人意志的。

其次,《山岔村人民调解协议书》缺乏协议必要要件。《山岔村人民调解协议书》不仅没有上诉人与被上诉人的签名或盖章,连双方家属都未签名或盖章,仅此一点,按照《中华人民共和国合同法》相关规

定,该调解协议即因缺乏合同必要要件而属无效。

最后,山岔村人民调解委员会调查过程不符合法律规定。山岔村人民调解委员会就本案交通肇事赔偿事宜,于2010年10月28日专门做了调查,并形成了《调查笔录》。从《调查笔录》可以看出,山岔村人民调解委员会调查过程显然不符合法律规定,山岔村人民调解委员会是将文×英、孟×江等人一并进行的调查,这显然不符合取证要求,调查取证只能单独进行,而不能对数人一并进行。同时,上诉人孟××当时正躺在医院,根本就没有接受过山岔村人民调解委员的调查,但山岔村人民调解委员却将“孟××”一并列为“被调查人”,并由孟×江在“孟××”名字上按手印,山岔村人民调解委员这种调查显然不符合法律规定。

二、山岔村人民调解委员会形成的《山岔村人民调解协议书》不仅无效,而且显失公平。

《山岔村人民调解协议书》形成后,上诉人家属因缺乏起码的医学常识,在对上诉人伤情严重程度没有一个正确认识和判断的情况下,同时也是在上诉人与被上诉人均不在场的情况下,因急于为上诉人筹集医疗费,收下了被上诉人家属支付的“一次性医疗费”。在涉及上诉人重要权益能否被得到合法、有效保障的情况下,上诉人家属收受“一次性医疗费”的行为显然不能代表上诉人的真实意愿。所以,上诉人家属与被上诉人家属之间的交涉并不能代表当事人本人的意愿。从上诉人最后的司法鉴定结论看,因伤情已分别达八级、九级伤残,所需各种费用远不止16,000元,各项费用至少也需77,207.8元,而被上诉人实际只支付了23,562元,尚差53,645.8元。显然,《山岔村人民调解协议书》既无效,且显失公平。

三、本案案情复杂,一审法院适用简易程序审理不符合《中华人民共和国民事诉讼法》关于简易程序审理有关规定。

本案因交通事故发生后,没有交警出现场,在证据的适用上存在一定困难。同时,被上诉人对自己所造成的交通事故公然否认,这些增加了一审法院查清本案事实真相的难度。并且,在一审过程中,被上诉人曾公然在法院攻击上诉人,使事态一度恶化。在此种种情况下,本案都不宜适用简易程序审理。故一审法院适用简易程序审理本案,程序上不合法。从判决所认定的情况看,将一份无效调解协议认定为有效,事实认定确实不客观,判决结果也不公正。

综上所述,一审法院审理此案,在程序上违反《中华人民共和国民事诉讼法》关于简易程序审理规定,在案情上没能准确认定事实,以致上诉人的合法权益未能得到保障。根据《中华人民共和国民事诉讼法》相关规定,特诉至贵院,请求依法判决。

此致

黔西南州中级人民法院

上诉人×××

二〇一一年六月二十五日

第四节 民事答辩状

一、概念

民事答辩状是指民事诉讼中的一审被告、二审被上诉人或者再审被申请人根据民事起诉状、民事上诉状或者民事再审申请书的内容,针对原告、上诉人、再审申请人提出的起诉请求、上诉请求或再审请求,依据事实与法律作出回答、辩解、辩驳的法律文书。

二、法律依据

《中华人民共和国民事诉讼法》第一百二十五条规定:"人民法院应当在立案之日起五日内将起诉状副本发送被告,被告应当在收到之日起十五日内提出答辩状。答辩状应当记明被告的姓名、性别、年龄、民族、职业、工作单位、住所、联系方式;法人或者其他组织的名称、住所和法定代表人或者主要负责人的姓名、职务、联系方式。人民法院应当在收到答辩状之日起五日内将答辩状副本发送原告。被告不提出答辩状的,不影响人民法院审理。"

在民事诉讼中,被告收到原告起诉状副本、被上诉人收到上诉状副本、再审被申请人收到再审申请副本以后,都有权进行答辩,而答辩状就是当事人答辩权的载体。

三、制作方法

民事答辩状由首部、正文和尾部组成。

(一)首部

包括文书名称、当事人的基本情况和案由。

1. 文书名称。

居中写明“民事答辩状”。

2. 当事人的基本情况。

应当写明答辩人的姓名、性别、年龄、民族、职业、工作单位、住所、联系方式等。

如果答辩人是无行为能力人,应当在其项下列写法定代理人的姓名、性别、年龄、民族、职业、工作单位、住所、联系方式及其与答辩人的关系。

答辩人是法人或其他组织的,应当写明其名称、住所和法定代表人或者主要负责人的姓名、职务、联系方式。

如果答辩人委托律师代理诉讼,应当在答辩人项下另起一行写明代理律师的姓名及其所在的律师事务所名称。

3. 案由。

写明“对××一案,提出答辩如下:……”

(二)正文

正文主要是答辩理由和证据。

答辩状的答辩理由,应当根据原告的起诉状、上诉人的上诉状、再审申请书所提出的具体问题确定。也就是说,答辩理由必须具有针对性。不过,一审答辩状与二审答辩状的辩驳对象有所不同。

一审答辩状只需针对原告在起诉状中陈述的事实和理由有问题的部分,进行反驳。其要点在于反驳、否定对方陈述的事实和理由,进而否定对方的诉讼请求。

二审答辩状则既要针对一审判决,又要针对上诉请求和上诉理由进行回复。这种回复就不都是否定的内容了,必然是既有肯定的成分,又有否定的成分。因为二审答辩状的制作者是没有提起上诉的一方当事人。它之所以不提出上诉,除特殊原因外,一般是因为对一审判决的判决结果满意,至少能够接受。所以二审答辩状肯定的对象应该是一审判决,否定的对象应该是上诉请求和上诉理由。

答辩状陈述理由的原则是指出反驳对象错误之所在,并进行分析;对于自己肯定的对象,也应说明为什么正确。

至于从哪些方面找出反驳对象存在的错误,可参见本书民事上诉状理由部分。

理由结束后,写清答辩所依据的证据和证据来源,证人姓名和住所。

(三)尾部

尾部包括结尾和附项。结尾应当写明致送人民法院的名称,答辩人和代书人签名,文书制作的年月日。附项主要应当写明答辩状副本份数。

四、格式及作业

(一)格式(公民对民事起诉提出答辩用)①

民事答辩状

答辩人:×××,男/女,××××年××月××日出生,×族,……(写明工作单位和职务或者职业),住……联系方式:……

法定代理人/指定代理人:×××,……

委托诉讼代理人:×××,……

对×××人民法院(××××)……民初……号……(写明当事人和案由)一案的起诉,答辩如下:

……(写明答辩意见)。

证据和证据来源,证人姓名和住所:

……

此致

×××人民法院

附:本答辩状副本×份

答辩人:×××(签名)

××××年××月××日

---

① 参见沈德咏主编、最高人民法院修改后民事诉讼法贯彻实施工作领导小组编:《民事诉讼文书样式》,人民法院出版社2016年版,第1170页。

（二）作业：请根据相关法律规定，运用民法、民事诉讼法法学理论，按照民事答辩状制作要求，评析下面提供的民事答辩状例文

民事答辩状

答辩人（被告人）××××公司。住所地：××省××市××区××路××号。邮政编码：××××××。

法定代表人：×××，部长。

被答辩人（原告）：××××有限公司。住所地：××省××市××区××路××号。邮政编码：××××××。

法定代表人：×××，经理。

答辩人就××××有限公司诉××××公司买卖合同纠纷一案，现提出答辩意见如下：

一、被答辩人所诉与事实不符。

1. 我单位从未派人到被答辩人处赊购商品，接到诉状后，经详细调阅财务档案，从来都没有被答辩人所诉的财务档案或欠款记录。几任单位领导更换进行财务交接时也从来都没有被答辩人所诉债务的交接手续。

2. 我单位作为国家机关，遵循单位严格的财务制度和报销流程，不可能指派工作人员到没有签订挂账协议的商店随意挂账。我单位与被答辩人没有采购合同，没有授权工作人员到被答辩人处采购商品。

二、被答辩人提供的证据有重大瑕疵，不能采信。

1. 关于被答辩人所诉××××元的欠条。证据瑕疵一，我单位印章的全称应为"××××公司"，而被答辩人提供的欠条证据中的印章为"××××公司"。此印章不属我单位印章。证据瑕疵二，该欠条仅加盖了公章，没有任何经办人员或财务人员或单位领导的签字，被答辩人没有提供购物明细。经查，我单位既没有该笔欠款的财务记录，也没有相关物资的入账资料。证据瑕疵三，欠条下半部分所谓的还款记录，仅有部分个人签字，没有加盖我单位公章。

因此，被答辩人提供的该证据与我单位没有关联性，我单位不应承担责任。

2. 关于被答辩人提供的有个人签字的××张"销货清单"。我单位从未授权任何人到被答辩人处赊购商品，也没有收到销货清单上的任何商品。根据《中华人民共和国民法通则》第六十六条第一款的规定："没有代理权、超越代理权或者代理权终止后的行为，只有经过被代理人的追认，被代理人才承担民事责任。未经追认的行为，由行为人承担民事责任。"所以该赊购行为的民事责任不应由我单位承担。

三、被答辩人提供的××张"销货清单"，其记载日期均为2006年和2007年，根据《中华人民共和国合同法》第一百六十一条之规定："买受人应当按照约定的时间支付价款。对支付时间没有约定或者约定不明确，依照本法第六十一条的规定仍不能确定的，买受人应当在收到标的物或者标的物单证的同时支付。"上述销货清单的诉讼时效起算时间应以销货清单上记载的时间为准，至今早已超过2年的诉讼时效。即使买卖事实成立，被答辩人也早已丧失胜诉权，人民法院应驳回其诉讼请求。

综上，被答辩人所诉无事实依据，证据有重大瑕疵，与待证事实毫无关联，不能证明其主张。被答辩人的各项诉讼请求均应予以驳回。

此致

××县人民法院

答辩人：××××公司

××××年××月××日

第五节　民事诉讼代理词

一、概念

民事诉讼代理词是指民事案件当事人的诉讼代理人，为维护被代理人的合法权益，依据事实和法律撰写的表明代理人对案件的观点、处理意见的具有法律意义的文书。

民事诉讼代理词适用于一审、二审、再审民事案件。

民事案件的原告、被告、第三人、上诉人、被上诉人都可能有诉讼代理人，这些诉讼代理人都可能制作民事诉讼代理词。

代理人可以在开庭前准备好民事代理词，在开庭宣读后，庭审中呈交法庭；也可以在开庭时口头发表代理意见，开庭后，判决前呈交法庭。一般而言，代理人会在开庭前准备好书面代理意见，开庭后，再根据庭审中发现的新问题、提出的新观点，对此前的代理意见进行补充、完善，最后形成正式的民事诉讼代理词，呈交法庭。这样可以更充分地发表代理意见，更有效地维护当事人的合法权益。

二、民事诉讼代理词与起诉状、答辩状的区别

民事诉讼代理词与民事起诉状、答辩状都有区别，主要表现在它们的陈述、辨析的侧重点各有不同。

民事起诉状主要是提出诉讼请求和证据，答辩状主要是反驳诉讼请求和提出反证，两者均着眼于案件事实部分的陈述以及法律依据的引证，虽然在起诉状和答辩状中也有理由的阐述和分析，但是通常这种阐述是比较简单、扼要的。而民事诉讼代理词则立足于对案件争议焦点的归纳分析，对理由的详细分析和论证，来说明为什么诉讼请求能够或不能够成立。对于事实，民事代理词也要进行陈述，但是这种陈述只是将其作为论据，来论证自己的观点，请求人民法院支持自己的诉讼请求或驳回对方的诉讼请求。

三、制作方法

民事诉讼代理词其实没有法定的格式规定。也就是说，以什么样的格式来制作民事诉讼代理词并不影响它的法律作用。不是说以这种格式书写的民事诉讼代理词法庭才接受，以那种格式书写的民事诉讼代理词法庭就不接受。只要代理人在法定的期限内呈交民事代理词，法庭都应接受。至于法庭是否采纳民事代理词提出的意见，采纳多少，那是由法庭根据事实与法律来衡量判断的，与民事诉讼代理词的格式没有直接联系。不过，代理人，尤其是代理律师在实践中逐渐总结出民事诉讼代理词的习惯格式，在司法实践中广泛采用。这里所讲的制作方法，就是以这种习惯格式为基础进行讲述的。

民事诉讼代理词由首部、正文和尾部三部分组成。

(一)首部

包括文书名称、提示语和前言三项内容。

1. 文书名称。写为“代理词”或“民事代理词”。

2. 提示语。应当写为“审判长、人民陪审员”或者“审判长、审判员”。

3. 前言。前言部分主要应当说明以下几个问题：一是说明出庭的合法性，主要是介绍律师代理出庭的方式；二是说明律师接受委托后进行工作的情况，包括听取委托人陈述，查阅和摘录案卷材料，调查取证等；三是说明代理人对案件的看法，这部分内容既可以在前言中说明，也可以在正文中叙述代理意见后再予以说明。

(二) 正文

正文，是民事诉讼代理词的核心。正文的基本内容和写作方法，因具体的案情而各有不同，但一般要求代理律师应当从维护委托人的实际利益出发，以事实为根据，结合有关的法律法规和政策，论证委托人诉讼请求的正确性，对方当事人行为的非法性及其承担民事责任的合理性。

(三) 尾部

尾部包括结束语和代理人签署。这部分内容主要是总结归纳正文的观点，简明扼要地提出诉讼请求和处理意见。

四、特别提示

民事诉讼代理词的制作主体不限于代理律师。许多关于法律文书的著述，在讲到民事代理词时，总把它界定为律师实务文书。这其实是一个误区。

毋庸置疑，在现实生活中，使用民事代理词最多的人是民事案件当事人委托的代理律师。不过，这不等于说民事代理词只能是律师制作的。因为民事诉讼代理词应该是诉讼代理人所发表的书面代理意见。而法律上规定的诉讼代理人有三类：一是法定代理人，二是指定代理人，三是委托代理人。这当中，律师只是可以作为委托代理人的一类，除此以外按照《中华人民共和国民事诉讼法》第五十八条第二款的规定，可以作为委托代理人的不止律师，还有基层法律服务工作者、当事人的近亲属或者工作人员；当事人所在社区、单位以及有关社会团体推荐的公民。这些诉讼代理人发表的书面代理意见统统都属于民事诉讼代理词的范畴。如果把民事诉讼代理词界定为律师实务文书的话，容易让人误以为民事诉讼代理词的制作主体是唯一的，而把法定代理人、指定代理人以及非律师的委托代理人排斥在民事代理词的制作主体之外，这显然是不符合法律规定的。

五、格式及作业

(一)格式

民事代理词

尊敬的审判长、审判员：

××律师事务所接受原告(或被告,或第三人,也可以写清当事人的姓名或全称)的委托,指派我担任原告(或被告,或第三人)在本案中的诉讼代理人,在本案开庭之前,我已经阅读了与本案有关的证据,向有关的证人了解了情况,阅读了本案的卷宗,对于本案的事实有了基本的了解。通过刚才的法庭调查,我认为本案的事实已经查清,现在依据事实和法律,发表如下代理意见:

……

综上所述,我认为,本案原告(或被告,或第三人)提出的诉讼请求(或答辩意见)有据合法,应该得到法院的支持,所以请求人民法院对本案做出公正判决以保护原告(或被告,或第三人)的合法权益。

原告(被告、第三人)代理人:×××

××××年××月××日

(二)作业一:请根据相关法律规定,运用民法、民事诉讼法理论,按照民事代理词制作要求,评析下面提供的民事代理词例文

代　理　词

尊敬的审判长、审判员:

依据《中华人民共和国民事诉讼法》第五十八条第一项的规定,受原告刘××的委托及××律师事务所指派,我担任本案原告刘××的诉讼代理人,出席今天的法庭审理。庭审前,我详细调查、了解了与本案相关的事实,查阅了本案的卷宗材料,特别是通过今天的法庭审理,更加清楚、明确了本案的事实,现依法发表如下代理意见:

一、本案被告从原告处借款的事实十分清楚

2000年4月17日××县公安局工作人员对被告进行询问时,被

告明确回答“通过我给梁××两万元钱,这钱不是我的,是俺单位刘××的,1997年他分两次给我”“这钱是刘××的”。两份证人证言也对此予以印证,各份证据之间形成有效链条,均证实这样的事实:1997年原告分两次借给被告20,000元钱。此外,根据原被告共同确认,被告于2010年偿还3000元,剩余17,000元至今未还。

二、本案所涉借款与梁××无关,双方之间属于合法的借贷关系

庭审中,虽然被告一再强调从原告处借款项后自己未用,而是交给闫××,闫××又交给梁××,但根据原告的陈述及庭审的调查情况来看,作为原告的刘××对款项借出后的去向并不明了,只是在后来的催要过程中才从被告处得知,因此该款项的去向与原告无关。另外,根据法律规定,原告作为出借人没有询问和得知款项去向及款项借出后如何使用的义务,原告对此不承担任何责任。如果被告从原告处借得款项后将该款项抛弃,那么是否原告也要对此负责呢?答案是不言而喻的!因此,被告与梁××之间合法或者非法关系与原告无关,其行为性质不影响原告与被告之间存在的合法借贷关系!被告妄图将自己的责任转嫁给原告,是不符合法律规定的!

三、本案不超过诉讼时效,原告的权利应当得到保护

款项借出后,原告一直未间断向被告催要,因此本案的诉讼时效一直处于不断中断之中,不存在超过诉讼时效的问题。退一万步讲,即使款项借出后,原告一直未催要,也不存在超过诉讼时效的问题。因为被告从原告处借款时,双方只约定了原告需要用时被告返还,并没有确定具体的还款期限,因此该借贷合同属于未约定债务履行期限的法律行为。根据规定,未约定履行期限的法律行为,从债权人主张债权的次日起计算诉讼时效。本案中,原告因需用钱,遂于2010年年底向被告主张权利,被告偿还原告3000元钱。从2010年开始起算,到原告起诉时止,未超过法定的2年诉讼时效。

综上,本案借款事实十分清楚,借贷关系合法有效,且未超过法定诉讼时效,因此被告应当承担偿还责任。

以上代理意见,请合议庭合议时予以充分考虑!

代理人:张××

二〇××年××月××日

(三)作业二:案情材料

2014年6月,×市××百货商行从×服装批发站购进一箱A航空衫(100件)试销,消费者反映良好。百货商行留存一件作为样品。并派业务员王×找生产厂家(×县服装厂)联系要求购进A航空衫。在给王×授权委托书中载明:授权给王×购进1000件A航空衫,并特别注明,要求所购进航空衫与试销的航空衫式样、布料相同。同年7月4日,王×代表百货商行与服装厂签订了购进十箱(1000件)A航空衫的合同。百货商行收货后,即将1000件A航空衫上架销售,消费者反应冷淡,购买者寥寥无几。百货商行将其与A航空衫比较,发现两者在式样和布料质地上有明显区别,即派业务员王×到服装厂要求调换与样品一致的B航空衬衫,服装厂称:"合同规定的是A航空衫,"拒绝换货。××百货商行遂向人民法院提起诉讼,要求法院以欺诈确认合同无效,双方互相返还财产,并由服装厂赔偿经济损失。受诉法院查明,2014年6月××百货商行从服装批发站购进一箱(100件)A航空衫,系由服装厂生产,但由于车间把关不严,将B航空衫的包装箱贴上A航空衫的标记出厂(航空衫上没有区别标记)售给服装批发站,服装批发站又转销给百货商行。故百货商行留存的样品实际上为B航空衫。在订立1000件购销合同时,王×亦未出示样品。

请问:

(1)该案争议焦点是什么?

(2)假设你是××百货商行的诉讼代理人,请为百货商行制作一份民事起诉状;

(3)假设你是×县服装厂的诉讼代理人,请为×县服装厂制作一份答辩状。

第 四 编

行政诉讼文书

第一章　人民检察院行政诉讼监督文书

第一节　概　　述

行政检察监督是宪法、法律赋予检察机关法律监督职能的重要组成部分。人民检察院通过受理当事人或案外人的监督申请、审查法院审判卷宗或开展调查核实等方式，对行政诉讼进行法律监督。

一、检察机关行政诉讼监督的主要对象

（一）已生效行政判决、裁定、调解书

按照法律规定，当事人不服人民法院已经发生法律效力的行政判决、裁定，应先向人民法院申请再审，人民法院驳回再审申请或无正当理由在三个月内未作出再审裁定或者人民法院的再审判决、裁定有明显错误的，当事人可以向人民检察院申请监督。

另外，人民检察院经审查，认为法院原审判决、裁定存在错误的，或发现调解书损害国家利益、社会公共利益的，可以通过检察建议或抗诉的方式进行监督。

（二）诉讼违法行为

若人民法院行政诉讼程序中存在的错误或者违法行为，诸如该立案不立案、程序违法、审判人员有违法行为等情形，人民检察院可以依法进行监督。

当事人或案外人发现人民法院或其工作人员存在上述行为的，可以向检察机关控告、举报或申请监督。

二、检察机关行政诉讼监督的主要依据

为了保障和规范人民检察院依法履行行政诉讼监督职责，最

高人民检察院根据《中华人民共和国行政诉讼法》《中华人民共和国人民检察院组织法》和其他有关规定，结合检察工作实际，制定并于2016年4月15日公布实施了《人民检察院行政诉讼监督规则（试行）》。这是检察机关进行行政诉讼监督时的主要依据。

按照《中华人民共和国行政诉讼法》和《人民检察院行政诉讼监督规则（试行）》的规定，人民检察院行使行政诉讼监督职能的方式主要有抗诉和提出检察建议。因此，下面就人民检察院行政抗诉书的制作进行着重讲述。

第二节 人民检察院行政抗诉书

一、适用范围

行政抗诉书是人民检察院对人民法院已经发生法律效力的行政判决、裁定，认为确有错误，或者发现生效调解书存在损害国家利益、社会公共利益情况时，依照行政诉讼法规定的审判监督程序，向相应人民法院提出抗诉时所制作的法律文书。

《中华人民共和国行政诉讼法》第十一条规定："人民检察院有权对行政诉讼实行法律监督。"

第九十三条规定："最高人民检察院对各级人民法院已经发生法律效力的判决、裁定，上级人民检察院对下级人民法院已经发生法律效力的判决、裁定，发现有本法第九十一条规定情形之一，或者发现调解书损害国家利益、社会公共利益的，应当提出抗诉。地方各级人民检察院对同级人民法院已经发生法律效力的判决、裁定，发现有本法第九十一条规定情形之一，或者发现调解书损害国家利益、社会公共利益的，可以向同级人民法院提出检察建议，并报上级人民检察院备案；也可以提请上级人民检察院向同级人民法院提出抗诉。各级人民检察院对审判监督程序以外的其他审判程序中审判人员的违法行为，有权向同级人民法院提出检察建议。"

由此可知，行政抗诉书适用于判决、裁定已经生效，但确有错误的行政案件；对于以调解结案，但调解书损害国家利益、社会公共利益的案件,也同样适用。

二、制作方法

行政抗诉书为文字叙述式文书。由首部、正文和尾部组成。

(一)首部

1.制作机关名称:×××人民检察院;

2.文书名称:行政抗诉书;

3.文书编号:×检行抗〔　〕××号。

4.案件来源及本院审查过程。

案件来源分为两种情况:第一种情况是当事人不服生效判决、裁定,直接向本院申诉后,经本院审查决定提出抗诉的,此时直接写明当事人申诉的情况;第二种情况是当事人向下级人民检察院提出申诉,下级人民检察院审查后又提请本院抗诉的,则应将当事人申诉和下级人民检察院提请抗诉两个环节交代清楚。

本部分的具体写法详见第四部分的格式及实例。

(二)正文

正文包括本院审查认定的案件事实、审查意见和抗诉理由、抗诉决定和法律依据。

1.本院审查认定的案件事实。

案件事实是阐明抗诉理由的基础,应当叙写清楚。根据不同情况,叙写的要求也不同。当检察院与法院在认定事实上没有分歧时,可以在表明对生效判决事实部分的认同后,不再具体写案件事实,而直接进入对判决、裁定本身的分析论证。当两机关认定的事实不同时,即在"现查明"的引语下,具体写明检察院认定的案件基本事实;对于抗诉所依据的事实,应重点叙述;对于分歧的关键环节,或者是应当更正法院所认定的事实部分应具体叙述;为了说明本院认定事实的依据,可以简要列明认定事实的证据情况。

2.审查意见、抗诉理由。

这部分要针对案件实际情况,综合分析、论证下列内容:

(1)指出原判决、裁定错误之处。

(2)分析、论证抗诉理由。要根据事实和证据,依据法律、法规,对原审裁判在认定事实、采信证据、适用法律、诉讼程序等方面存在的问题,进行分析评议。说明为什么错误,同时论证检察机关抗诉理由的正确性。

3. 抗诉决定及其法律依据。

写这部分时,先要综述抗诉结论性意见,将前一部分指出的错误要点概括写明,进一步阐明抗诉的必要性。然后写明本院抗诉的决定和据以抗诉的我国行政诉讼法律根据。如是本院检察委员会讨论决定的,也应写明。

(三)尾部

写明以下各项:

1. 受理抗诉案件的人民法院名称;

2. 决定抗诉的年月日,并加盖院章;

3. 附项:要写明随案移送的卷宗及有关材料情况。

三、特别提示

(一)本文书当事人的称谓为"申诉人"。

(二)本文书首部没有当事人的基本情况列项。编号下直接进入案件来源及本院审查过程部分。

(三)本文书的受文对象为与提出抗诉的人民检察院同级的人民法院。

(四)本文书只能针对已经生效且确有错误的行政判决、裁定、调解书提出抗诉,对尚未生效的不能提出抗诉。

四、格式及示例

(一)格式

×××人民检察院

行政抗诉书

×检×行抗〔 〕××号

×××(申诉人)因与×××(对方当事人)×××(案由)纠纷一案,不服×××人民法院……(写明生效判决、裁定文号)行政判决(或裁定),向我院提出申诉。(由下级人民检察院提请抗诉的案件写为:向×××人民检察院提出申诉,×××人民检察院提请我院抗诉。)

[由检察机关自行发现的案件写为:我院对×××人民法院对×××(原审原告)与×××(原审被告)××(案由)纠纷案的……(生效判决、裁定文号)行政判决(或裁定)进行了审查。][由案外人申诉的案件写为:我院受理×××(申诉人)的申诉后,对×××人民法院对×××(原审原告)与×××(原审被告)×××(案由)纠纷案的×××(生效判决、裁定文号)行政判决(或裁定)进行了审查。]我院对该案进行了审查……(简述审查过程,如审查了原审卷宗、进行了调查等),现已审查终结。

……(该部分写检察机关审查认定的事实,最后写明由谁提起诉讼)

……(该部分写诉讼过程,写明一审法院、二审法院判决、裁定的作出日期、文号、理由、主文及诉讼费用负担,如果法院判决、裁定与检察机关认定事实有不同之处,要在该部分简要写明。)(如经过了再审,还要将再审情况写明。)

本院认为:……(结合案件具体情况,分析、论证生效判决、裁定存在的问题及错误)

综上所述,×××人民法院(作出生效判决、裁定的人民法院)对本案的判决(或裁定)……(指出原判决、裁定存在哪几方面的问题)。经本院第×届检察委员会第×次会议讨论决定(未经检察委员会讨论的,可不写),依照《中华人民共和国行政诉讼法》第九十三条的规定,向你院提出抗诉,请依法再审。

此致

×××人民法院

年　月　日

(院印)

本件与原本核对无误

附:……(写明随案移送的卷宗及有关材料情况)

(二)示例①

安徽省人民检察院
行政抗诉书

皖检民行抗字〔2010〕第26号

李××因与合肥市交通运输管理处(以下简称市运管处)交通行政处罚决定一案,不服合肥市中级人民法院(2009)合行终字第5号行政判决,向本院申诉。我院审查后于2009年7月26日对该案予以立案并对该案依法进行了审查,查明:

2008年7月18日下午,李××在合肥市桐城路妇幼保健院大门附近,应一位不相识女士的请求,驾驶皖A827××嘉陵摩托车将该女士送到阜阳北路的双岗附近。市运管处执法人员在阜阳路菜场附近发现李××嘉陵摩托车涉嫌从事道路运输经营,遂在一家音像制品商店的内、外通过对李××及一位在该音像制品商店购物的女士进行现场录像及调查核实,证实该乘客与李××互不相识,其从长江饭店附近乘坐摩托车到阜阳路菜场,约定付费5元。市运管处根据所取证据,于2008年8月11日向李××送达交通违法行为通知书。李××对此提出陈述和申辩。市运管处听取李××意见后,进行了集体讨论。2008年8月20日,市运管处作出合运罚字(2008)第105号交通行政处罚决定书,责令李××停止经营、罚款3万元。2008年8月23日,李××诉至法院,请求撤销市运管处合运罚字(2008)第105号交通行政处罚决定书。

另查,涉案摩托车的乘车人徐××(名字不清)的书面证言载明,其本人乘坐皖A827××号摩托车从合肥市小花园至双岗,支付或约定运费为4元,与该车驾驶人互不相识。

2008年11月10日,合肥市瑶海区人民法院(2008)瑶行初字第24号行政判决认为,《中华人民共和国道路运输条例》第七条第三款规定,县级以上道路运输管理机构负责具体实施道路运输管理工作。被告系合肥市道路运输管理部门,依法具有行政执法权。该条例第二条

① 选自 http://club.china.com/data/thread/1011/2711/55/23/5_1.html,最后访问日期:2016年3月29日。

明确适用范围包括客运经营,第十条第一款、第二款又规定了从事客运经营,需取得营运证。故被告认定原告未取得道路运输经营许可,擅自从事道路运输经营,并给予行政处罚,主要证据充分,适用法律并无不当,程序合法。被告对搜集到的证据进行分析判断,以准确认定案件事实,符合法律规定。本案被告虽无原告实际收取费用的证据,但并不影响被告对原告违反《中华人民共和国道路运输条例》事实的定性。本案行政处罚决定书的制作应当按照《中华人民共和国行政处罚法》第三十九条的规定制作书面的行政处罚决定书,而不应当采用简易程序填写预定格式的方式。据此,依照最高人民法院《关于执行〈中华人民共和国行政处罚法〉若干问题的解释》第五十六条第(四)项的规定,判决:驳回原告李××要求撤销合运罚字〔2008〕第105号交通行政处罚决定的诉讼请求。李××不服,提出上诉。

2009年2月16日,合肥市中级人民法院(2009)合行终字第5号行政判决认为,《中华人民共和国道路运输条例》第二条规定,凡是从事道路运输经营以及道路运输相关业务的,都应当遵守本条例。第六十四条规定:违反本条例的规定,未取得道路运输经营许可,擅自从事道路运输经营的,由县级以上道路运输管理机构责令停止经营;有违法所得的,没收违法所得,处违法所得2倍以上10倍以下的罚款;没有违法所得或者违法所得不足2万元的,处3万元以上10万元以下的罚款;构成犯罪的,依法追究刑事责任。市运管处提供证据的相互印证,能够证明李××未取得道路运输经营许可而从事道路运输经营的事实存在,其依据上述规定对李××进行处罚适用法律正确。一审判决认定事实清楚,适用法律正确,判决并无不当。李××上诉理由不能成立,本院不予支持。案经本院审判委员会讨论决定,依据《中华人民共和国行政诉讼法》第六十一条第(一)项之规定,判决:驳回上诉,维持原判。

我院经审查认为,合肥市中级人民法院(2009)合行终字第5号行政判决认定市运管处认定:"李××没有取得道路运输经营许可,擅自从事道路运输经营,并给予行政处罚,主要证据充分,程序合法,"认定事实的主要证据不足,违反法定程序。

一、判决认定"市运管处提供证据相互印证,能够证明李××未取得道路运输经营许可而从事道路运输经营的事实存在",认定事实的主要证据不足。

本案中,市运管处为证明其合运罚字(2008)第105号交通行政处罚决定书的合法性,其向法院提供如下两组证据:第一组:1. 现场录像。2. 对李××的询问笔录。3. 乘客的证人证言。该组证据证明李××与乘客互不相识,未经许可实施了道路运输旅客行为,且明确约定了费用。第二组:4. 执法人员的执法证件,证明市运管处的执法人员具备法定的执法资格。5. 道路交通运输车辆暂扣凭证。证明市运管处依法对车辆进行了暂扣。6. 调查报告,证明在处罚前进行了调查取证工作。7. 合运罚字(2008)第105号交通行政处罚决定书,证明在处罚前进行了告知。8. 陈述申辩书,证明李××进行了申辩。9. 案件集体讨论记录。证明对李××的处罚进行了集体讨论。10. 交通行政处罚决定送达回证。证明处罚依法进行了送达。该组证据证明市运管处的具体行政行为程序合法。

经查:1. 现场录像。该视听资料没有李××摩托车驾驶人与乘客现场交易以及运输情形等连续性的全部场景,其仅显示一家录音录像制品商店内、外的两处场景:一是店内是一位市运管处执法人员询问一位手中拿着一沓音像制品的年轻女士即所谓刚才乘坐摩托车的人"是否认识,什么地方坐车,给了多少钱"。该女士简短而间断的回答是"不认识、长江饭店那边、5块钱",其回答过程中曾一度被店外吵闹声音所打断,并且表现出吃惊的样子,不知道店外发生了什么事……二是店外李××与市运管处工作人员之间的询问、答辩及争吵混乱的场面。此节音像资料显示,李××根据市运管处工作人员的询问,情绪激动地答辩:从市妇幼保健院大门外应要求顺路送了一位不相识的女士到双岗,未讲钱也未收钱,自己在做好事,现在人已经走了,并将其身上所有夏衣口袋翻过来给在场的人查看,以示其确实未收钱;且请求执法人员调查,要求允许进入商店与那位被询问的女士进行对质未果,该女士身份不明。由此,该视听资料不能证明该被询问女士就是李××所运送的女士,既不能确认该女士就是李××运输的交易对象,也不能确认李××的运输事实与该被询问女士乘车的事实之间具有关联性。

此外,该视听资料未附有声音资料内容的文字记录,也没有注明制作方法、制作时间、制作人和证明对象等。根据《中华人民共和国行政诉讼法》第三十一条第一款第(三)项"证据有以下几种……(三)视听资料;(四)证人证言……"①最高人民法院《关于行政诉讼证据若干问题的规定》第十二条"根据行政诉讼法第三十一条第一款第(三)项的规定,当事人向人民法院提供计算机数据或者录音、录像等视听资料的,应当符合下列要求:(一)提供有关资料的原始载体。提供原始载体确有困难的,可以提供复制件;(二)注明制作方法、制作时间、制作人和证明对象等;(三)声音资料应当附有该声音内容的文字记录"的规定,市运管处提供的本案现场录像不符合行政诉讼证据要求,应当不予采信。

2. 对李××的询问笔录。该笔录载明:李××陈述其应一位看来有急事、不相识女士的请求,在桐城路口妇幼保健院大门附近顺路做好事将该女士送到阜阳北路的"双岗"附近,其不是摩的,自己身上没有钱,没有讲钱也没有收钱,"这位女同志都走了"……显然,该笔录不能证明李××从事道路运输经营的事实。

3. 证人证言。该证言系乘车人徐××(名字不清)的书面证言,其内容:"本人于2008年7月18日16:20左右乘坐皖A827××号摩托车从合肥市小花园至双岗,支付或约定运费为4元。本人与该车驾驶人互不相识。"由此,该证据与前述现场录像有关乘客女士乘车的地点、付费金额等内容相互矛盾;且该证据是预制的格式文本,其内容没有证人身份的表述,没有落款时间,证人名字不清楚,联系电话打不通;尤其该证人并未依法出庭作证;故该证据的真实性难以认定。据此依照最高人民法院《关于行政诉讼证据若干问题的规定》第十三条:"根据行政诉讼法第三十一条第一款第(四)项的规定,当事人向人民法院提供证人证言的,应当符合下列要求:(一)写明证人的姓名、年龄、性别、职业、住址等基本情况;(二)有证人的签名,不能签名的,应当以盖章等方式证明;(三)注明出具日期;(四)附有居民身份证复印证等证明证人身份的文件"的规定,该证言因不符合行政诉讼证据要求,也应不予采信。

综上,市运管处提供上述三份证据不但不能形成证据锁链、内容相互矛盾,而且该证据不符合行政诉讼证据要求,应当不予采信。判

---

① 此条为2014年修改前的《行政诉讼法》中的内容,修改后本条已由第三十一条变为了第三十三条,条文内容也有一定修改。

决予以采信市运管处提供的上述证据，认定“市运管处提供证据相互印证，能够证明李××未取得道路运输经营许可而从事道路运输经营的事实存在”，认定事实的主要证据不足。

二、市运管处未依法告知当事人有要求举行听证的权利，采用简易程序填写预定格式的行政处罚决定书，违反了法定程序。

本案中，市运管处拟做出对李××停止经营、罚款3万元行政处罚的具体行政行为，该处罚对于李××个人来说，应属“停产停业”“较大数额罚款”的行政处罚。依照《中华人民共和国行政诉讼法》①第四十二条第一款“行政机关作出责令停产停业、吊销许可证或者执照、较大数额罚款等行政处罚决定之前，应当告知当事人有要求举行听证的权利；当事人要求听证的，行政机关应当组织听证”的规定，市运管处应当在本案行政处罚决定之前，告知李××有要求举行听证的权利。市运管处未依法告知李××有要求举行听证的权利，违反法定程序。

此外，市运管处未按照《中华人民共和国行政处罚法》第三十九条第一款“行政机关依照本法第三十八条的规定给予行政处罚，应当制作行政处罚决定书”的规定，制作书面行政处罚决定书，而是采用简易程序填写预定格式的方式，也属违反法定程序。

经我院研究决定，依照《中华人民共和国行政诉讼法》第六十四条②之规定，向你院提出抗诉，请依法再审。

此致

安徽省高级人民法院

安徽省人民检察院

（盖章）

二〇一〇年二月二十六日

附：检察卷宗壹册

---

① 此处的法律依据应是《中华人民共和国行政处罚法》，而非《中华人民共和国行政诉讼法》。

② 本文书的制作时间是2010年，《中华人民共和国行政诉讼法》尚未修改，故此处引用的仍是第六十四条。2014年行政诉讼法修改，此后行政抗诉书的抗诉依据应相应变化为第九十三条。

第二章 人民法院行政裁判文书

第一节 概 述

一、行政裁判文书的概念

行政裁判文书,是人民法院在行政诉讼中依照国家法律和行政法规、地方性法规,参照行政规章,为解决当事人之间具体的行政争议,就案件的实体问题和程序问题作出的具有法律效力的文书。

行政争议的特点是,争议双方中必有一方为国家行政机关,如公安机关、税务机关、土地管理机关等;另一方则是隶属于这个行政机关行政管理权力之下的公民、法人或者其他组织。争议的焦点在于行政机关的具体行政行为是否合法。争议中的举证责任倒置。

这些特点必然在法院的行政裁判文书中体现出来。比如行政裁判文书的一方当事人必然是行政机关;在理由部分要围绕具体行政行为是否合法展开论述等。

二、行政裁判文书制作的法律依据及文书样式的最新变化

最高人民法院十分重视行政裁判文书的规范,先后于 2004 年印发了《一审行政判决书样式(试行)》《行政诉讼证据文书样式(试行)》《行政案件管辖司法文书样式(试行)》等相关文书样式。

2014 年行政裁判文书最主要的法律依据——《中华人民共和国行政诉讼法》进行了第一次修正,2017 年 6 月 27 日根据第十二届全国人民代表大会常务委员会第二十八次会议《关于修改〈中华人民共和国民事诉讼法〉和〈中华人民共和国行政诉讼法〉的决定》进行了第二次

修正。其后,最高人民法院于2018年2月6日公布了《关于适用〈中华人民共和国行政诉讼法〉的解释》。

目前,行政诉讼文书样式是以2015年最高人民法院发布的《行政诉讼文书样式(试行)》为准,共132种。其中,指导当事人诉讼行为的起诉状、答辩状、上诉状、再审申请书等各类文书21种;规范人民法院司法行为的通知书、决定书和各类函件等66种;判决书和裁定书42种,调解书3种。

三、最新行政诉讼文书样式的特点

第一,更加强调以审判为中心。重视通过证据交换和庭前准备程序发现并确定当事人无争议和有争议的问题,以便让其后的审理和裁判文书制作紧密围绕争议问题,重点突出。

第二,更加强调裁判文书的论理性和可读性。注重文书撰写的繁简得当,重视文书对法理问题和争议问题的阐述分析。

第三,更加强调文书规范化和个性化的统一。在确保裁判文书基本要素完整、主要结构规范的同时,也注意兼顾为各级人民法院和法官个人对文书的发展完善预留空间。

第四,新样式在格式方面适当进行了创新。比如要求所有的判决书都要以附录方式载明所适用的相关法律依据,以当事人看得见、听得懂、能理解的方式实现司法公正。

第五,为了适应修改后行政诉讼法的新规定,新增了一审行政协议类行政案件用判决书、复议机关作共同被告类一审行政案件用判决书、行政调解书、简易程序转普通程序行政裁定书以及对规范性文件提出处理建议用的处理建议书等。

最高人民法院行政庭指出,统一行政诉讼文书样式,有利于引导当事人依法行使诉讼权利,准确恰当地提出诉讼请求和依法提出各项申请,更好地维护合法权益,也能够使案件审理更加规范化,让审判活动更加公开透明,对审判活动的监督和评价更加客观;统一诉讼文书样式,还有利于裁判文书标准化,让法官、律师、专家学者等法律职业群体和社会公众能够更加方便地检索和利用人民法院上网公开的裁判文书,促进裁判标准统一,提升全社会自觉学法、知法、守法和护法的意识。

当然,也应当指出,诉讼文书样式只是提供一个基本模式及文书所必需的基本要素,制作者不必完全拘泥于样式,限缩发展创新的空间。

四、行政裁判文书的种类

行政裁判文书的种类可以从不同的角度,按照不同的标准进行如下划分:

(一)按照文种划分,行政裁判文书主要包括:行政判决书、行政裁定书和行政赔偿调解书。行政判决书解决案件的实体问题;行政裁定书解决案件的程序问题;行政赔偿调解书适用于单独就行政侵权损害赔偿提起的诉讼,经调解,当事人自愿达成赔偿协议的案件。

(二)按照审判程序来划分,行政裁判文书可分为:第一审行政裁判文书、第二审行政裁判文书和审判监督程序的行政裁判文书。

第二节　第一审行政判决书

一、适用范围

第一审行政判决书,是第一审人民法院根据行政诉讼法规定的第一审程序对于审理终结的第一审行政诉讼案件,依照法律和行政法规、地方性法规,参照有关行政规章,就案件的实体问题作出处理决定时制作的具有法律效力的文书。

按照最新的行政诉讼文书样式,一审行政判决书可分为九种类型:一审请求撤销、变更行政行为类案件用,一审请求履行法定职责类案件用,一审请求给付案件用,一审请求确认违法或无效类案件用,一审复议机关作共同被告类案件用,一审行政裁决类案件用,一并审理的民事案件用,一审行政协议类案件用,一审行政赔偿案件用。

下面就讲讲一审请求撤销、变更行政行为类案件用行政判决书的制作方法。

二、制作方法

第一审行政判决书(请求撤销、变更行政行为类案件用)由首部、正文和尾部三部分组成。

(一)首部

1. 文书制作机关名称、文书名称和文书编号。分两行写“×××人民法院”“行政判决书”,然后在下行右下方写文书编号。文书编号由立案年度、制作法院、案件性质、审判程序的代字和案件顺序号组成,即“(××××)×行初×号”,如上海市黄浦区人民法院2019年第1号一审行政案件,其行政判决书编号为“(2019)沪0101行初1号”。

2. 当事人及其诉讼代理人的基本情况。

(1)原告的身份事项。提起行政诉讼的原告,包括公民、法人或者其他组织。

原告是公民的,写明姓名、性别、出生年月日、民族和住址。住址应写住所地,住所地和经常居住地不一致的,写经常居住地。

原告是法人或其他组织的,写明法人或其他组织的名称和所在地址,另起一行写明法定代表人或代表人姓名和职务等。

原告是个体工商户的,写明业主的姓名、出生年月日、民族、住址;起有字号的,在其姓名之后用括号注明“系……(字号)业主”。

原告是无诉讼行为能力的公民,除写明原告本人的基本情况外,还应列项写明其法定代理人或指定代理人的姓名、住址,并在姓名后括注其与原告的关系。

群体诉讼案件,推选或指定诉讼代表人的,在原告身份事项之后写明“原告暨诉讼代表人……”并写明诉讼代表人的基本情况,格式与原告基本情况相同。如涉及原告人数众多的,可在首部仅列明诉讼代表人基本情况,原告名单及其基本身份情况可列入判决书附录部分。

原告有委托代理人,要写明委托代理人的身份事项,不是律师的,应写明姓名、性别、职业或工作单位和职务、住址等基本情况;是律师的,则写为"×××(律师姓名),××律师事务所律师"。

(2)被告的身份事项。应写明被诉的行政主体名称、所在地址;另起一行列项写明法定代表人或诉讼代表人姓名和职务;副职负责人出庭的在此不要列写,在交代到庭参加庭审活动的当事人及其他诉讼参加人情况时载明。法定代表人项下另起一行列写委托代理人的基本事项。

(3)有第三人参加诉讼的,第三人列在被告之后,第三人的基本情况表述与原告各栏的写法相同。

上述列项,除当事人以外,其余诉讼参加人如法定代表人或代表人、法定代理人或指定代理人、委托代理人和第三人各项不是每个案件都有。注意,没有的就不列项书写。

3. 案由部分。包括案件来源、审判组织、当事人及诉讼参与人到庭应诉情况、当事人进行证据交换情况和开庭审理过程。写这一段的目的是表明和便于检查该案在审判程序上是否合法。这部分是程式语,具体写为:

"原告×××不服××××(行政机关名称)××××年××月××日(年度)×字第×号××处罚决定(或复议决定,或其他具体行政行为),于××××年××月××日向本院提起诉讼,本院于××××年××月××日立案后,于××××年××月××日向被告送达了起诉状副本及应诉通知书。本院依法组成合议庭,于××××年××月××日公开(或者不公开)开庭审理了本案……(写明到庭的当事人、行政机关负责人、诉讼代理人、证人、鉴定人、勘验人和翻译人员等)到庭参加诉讼。……(写明发生的其他重要程序活动,如被批准延长本案审理期限等情况)。本案现已审理终结。"

根据不同案件情况,有的表述要做相应改变。可参阅本章第四节的第一审行政判决书格式。如果是移送管辖或指定管辖的案件,还要写明"由×××人民法院移送(或指定)本院管辖"。如果有被告经合法传唤拒不到庭的,则应写明:"被告×××经本院合法传唤,无正当理由拒不到庭。"

进行证据交换或召开庭前会议的应写明:"本院于××××年××月××日组织原、被告及第三人进行了证据交换(或召开庭前会议),并送达了证据清单副本。"如有被批准延长审理期限情况,应写明批准延长审理期限批复的文号。不公开开庭审理的,应写明不予公开的理由。有关程序活动可根据时间节点的先后顺序写明。

(二)正文

包括事实和证据、理由和法律依据、判决结果三部分。

1.事实。广义的案件“事实”部分由以下几个部分组成:行政行为的叙述部分、当事人诉辩意见部分、当事人举证、质证和法庭认证部分、法庭“经审理查明”部分。当事人有争议的事实部分应当具体详细进行叙述。

这一部分在制作时应当注意以下问题:

(1)行政行为的叙述部分应当注意详略得当。一般应当写明行政行为认定的主要事实、定性依据以及处理结果等核心内容,通过简洁的表述说明案件的诉讼标的;行政行为内容较为简单的,也可以全文引用。

(2)当事人诉辩意见与当事人提供的证据。此部分的总要求是既要尊重当事人原意,也要注意归纳总结;既要避免照抄起诉状、答辩状或者第三人的陈述,又不宜删减当事人的理由要点。对于原告、被告以及第三人诉讼请求的记载,应当准确、完整。

关于证据,《中华人民共和国行政诉讼法》第三十四条规定:“被告对作出的行政行为负有举证责任,应当提供作出该行政行为的证据和所依据的规范性文件。被告不提供或者无正当理由逾期提供证据,视为没有相应证据。但是,被诉行政行为涉及第三人合法权益,第三人提供证据的除外。”

由此可见,行政诉讼与民事诉讼“谁主张,谁举证”的原则不同,实行举证责任倒置原则,即规定举证责任在被告一方。因此,一审行政判决书应强调被告的举证责任,要反映被告举证的环节。

证据部分的撰写应当注意以下几个方面:

一般情况下,写明当事人的诉辩意见后,即可写明其提供的相关证据。如果当事人提供的证据有较强的关联性,合并叙述更有利于综合反映案件证据情况的,也可酌情将当事人的证据合并叙述。总之,对证据的列举可以结合案情,既可以分别逐一列举证据,写明证据的名称、内容以及证明目的;也可以综合分类列举证据,并归纳证明目的。当事人提供的证据浩繁的,也可以概括说明。

对于当事人超过法定举证期限提供的证据,人民法院予以采纳的,应当列明于判决并说明理由。对法院根据原告、第三人的申请调取的证据,可以作为原告、第三人提交的证据予以载明;对法院依职权调取的证据,则应当单独予以说明。当事人在法定期限内未提交证据的,应当予以说明。对于当事人在诉讼中申请调取证据,法院决定不予调取的,应当在判决书中予以记载;申请调取的证据较多,难以一一列举的,也可以概括说明。对于根据原告(或者第三人、被告)的申请,委托鉴定部门进行鉴定的,需写明鉴定部门、鉴定事项和鉴定意见以及当事人的意见。

(3)"经庭审质证"和"认证如下"部分,应当注意因案而异、繁简得当。既可以一证一质一认,也可以按不同分类综合举证、质证和认证。对于当事人无争议的证据或者与案件明显无关联的证据,可以通过归纳概括等方式简要写明当事人的质证意见;对于证据浩繁的案件,可以归纳概括当事人的主要质证意见。法院对证据的认证意见应当明确,对于当事人有争议的证据,特别是对行政行为的合法性有影响的证据,应当写明采纳或者不予采纳的理由。案件的争议主要集中在事实问题的,也可将对证据的具体质证、认证意见与案件的争议焦点结合起来,置于"本院认为"部分论述。

(4)制作"经审理查明"部分时,要求做到准确、清晰。如果庭审前经过证据交换或者庭前会议,或者在庭审辩论时当事人对合议庭归纳的无争议事实均认可,那么事实部分可以分为两个层次:一是写"对以下事实,各方当事人均无异议,本院依法予以确认";二是"本院另认定以下事实",主要写当事人可能有异议、本院依法认定的案件事实。

另外,表述案件事实,还应注意保守国家秘密,保护当事人的商业秘密和个人隐私。

2. 理由。本部分由"本院认为"引起。包括判决的理由和判决所依据的法律、法规条款两部分。

(1)判决的理由。行政诉讼的特点决定了理由部分要根据查明的事实和有关法律、法规和法学理论,就行政机关所做的具体行政行为是否合法,原告的诉讼请求是否合理,进行分析论证,阐明人民法院的观点。对于争议焦点,应当详细论述;对于无争议的部分,可以简写。

原告请求对行政行为所依据的规范性文件一并进行合法性审查的,在对规范性文件进行审查后,应依照行政诉讼法及司法解释的规定,对规范性文件的合法性以及能否作为认定被诉行政行为合法性的依据予以阐明。

(2)判决所依据的法律、法规条款。援引法律依据时,既可以写明整个条文的内容,也可以摘抄与案件相关的内容;条文内容较多的,也可以只援引法律条款,将具体内容附在判决书的附录部分,兼顾表述的准确性和文书的可读性。对于在理由部分已经论述过的实体法律规范,在"判决如下"前可以不再重复援引。直接作为判决结果依据的法律规范,一般应当按照先行政诉讼法、后司法解释的次序排列,并写明具体规定的条、款、项、目。

3. 判决结果。判决结果是人民法院对当事人之间的行政诉讼争议作出的实体处理结论。

根据《中华人民共和国行政诉讼法》第六十九条、第七十条、第七十七条的规定,一审请求撤销、变更行政行为类行政判决书的判决结果有以下几种情况,具体可表述为:

第一,驳回原告诉讼请求的,写:

"驳回原告×××的诉讼请求。"

第二,撤销被诉行政行为的,写:

"一、撤销被告×××(行政主体名称)作出的(××××)……字第×××号……(行政行为名称);

二、责令被告×××(行政主体名称)在××日内重新作出行政行为(不需要重作的,此项不写;不宜限定期限的,期限不写)。"

第三,部分撤销被诉行政行为的,写:

"一、撤销被告×××(行政主体名称)作出的(××××)……字第××号……(行政行为名称)的第××项,即……(写明撤销的具体内容);

二、责令被告×××(行政主体名称)在××日内重新作出行政行为(不需要重作的,此项不写;不宜限定期限的,期限不写);

三、驳回原告×××的其他诉讼请求。"

第四,判决变更行政行为的,写:

"变更被告×××(行政主体名称)作出的(××××)……字第××号……(写明行政行为内容或者具体项),改为……(写明变更内容)。"

(三)尾部

依次写明以下内容:

1. 诉讼费用,写明诉讼费用如何负担。

2. 上诉事项,交代上诉的权利、方法、期限和上诉审法院。

3. 合议庭成员署名、判决日期、书记员署名、加盖核对无异印戳。

4. 附录。根据案件的不同需要,可将判决书中的有关内容载入附录部分,如将判决书中所提到的法律规范条文附上,以供当事人全面了解有关法律规定的内容。一般应当按照先实体法律规范,后程序法律规范;先上位法律规范,后下位法律规范;先法律,后司法解释等次序排列,并按1、2、3、4序号列明。另外,群体诉讼案件中原告名单及其身份情况、知识产权案件中的图案等均可以列入此部分。

三、特别提示

(一)一审行政判决书被告的身份是确定的,必定是行政机关或是法律、法规授权的组织。

(二)一审行政判决书的证据部分,要反映行政诉讼举证责任倒置的特点。

四、格式及示例

(一)格式(一审行政判决请求撤销、变更行政行为类案件用)

×××人民法院

行政判决书

(××××)×行初××号

原告×××,……(写明姓名或名称等基本情况)。

法定代表人(或代表人)×××,……(写明姓名和职务)。

委托代理人(或指定代理人、法定代理人)×××,……(写明姓名等基本情况)。

被告×××,……(写明行政主体名称和所在地址)。

法定代表人×××,……(写明姓名、职务)。

委托代理人×××,……(写明姓名等基本情况)。

第三人×××,……(写明姓名或名称等基本情况)。

法定代表人×××,……(写明姓名、职务)。

委托代理人(或指定代理人、法定代理人)×××,……(写明姓名等基本情况)。

原告×××不服被告××××(行政主体名称)……(行政行为),于××××年××月××日向本院提起诉讼。本院于××××年××月××日立案后,于××××年××月××日向被告送达了起诉状副本及应诉通知书。本院依法组成合议庭,于××××年××月××日公开(或不公开)开庭审理了本案。……(写明到庭参加庭审活动的当事人、行政机关负责人、诉讼代理人、证人、鉴定人、勘验人和翻译人员等)到庭参加诉讼。……(写明发生的其他重要程序活动,如被批准延长本案审理期限等情况)。本案现已审理终结。

被告×××(行政主体名称)于××××年××月××日作出……(被诉行政行为名称),……(简要写明被诉行政行为认定的主要事实、定性依据和处理结果)。

原告×××诉称,……(写明原告的诉讼请求、主要理由以及原告提供的证据、依据等)。

被告×××辩称,……(写明被告的答辩请求及主要理由)。

被告×××向本院提交了以下证据、依据:1.……(证据的名称及内容等);2.……

第三人×××述称,……(写明第三人的意见、主要理由以及第三人提供的证据、依据等)。

本院依法调取了以下证据:……(写明证据名称及证明目的)。

经庭审质证(或庭前交换证据、庭前准备会议),……(写明当事人的质证意见)。

本院对上述证据认证如下:……(写明法院的认证意见和理由)。

经审理查明,……(写明法院查明的事实。可以区分写明当事人无争议的事实和有争议但经法院审查确认的事实)。

本院认为,……(写明法院判决的理由)。依照……(写明判决依据的行政诉讼法以及相关司法解释的条、款、项、目)的规定,判决如下:

……(写明判决结果)。

……(写明诉讼费用的负担)。

如不服本判决,可以在判决书送达之日起十五日内向本院递交上诉状,并按对方当事人的人数提出副本,上诉于×××人民法院。

审判长　×××
审判员　×××
审判员　×××
××××年××月××日
(院印)

本件与原本核对无异

书记员　×××

附:相关法律依据条文

(二)示例①

新疆维吾尔自治区乌鲁木齐市水磨沟区人民法院
行政判决书

(2017)新0105行初176号

原告:马×斌,男,1963年1月18日出生,住乌鲁木齐市新市区。

委托代理人:王×岗,新疆联恒律师事务所律师。

委托代理人:张×,新疆联恒律师事务所律师。

被告:乌鲁木齐市国土资源局(乌鲁木齐市测绘地理信息局)(乌鲁木齐市不动产登记局),住所地乌鲁木齐市天山区××街×号。

法定代表人:姬×东,乌鲁木齐市国土资源局(乌鲁木齐市测绘地理信息局)(乌鲁木齐市不动产登记局)局长。

委托代理人:白×,女,1982年3月2日出生,乌鲁木齐市国土资源局(乌鲁木齐市测绘地理信息局)(乌鲁木齐市不动产登记局)法规

① 选自中国裁判文书网:http://wenshu.court.gov.cn/content/content?DocID=76385d1b-72d4-4613-ac3d-a894017b3552&KeyWord=,最后访问日期:2018年12月5日。

科科长,住乌鲁木齐市沙依巴克区。

委托代理人:余×燕,新疆星河律师事务所律师。

第三人:乌鲁木齐市住房保障和房产管理局,住所地乌鲁木齐市西虹东路×××号。

法定代表人:姜×,男,乌鲁木齐市住房保障和房产管理局局长。

委托代理人:李×勇,男,1972年4月26日出生,乌鲁木齐市房屋产权交易中心法制科副科长,住乌鲁木齐市水磨沟区。

第三人:马×新,男,1968年7月17日出生,住乌鲁木齐市新市区。

原告马×斌与被告乌鲁木齐市国土资源局(乌鲁木齐市测绘地理信息局)(乌鲁木齐市不动产登记局)(以下简称市不动产登记局)、第三人乌鲁木齐市住房保障和房产管理局(以下简称市房产局)、第三人马×新房屋登记一案,原告马×斌于2017年9月7日向本院提起行政诉讼。本院立案后,当日分别向被告市不动产登记局,第三人市房产局,第三人马×新送达了起诉状副本及应诉通知书。本院依法组成合议庭,于2017年11月13日公开开庭审理了本案。原告马×斌及其委托代理人王×岗,被告市不动产登记局的委托代理人白×、余×燕,第三人市房产局的委托代理人李×勇,第三人马×新到庭参加诉讼。本案现已审理终结。

2010年5月24日,第三人市房产局为第三人马×新颁发了乌房权证高新区字第××号房屋产权证。2013年给马×新换发了房产证号为20××01号房屋产权证。

原告马×斌诉称,原告的父亲马×才、母亲杨×英分别于2001年、2006年先后离世,原告的父母生前共婚生三个孩子,即马×(长子)、马×斌(次子)及马×新(三子)。父母去世后留有一套自建房,该房屋位于乌鲁木齐市××新区××号(原房权证号03××67号),父母生前无遗嘱,父母过世后该房屋一直未进行分割。直到2017年4月,原告才得知第三人马×新未经原告同意,于2010年5月通过伪造的公证书将父母的房屋过户至自己名下。兹有新疆维吾尔自治区乌鲁木齐市法诺公证处(原新疆维吾尔自治区公证处)的证明。上述行为,被告发现错误有义务进行撤销登记,但至今不予以办理,协商无果,特诉至贵院请求:1. 判令被告撤销位于乌鲁木齐市××新区××

号乌房权证高新区字第××号房屋登记。2. 本案诉讼费由被告承担。

原告马×斌向本院提交以下证据:1. 证明;2. 招收工人登记表;3. 调查报告。证据1~3证明马×斌和马×才是父子关系,原告有权申请撤销本案的行政行为。4. 地址更名《证明》;5.(93)字第0300××× 第房屋所有权证明及存根。4~5证明,本案涉案房屋原所有权人为马×才。6. 乌鲁木齐市房屋权属登记申请表;7. 乌鲁木齐市住房保障和房产管理局留存的(2010)新证民字第2906号《公证书》;8. 登记申请表(变更登记);9. 2017年8月18日住房情况查询记录;10. 调查令回执。证据6~10证明新疆维吾尔自治区公证处从未向马×新办理过任何公证,公证系统无任何马×新办理公证的记录。新疆维吾尔自治区公证处留存(2010)新证民字第2906号《公证书》公证员是李×,办理的是委托公证。11. 关于马×斌申请撤销房屋所有权证的答复;12.(2016)新0105行初88号行政判决书。证据11~12证明登记机关未尽合理审慎职责,行为明显不当,未到公证书信息共享平台进行核查。(2016)新0105行初88号行政案件中,乌鲁木齐市住房保障和房产管理局递交公证的网上查询信息,说明其是有基本能力和义务,但是其颁发权属证书时,没有进行必要的核查。

被告市不动产登记局辩称,一、市房产局将马×财房屋转移登记至马×新名下的行政行为,认定事实清楚,程序合法。房产局办理上述房产登记事项时,是根据本案第三人的申请,而第三人向房产局提交的材料符合办理转移登记条件,其中的《继承权公证书》,证明:"被继承人马×财的父母、配偶均先其死亡,故其上述房屋遗产应由马×、次子马×斌、三子马×新继承,现长子马×财的长子马×、次子马×斌均自愿放弃对上述遗产的继承权,故马×财的遗产由三子马×新一人继承。"房产局作为登记机关在审查资料时,仅进行形式审查,并无义务前往公证机关核实真伪。故本案,房产局在办理马×财房屋转移(继承)登记时,行政行为并无不当。依法应予维持。二、根据《最高人民法院关于审理房屋登记案件若干问题的规定》第八条规定:"当事人以作为房屋登记行为基础的买卖、共有、赠与、抵押、婚姻、继承等民事法律关系无效或者应当撤销为由,对房屋登记行为提起行政诉讼的,人民法院应当告知当事人先行解决民事争议,民事争议处理期间不计算在行政诉讼起诉期限内;已经受理的,裁定中止诉讼。",本案如果原告能够证明第三人在办理房屋转移(继承)登记时,提交的公证书系伪造,其应当先通过民事诉讼要求确认继承无效,之后,再解决房屋登记事由。故本案应当先中止诉讼。三、本案所涉房产于2013年11月25日办理了抵押登记,抵押权人为新疆天山农村商业银行股份有限公司,若未经抵押权人同意,直接注销第三人的房屋产权证书,势必影响抵押权人的权利。《新疆维吾尔自治区城市房屋权属登记条例》第十九条规定:"登记申请有下列情形之一的,登记机构应当作出不予登记的决定……"第(五)款:"在限制处分登记有效期内申请办理权属登记的……"故本案根据现有情况,人民法院也不亦①判决撤销第三人持有的房屋产权证书。

被告市不动产登记局向本院提交了证明其行政行为合法性的证据、依据:1. 乌鲁木齐市房屋权属登记申请表。证明该申请表是转移登记(继承)的申请表。2. 集体土地建设用地使用证。3. 马×财私有房屋所有权证。4. 继承公证书。证明公证书载明涉案房屋由第三人马×新一人继承。以上证据证明第三人乌鲁木齐市住房保障和房产管理局向马×新颁发乌房权证高新区字第××号房屋产权证书事实清楚,证据确凿,适用法律正确,程序合法。5. 变更登记表。6. 各类房地产抵押权设立登记申请书。7. 房产抵押合同及附件。8. 房产证号为20××01号房屋产权证书。以上证据证明2013年因马×新的申请,乌鲁木齐市住房保障和房产管理局为其重新换发了房产证号为20××01号的房屋产权证书,2013年11月25日该房屋进行抵押登记,抵押权人是新疆天山农村商业银行股份有限公司。

法律依据:《新疆维吾尔自治区城市房屋权属登记条例》第三十六条。

第三人市房产局及第三人马×新均同意被告的答辩意见。

第三人市房产局未向本院提交证据。

第三人马×新向本院提交的证据:1.(2001)新证字第634号《公证书》;2. 乌鲁木齐垦区公证处(2005)新乌垦证字第4333号《公证书》。证明其继承其父母的房屋是合法的,乌鲁木齐市住房保障和房产管理局

---

① 此处"亦"字当为"宜"。

留存的(2010)新证民字第2906号《公证书》也是真实有效的。

经庭审质证,原告马×斌对被告市不动产登记局提交证据对证据1、2、3的真实性、合法性认可,关联性不认可。马×才是才华的才,这是公安系统登记的。对证据4的真实性、合法性和关联性均不认可。第三人审核行为明显不当,而且其并未在公证书联网查询系统进行核实。新疆维吾尔自治区公证处出具的调查回执,证明马×新从未有在该处办理继承公证的记录。被告作出的转移登记,其行为明显不当。依据乌鲁木齐市水磨沟区(2016)新0105行初88号行政判决中,乌鲁木齐市住房保障和房产管理局递交了公证信息联网查询的证据足以证明,第三人未尽合理审慎义务。对证据5、6、7、8的真实性、合法性和关联性均不认可。我方向乌鲁木齐市住房保障和房产管理局查询的结果是该房屋无任何抵押,有查询记录为证。即使该房屋办理过抵押,但其只有抵押合同,被告未提交抵押登记证明,抵押权不成立。该房屋现已被征收、拆迁而灭失,根据《担保法》第五十八条,抵押权因抵押物灭失而消灭。故对被告提交的该组证据要证明的问题不予认可。基于此,抵押权人要主张抵押权也向马×新主张。原告不同意被告出示的法律依据,认为本案应依据《行政诉讼法》第七十条第(六)项以及《担保法》第五十八条。

第三人市房产局和第三人马×新对被告市不动产登记局提交的所有证据的真实性、合法性和关联性均认可。对于被告出示的法律依据也均认可。

被告市不动产登记局对原告马×斌提交证据1~3的真实性、合法性和关联性均认可;对证据4~5的真实性、合法性和关联性均认可。涉案房屋曾经的房主就是马×才;对证据6~8的真实性、合法性和关联性均认可;对证据9的真实性认可,但是抵押状态是无预告抵押,涉案房屋现在是否还存在抵押我们需要核实。对证据10的真实性认可,但是马×才办理转移登记至马×新名下时提交的公证书也是原件,我们只能按照当时的情况进行核实。即使新疆维吾尔自治区公证处没有给马×新出具过公证书,也不能说我们行政行为违法或者不当。如果现有证据证明原继承公证是虚假的,也应当由原告和马×新先进行民事诉讼,来确认其继承行为是否有效。对证据11的真实性、合法性认可,关联性不认可。也不认可原告要证明的问题。公证处联网信息系统是在2012年才开通的。而(2016)新0105行初88号行政判决书涉及的案情也是2012年,但是2010年房产局就办理了转移登记,当时尚未开通该系统。

第三人市房产局对原告马×斌提交的所有证据与被告的质证意见一致。对调查令回执,新疆维吾尔自治区公证处只是说乌鲁木齐市住房保障和房产管理局留存的(2010)新证民字第2906号《公证书》不是公证处出具的,但没有说是伪造的。

第三人马×新对原告马×斌提交的所有证据同意被告的质证意见,但是不认可原告说乌鲁木齐市住房保障和房产管理局留存的公证书是假的。

原告马×斌对第三人马×新提交的证据1、2的真实性、合法性和关联性均不认可。原告出示的证据是要证明第三人马×新利用虚假公证书进行转移登记,法院应当对该公证书真伪以及第三人市房产局是否尽了合理审慎义务,其行政行为是否明显不当进行审查。然而第三人提交的遗嘱公证,我方无法确认其真伪,且与本案无关。同时其办理转移登记依据的并非是上述两份遗嘱公证书。

被告市不动产登记局对第三人马×新提交的证据1、2的真实性、合法性和关联性均不认可。如果这两份公证书是真实的,说明涉案房屋还是应当由马×新进行继承,本案应当先进行民事诉讼。

第三人市房产局对第三人马×新提交的所有证据的真实性、合法性和关联性均认可。

本院综合全案情况审查对当事人提交的证据作如下确认:

对原告马×斌提交证据的真实性、合法性和关联性本院予以确认。对被告市不动产登记局提交全部证据的关联性本院予以确认,对原告无异议的证据的真实性予以确认。对第三人马×新提交的证据因调查令回执证明新疆维吾尔自治区公证处从未向马×新办理过任何公证,公证系统无任何马×新办理公证的记录。故对其真实性不予确认。

经审理查明,2010年4月第三人马×新向第三人市房产局申请办理位于乌鲁木齐市××乡××队,房产证号码:03××67号,建筑面积159.79平方米房屋的转移登记手续,同时提交了乌鲁木齐市房屋权属登记申请表(继承)、集体土地建设用地使用证,马×才私有房屋所有权证,(2010)新证民字第2906号继承公证书等材料,第三人市房产局为第三人马×新颁发了乌房权证高新区字第××号房屋所有权证。2013年因第三人马×新的申请,第三人市房产局为其重新换发了房产证号为20××01号的房屋产权证书。

另查明,第三人马×新持有的由新疆维吾尔自治区公证处出具的(2010)新证民字第2906号公证书的主要内容为:被继承人马×财于2005年9月14日因病在乌鲁木齐市死亡。死者生前留有房产一套(房屋坐落:乌市二宫乡中营村四队,房产证号码:03××67号。建筑面积:159.79平方米)。根据《中华人民共和国继承法》第二十六条的规定,经查实上述财产归马×财一人所有,故其财产为马×财的遗产。继承人称被继承人生前无遗嘱。根据《中华人民共和国继承法》第五条和第十条的规定,被继承人的遗产应有其父母,配偶,子女共同继承。现被继承人马×财的父母,配偶均先其死亡,故被继承人马×财的上述遗产应有其长子马×,次子马×斌,三子马×新共同继承。现被继承人的长子马×,次子马×斌均自愿放弃对上述遗产的继承权,故被继承人马×财的遗产由三子马×新一人继承。

另查明,我院向新疆维吾尔自治区公证处发出的调查令回执中该公证处答复:1.(2010)新证民字第2906号公证书复印件与我处档案留存不一致。2.马×新是否在我处办理过该公证,我处未查到办证记录。

另查明,自2016年11月30日起,乌鲁木齐市全面实施不动产登记工作,房屋登记纳入不动产登记范畴,乌鲁木齐市不动产登记工作由被告市不动产登记局负责实施。

本院认为,第三人市房产局在为第三人马×新颁发乌房权证高新区字第××号房屋所有权证办理转移登记时,是乌鲁木齐市房屋权属登记管理工作的行政主管部门,具有对房屋权属进行登记的行政主体资格。《新疆维吾尔自治区城市房屋权属登记条例》第七条规定:“房屋权利人申请房屋权属登记,应当向登记机构提交书面申请、有效身份证明、有关法律文件和本条例规定的其他登记要件;委托代理人代为登记的,应当出具委托书;境外房屋权利人出具的委托书,应当依法办理公证或者认证。”庭审中已经查明,第三人马×新以继承人身份申请转移登记时提交的公证书已由该公证处对本院的调查令回执中答复:1.(2010)新证民字第2906号公证书复印件与我处档案留存不一致。2. 马×新是否在我处办理过该公证，我处未查到办证记录，因此，第三人市房产局依据第三人马×新提供的(2010)新证民字第2906号公证书为其办理转移登记，并颁发乌房权证高新区字第××号房屋所有权证的行政行为欠缺合法的事实基础，依法应予撤销。但是本案中所涉及房屋已拆除，第三人马×新办理乌房权证高新区字第××号房屋所有权证后，于2013年又通过申请换发了20××01号房屋所有权证。故原告要求撤销乌房权证高新区字第××号房屋所有权证的诉求因该行政行为不具有可撤销内容，应确认其违法。

综上，依照《中华人民共和国行政诉讼法》第七十四条第二款第(一)项之规定，判决如下：

确认第三人市房产局为第三人马×新颁发乌房权证高新区字第××号房屋所有权证的行政行为违法。

案件受理费50元(原告已预交)，由第三人市房产局负担。

如不服本判决，可在判决书送达之日起十五日内，向本院递交上诉状，并按对方当事人的人数提出副本，上诉于新疆维吾尔自治区乌鲁木齐市中级人民法院。

审 判 长 艾××××××
人民陪审员 李 × ×
人民陪审员 宋 ×
二〇一八年二月八日
书 记 员 杨 ×

第三节 第二审行政判决书

一、适用范围

第二审行政判决书，是第二审人民法院根据行政诉讼法规定的第二审程序，对不服第一审行政判决的上诉案件审理终结后，依照法律和行政法规、地方性法规，参照行政规章，就案件的实体问题作出维持原判或者改判时制作的具有法律效力的文书。

二、制作方法

第二审行政判决书由首部、正文和尾部三部分构成。

(一)首部

1.制作机关名称、文书名称、文书编号。

写法与一审行政判决书基本相同。区别在于将文书编号中的“行初”改为“行终”,“终”字代表审级,表明本案为第二审案件,即终审案件。

2.当事人及其诉讼代理人的基本情况。

第二审行政案件当事人称谓为“上诉人”“被上诉人”,两个称谓后还须用括号注明其在原审中的诉讼地位。这部分内容的具体写法与第二审民事判决书要求相同。

原告、被告和第三人都提出上诉的,可并列为“上诉人”。当事人中一人或者部分人提出上诉,上诉后是可分之诉的,未上诉的当事人在法律文书中可以不列;上诉后仍是不可分之诉的,未上诉的当事人可以列为被上诉人。上诉案件当事人中的代表人、诉讼代理人等,分别在该当事人项下另起一行列项书写。

3.案件由来和审判经过。

此部分也是程式语,写为:

“上诉人×××因……(写明案由)一案,不服×××人民法院(××××)×行初×号行政判决,向本院提起上诉。本院依法组成合议庭,公开(或不公开)开庭审理了本案,……(写明到庭的当事人、诉讼代理人等)到庭参加诉讼。本案现已审理终结。”

依照《中华人民共和国行政诉讼法》第八十六条规定:“人民法院对上诉案件,应当组成合议庭,开庭审理。经过阅卷、调查和询问当事人,对没有提出新的事实、证据或者理由,合议庭认为不需要开庭审理的,也可以不开庭审理。”因此,第二审程序的审理方式有两种,即开庭审理和书面审理。对于未开庭审理的案件,改为:

“本院依法组成合议庭,对本案进行了审理。现已审理终结。”

(二)正文

1.事实

事实部分,由上诉争议的内容和二审法院认定的事实两个部分的内容构成。

(1)上诉争议的内容。先概括写明原审法院认定的事实和判决结果;再简述上诉人的上诉请求及其主要理由、被上诉人的主要答辩,以及第三人的意见。制作时对原审判决书、上诉状和答辩状要进行概括,突出争议焦点,不能照搬照抄原审判决书、上诉状和答辩状。

(2)二审法院认定的事实和证据。由"经审理查明:……"引起,要根据不同类型的案件有针对性地书写。如果原审判决认定事实清楚,证据确凿、充分,上诉人亦无异议的,对原审判决认定的事实予以概括地肯定即可;如果原审判决认定的事实清楚,但上诉人提出异议的,则应针对有异议的问题进行重点叙述;如果原审判决认定的事实不清、证据不足,经二审法院查清事实后改判的则应具体叙述查明的事实和有关证据,予以澄清。

一般情况下,二审认定事实与一审一致的,可写"本院经审理查明的事实与一审判决认定的事实一致,本院予以确认"。与一审认定的主要事实基本一致,但在个别事实作出新的认定的,可写"本院经审理查明的事实与一审判决认定的事实基本一致。但一审认定的……事实不当,应认定为……"本院认定的事实是一审未认定的,可写"本院另查明:……"

2. 理由

第二审行政判决书的理由部分,由维持或改判的理由及判决的法律根据两个方面的内容构成。本部分由"本院认为"引起,要有针对性和说服力,要注重事理分析和法理分析,兼顾全面审查和重点突出。针对上诉请求和理由,重点围绕争议焦点,就原审判决及被诉行政行为是否合法,上诉理由是否成立,上诉请求是否应予支持等,阐明维持原判或者撤销原判予以改判的理由。

(1)维持或者改判的理由。应针对上诉请求和理由,就原审判决认定的事实是否清楚,适用法律、法规是否正确,有无违反法定程序,上诉理由是否成立,上诉请求是否予以支持,以及被上诉人的答辩是否有理等,进行分析、论证,阐明维持原判或者撤销原判予以改判的理由。

(2)二审判决所依据的法律条款,应分别引用《中华人民共和国行政诉讼法》第八十九条第(一)(二)(三)项的规定。其中,全部改判或者部分改判的，除先引用行政诉讼法的有关条款外，还应同时引用改判所依据的实体法的有关条款。

3. 判决结果

《中华人民共和国行政诉讼法》第八十九条规定："人民法院审理上诉案件，按照下列情形，分别处理：(一)原判决、裁定认定事实清楚，适用法律、法规正确的，判决或者裁定驳回上诉，维持原判决、裁定；(二)原判决、裁定认定事实错误或者适用法律、法规错误的，依法改判、撤销或者变更；(三)原判决认定基本事实不清、证据不足的，发回原审人民法院重审，或者查清事实后改判；(四)原判决遗漏当事人或者违法缺席判决等严重违反法定程序的，裁定撤销原判决，发回原审人民法院重审。原审人民法院对发回重审的案件作出判决后，当事人提起上诉的，第二审人民法院不得再次发回重审。人民法院审理上诉案件，需要改变原审判决的，应当同时对被诉行政行为作出判决。"

据此，二审行政判决书的"判决结果"部分可分为以下四种情形：

第一，维持原审判决的，写：

"驳回上诉，维持原判。"

第二，对原审判决部分维持、部分撤销的，写：

"一、维持×××人民法院(××××)×行初××号行政判决第×项，即……(写明维持的具体内容)；

二、撤销×××人民法院(××××)×行初××号行政判决第×项，即……(写明撤销的具体内容)；

三、……(写明对撤销部分作出的改判内容。如无须作出改判的此项不写)。"

第三，撤销原审判决，驳回原审原告的诉讼请求的，写：

"一、撤销×××人民法院(××××)×行初××号行政判决；

二、驳回×××(当事人姓名)的诉讼请求。"

第四，撤销原审判决，同时撤销或变更行政机关的行政行为的，写：

"一、撤销×××人民法院(××××)×行初××号行政判决；

二、撤销(或变更)××××(行政主体名称)××××年××月××日(××××)×××字第××号……(写明具体行政行为或者复议决定名称或其他行政行为)；

三、……(写明二审法院改判结果的内容。如无须作出改判的，此项不写)。”

(三)尾部

1. 诉讼费用的负担。

关于二审诉讼费用的负担，要区别情况作出决定。对驳回上诉，维持原判的案件，二审诉讼费用由上诉人承担；双方当事人都提出上诉的，由双方分担。对撤销原判，依法改判的案件，应同时对一、二两审的各项诉讼费用由谁负担，或者共同分担的问题作出决定，相应地变更一审法院对诉讼费用负担的决定。

2. 判决的效力。写为“本判决为终审判决”。

3. 其余各项与第一审行政判决书相同，可参见。

三、格式及示例

(一)格式(二审行政判决维持原判或改判用)

×××人民法院

行政判决书

(××××)×行终××号

上诉人(原审×告)×××，……(写明姓名或名称等基本情况)。

法定代表人(或代表人)×××……(写明姓名和职务)

法定代理人(或指定代理人)×××……(写明姓名等基本情况)

委托代理人×××……(写明姓名等基本情况)

被上诉人(原审×告)×××……(写明姓名或名称等基本情况)。

法定代表人(或代表人)×××……(写明姓名和职务)

法定代理人(或指定代理人)×××……(写明姓名等基本情况)

委托代理人×××……(写明姓名等基本情况)

上诉人×××因……(写明案由)一案，不服×××人民法院(××××)×行初××号行政判决，向本院提起上诉。本院依法组成合议庭，公开(或不公开)开庭审理了本案。……(写明到庭的当事人、诉讼代理人等)到庭参加诉讼。本案现已审理终结(未开庭的，写“本院依法组成合议庭，对本案进行了审理，现已审理终结”)。

……(概括写明原审认定的事实、理由和判决结果,简述上诉人的上诉请求及其主要理由和被上诉人的主要答辩的内容及原审第三人的陈述意见)。

……(当事人二审期间提出新证据的,写明二审是否采纳以及质证情况,并说明理由。如无新证据,本段不写)。

经审理查明,……(写明二审认定的事实和证据)。

本院认为,……(写明本院判决的理由)。依照……(写明判决依据的法律以及相关司法解释的条、款、项、目)的规定,判决如下:

……(写明判决结果)。

……(写明诉讼费用的负担)。

本判决为终审判决。

审判长　×××
审判员　×××
审判员　×××
××××年××月××日
(院印)

本件与原本核对无异

书记员　×××

附:相关法律依据条文

(二)示例①

辽宁省沈阳市中级人民法院
行政判决书

(2017)辽01行终1304号

上诉人(原审原告):刘×胜,男,1992年3月20日出生,汉族,无职业,住址沈阳市苏家屯区。

---

① 选自中国裁判文书网:http://wenshu.court.gov.cn/content/content?DocID=eb613f10-a165-40d5-8682-a879011b3e1d&KeyWord=,最后访问日期:2018年12月5日。

委托代理人：单×明，男，辽宁沈南律师事务所律师。

被上诉人（原审被告）：沈阳市苏家屯区人力资源和社会保障局，地址沈阳市苏家屯区××路××号。

法定代表人：姜×波，男，该局局长。

委托代理人：滕×，男，辽宁一腾律师事务所律师。

委托代理人：孙×，女，该单位工作人员。

原审第三人：辽宁斯丹门业智能有限公司，地址沈阳市于洪区××街×××号。

法定代表人：王×华，男，该公司经理。

委托代理人：王×巍，男，北京大成（沈阳）律师事务所律师。

上诉人刘×胜与被上诉人沈阳市苏家屯区人力资源和社会保障局、原审第三人辽宁斯丹门业智能有限公司工伤认定申请不予受理决定纠纷一案，不服沈阳高新技术产业开发区人民法院作出的（2017）辽0192行初233号行政判决，向本院提出上诉。本院依法组成合议庭，对本案进行了公开审理。本案现已审理终结。

原审查明，原告刘×胜于2013年3月到第三人辽宁斯丹门业智能有限公司工作，2013年5月14日原告在工作单位受伤，2016年3月29日原告向沈阳市苏家屯区劳动人事争议仲裁委员会申请仲裁，该仲裁委员会于2016年6月2日作出沈苏劳人仲字（2016）65号仲裁裁决书，确认原告与第三人从2013年3月至2016年3月29日存在事实劳动关系，第三人不服该仲裁裁决于2016年7月11日起诉至沈阳市苏家屯区人民法院，沈阳市苏家屯区人民法院于2016年10月28日作出（2016）辽0111民初3812号民事判决书，确认原告与第三人从2013年3月至2016年3月29日存在事实劳动关系，第三人不服上诉至沈阳市中级人民法院，沈阳市中级人民法院于2017年1月16日作出（2016）辽01民终13549号民事判决书，判决驳回第三人上诉，维持原判。2016年8月20日原告刘×胜提出工伤认定申请，后因第三人对原告的事实劳动关系认定提出了诉讼，故申请被告暂时中止工伤认定。被告于2017年3月13日作出苏人社工不受字[2017]第1号《工伤认定申请不予受理决定书》，于2017年3月16日将决定送达至原告。

原审认为，根据《中华人民共和国工伤保险条例》第五条规定："县级以上地方各级人民政府社会保险行政部门负责本行政区域内的工伤保险工作。"被告具有作出被诉具体行政行为的法定职权。根据各方当事人陈述,原审法院认为本案的争议焦点为原告的工伤认定申请,是否超过法定的工伤认定申请期限,是否存在《最高人民法院关于审理工伤保险行政案件若干问题的规定》第七条中不属于职工或者其近亲属自身原因的情形;以及被告作出的行政行为程序是否违法。关于原告的申请是否超过法定的工伤认定申请期限问题,依据《中华人民共和国工伤保险条例》第十七条规定:"职工发生事故伤害或者按照职业病防治法规定被诊断、鉴定为职业病,所在单位应当自事故伤害发生之日或者被诊断、鉴定为职业病之日起30日内,向统筹地区社会保险行政部门提出工伤认定申请。遇有特殊情况,经报社会保险行政部门同意,申请时限可以适当延长。用人单位未按前款规定提出工伤认定申请的,工伤职工或者其近亲属、工会组织在事故伤害发生之日或者被诊断、鉴定为职业病之日起1年内,可以直接向用人单位所在地统筹地区社会保险行政部门提出工伤认定申请。"现查明原告事故伤害发生之日为2013年5月14日,原告应在1年内提出申请,现原告于2016年8月20日提出申请已明显超过了法定的申请期限。关于原告的申请是否存在《最高人民法院关于审理工伤保险行政案件若干问题的规定》第七条中不属于职工或者其近亲属自身原因的情形。依据最高人民法院《关于审理工伤保险行政案件若干问题的规定》第七条规定:"由于不属于职工或者其近亲属自身原因超过工伤认定申请期限的,被耽误的时间不计算在工伤认定申请期限内。有下列情形之一耽误申请时间的,应当认定为不属于职工或者其近亲属自身原因:(一)不可抗力;(二)人身自由受到限制;(三)属于用人单位原因;(四)社会保险行政部门登记制度不完善;(五)当事人对是否存在劳动关系申请仲裁、提起民事诉讼。"现原告提出的理由为:"原告2013年3月受伤后,第三人一直积极配合原告治疗支付医疗费和工资,表明对其工伤负责,直到2016年1月25日原告出院后才拒付医疗费和工资,原告于2016年3月开始申请仲裁及诉讼认定劳动关系,故超过工伤认定申请期限并不是原告原因被耽误的。"对此理由原审法院认为被告是否为原告支付医疗费、工资,并不影响原告向工伤行政部门申请工伤认定,且原告也并未提交证据证明原告与第三人达成协议,第三人以支付医疗费工资待遇方法阻止原告提出工伤认定申请。原告第一次就医出院时间为2013年6月3日，第二次入院时间为2014年3月25日，原告完全可以申请工伤认定，现原告逾期申请应承担相应法律责任。关于仲裁及诉讼期间排除问题，因申请劳动争议仲裁时间为2016年3月29日，其申请时就以超过法定的工伤认定申请期限，故本院对原告此项主张不予支持。关于程序是否合法问题，本案被告作出的《工伤认定申请不予受理决定书》，其履行了受理申请、审查期限、作出决定书并进行送达的法定程序，其程序符合法律规定。关于原告提出判令被告对原告的所受伤害是否构成工伤作出认定部分。其诉讼请求属工伤认定受理后，行政机关审查的范围，现被告未予以受理，在未进行事实审查的情况下，申请人民法院径直认定，不符合法律规定，原审法院不予支持。综上，被告作出的行政行为符合法律规定，程序合法。依据《中华人民共和国行政诉讼法》第六十九条之规定，判决驳回原告刘×胜的诉讼请求。本案诉讼费50元，由原告承担。

上诉人刘×胜上诉称，1. 一审法院认为"第三人是否为上诉人支付医疗费、工资，并不影响上诉人向被上诉人申请工伤认定"是极其错误的，没有设身处地站在劳动者的角度看问题。上诉人是一只手断了，其才20多岁，父母是农民，根本没钱支付巨额医疗费，医院已告知上诉人的手伤需要多次手术治疗，如第三人不给付医疗费，上诉人就无法进行治疗。在第三人支付医疗费、工资，且因第三人没有为上诉人办理工伤保险，无法报销的情况下，第三人口头承诺等上诉人治疗结束后再解决工伤待遇问题，上诉人能执意提出工伤认定吗？如上诉人在治疗中提出工伤认定，第三人不支付医疗费怎么办？从上诉人工伤认定，到上诉人拿到钱去治病，中间需要多少时间法官应该是最清楚的。故超过工伤认定申请期限并不是上诉人原因被耽误的，是第三人的原因造成的。2. 一审法院认为上诉人逾期申请应承担相应法律责任是错误的。发生工伤后，用人单位应申请工伤认定是其法定义务，对劳动者而言则是权利并不是义务。3. 一审法院认为被上诉人程序合法是错误的。

上诉人①在接到上诉人申请后，未对上诉人进行任何询问，未对上诉人超过法定期限提出申请是否有特殊情况进行调查，直接作出不予受理决定，与《工伤保险条例》保护劳动者合法权益的立法宗旨相违背。在司法实践中，已存在行政诉讼中因劳动保障行政部门未审查超过工伤认定申请期限是否具有正当理由而判决撤销不予受理决定并责令受理工伤认定申请的案例[上海市第一中级人民法院(2007)沪一中行终字第257号]。综上，请求撤销原审判决，改判被上诉人对上诉人所受伤害是否构成工伤作出认定，案件受理费由被告承担。

被上诉人沈阳市苏家屯区人力资源和社会保障局答辩称，一审认定事实清楚，适用法律正确，请求二审维持。上诉人2013年受伤，2016年申请工伤认定已经超过工伤认定的期限，我方不予受理符合法律规定。

原审第三人辽宁斯丹门业智能有限公司答辩称，一审认定事实清楚，适用法律正确，请求二审维持。

原审被告沈阳市苏家屯区人力资源和社会保障局向原审法院提供证据有：1. 工伤认定申请表、身份证复印件、第三人公司登记情况查询卡、授权委托书，证明原告委托律师于2016年8月26日向被告申请工伤认定；2. 沈苏劳人仲字(2016)65号仲裁裁决书、(2016)辽0111民初3812号民事判决书、(2016)辽01民终13549号民事判决书，证明原告2016年3月29日向仲裁申请确认劳动关系，经仲裁、一审二审后，确认原告与第三人存在劳动关系；3. 刘××证实，证明系原告提交证据；4. 病志，证明原告二次住院，病志载明2013年5月14日受伤；5. 申请书，证明原告申请工伤认定后，申请中止，理由是先行确认劳动关系；6. 送达回证，证明被告作出不予受理决定后向原告送达。

原审原告刘×胜向原审法院提供证据有：1.3本病志，证明原告治疗情况及出院时间；2. 沈苏劳人仲字(2016)65号仲裁裁决书、(2016)辽0111民初3812号民事判决书、(2016)辽01民终13549号民事判决书，证明原告经过仲裁和法院判决确认了劳动关系；3. 银行卡交易明

---

① 此处"上诉人"当是"被上诉人"的笔误。

细清单,证明第三人一直给原告开工资,2016年1月停止。

原审第三人未向原审法院提交证据。

上述证据均已随案移送本院。

原审法院经庭审质证,对当事人提交的证据认证如下:对于被告提供的证据1~6,原告及第三人均无异议,予以确认;对于原告提供的证据1~3,被告及第三人均无异议,予以确认。原、被告所提供证据可以认证原告受伤时间、治疗时间、申请时间,以及仲裁与诉讼期间。

经本院审查,原审法院对证据的认定正确。

本院审理查明的事实与原审查明的事实一致。

本院认为,《中华人民共和国工伤保险条例》第五条规定:"县级以上地方各级人民政府社会保险行政部门负责本行政区域内的工伤保险工作。"被上诉人具有作出被诉具体行政行为的法定职权。

根据《中华人民共和国工伤保险条例》第十七条第二款规定"用人单位未按前款规定提出工伤认定申请的,工伤职工或者其近亲属、工会组织在事故伤害发生之日或者被诊断、鉴定为职业病之日起1年内,可以直接向用人单位所在地统筹地区社会保险行政部门提出工伤认定申请"。本案中,上诉人于2013年受伤,而其提出工伤认定申请的时间为2016年,已经超过了上述条例规定的申请期限。虽上诉人主张其超过期限提出工伤认定申请系因原审第三人原因导致,且原审第三人曾口头承诺治疗结束后再解决工伤待遇问题,但上诉人并未提供证据对其上述主张加以证明,而原审第三人亦对此予以否认,故本院对上诉人的该项主张不予支持,被上诉人以上诉人的工伤申请超过一年工伤认定期限为由不予受理并无不当。

关于被上诉人作出工伤认定申请不予受理决定的程序问题,根据被上诉人在原审时提供的证据能够证明其已经按照法定程序对上诉人的工伤申请进行处理,不存在程序违法之处。

综上,被上诉人作出的不予受理工伤认定申请决定具有事实和法律依据,符合程序规定,原审法院判决驳回上诉人的诉讼请求并无不当。依照《中华人民共和国行政诉讼法》第八十九条第一款第(一)项之规定,判决如下:

驳回上诉,维持原判。

二审案件受理费50元,由上诉人刘×胜承担。

本判决为终审判决。

审判长　王××

审判员　周××

审判员　杜　×

二〇一八年一月十一日

书记员　张　×

相关法律条文:

《中华人民共和国行政诉讼法》第八十九条　人民法院审理上诉案件,按照下列情形,分别处理:(一)原判决、裁定认定事实清楚,适用法律、法规正确的,判决或者裁定驳回上诉,维持原判决、裁定……

第四节　行政裁定书

一、行政裁定书的概念

行政裁定书,是人民法院依照行政诉讼法的规定,在审理行政诉讼案件过程中,为解决有关程序问题作出的具有法律效力的书面决定。

在行政诉讼中,行政裁定书与行政判决书一样,对行政诉讼活动具有重要作用。不同的行政诉讼阶段,为解决不同的程序问题,都需要制作裁定书,以保障行政诉讼目的的实现。

以审判程序来划分,行政裁定书可分为第一审行政裁定书、第二审行政裁定书和再审行政裁定书。这里只选择一审驳回起诉行政裁定书进行解说。

二、适用范围

根据行政诉讼法的规定和最高人民法院《关于执行〈中华人民共和国行政诉讼法〉的解释》,第一审行政裁定适用于以下范围:(1)不予受理;(2)驳回起诉;(3)管辖异议;(4)终结诉讼;(5)中止诉讼;(6)移送或者指定管辖;(7)诉讼期间停止具体行政行为的执行或者驳回停止执行的申请;(8)财产保全;(9)先予执行;(10)准许或者不准许撤诉;(11)补正裁判文书中的笔误;(12)中止或者终结执行;(13)提审、指令再审或者发回重审;(14)准许或者不准许执行行政机关的具体行政行为;(15)其他需要裁定的事项。

对第(1)(2)(3)项裁定,当事人可以上诉。

二审行政裁定书适用对一审行政裁定不服提出上诉的案件。

三、制作方法

为避免重复,在制作方法部分,只讲行政裁定书制作的总要求,然后在格式与实例中,以一审驳回起诉行政裁定书为例。

行政裁定书由首部、正文和尾部组成。

(一)首部

1.制作机关名称,为"×××人民法院"。

2.文书名称,为"行政裁定书"。

3.文书编号,与行政判决书相同。

4.诉讼参加人及其基本情况。通常情况下,与同级行政判决书写法相同。但不予受理起诉用的行政裁定书,当事人称作"起诉人",没有对方当事人列项;诉前财产保全的行政裁定书,诉讼参加人称为"申请人"和"被申请人"。

(二)正文

行政裁定书的正文大多用一段文字写明所要解决的程序事项,包括案件由来和基本事实。然后再用一段文字说明裁定的理由和法律依据,最后单列一段写出裁定结果。

(三)尾部

行政裁定书尾部的事项因种类的不同而不同。

1.交代诉讼费用。需要书写这一项的一审行政裁定书有:驳回起诉、终结诉讼和准予撤诉行政裁定书。

2.交代上诉权。注意并不是所有的一审行政裁定书都要交代上诉事项。只有驳回起诉、不予受理起诉、管辖权异议三种一审行政裁定书的尾部才交代上诉事项。写为:

"如不服本裁定,可在裁定书送达之日起十日内,向本院递交上诉状,并按对方当事人的人数提出副本,上诉于×××人民法院。"

3.尾部其余各项与行政判决书一致。

四、格式及示例

（一）格式（一审驳回起诉适用）

×××人民法院
行政裁定书

（××××）×行初××号

原告×××，……（写明姓名或名称等基本情况）。

法定代表人（或代表人）×××……（写明姓名和职务）。

法定代理人（或指定代理人）×××……（写明姓名等基本情况）。

委托代理人×××……（写明姓名等基本情况）。

被告×××……（写明姓名或名称等基本情况）。

法定代表人（或代表人）×××……（写明姓名和职务）。

法定代理人（或指定代理人）×××……（写明姓名等基本情况）。

委托代理人×××……（写明姓名等基本情况）。

第三人×××……（写明姓名或名称等基本情况）。

法定代表人（或代表人）×××……（写明姓名和职务）。

法定代理人（或指定代理人）×××……（写明姓名等基本情况）。

委托代理人×××……（写明姓名等基本情况）。

原告×××诉被告×××……（写明案由）一案，本院受理后，依法组成合议庭（或依法由审判员×××独任审判），公开（或不公开）开庭审理了本案，现已审理终结（未开庭的，写“本院依法进行了审理，现已审理终结”）。

……（概括写明原告起诉的事由）。

……（各方当事人对案件是否符合起诉条件有争议的，围绕争议内容分别概括写明原告、被告、第三人的意见及所依据的事实和理由；如果没有，此项不写）。

经审理查明，……（各方当事人对案件是否符合起诉条件的相关事实有争议的，写明法院对该事实认定情况；如果没有，此项不写）。

本院认为，……（写明驳回起诉的理由）。依照……（写明裁定依据的行政诉讼法以及相关司法解释的条、款、项、目的规定，裁定如下：

驳回原告×××的起诉。

……(写明诉讼费用的负担)。

如不服本裁定，可在裁定书送达之日起十日内，向本院递交上诉状，并按对方当事人的人数提出副本，上诉于×××人民法院。

审判长 ×××
审判员 ×××
审判员 ×××
××××年××月××日
(院印)

本件与原本核对无异

书记员 ×××

(二)示例①

安徽省安庆市迎江区人民法院
行政裁定书

(2018)皖0802行初35号

原告：杨×，女，1973年1月2日出生，汉族，住安庆市大观区。

委托代理人：翁×(原告丈夫)。

原告：翁×，男，1969年1月4日出生，汉族，住安庆市大观区。

两原告共同委托代理人：汪×，安徽百草园律师事务所律师。

被告：迎江区市场监督管理局龙狮市场监督管理所，住所地安庆市康熙河花鸟市场内。

负责人：吴×求，所长。

被告：安庆市迎江区市场监督管理局，住所地安庆市人民路××号×号楼。统一社会信用代码113408020998431×××。

负责人：朱×国，局长。

---

① 选自中国裁判文书网：http://wenshu. court. gov. cn/content/content?DocID=147167ef-5250-417c-9752-a9a50153de34&KeyWord=%E9%A9%B3%E5%9B%9E，最后访问日期：2018年12月7日。

委托代理人:李×辉,安徽长江人律师事务所律师。

第三人:安庆市时顺装饰有限公司,住所地安庆市湖心北路××号纱帽公寓×楼。统一社会信用代码913408007139829×××。

法定代表人:刘×,董事长。

委托代理人:余×,公司员工。

第三人:安庆市时顺装饰有限公司家装分公司,住所地安庆市迎江区棋盘山路××号。统一社会信用代码913408007885970×××。

负责人:何×勇,总经理。

委托代理人:黄×巍,安徽豪迪律师事务所律师。

委托代理人:张×南,公司员工。

第三人:安庆市工商行政和质量技术监督管理局,住所地安庆市菱湖北路××号。统一社会信用代码113408003280252×××。

负责人:张×明,局长。

委托代理人:谷×阳,法规科干部。

原告杨×、翁×诉被告迎江区市场监督管理局龙狮市场监督管理所(以下简称龙狮管理所)、安庆市迎江区市场监督管理局(以下简称迎江区市监局)不履行法定职责一案,于2018年5月28日向本院提起行政诉讼,本院受理后,依法组成合议庭,因安庆市工商行政和质量技术监督管理局(以下简称市工商和质监局)与本案有利害关系,本院依法通知该局作为第三人参加诉讼。于2018年11月19日公开开庭审理了本案。原告翁×及两原告共同委托代理人汪×、被告龙狮管理所负责人吴×求、被告迎江区市监局的委托代理人徐×军、第三人安庆市时顺装饰有限公司(以下简称时顺装饰公司)的委托代理人余×、安庆市时顺装饰有限公司家装分公司(以下简称时顺装饰公司家装分公司)的委托代理人黄×巍及张×南、第三人市工商和质监局的委托代理人谷×阳等到庭参加诉讼。本案现已审理终结。

原告杨×、翁×诉称:2017年6月27日,原告翁×与第三人时顺装饰公司家装分公司签订《建筑装饰装修工程施工协议书》,约定位于安庆市宜秀区振风大道××公馆×号楼××××室的房屋由时顺装饰公司进行装修。在修装过程中,原告发现装修的木板有发霉现象,遂与时顺装饰公司多次协商未果。2017年10月17日,原告向被告龙狮管理所举报时顺装饰公司实木集成材质量问题,并附现场照片及时顺装饰公司提供的集成材检验报告。2017年10月23日,龙狮管理所向原告提供一份由时顺装饰公司提供的"千年舟"橡木集成材检验报告复印件。原告向"千年舟"生产厂家咨询,厂家回复称从未生产检验报告中所说的规格。原告又将报告交由专业机构进行鉴定,发现存在多处明显错误。原告怀疑该检验报告系造假,将上述情况反馈至龙狮管理所。龙狮管理所不予采纳,也未做鉴定调查。2017年10月30日,原告书面向龙狮管理所申请要求答复所用板材是否有产品质量合格材料及检验报告原件等问题。龙狮管理所答复称集成板材不需要合格证,检验报告原件在厂家,只能提供加盖光彩大市场营销部公章的复印件,并口头向原告回复该检验报告真实有效。此后,原告多次往返被告,后由迎江区工商局将检验报告寄到上海市质量监督检验技术研究院进行鉴定,鉴定结果为该检验报告系伪造。对此,龙狮管理所至今未予回复。2017年12月5日,原告向市工商和质监局领导反映,该局领导在举报信上批示:如有造假行为,可立案查处。后此批示转交龙狮管理所,原告多次询问案件进展,但被告龙狮管理所至今未做任何处理。2018年3月15日,原告前往被告龙狮管理所询问案件进展情况、检验报告伪造事项及木地板的相关证明材料事宜,被口头告知此事与其无关。2018年4月,原告委托安徽百草园律师事务所向被告龙狮管理所发函,被告龙狮管理所未及时回复。

综上,原告认为:1. 被告龙狮管理所对第三人时顺装饰公司不能提供产品检测报告、合格证明等材料的行为不予行政处罚,属于行政不作为;2. 被告龙狮管理所对原告的投诉未按照《工商行政管理部门处理消费者投诉办法》第十七条的规定及时作出处理,属于行政不作为;3. 被告龙狮管理所对第三人提供虚假检测材料不予处理属于行政不作为。为维护原告的合法权益,诉至法院,请求:1. 依法确认两被告未依法履行行政查处的不作为行为违法,并判令两被告依法履行法定职责;2. 本案诉讼费用由被告承担。

本院认为:派出机构是由有权地方人民政府的职能部门在一定行政区域内设立,代表该设立机构管理该行政区域内某一方面行政事务的行政机关。派出机构不是独立的行政主体,不能以自己的名义行使权力,除非有法律法规明确授权。本案中,龙狮管理所是迎江区市监局在龙狮桥乡设立的派出机构，其不具备独立的行政主体资格。

根据《最高人民法院关于适用〈中华人民共和国行政诉讼法〉的解释》第二十六条第一款规定，原告所起诉的被告不适格，人民法院应当告知原告变更被告；原告不同意变更的，裁定驳回起诉。第六十九条第一款第(三)项规定，错列被告且拒绝变更的，已经立案的，应当裁定驳回起诉。本案中，原告杨×、翁×将不具备独立行政主体资格的龙狮管理所列为被告，属于错列被告，根据上述规定，对原告杨×、翁×针对被告龙狮管理所的起诉，应当依法予以驳回。

另查，原告诉求第一项系请求依法确认两被告未依法履行行政查处的不作为行为违法，该项诉讼请求所请不明确。因涉案行政查处行为涉及木地板产品质量投诉、检验报告造假等问题，而原告未明确具体的诉讼请求，不符合《中华人民共和国行政诉讼法》第四十九条第一款第(三)项：有具体的诉讼请求和事实依据的规定。

综上，依据《中华人民共和国行政诉讼法》第四十九条第一款第(三)项，最高人民法院《关于适用〈中华人民共和国行政诉讼法〉的解释》第二十六条第一款、第六十九条第一款第(一)(三)项之规定，裁定如下：

驳回原告杨×、翁×的起诉。

案件受理费50元，由原告杨×、翁×负担。

如不服本裁定，可在裁定书送达之日起十日内，向本院递交上诉状，并按对方当事人的人数提出副本，上诉于安徽省安庆市中级人民法院。

审　判　长　晋××
人民陪审员　孔××
人民陪审员　陈××
二〇一八年十一月二十七日
书　记　员　王　×

附　本案适用的法律条文：

《中华人民共和国行政诉讼法》

第四十九条　提起诉讼应当符合下列条件：

（三）有具体的诉讼请求和事实依据。

《最高人民法院关于适用〈中华人民共和国行政诉讼法〉的解释》

第二十六条第一款　原告所起诉的被告不适格，人民法院应当告知原告变更被告；原告不同意变更的，裁定驳回起诉。

第六十九条　有下列情形之一，已经立案的，应当裁定驳回起诉：

（一）不符合行政诉讼法第四十九条规定的；

（三）错列被告且拒绝变更的。

人民法院经过阅卷、调查或者询问当事人，认为不需要开庭审理的，可以径行裁定驳回起诉。

第一百零一条　裁定适用于下列范围：

（二）驳回起诉。

对第一、二、三项裁定，当事人可以上诉。

裁定书应当写明裁定结果和作出裁定的理由。裁定书由审判人员、书记员署名，加盖人民法院印章。口头裁定的，记入笔录。

第五节　行政赔偿调解书

一、适用范围

行政赔偿调解书，是人民法院依照行政诉讼法的规定，在审理行政赔偿案件过程中，主持调解成功，对当事人自愿达成解决赔偿争议的协议予以确认时制作的具有法律效力的文书。

《中华人民共和国行政诉讼法》第六十条第一款规定：“人民法院审理行政案件，不适用调解。但是，行政赔偿、补偿以及行政机关行使法律、法规规定的自由裁量权的案件可以调解。”

人民法院审理行政案件，不适用调解这是行政诉讼的一般原则，也是它特有的一项原则，是和民事诉讼的重要区别之所在。首先，这是因为行政诉讼的核心是审理具体行政行为的合法性，此合法性的判断有明确的事实标准和法律依据，不容争议双方当事人相互协商。因此，具体行政行为要么合法，要么违法，在合法与违法之间不存在其他可能性，也就不存在法院调解的空间和余地。其次，调解的前提是当事人双方必须对其权利享有实体上的处分权，而在行政案件当事人中，虽然原告可能享有一定的实体处分权，但被告行政机关因为行使的是国家管理权，这些职权同时也是其法定职责，不允许其随意处分。故而行政诉讼法规定了行政案件不适用调解的一般原则。最后，由于行政机关及其工作人员同行政管理相对人之间在行政法律关系中所处的地位是不平等的，所以，以调解的方式解决行政纠纷还可能为权力寻租留下空间，不利于处于弱势的行政相对人充分行使自己的诉讼权利。

不过，也有除外情形。当公民、法人或者其他组织由于行政机关或者行政机关工作人员违法或不当的具体行政行为造成损害而提起行政侵权损害赔偿时，人民法院可以适用调解方式解决这种行政纠纷。

可知，行政赔偿调解书的适用范围是行政机关或者行政机关工作人员作出的具体行为侵犯了公民、法人或者其他组织的合法权益，经行政机关先行解决，当事人不服，而单独就行政损害提出赔偿请求的案件。

二、制作方法

行政赔偿调解书由首部、正文和尾部三部分组成。

（一）首部

依次写明制作文书的机关名称、文书名称、文书编号和诉讼当事人的基本情况。除文书的名称“行政赔偿调解书”与第一审行政判决书不同外，其他写法相同。

（二）正文

主要包括以下内容：

1. 案由。可写为：行政侵权赔偿案。

2. 简要写明当事人的诉讼请求和案件的事实。

3. 写明协议内容，由“本案在审理过程中，经本院主持调解，双方当事人自愿达成如下协议”引起。

4. 写明诉讼费用的负担。

5. 法院对协议的确认写为：“上述协议，符合有关法律规定，本院予以确认。”

(三)尾部

这部分先要在法院对协议予以确认的文字的下一行,写明:“本调解书经双方当事人签收后,即具有法律效力。”

其余部分与第一审行政判决书基本相同。

三、格式及示例

(一)格式(一审行政赔偿案件用)

×××人民法院
行政赔偿调解书

(××××)×行赔××号

原告×××,……(写明姓名或名称等基本情况)。

法定代表人×××,……(写明姓名、职务)。

委托代理人(或指定代理人、法定代理人)×××,……(写明姓名等基本情况)。

被告×××,……(写明行政主体名称和所在地址)。

法定代表人×××,……(写明姓名、职务)。

委托代理人×××,……(写明姓名等基本情况)。

第三人×××,……(写明姓名或名称等基本情况)。

法定代表人×××,……(写明姓名、职务)。

委托代理人(或指定代理人、法定代理人)×××,……(写明姓名等基本情况)。

原告×××因与被告×××……(写明案由)行政赔偿一案,于××××年××月××日向本院提起行政赔偿诉讼。本院于××××年××月××日立案后,于××××年××月××日向被告送达了起诉状副本及应诉通知书。本院依法组成合议庭,于××××年××月××日公开(或不公开)开庭审理了本案(不公开开庭的,写明原因)。……(写明到庭参加庭审活动的当事人、行政机关负责人、诉讼代理人、证人、鉴定人、勘验人和翻译人员等)到庭参加诉讼。……(写明发生的其他重要程序活动,如被批准延长审理期限等)。本案现已审理终结。

经审理查明,……(写明法院查明的事实)。

本案在审理过程中，经本院主持调解，双方当事人自愿达成如下协议：

……（写明协议的内容）。

上述协议，符合有关法律规定，本院予以确认。

本调解书经双方当事人签收后，即具有法律效力。

审判长　×××
审判员　×××
审判员　×××
××××年××月××日
（院印）

本件与原本核对无异

书记员　×××

（二）示例①

广西壮族自治区合山市人民法院
行政调解书

（2015）合行初字第6号

原告黄×军。

委托代理人唐×祥，广西启辉律师事务所律师。

被告合山市公安局，地址：合山市人民中路×号。

法定代表人袁×坤，局长。

委托代理人韦×，合山市公安局北泗派出所所长。

委托代理人黄×刚，合山市公安局法制大队大队长。

原告黄×军因与被告合山市公安局行政强制及行政赔偿一案，于2015年5月14日向本院提起行政赔偿诉讼。本院于2015年6月1日

① 选自中国裁判文书网：http://wenshu.court.gov.cn/content/content?DocID=927bfde4-917b-4c9a-96d5-da5a063f7add，最后访问日期：2016年4月5日。

按：本文书除请求判令赔偿损失而外，还请求判决撤销被告扣押的具体行政行为，确认该具体行政行为违法，故文书标题为“行政调解书”而非单纯解决赔偿问题而适用的“行政赔偿调解书”。

受理后，于2015年6月9日向被告送达了起诉状副本及应诉通知书。本院依法组成合议庭，于2015年7月21日公开开庭审理了本案。原告黄×军委托代理人唐×祥，被告合山市公安局委托代理人韦×、黄×刚到庭参加诉讼。本案现已审理终结。

经审理查明，2013年10月23日，原告黄×军雇佣司机钟×军将一车速生桉木材从兴宾区良塘乡新江村运往来宾市忻城县思练镇银辉木材加工厂销售。下午6时许，途经合山市上洞林场公路时，遭到合山市岭南镇谭×福等人拦截，该车林木被拦运至合山市古城村附近一路边卸下。2013年10月24日上午，原告黄×军和钟×军到被告的北泗派出所报案，称其一车木材被劫持，要求公安机关立案查处。当天下午，谭×福也到北泗派出所，称其拦获的一车木材权属为其叔苏×能种植，在权属未确定前，不能处理该车木材。原告有该车木材的砍伐许可证、木材运输证、运输木材明细表、木材所有权证明、木材购销合同、交款凭证等合法权属证明，谭×福却没有充分证据证明。因此，被告动员谭×福将该车林木归还原告。2013年12月20日，谭×福将该车林木运至北泗派出所大院露天存放，但向被告人员表示不同意归还木材给原告，待处理好林木权属问题后再处理，不用公安机关出具扣押手续，也不用公安机关对该车林木负责。被告遂不出具扣押单据，对存放在北泗派出所大院内的木材也不作处理。至今该车木材仍存在北泗派出所大院内，已干枯变质，无出卖价值。为此，原告多次向被告及上级有关部门投诉，要求追究拦截该车木材相关人员的抢劫刑事责任。2014年7月27日，被告信访部门作出信访答复，认定谭×福的行为未达到构成抢劫罪的犯罪要件，未达到抢劫罪的立案标准。之后，原告以被告的扣押行为适用法律错误且程序违法，造成其经济损失为由，诉至本院，请求判令撤销被告扣押的具体行政行为，确认具体行政行为违法，赔偿木材损失9067.5元（12.09立方×750元）。

本案在审理过程中，经本院主持调解，双方当事人自愿达成如下协议：

一、被告合山市公安局赔偿原告黄×军的木材损失7000元，定于签收调解书后十日内付清。

二、案件受理费50元，减半收取25元，由被告合山市公安局负担。

上述协议，符合有关法律规定，本院予以确认。

本调解书经双方当事人签收后，即具有法律效力。

审　判　长　莫××

审　判　员　罗××

人民陪审员　黄××

二〇一五年七月二十三日

书　记　员　郭××

第三章　当事人及代理人行政诉讼文书

当事人及代理人行政诉讼文书是指行政诉讼当事人及其代理人在行政诉讼中，为维护自己或被代理人的合法权益，向人民法院提交的各类文书。主要包括行政起诉状、行政上诉状、行政答辩状、行政诉讼代理词，等等。

第一节　行政起诉状

一、适用范围

行政起诉状，是指公民、法人或者其他组织认为行政机关或行政机关工作人员的具体行政行为侵犯其合法权益，按照行政诉讼法的规定，向人民法院提起行政诉讼，要求依法裁判时制作的具有法律意义的文书。

行政起诉状就是民间所说“民告官”时用的状子。在我国“依法行政”的今天，政府与普通老百姓之间因管理与被管理而产生的矛盾不再像以往那样，仅靠行政手段予以解决了。尤其当公民法律意识不断增强时，行政诉讼就成了公民维权的主要手段。近年来，行政案件数量大幅上升，案由涉及环保、交通管理、学籍管理、城市建设、土地森林管理等多方面。在这样的背景下，行政起诉状的制作日渐成为公民依法维权的重要手段。

根据立案登记制，行政起诉采取书面主义，即起诉人除确实存在困难外，必须递交行政起诉状，且起诉状必须具备法定的基本要素和要求，能初步证明符合《中华人民共和国行政诉讼法》第四十九条规定的起诉条件。

二、制作方法

(一)首部

1. 文书名称。居中写明:“行政起诉状”。

2. 当事人的基本情况。

(1)原告。写明姓名、性别、出生年月日、民族、职业、工作单位和职务、住址等;如果原告委托律师代理诉讼,应在其项后写明代理律师的姓名及代理律师所在的律师事务所名称。如果原告是没有起诉行为能力的公民,应写明其法定代理人或指定代理人的姓名、性别、职业或工作单位和职务、住址,及其与原告的关系。

(2)被告。写明行政机关名称和所在地址、法定代表人(或主要负责人)的姓名和职务。

如果有第三人,应写明第三人的姓名、性别、出生年月日、民族、职业或工作单位和职务、住址等。如果第三人是法人或其他组织,应写明其名称和所在地址、法定代表人(或主要负责人)的姓名和职务。

3. 案由。写明行政纠纷的类型。

4. 诉讼请求。主要有撤销违法决定、请求(不)作为、请求变更和损害赔偿等。

公民、法人或者其他组织提起行政诉讼,应针对自己不服被告具体行政行为的情况,分别提出不同的诉讼请求。根据《中华人民共和国行政诉讼法》第四十九条第(三)项的规定,可以提出下列具体的诉讼请求:请求判决撤销、变更行政行为;请求判决行政机关履行法定职责或者给付义务;请求判决确认行政行为违法;请求判决行政机关予以赔偿或者补偿;请求解决行政协议争议;请求一并审查国务院部门和地方人民政府及其部门制定的规范性文件;请求一并解决相关民事争议;其他诉讼请求。

(二)正文

1. 事实与理由。事实部分要写明行政机关具体行政行为过程中被告及其工作人员侵犯原告合法权益的事实经过、原因及结果。突出关键情节。

理由部分应根据不同的案情有针对性地进行论述。对于被告侵犯原告人身权和财产权的案件,可从被告实施的具体行政行为所依据的事实不真实、适用法律不当、违反法定程序、属超越职权、滥用职权、处罚决定过重、显失公平等角度加以论述。对于被告不履行法定职责或拖延履行法定职责的案件,可从原告依法享有请求权,被告应当在一定期限内履行职责的角度,加以论述。

2. 证据。写明向人民法院提供的能够证明案情的证据名称、件数,并写明证据来源。有证人的,应写明证人的姓名和住址。

关于原告在起诉状中要不要举证的问题,有人认为法律既然规定行政诉讼的举证责任在被告一方,因此原告就不能或没必要举证。这种认识是片面的。因为举证责任的倒置并不排斥原告的举证权利。当原告掌握了否定被告行政行为的证据时,就应当积极举证。积极举证与仅仅消极质疑被告的证据两相比较,对诉讼成败的影响是完全不同的。积极举证更加具有说服力,原告的诉讼请求更容易得到法院的支持。因此,行政起诉状中,当证据材料具备时,不应忽视对它的叙写。

按《中华人民共和国行政诉讼法》第三十三条的规定,证据包括书证、物证、视听资料、电子数据、证人证言、当事人的陈述、鉴定意见、勘验笔录、现场笔录等种类。且证据须经法庭审查属实,才能作为认定案件事实的根据。

(三)尾部

1. 致送人民法院的名称。

2. 原告签名。

3. 起诉时间。

4. 附项。写明起诉状副本份数。起诉状副本份数应按被告的人数提交。

三、特别提示

制作之前,首先应考虑当事人主体适格的问题。行政诉讼的原告要适格,被告也要适格。

行政诉讼的原告,必须是认为具体行政行为侵犯其合法权益的公民、法人或者其他组织。有权提起诉讼的公民死亡,其近亲属可以提起诉讼;有权提起诉讼的法人或者其他组织终止,承受其权利的法人或者其他组织可以提起诉讼。法定代理人、委托代理人代为诉讼的，也应以原告的名义进行。

《中华人民共和国行政诉讼法》第二十六条规定：行政诉讼的被告，必须是作出行政行为的行政机关。经复议的案件，复议机关决定维持原具体行政行为的，作出原行政行为的行政机关和复议机关是共同被告；复议机关改变原行政行为的，复议机关是被告。复议机关在法定期限内未作出复议决定，公民、法人或者其他组织起诉原行政行为的，作出原行政行为的行政机关是被告；起诉复议机关不作为的，复议机关是被告。两个以上行政机关作出同一行政行为的，共同作出行政行为的行政机关是共同被告。行政机关委托的组织所作的行政行为，委托的行政机关是被告。行政机关被撤销或者职权变更的，继续行使其职权的行政机关是被告。

所以，制作行政起诉状的首要工作就是要正确确定原告和被告。

四、格式及示例

（一）格式

行政起诉状

原告×××，……（自然人写明姓名、性别、工作单位、住址、联系方式等基本信息；法人或其他组织写明名称、地址、联系电话、法定代表人或负责人等基本信息）。

委托代理人×××，……（写明姓名、工作单位等基本信息）。

被告×××，……（写明名称、地址、法定代表人等基本信息）。

诉讼请求：……（应写明具体、明确的诉讼请求）。

事实和理由：……（写明起诉的理由及相关事实依据，尽量逐条列明）。

此致

×××人民法院

原告：×××（签名盖章）

××××年××月××日

（写明递交起诉状之日期）

附:1. 起诉状副本××份
2. 被诉行政行为××份
3. 其他材料××份

(二)示例①

行政起诉状

原告张×兴,男,1962年5月1日出生,汉族,住湖北省蕲春县蕲州镇金鸡村。

被告蕲春县民政局。住所地:蕲春县漕河镇漕河一路。

法定代表人许×良,局长。

被告蕲春县人力资源和社会保障局。住所地:蕲春县漕河二路×号。

法定代表人何×生,局长。

请求事项:

1. 请求法院判令二被告为原告补办社会保险并缴纳养老保险费,使原告能依法享受养老保险待遇。

2. 诉讼费用由被告负担。

事实与理由:

原告是农村退伍军人。1994年开始按照国家政策用优抚费缴纳养老保险费。由被告蕲春县民政局代扣代缴。但被告民政局只代扣代缴了四年,之后即停止代扣代缴原告的养老保险费。到了2013年,原告即将享受养老保险待遇时,被告蕲春县民政局却要将原告缴纳的养老保险费退还。

军人在服役期间为国家奉献了无数汗水与激情,服役完毕退伍之后,国家实施了一系列的退伍军人基本权益的保障政策。缴纳养老保险费到60岁之后开始享受养老金。但退伍军人的服役年限(军龄)可以作为视同缴费年限。根据国务院第259号令《社会保险费征缴暂行条例》第十三条规定,"缴费单位未按规定缴纳和代扣代

① 选自人民网>强国社区>百姓监督:http://bbs1.people.com.cn/post/71/1/1/153406110.html,最后访问日期:2016年4月5日。

缴社会保险费的，由劳动保障行政部门或者税务机关责令限期缴纳；逾期不缴纳的，除补缴欠缴数额外，从欠缴之日起，按日加收千分之二的滞纳金。滞纳金并入社会保险基金”。被告未为原告代扣代缴养老保险，致使原告到六十岁时，不能享受养老保险待遇，侵犯了原告的合法权益。

《中华人民共和国行政诉讼法》第十二条第一款规定，“人民法院受理公民、法人或者其他组织提起的下列诉讼：……（十）认为行政机关没有依法支付抚恤金、最低生活保障待遇或者社会保险待遇的……（十二）认为行政机关侵犯其他人身权、财产权等合法权益的。”

据此，原告提起行政诉讼。

之前原告曾就此诉求提起行政诉讼，但法院没有法律根据地称原告起诉不属于人民法院行政审判受案范围。

2015年修订的《行政诉讼法》被学者誉为“依法治国的抓手和试金石”，堪称一部可以有效地把“行政权力关进笼子”的法律，对促进依法行政、建设法治政府具有重要意义。也将是全面推进依法治国的一块“试金石”。

2015年修订的《行政诉讼法》修改扩大了受案范围，从源头上畅通了公民进入司法救济的渠道。将没有依法支付最低生活保障或社会保险待遇等内容都纳入受案范围。因此，法院驳回原告之前所诉是错误的。

《最高人民法院关于适用〈中华人民共和国民事诉讼法〉若干问题的解释》第142条规定，“裁定不予受理、驳回起诉的案件，原告再次起诉的，如果符合起诉条件，人民法院应予受理”。

依据上述规定，原告再次起诉，敬请人民法院予以受理。

此致

黄冈市中级人民法院

原告张××

2015年12月27日

第二节 行政上诉状

一、适用范围

行政上诉状是当事人不服人民法院的第一审行政判决、裁定，依照法定程序和期限，向上一级人民法院提出上诉，要求撤销、变更一审裁判的书面请求。

《中华人民共和国行政诉讼法》第八十五条规定，“当事人不服人民法院第一审判决的，有权在判决书送达之日起十五日内向上一级人民法院提起上诉。当事人不服人民法院第一审裁定的，有权在裁定书送达之日起十日内向上一级人民法院提起上诉……”可知，行政上诉状适用于当事人不服人民法院第一审行政裁判，在法定期限内提出上诉的案件。

二、制作方法

（一）首部

1. 文书名称。居中写明“行政上诉状”。

2. 上诉人、被上诉人或原审第三人的基本情况。写明上诉人、被上诉人的姓名、性别、出生年月日、民族、职业、工作单位和职务、住址等。上诉人、被上诉人是法人或其他组织的，应写明法人或其他组织的名称和所在地址、法定代表人（或主要负责人）的姓名和职务。如果委托律师代理诉讼，应在上诉人项后另起一行，写明律师姓名及律师所在的律师事务所名称。

3. 上诉请求。写明上诉人请求第二审人民法院依法撤销或者变更一审裁判，以及如何解决行政纠纷的具体要求。

（二）正文

写明一审裁判的认定事实、证据、适用法律、诉讼程序等方面的错误或不当之处，要用事实、证据和有关的法律依据加以论证，以说明上诉人的上诉请求是合理合法的。如有新的证据、证人应一并提供给二审法院。

（三）尾部

1. 致送人民法院的名称。

2. 上诉人签名或盖章。如果仅委托律师为上诉人代书上诉状,可在上诉状的最后写上代书律师的姓名及代书律师所在的律师事务所名称。

3. 上诉时间。

4. 附项。写明上诉状副本份数。上诉状副本份数应按被上诉人的人数提交。

三、格式及示例

(一)格式

行政上诉状

上诉人×××,……(自然人写明姓名、性别、工作单位、住址、有效身份证件号码、联系方式等基本信息;法人或其他组织写明名称、地址、联系电话、法定代表人或负责人等基本信息)。

委托代理人×××,……(写明姓名、工作单位等基本信息)。

被上诉人×××,……(自然人写明姓名、性别、工作单位、住址、有效身份证件号码、联系方式等基本信息;法人或其他组织写明名称、地址、联系电话、法定代表人或负责人等基本信息)。

委托代理人×××,……(写明姓名、工作单位等基本信息)。

上诉人×××因……(写明案由)一案,不服×××人民法院××××年××月××日作出的(××××)×行××号(判决或裁定),现提出上诉。

上诉请求:

……(写明具体的上诉请求)。

上诉理由:

……(写明不服原审判决和裁定的事实及理由)。

此致

×××人民法院

上诉人:×××(签名或者盖章)

××××年××月××日

附:上诉状副本××份

(二)示例①

行政上诉状

上诉人:××光电科技(上海)有限公司,住所地:上海市奉贤区南桥镇奉南街第×××号。

法定代表人:杨××,总经理。

被上诉人:上海市浦东新区人力资源和社会保障局,住所地:上海市浦东新区浦东大道×××号×号楼。

法定代表人:庄×华,局长。

诉讼请求:

1. 撤销浦东新区人民法院(2013)浦行初字第208号行政判决书;

2. 撤销被上诉人于2013年3月29日作出的浦人社认结(2013)字第0964号工伤认定书。

上诉理由:

就上诉人与被上诉人在本案中的争议焦点——职工参加完公司年夜饭回家途中是否属于下班途中这一问题,一审判决认为,年夜饭作为公司组织员工参加的集体活动,与工作存在紧密联系,是工作的合理延伸,T某某在参加上诉人组织的年夜饭后回家途中应属于下班途中。遂据此维持了被上诉人作出的工伤认定。但上诉人认为,参加完年夜饭回家途中不应属于工伤保险条例所指的下班途中。具体理由如下:

一、年夜饭虽是集体活动,但其是一种与工作无关的联谊活动,参加与否也完全由职工自愿选择,故年夜饭与"工作"之间的联系,只能说有联系但没有达到工伤保险条例所要求的工伤应与"工作"紧密关联的程度。

1. 年夜饭不具备工作的特征,系与工作无关的一项独立的活动。首先,双方签订的合同并没有把参加年夜饭列为工作内容,从合同中也推导不出此种义务;其次,参加年夜饭不是T某某履行职务必须的应酬,更和其本身的业务无任何关联;最后,工作是员工的合同义务,违反该种义务将承担相应的法律责任,而参加年夜饭是员工的权利,

① 根据范文先生网上的相关例文修订而得,载 http://www.fwsir.com/fanwen/HTML/fanwen_20140215090444_238178.html,最后访问日期:2016年4月5日。

放弃该权利并无任何法律责任。

2. 上诉人并未就职工参加年夜饭联谊活动作出任何要求或强制，参加与否完全由职工自由决定。

3. 年夜饭仅仅是一种福利，既非上诉人义务，也非职工的权利，并且职工参加年夜饭更非为了用人单位的利益。

4. 从权利义务对等性的角度来看，“工作”是职工提供用人单位业务包含的劳动以获取相应的劳动报酬的过程。这体现了双方权利义务的对等性，而年夜饭中，职工不需要提供任何劳动，相反，企业却果要承担工伤的风险，权利义务将极不对等。

二、年夜饭饭毕回家途中不属于工伤保险条例所规定的“下班途中”。

1. 在工伤认定中，工作原因是核心要件，是认定工伤的充分条件，辅之以工作时间和工作场所加以判断。但上下班途中的工伤认定属于特别法定工伤的情形，是一种间接的工作原因，是法律基于特别考虑设定的工伤情形。因此，对上下班途中应严格依照法律用语进行文义解释，上下班途中并不属于“专业术语”，故应按普通人的观念进行，即通常语义进行解释，从“上下班途中”用语来看，是指职工以上下班（工作）为目的，在合理的时间内往返于工作地和居住地的合理路线的途中。质言之，上下班途中的目的必须是履行劳动合同约定的或公司安排的与其工作内容/职责相关的业务活动的途中才能视为上下班途中。

2. 原劳动和社会保障部办公厅《关于如何理解〈企业职工工伤保险试行办法〉有关内容的答复意见》（劳社厅函〔2002〕143号）第二条将“上下班途中”解释为“职工从居住住所到工作区域之间的路径”。据此，我们认为，所谓上下班途中，实际上是以工作区域为核心的一个概念。为了工作，从居住住所前往工作区域所经过的路径则为上班途中。工作结束离开工作区域返回居住住所的路径则为下班途中。实践中，各地高级人民法院公布的对于“上下班途中”的认定意见也倾向于认为必须是以上下班为目的的居住地和工作地之间的往返。其要素主要有两个：一是上下班途中的目的必须是工作而不是其他；二是下班途中的起点只能是工作区域即工作场所，工作场所一般指职工日常工作所在的场所或领导临时指派职工所从事工作的场所，按照《行政审判实务教程》（全国预备法官培训教材）的理解，“工作场所”

是指处在用人单位直接或间接控制之下,职工为完成某项工作任务所涉及的相关区域。综上,对"上下班途中"的判断,首先要考虑的是是否以上下班为目的,"以上下班为目的"是判断上下班途中的核心。本案中,不具有"以工作为目的"的上下班途中这样的情形,且其起点也不具有工作场所的性质。

三、从法律解释学的角度看,不宜对《工伤保险条例》第十四条第六项进行扩大解释或法律漏洞填补。

1. 工伤分为工作伤害、上下班交通事故、职业病三大类。在三种具体的工伤类型中,工作伤害和职业病与工作联系最为密切,而上下班交通事故与工作的联系相对并不如一般工伤伤害那么密切。故我们认为,对工作伤害应当从宽,对上下班交通事故应当适度从严。在法律适用上只有做到区别对待、宽严适度,才能最大限度地体现工伤保障的立法本意。上下班交通事故不同于传统意义上的工伤事故,它属于社会保险制度发展以后,基于社会保险的需要而新吸收进来的。扩大范围是立法机关的职责,不是法律适用部门的职责。在法律框架内,法院有合理的裁量权,但在法律框架外就不再具有裁量权。对上下班交通事故,其认定标准与传统意义上的工伤事故应当有所区别。因为其与工作原因的联系并不十分紧密。因此,对其认定应当采取适度从紧的原则。故对一般工伤伤害而言,在工作原因、工作时间和工作场所进行适度的合理延伸是合法合理的,但其延伸标准不应自然适用于上下班交通事故。

2. 从法律解释学上来看,法律的例外规定原则上是不可以作扩大解释的,更不可以通过法律漏洞填补扩大其适用范围。上下班途中交通事故的规定是立法者为了照顾职工将本不属于工伤范围通过特别规定视为工伤,它是在原有基础上的扩大保护,不能在扩大的基础上再扩大。因此,因上下班途中交通事故而导致的工伤认定案件时,应从法律的内在逻辑出发正确理解上下班途中交通事故的适用范围,严格遵循法律的有关规定,不宜作从宽解释,更不应通过法律漏洞填补扩大上下班途中事故认定工伤范围。

3. 从《工伤保险条例》第十四条认定工伤的排列顺序可以看出,第六项即"在上下班途中,受到非本人主要责任的交通事故"和工作时间、场所、内容/职责的联系远远不如前五项紧密,且其位置也处于第七项兜底条款即法律、行政法规规定的其他情形之前。据此，不难看出，第六项是为了更好地发挥条例的社会保障功能，将上下班途中交通事故法定为工作原因。事实上，其与工作原因无直接关系，仅具有间接关系。因此，对直接工作原因的认定可以进行扩大解释或者合理延伸，但对间接工作原因的认定不应再进行扩大解释。

四、在国务院法制办2009年7月公布的《工伤保险条例修正案(送审稿)》征求意见稿中，曾删去了2003年《工伤保险条例》关于在上下班途中受到机动车事故伤害认定为工伤的规定。

国务院法制办对此解释道，删除该条款主要为以下原因：(1)原劳动部1996年制定的《企业职工工伤保险试行办法》将上下班途中受到机动车事故伤害的情形纳入了工伤认定范围。2004年条例制定时，《机动车交通事故责任强制保险条例》尚未出台，职工在上下班途中受到机动车事故伤害，难以从其他途径得到保障，条例因此延续了试行办法的规定。2006年《机动车交通事故责任强制保险条例》实施后，上下班途中受机动车事故伤害的职工可以从机动车交通事故责任强制保险得到补偿，同时还可以通过民事赔偿的途径解决。(2)将机动车事故伤害纳入工伤保险范围而未将非机动车事故纳入范围的现行规定，导致了政策上的不平衡，各地方、各部门和职工强烈反映这一规定有失公平，要求修改。(3)从建立工伤保险制度的目的看，工伤保险主要为因工作原因、在工作时间和工作场所受到伤害情形提供保障，上下班途中虽然可以视为工作时间和工作场所的延伸，但并不等于就是工作时间和工作场所，因此，将在上下班途中受到事故伤害的情形从工伤认定范围中删除，并不会影响对工伤保险核心情形的保障，符合建立工伤保险制度的原理。(4)实践中，由于住房商品化和人员流动性的提高，对如何确定上下班途中争议繁多、操作难度大，如果再将受到非机动车事故伤害的情形纳入工伤认定范围，则操作难度更大、引发的争议更多。(5)从国外情况看，许多国家未将职工在上下班途中受到机动车事故伤害的情形纳入工伤认定范围；有的国家虽然将其纳入，但对"上下班途中""机动车"等概念作了严格限定，如仅限于单位提供的班车。不将机动车事故伤害纳入工伤认定范围的做法不仅更为简便、可行，而且妥善处理了与道路交通安全法的关系。

通过国务院法制办的解答，可见其倾向于对直接工作原因的工伤和间接工作原因应予区分，并且认为上下班途中的交通事故应通过道路交通事故赔偿程序解决，与工伤分属两个不同层面的法律关系。不应支持行为人特别是有过错的行为人从同一损害中获得双份赔偿，这容易诱发道德风险。

五、《工伤保险条例》第1条规定，其立法目的是保障因工作遭受事故伤害或者患职业病的职工获得医疗救治和经济补偿，促进工伤预防和职业康复，分散用人单位的工伤风险。据此，工伤保障主要有预防、康复和救助三大功能。工伤保障要力求做到预防为主、康复优先、救助及时。因此，在工伤认定中，应通过正确地适用法律，促进用人单位加强劳动安全教育、提高劳动保护条件，促进职工提高劳动安全意识、遵守安全规则，从而实现工伤预防的目的。

从促进工伤预防角度，就直接工作原因的工伤而言，用人单位可以通过包括安全教育、人防、技防等多种手段预防。但间接工作原因如上下班途中交通事故，因超出用人单位的控制范围，用人单位根本无法采取有效措施减少或避免上下班途中机动车事故的发生，更谈不当促进工伤预防目的实现。

六、工伤保障是社会保障体系的组成部分，它解决的是社会问题，追求的是社会公正。因此，工伤认定行政案件应该更加关注其社会效果。正如英国法学家所说：如果法律被认为负载着某种合理的目标，那么我们可以肯定地说，在那些无法根据明确的强制性规则得出判决结论的场合，或者规则本身语焉不详的场合，依靠对后果的考量作出判决实乃必要之举。对可能的裁判规则进行检验的过程，必须考察"常识""个人的正义观念""公共政策"以及"法律的原则"。这些是法律规则必须被视为承载着某种理性的目的，这些目的包括保障社会福祉以及防止社会性罪恶等与人的正义观念相一致的一些目的。

趋利避害是所有市场经济主体的本能，如果将年夜饭视为工作的合理延伸，参加年夜饭视为上下班，并进而认定年夜饭途中亦属于上下班途中，由此，将导致用人单位承担所有因自己组织各种集体活动或提供其他福利而产生的不可控的工伤风险。"两利相权取其重、两害相权取其轻。"作为趋利避害的企业，何苦一定要花那么高的成本，承担那么高的风险来组织一场年夜饭呢？执法与司法不仅要追求良好的法律效果，也应同时兼顾社会效果。

被上诉人作出这样的工伤认定，无疑是向所有用人单位警示，慎重组织联谊活动，特别是提供年夜饭等福利一类的活动，否则，你将可能面临职工工伤的风险。试想一下吧，如果不需要任何对价地提供福利却要面临如此巨大的风险，那将很可能产生不良的社会效果——不再有用人单位愿意组织年夜饭。这能说是达到了法律规则所承载的保障社会福祉与防止社会性罪恶的目的了吗？

七、从比较法的角度观察，亦应考虑我国作为发展中国家的国情，不宜对上下班途中作出扩张解释。

在法国，上下班途中交通事故的工伤特指劳动者因为履行工作行为而在必需的路途中所发生的事故；在英国，只有是在雇主提供的或经雇主同意的公共交通工具上发生的交通事故才被认定为工伤；在我国台湾地区，上下班交通事故的标准有时段、路段和原因的限制。作为发达国家或地区，对上下班途中交通事故的工伤认定尚且如此严格，立足中国的具体国情，考虑到我国目前相当多的企业还属于劳动密集型企业，还处于创业期、发展期，对工伤保障的承受能力还很弱。因此，在对上下班途中交通事故这种间接工作原因进行工伤认定时，应考虑具体的承受能力，应考虑必要性和可行性的平衡，不应无视经济承受能力，随意扩大解释法律。

八、最高人民法院行政审判庭审判长蔡小雪法官在法官内部培训讲座上也阐述了“对于参加单位年夜饭等联谊活动，由于和本职工作无关，其间受到伤害不宜认定为工伤”这样一个观点。其更进一步认为，在这种情况下，只有对司机收受单位指派开车往返聚餐途中受到伤害，由于职业的特殊性，对于司机应认定为工伤。

实践中，浙江临海市人力资源和社会保障局就类似情况作出不予认定工伤的决定（详见附件2）。据此，从维护法律的确定性和适用的统一性角度出发，应对参加年夜饭回家途中发生的交通事故不予认定工伤。

综上，上诉人认为一审判决适用法律错误，故提出上诉，望判如所请！

上诉人：××光电科技（上海）有限公司

2013年××月××日

附：1. 一审判决书

2. “工伤认定与司法审查”讲座截图、《劳动报》报道

第三节 行政诉讼答辩状

一、适用范围

行政诉讼答辩状,是一、二审行政诉讼的被告或者被上诉人,针对原告的行政起诉状或者上诉人的行政上诉状,进行答复和辩驳时制作的具有法律意义的文书。

《中华人民共和国行政诉讼法》第六十七条规定,"人民法院应当在立案之日起五日内,将起诉状副本发送被告。被告应当在收到起诉状副本之日起十五日内向人民法院提交作出具体行政行为的证据和所依据的规范性文件,并提出答辩状……"

二、制作方法

(一)首部

1. 文书名称。居中写明"行政诉讼答辩状"。

2. 答辩人基本情况。写明其名称、地址、法定代表人姓名、职务等。

3. 过渡语。写明"答辩人因与××××一案现提出答辩意见如下",由此引出正文。

(二)正文

1. 事实和理由。主要是针对对方提出的理由和事实进行辩驳,可以全部予以反驳,也可以部分予以反驳。

一审答辩人一定是被诉的行政机关;二审的答辩人则既有可能是原审原告,也可能是原审被告。一审、二审答辩状的写法因答辩人身份不同而有所差异。

以一审答辩状来说,行政机关的答辩要证明自己所作出的具体行政行为是合法有据的,答辩时不要针对公民或法人在某些认识上的错误来进行。因为行政诉讼的审查对象不是原告的行为、观点,而是行政机关的行政管理行为。原告行为的对错与被告行政行为的对错没有直接的因果关系。因此,答辩状即使论证清楚了原告的行为或观点有错误,也不能证明自己的行为是合法正确的。所以,一审答辩状不仅要辩驳原告的观点和请求,更重要的是要证明自己行为的合法性。

2. 证据。答辩中有关举证事项,应写明证据的名称、件数、内容、来源与证据线索。有证人的,应写明证人的姓名、住址。

(三)尾部

1. 致送人民法院的名称。

2. 答辩人(单位)名称(加盖公章),法定代表人姓名、职务(签章)。

3. 答辩时间。

三、格式及示例

(一)格式

行政诉讼答辩状

答辩人×××,……(写明名称、地址、法定代表人等基本信息)。

法定代表人×××,……(写明姓名、职务等基本信息)。

委托代理人×××,……(写明姓名、工作单位等基本信息)。

因×××诉我单位……(写明案由或起因)一案,现答辩如下:

答辩请求:……

事实和理由:……(写明答辩的观点、事实与理由)。

此致

×××人民法院

答辩人:×××(盖章)

××××年××月××日

(写明递交答辩状之日)

附:1. 答辩状副本×份

2. 其他文件×份

3. 证物或书证×件

(二)示例①

行政诉讼答辩状

答辩人:贵州省贵阳市云岩区城管大队,住所地:贵州省贵阳市云岩区××号,电话:0851—6804×××。

法定代表人:黄×兰,贵州省贵阳市城管大队队长。

委托代理人:田×,贵州省贵阳市科达律师事务所兼职律师。

现就原告曹×米不服被告贵州省贵阳市云岩区城管大队对其鸭脖王摊位经营工具扣押所作出的行政处罚决定书向贵院提起的行政诉讼,提出如下答辩意见:

一、事实清楚

贵阳市民曹×米2012年6月1日在贵州省贵阳市云岩区南垭路占道经营鸭脖王,被贵阳市云岩区城管大队执勤人员崔×振看见,崔×振上前去提醒她,在此经营是占道经营,叫她搬走,曹称自己是有占道经营许可证的,于是崔×振叫她出示占道经营许可证,她说没有带,说一下就搬走;过了1小时后崔×振又执勤到此处看见她还没有搬走,就前去说让她搬走,她说还有客人在消费,不便搬走,说等客人走了就搬走,崔×振就走了;再过了1个小时后崔×振又巡逻到此处看见她没有客人在光顾她的鸭脖王,于是上去叫她搬走,这次她的态度恶劣并大吼大叫说不愿意搬,称自己是有占道经营许可证的为什么要搬,此时崔×振怀疑她是否真的具有占道经营许可证,就对她鸭脖摊位经营工具进行了强制扣押,在此行政行为实行过程中,曹还动手打崔×振,第三日崔×振送行政处罚决定书去给曹×米,但没有找见本人。以上法律事实真实。

二、证据确凿

以上事实有七个证据可以证明:

1.《贵阳市城市管理规定》第二十条规定,单位和个人不得在人行天桥、地下通道或者擅自占用城市道路以及其他公共场地设摊经营、

① 根据百度文库的例文修改而得,载 http://wenku. baidu. com/link? url = 2Y8GE4QIyYh8zyod9 ylinxgNGtp97vln7G0gEVOXq8GU9ubKOBgx - jeGeprtvVezd47cAPzi7dAQd0r5gYlM_2cgOt5uRAjjgyzKp_sdz2_,最后访问日期:2016年4月5日。

兜售物品。违反规定的,责令限期改正,可以处以20元以上200元以下罚款;逾期不改正的,可以暂扣其兜售的物品及经营器具。曹×米已经违反个人擅自占用城市道路以及其他公共场地设摊经营、兜售物品的事实,所以崔×振有权扣押她的经营工具。

2.贵阳市云岩区城管大队的处罚决定书一份,可以证实曹×米违反贵阳市城市管理规定的事实。

3.第二次崔×振巡逻的时候有目击证人许×在场,可以证实曹×米已经是占道经营。

4.曹×米在崔×振三次提醒下都没有搬走自己摊位经营工具,也没有要回去拿自己的占道经营许可证的意思,且态度恶劣,还动手打执勤人员崔×振。

5.交通部门在路边安装的电子摄像头记录了曹×米占道经营的事实。

6.曹×米在经营鸭脖王时没有占道经营许可证,无论是否办理过该证,经营时没有带就算是无照经营。

7.《贵阳市城市人行道管理规定》第六条第一项也规定,禁止擅自在城市道路人行道上摆摊设点,所以曹×米的行为也违反了此规定。

三、程序合法

1.贵阳市云岩区城管大队是贵阳市云岩区人民政府授权委托的行政组织,所以贵阳市云岩区城管大队是符合执行行政行为的主体,具有主体合格性。

2.贵阳市云岩区城管大队执勤人员崔×振是为了保留证据而对曹×米的摊位经营工具采取强制措施的。

3.依据贵阳市人民政府令第17号文件颁发的《贵阳市城市管理行政执法办法》第二条规定:"本市行政区域内实施相对集中行政处罚权,应当遵守本办法。前款所称相对集中行政处罚权包括:……(二)行使规划管理方面法律、法规、规章规定的行政处罚权……(六)行使工商行政管理方面法律、法规、规章规定对占道无照商贩的行政处罚权……"据此,贵阳市云岩区城管大队具有处罚曹×米的权限。

4.本单位规章要求每人负责一条街的专门责任区,且须穿着制服,因此这里的小贩对负责该片区的执法人员崔×振都很熟悉,曹×米当然知道崔×振的执法人员身份及其工作职责。

四、依据《中华人民共和国行政强制法》第二条规定，行政强制措施，是指行政机关在行政管理过程中，为制止违法行为、防止证据损毁、避免危害发生、控制危险扩大等情形，依法对公民的人身自由实施暂时性限制，或者对公民、法人或者其他组织的财物实施暂时性控制的行为。贵阳市云岩区城管大队执勤人员崔×振是为了保存证据，为了公益目的而采取的行政扣押强制措施，也是为了保证市容市貌、市民生活环境、打击无照经营者。

综上所述，原告贵阳市云岩区城管大队认为，原告违法行为成立。我单位根据对原告的违法行为予以处罚是实事求是的，也是合法合理的，请法院在查明事实的基础上，维持原判决定，以维护正常的社会秩序、经济秩序。

此致

贵阳市云岩区人民法院

答辩人：贵州省贵阳市云岩区城管大队

法定代表人：黄　×

委托代理人：田　×

2012年6月7日

第四节　行政诉讼代理词

一、概念

行政诉讼代理词是指律师或其他代理人以被代理人的名义，在被代理人授权范围内参加行政诉讼，为维护被代理人的合法权益所制作和发表的案件观点和意见，这种法律文书具有法律意义。

二、制作方法

行政诉讼代理词因审级不同，可为分一审、二审、再审代理词。这里只以一审代理词为例进行解说。

一审代理词同样也由首部、正文和尾部构成。

（一）首部

1. 标题。在文书上部正中写明“行政诉讼代理词”。

2. 称谓。顶格写合议庭组成人员,如“审判长、审判员”。

3. 前言。一般包括三个部分:一是说明代理人的合法身份、代理权限;二是说明代理人接受委托后进行的工作;三是依据事实和法律提出代理意见。

(二) 正文

行政诉讼代理词的正文视被代理人的不同诉讼地位可分为原告代理人的代理意见与被告代理人的代理意见。

1. 作为原告代理人发表的代理意见。这一部分是对起诉状的发挥和补充,要对提出诉讼请求所持的理由进行充分的论证,同时应论证行政机关所做的具体行政行为是不合法的。一般从以下七个方面提出代理意见。

第一,主要证据不充分。在行政诉讼中,被告对其作出的具体行政行为承担举证责任。行政机关所实施的具体行政行为只有事实清楚,证据确凿充分,才能是合法的。如果行政机关实施的具体行政行为所依据的主要证据不确实、不充分,甚至各证据之间相互矛盾,那么就不能反映和证实有关的基本事实,就会使具体行政行为失去立足点。因此,理由部分应指出行政机关在未掌握充分证据的前提下作出具体行政行为,并请求人民法院撤销具体行政行为。

第二,行政机关适用法律法规错误。如果行政机关适用法律法规错误,作出的具体行政行为即为违法或无效。一般表现在以下三个方面:一是行政机关适用了不该适用的法律法规;二是在实施行政处罚时所依据的法律虽然正确但适用条文错误;三是适用了业已废止的旧法条文。

第三,行政机关实施具体行政行为时违反了法定程序。行政机关在行使行政管理职能的过程中没有严格遵守法律法规所规定的程序,即使做出具体行政行为所依据的事实证据充分,适用法律正确,也有可能导致具体行政行为违法。

第四,行政机关的具体行政行为超越了职权。行政机关实施行政处罚,要在法定职权范围内,依照法律法规规定的处罚种类、幅度进行,否则就是超越职权。超越职权有以下两种情况:一是超越了主管权限,二是所实施的处罚措施种类违反了法律的规定。无论行政机关存在上述哪一种情况,人民法院都可以判决予以撤销。

第五，行政机关实施具体行政行为时滥用了职权。

第六，行政机关的行政处罚显失公正。

第七，行政机关不履行、拖延履行法定责任。

2. 作为被告代理人发表代理意见。这一部分则应论证行政机关作出的具体行政行为事实清楚，适用法律适当，程序合法。可从以下几个方面发表代理意见。

第一，行政机关作出的具体行政行为所依据的事实是清楚的。

第二，行政机关作出具体行政行为正确适用了法律、法规、规章或规范性文件。

第三，作出具体行政行为的整个过程符合法定程序。

第四，行政机关是在享有行政管理职权的范围内依法作出具体行政行为的。

（三）尾部

1. 结束语。代理人总结发言，提出对本案的看法和结论性意见。应做到概括有力，简洁明晰。

2. 代理词致送的人民法院名称。

3. 代理人签名，年月日。

三、例文①

行政诉讼代理词

尊敬的合议庭各位成员：

广东国悦律师事务所接受陈××委托，指派宋××律师担任本案原告陈××的诉讼代理人，参与本案的审理活动。本代理人根据本案已经查明的事实和现行有效的法律规定，发表如下代理意见：

二被告不查处原告投诉第三人东莞时代皮具制品厂有限公司欠缴拒缴原告社会保险费的行政行为不仅没有法律依据，而且侵害了原告的合法权益，请法庭予以纠正。具体理由如下：

一、造成原告在第三人处连续工作十六年又十一个多月而在退休

---

① 根据找法网>律师>张瑞宏律师>律师文集上的例文修改而得，载 http://china.findlaw.cn/lawyers/article/d451862.html，最后访问日期：2016 年 4 月 7 日。

时无法享受退休待遇的根本原因,除了第三人恶意逃避其法定的及时足额为原告缴纳以及代扣代缴原告社会保险费的义务外,二被告的渎职不作为也是重要原因之一。

原告陈××于1998年3月16日入职第三人东莞时代皮具制品厂有限公司处任职台面工,2015年2月27日因年满50周岁而被第三人通知办理退休手续,历时16年又11个多月时间。但第三人只为原告缴纳以及代扣代缴了自2007年4月起至《退休通知书》发出前一个月合计7年10个月的社会保险费,尚有1998年3月16日至2007年3月31日长达九年多时间的社保费未予缴纳和代扣代缴。

二被告具有征收和监督其管辖范围内用人单位依法缴纳和代扣代缴职工社会保险费的行政职责,由于其渎职,致使第三人的上述违法行为得以长期存在。

问题暴露后,二被告本应本着有错必纠的原则,积极依法履行征收相应社保费职责,但令人遗憾的是,被告一错误地适用了法律规定,被告二错误地维持了被告一错误的处理决定。最终杜绝了原告唯一的救济途径。

最高人民法院于2011年12月20日在其官网(www.court.gov.cn)的答复:我国《社会保险费征缴暂行条例》明确规定了征缴社会保险费用是社会管理部门的职责,用人单位必须为劳动者依法办理社会保险。如果用人单位已经为劳动者办理了社保手续,但用人单位不按规定为劳动者交纳社会保险金,无论欠缴社保费或者拒缴社保费,社会管理部门均可依法强制征缴。这种争议并非单纯的劳动者与用人单位之间的社保争议,属于行政管理的范畴。

本案第三人已经为原告办理了社会保险手续,并且依法履行了部分缴纳和代扣代缴职工社会保险费义务,只是未按法律规定按时足额缴纳相应的社会保险费。被告一应当依据《广东省社会保险费征缴办法》第十六条责成其社会保险经办机构"核实缴费单位、缴费个人的缴费资料,发现有误,应及时通知地方税务部门更正"即可,具体执行征缴事宜依照该法第四条第一款由税务部门去执行,而不应当像现在这样行政不作为,完全依赖缴费单位自觉履行缴纳和代扣代缴职工社会保险费的义务。

二、二被告拒绝查处原告投诉事项没有法律依据

二被告均援引《劳动保障监察条例》第二十条和《中华人民共和国立法法》第九十二条后半部分规定，这显然属于适用法律错误。这是因为：

比较《劳动保障监察条例》第十一条和《社会保险费征缴暂行条例》第二条可以发现，前者监察的事项范围是包括"七、用人单位参加各项社会保险和缴纳社会保险费的情况"在内的九大事项，其适用范围远远大于后者的仅限于"（社会保险费）征收、缴纳"的范围。因此，前者属于劳动保障领域内行政法规层级中的一般规定，而后者则属于劳动保障领域内行政法规层级中的特别规定。依据《中华人民共和国立法法》第九十二条"同一机关制定的法律、行政法规、地方性法规、自治条例和单行条例、规章，特别规定与一般规定不一致的，适用特别规定；新的规定与旧的规定不一致的，适用新的规定"。同时，根据文义解释和逻辑解释，本条后半部分中的"规定"显然是指同一性质的规定，即要么都是一般规定，要么都是特别规定。二被告均无视该条已经区分"一般规定与特别规定"这一前提条件，混淆两种不同性质的规定的根本区别，不去适用特别规定而偏偏适用一般规定。明显属于适用法律规范错误。

退一步讲，就算二被告将这两个行政法规规定的对象视为是"同一事项"（其实不是，监察条例只规范用人单位的参加和缴纳社保费行为是否合法，不包括代扣代缴行为和缴费个人的行为，也不包括社会保险经办机构和地方税务机关等行政征收行为），也应当依照《中华人民共和国立法法》第九十四条规定，请示国务院对此作出裁决。但是，本案在行政处理及复议程序中，二被告均未出示过其已经请示国务院裁决的文件和国务院已经就此事作出裁决的有关文件。

由此可见，二被告不履行行政征收职责的行为没有法律依据。

三、征缴社会保险费事项不受诉讼时效的限制

《中华人民共和国宪法》第四十四条规定："国家依照法律规定实行企业事业组织的职工和国家机关工作人员的退休制度。退休人员的生活受到国家和社会的保障。"

《中华人民共和国立法法》第九十三条规定："法律、行政法规、地方性法规、自治条例和单行条例、规章不溯及既往，但为了更好地保护

公民、法人和其他组织的权利和利益而作的特别规定除外。”由此可见，征缴社会保险费事项不受诉讼时效的限制。

直至现在，被告一的社会保险经办机构仍答复说，只要用人单位补足其欠缴的和应代扣代缴的社保费，累计缴费期限满十五年，原告就可以享受相应的退休待遇。如果依照二被告超过两年即无法律依据，根据行政行为“法无授权即禁止”的一般原理，被告征收超过两年的社保费的行为也属于违法行政了。自相矛盾！

四、被告应当依法积极履行征缴社会保险费的职责

原告请求人民法院依法撤销被告一不处理原告投诉第三人欠缴拒缴原告社保费事项的行政处理决定和被告二的行政复议决定，责令被告一依照《广东省社会保险费征缴办法》第十六条履行“核实缴费单位、缴费个人的缴费资料，发现有误，应及时通知地方税务部门更正”的职责，依法复核和追缴第三人应当缴纳和代扣代缴的原告社保费，并将发现的相应错误资料及时通知地方税务局，真正实现第三人《退休通知书》中所描绘的那样，让原告“退休晚年生活愉快”。

综上所述，二被告不查处原告投诉第三人欠缴拒缴原告社保费的行政行为没有法律依据，不仅违法，也侵害了原告的合法权利。原告请求人民法院判如所诉。

谢谢！

诉讼代理人：宋××律师

2015 年 8 月 27 日

参考文献

[1]潘庆云:《法庭论辩语言风格略谈》,载《语文学习》1988 年第 2 期。

[2]张绍谦:《刑法因果关系研究》,中国检察出版社 1998 年版。

[3]朱苏力:《判决书的背后》,载《法学研究》2001 年第 3 期。

[4][德]古斯塔夫·拉德布鲁赫:《法律智慧警句集》,舒国滢译,中国法制出版社 2016 年版。

[5]贺卫方:《运送正义的方式》,上海三联出版社 2002 年版。

[6]最高人民法院民事审判第二庭:《全国法院优秀民商事裁判文书评点》,人民法院出版社 2003 年版。

[7]张德昌主编、贵州省高级人民法院编:《人民法院裁判文书选》(贵州 2001 年卷)(总第二卷),法律出版社 2003 年版。

[8]熊先觉:《司法文书研究》,人民法院出版社 2003 年版。

[9]张志铭:《法理思考的印迹》,中国政法大学出版社 2003 年版。

[10]宁致远:《法律文书参考资料》,中央广播电视大学出版社 2002 年版。

[11]顾克广:《国家司法考试法律文书教程》,朝华出版社 2004 年版。

[12]陈建民:《常用法律文书教程》,清华大学出版社 2004 年版。

[13]沈德咏:《经济犯罪审判指导与参考》(2003 年第 4 卷)(总第 4 卷),人民法院出版社 2004 年版。

[14]吴庆宝:《民事判决书制作与改革难点解评》,人民法院出版社 2004 年版。

[15]郑新俭、最高人民检察院民事行政检察厅编:《〈人民检察院民事诉讼监督规则(试行)〉条文释义及民事诉讼监督法法律文书制

作》,中国检察出版社 2014 年版。

[16]孙懿华:《法律语言学》,湖南人民出版社 2006 年版。

[17][英]马戈特·科斯坦佐:《法律文书写作之道》,王明昕、刘波译,法律出版社 2006 年版。

[18][美]约翰·吉本斯:《法律语言学导论》,程朝阳、毛凤凡、秦明译,法律出版社 2007 年版。

[19]杜福磊、赵朝琴主编:《法律文书写作教程》,高等教育出版社 2009 年版。

[20]公安部:《公安机关刑事法律文书式样(2012 版)》。

[21]李静:《法律思维训练与法律文书写作:推理、结构与修辞》,中国法制出版社 2012 年版。

[22]冷罗生:《最新常用法律文书写作》,北京师范大学出版社 2018 年版。

[23]陈国庆主编、最高人民检察院法律政策研究室编:《人民检察院刑事诉讼法律文书适用指南》,中国检察出版社 2013 年版。

[24]司法文书研究中心编著:《人民法院诉讼文书样式、制作与范例(刑事卷)》,中国法制出版社 2015 年版。

[25]沈德咏主编、最高人民法院修改后民事诉讼法贯彻实施工作领导小组编:《民事诉讼文书样式》,人民法院出版社 2016 年版。

[26]杨鸿雁:《从比较中看司法文书格式的科学性》,载《华北电力大学学报》(社会科学版)2002 年第 2 期。

[27]杨鸿雁:《对法律文书格式的法理学思考》,载《天津大学学报》(社会科学版)2012 年第 5 期。

[28]杨鸿雁:《清末民初司法审判程序性文书的嬗变》,载《历史教学》2014 年第 8 期。

图书在版编目(CIP)数据

诉讼文书一本通 / 杨鸿雁著. -- 北京 : 法律出版社, 2020

ISBN 978-7-5197-4311-6

Ⅰ. ①诉… Ⅱ. ①杨… Ⅲ. ①诉讼-法律文书-写作-中国 Ⅳ. ①D926.13

中国版本图书馆 CIP 数据核字(2020)第 037885 号

诉讼文书一本通
SUSONG WENSHU YIBENTONG

杨鸿雁 著

策划编辑 屈 瑶
责任编辑 屈 瑶
装帧设计 臧晓飞

出版 法律出版社
总发行 中国法律图书有限公司
经销 新华书店
印刷 天津嘉恒印务有限公司
责任校对 王沁陶
责任印制 陶 松

编辑统筹 学术·对外出版分社
开本 A5
印张 12.75
字数 398 千
版本 2020 年 5 月第 1 版
印次 2020 年 5 月第 1 次印刷

法律出版社/北京市丰台区莲花池西里 7 号(100073)
网址/www.lawpress.com.cn
投稿邮箱/info@lawpress.com.cn
举报维权邮箱/jbwq@lawpress.com.cn
销售热线/400-660-8393
咨询电话/010-63939796

中国法律图书有限公司/北京市丰台区莲花池西里 7 号(100073)
全国各地中法图分、子公司销售电话:
统一销售客服/400-660-8393/6393
第一法律书店/010-83938432/8433
西安分公司/029-85330678
重庆分公司/023-67453036
上海分公司/021-62071639/1636
深圳分公司/0755-83072995

书号:ISBN 978-7-5197-4311-6
定价:59.00 元
(如有缺页或倒装,中国法律图书有限公司负责退换)